Ray Hodgson/Peter Miller:
Der abhängige Mensch

RAY HODGSON / PETER MILLER

Der abhängige Mensch

Was tun gegen Süchte, Gewohnheiten, Zwänge?

Übersetzt von Edwin Ortmann
und Bettina Runge

Kösel-Verlag München

Dieses Buch wurde entwickelt von
Multimedia Publications Inc

Die englische Originalausgabe
erschien unter dem Titel *Selfwatching*
bei Century Publishing Co. Ltd, London
© 1982 Multimedia Publications Inc Willemstad (Curaçao),
Personality Investigations, Publications and Services Ltd,
Ray Hodgson und Peter Miller

CIP–Kurztitelaufnahme der Deutschen Bibliothek

Hodgson, Ray:
Der abhängige Mensch: was tun gegen Süchte,
Gewohnheiten, Zwänge? / Ray Hodgson; Peter
Miller. – München: Kösel, 1985.
Einheitssacht.: Selfwatching ‹dt.›
ISBN 3-466-11058-0
NE: Miller, Peter:

Deutsche Ausgabe:
© 1985 Kösel-Verlag GmbH & Co., München
Alle Rechte vorbehalten
Umschlag: Young Su Niedermeier
Koordination der Übersetzung: Edwin Ortmann
Redaktionelle Betreuung: Siegfried Schmitz
Satz: Utesch Satztechnik GmbH, Hamburg
Druck und Bindearbeiten: Appl, Wemding
Printed in Germany
ISBN 3-466-11058-0

Inhalt

Bildnachweis

ACCEPT 195, 199
Alcoholics Anonymous 206
J. Allan Cash Ltd 161 oben
Ardea Photographics I. R. Beames 73
Barnaby's Picture Library 208 rechts
Bruce Coleman Ltd Jane Burton 71
Camera Press, London 135; Ray Hamilton 42; Martin Paternotte 164/165; Lynn Pelham 167
Colorsport 200, 201 links, 213 oben, 214
Colour Library International 136 unten
Daily Telegraph Colour Library 75 unten; M. Goddard 108
Elizabeth Photo Library 43; Michael Sharman 35 rechts
Gamma Diffusion 185 unten
Ray Green 96 unten rechts
Greenhill 49 rechts
Health Education Council 104 oben
HMSO 13 links
David Hoffmann 8, 52 rechts, 64/65, 66, 68, 181 links, 188/189
Israel Sun Ltd 87, 183 links
John Topham Picture Library 133 rechts, 207
Keystone Press 161 unten, 171, 215
John Kobal 126
The Mansell Collection 22, 95 oben, 104 unten, 112, 127 oben, 152 oben, 196, 197
Mary Evans Picture Library 67, 106, 138 links, 174 unten, 179 oben rechts

Multimedia Publications Inc. 13 rechts, 14 links, 20 links, 20 rechts, 21 rechts, 32, 41, 84, 99 oben, 113 links, 119, 136 oben, 138 rechts, 149 rechts, 141 oben, Mitte, unten, 155, 217; Israel Sun Ltd. 10 links, 86, 99 unten, 125, 149, 182 rechts, 187; Werner Braun 189 rechts; M. Koren 9 oben, 64, 66, 103 unten, 111 unten, 123 unten, 132 links, 150 rechts, 180 oben, 180 unten, 209; A. Orbach 86, 152 unten; S. Trippodo 79 oben, 82, 129 oben; C. Urquhart 31 oben, 56 links, Mitte, rechts, 75 oben, 193, 205; Vision International 133 links
National Film Archives Marshall Cavendish 52 links, 52/53
National Portrait Gallery 17
Picture Point Ltd 185 oben
Popperfoto 39, 44/45, 203, 210/211
Press Association 219
Rex Features Ltd 9 unten, 29, 46 rechts, 49 links, 77, 95 unten, 147, 159, 162, 176 unten, 179 unten, 182 unten, 184; Fotos International 201 rechts; D. Turner Givens 172 unten; David McEnery 188 oben; Goksin Sipahioglu 140 links, 176 oben; Sipa-Press 165, 173, 176 Mitte, 181 rechts
Christopher Schwarz 10/11, 12, 37, 69 unten, 72
Science Photo Library 116
Sipa-Press 174 oben

Stock Boston Inc. 69 oben; Barbara Alper 137, Philip Jon Bailey 11 rechts; George Bellerose 53 links; Fredrik Bodin 121, 123 oben; Jean Boughton 26/27; Elizabeth Crews 139; Anestis Diakopoulos 57, 91; Donald Dietz 190 links; Owen Franken 34 links, 61 unten; Charles Gatewood 34/35; Jonathan Goell 55; Phyllis Graber-Jensen 54; Arthur Grace 38, 57 unten, 60, 115; Christopher S. Johnson 14; Ira Kirschenbaum 110; Joseph Kovacs 23; David Krathwohl 127 unten; Jean-Claude Lejeune 69 Mitte, 89; George Malave 81; Christopher Morrow 30; Rudolph Robinson 31 unten; Frank Siteman 18/19; Peter Southwick 36, Michael Weisbrot 80; Cary Wolinsky 62/63
Syndication International 208 links, 213 unten
Tony Stone Assocs 129 unten
Vision International 96 oben, 148; Dosch/Explorer 193 links; Hoyer & Snowdon 21 links; M. Koren 179 oben rechts; Scala 113 rechts; Anthea Sieveking 96 Mitte, unten, links, 103 oben
Weight Watchers 202 links, rechts
ZEFA Camera Hawaii 111 oben; Yael Braun 53; Paul Freytag 73 rechts; H. Krebs 132 rechts; W. Maehl 59; Clive Sawyer 53 rechts; Hed Wiesner 61 oben.

Einleitung

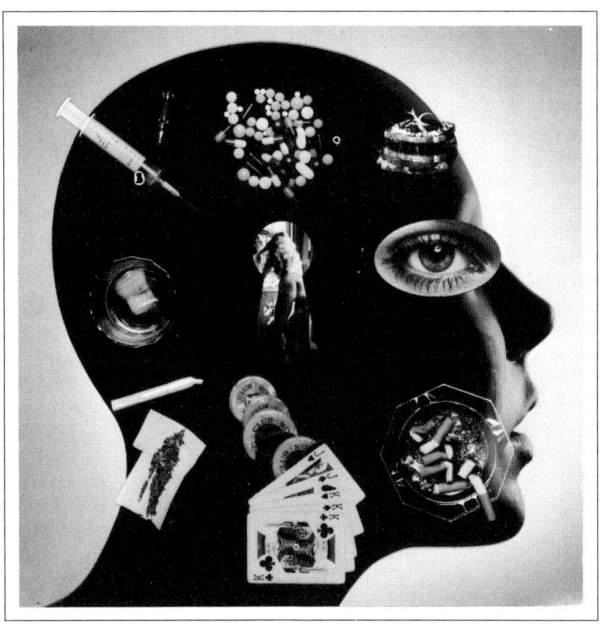

Selbstkontrolle und Selbsthilfe

»Erkenne dich selbst« und »Nichts im Übermaß«, so lauten zwei Mahnsprüche im Heiligtum von Delphi. Unser Buch nun soll dem Leser eine Hilfe sein, diesen beiden Zielen – Selbsterkenntnis und Selbstkontrolle – näherzukommen.

Will ein Wissenschaftler das Verhalten von Fröschen, Elefanten oder Menschen verstehen, so muß er diese Lebewesen konsequent beobachten. Wenn wir unser eigenes Verhalten verstehen – und dementsprechend ändern – wollen, müssen wir uns zunächst selbst beobachten. Ein Ziel unseres Buches ist, dem Leser praktische Methoden zum Beobachten und Verstehen des eigenen Sucht- oder Zwangsverhaltens vorzustellen sowie wirksame Strategien, dieses Verhalten zu ändern.

Außerdem will es einen Überblick geben über die Vielzahl von Süchten und Zwängen, wie Rauchen, Alkoholismus und andere Formen der Drogenabhängigkeit, sowie über zwanghafte Verhaltensweisen, wie Wasch- und Kontrollzwang, Eß- und Spielsucht, sexuelles Zwangsverhalten und Arbeitssucht.

Diese Informationen sollen den Betroffenen und ihren Familien helfen, die unterschiedlichen Beschwerden zu verstehen. Sie sollen aber auch denen eine Hilfe sein, die das Entstehen von Süchten verhindern können, also Eltern, Lehrern, Hausärzten oder auch solchen Personen, die in Gefahr sind, einem Zwang oder einer Sucht zu erliegen.

Lebenslange Gewohnheiten ändern zu wollen ist ein Unterfangen, das ein erhebliches Maß an Engagement und Motivation voraussetzt. Engagement allein jedoch reicht nicht aus. Mindestens ebenso wichtig ist ein geeigneter »Aktionsplan«. Eine Sucht oder ein Zwangsverhalten ist im wesentlichen eine sehr stark ausgeprägte Gewohnheit, die nur modifiziert werden kann, wenn nach dem richtigen Plan vorgegangen wird. Welches aber ist der richtige Plan für eine bestimmte Person mit einem bestimmten Problem? Wir hoffen, die folgenden Kapitel werden eine Antwort auf diese Frage geben.

Ray Hodgson
Peter Miller

1
Wider alle Vernunft

Die menschliche Natur führt mitunter zu Verhaltensweisen, die irrational, widersinnig und absonderlich sind. Eine irrationale Angst, sei es vor Spinnen, vor Schlangen oder vor geschlossenen Räumen, kann die Handlungsfreiheit eines Menschen ebenso wirksam einschränken wie ein tatsächlich existierendes Hindernis, sagen wir die Berliner Mauer. Außerdem kann eine psychische Störung auch dann fortwirken, wenn der Betroffene weiß, daß sie seinen Interessen zuwiderläuft.

Dies trifft ganz besonders für den Bereich der menschlichen Gewohnheiten, Süchte und Zwänge zu. Der starke Raucher oder Trinker oder ein Mensch, der zwanghaft ißt oder spielt, fühlt sich genötigt, auf eine Weise zu handeln, die seiner physischen und psychischen Gesundheit, seinen zwischenmenschlichen Beziehungen, seinem Beruf und seinem Geldbeutel abträglich ist. In einer kürzlich ausgestrahlten Fernsehsendung wurde dies auf besonders drastische Weise illustriert. Auf dem Bildschirm erschien ein starker Raucher, der alle Warnungen seiner Ärzte, das Rauchen aufzugeben, in den Wind geschlagen hatte. Resultat: Ihm mußten beide Beine amputiert werden. Doch während dieser Mann die schrecklichen Folgen seiner Nikotinabhängigkeit beschrieb, rauchte er eine Zigarette nach der anderen!

Wie kann man sich nun ein solches Verhalten erklären, das doch offensichtlich gegen alle Vernunft ist? Welches ist, bei einer Sucht nach Drogen wie Nikotin, Alkohol oder Heroin, der Zusammenhang zwischen physischer Abhängigkeit – also der Auswirkung der Droge auf den Körper – und den psychischen Ursachen der Abhängigkeit? Und gibt es Gemeinsamkeiten zwischen der zwanghaften Abhängigkeit von Drogen und anderen zwanghaften Verhaltensweisen, bei denen keine Drogen im Spiel sind?

Eines steht auf jeden Fall fest: Zwanghaftes Verhalten gleich welcher Art kann schweres menschliches Leid mit sich bringen. Indem der Psychologe die Ursache dieser Verhaltensstörungen ergründet, eröffnet er bereits einen Weg zu ihrer Heilung.

Isoliert von der Außenwelt. Unerwünschte Gewohnheiten können der persönlichen Freiheit Schranken setzen, die so real sind wie die Gitter einer Gefängniszelle.

Ein Mann unter Einfluß von PCP, einem starken Halluzinogen, wirft sich gegen eine Schaufensterscheibe. Wie kommt es zu so selbstzerstörerischem Verhalten?

Ist mein Mann Alkoholiker?

So lautet häufig die erste Frage, die eine Frau stellt, wenn sich ihr Mann in Behandlung begibt. Sie will wissen, ob er an einer echten Krankheit, wie Krebs, leidet oder ob es sich nur um ein geringfügiges Problem, gewissermaßen um einen »gutartigen Tumor« handelt. Dies ist jedoch die falsche Art, sich mit Zwängen oder Süchten, wie Trinken, Rauchen oder Glücksspielen, auseinanderzusetzen. Vielmehr sollte man ein solches Problem auf einer Art Skala einordnen, die von »leicht« über »mäßig« bis »stark« reicht. An ihrem Anfang steht nur eine ärgerliche Gewohnheit, zum Beispiel auf Partys mehr als geplant zu trinken. Am Ende der Skala hat sich diese Gewohnheit dann weiterentwickelt und eingefleischt. Sie ist jetzt schwer zu steuern und mit schädlichen Folgen verbunden.

Wir Menschen sind alle »Gewohnheitstiere«, und unsere Gewohnheiten sind adaptiv, das heißt, sie sind Mittel, um Fertigkeiten, die in unserem alltäglichen Leben von Nutzen sind, zu »automatisieren«. Autofahren, Sich-Anziehen, Essen, Schlafen, Laufen und Sprechen, all diese Tätigkeiten enthalten einen komplexen Ablauf von Gewohnheiten, die schwer zu ändern wären, selbst wenn wir es wollten. Ja, das Überleben selbst kann von der Stärke einer bestimmten Gewohnheit abhängen – das Nach-links-und-rechts-Schauen vor Überqueren einer Straße zum Beispiel. Doch erst wenn wir, aus diesem oder jenem Grund, eine starke Gewohnheit ablegen wollen und dabei versagen, können wir diese als »zwanghaft« bezeichnen.

Die Anregungen, die dieses Buch geben will, gelten für eine Vielzahl von Problemen auf dieser Skala; die Probleme reichen von den kleinen, aber lästigen schlechten Angewohnheiten bis hin zum schwerwiegenden Zwangsverhalten. Das junge Mädchen mit seinem kleinen Gewichtsproblem sollte sich die hier gegebenen Anregungen ebenso zunutze machen können wie der starke Alkoholiker oder der unverbesserliche Spieler – sie alle könnten durch dieses Buch neue Wege finden, um mit ihren Handicaps fertigzuwerden.

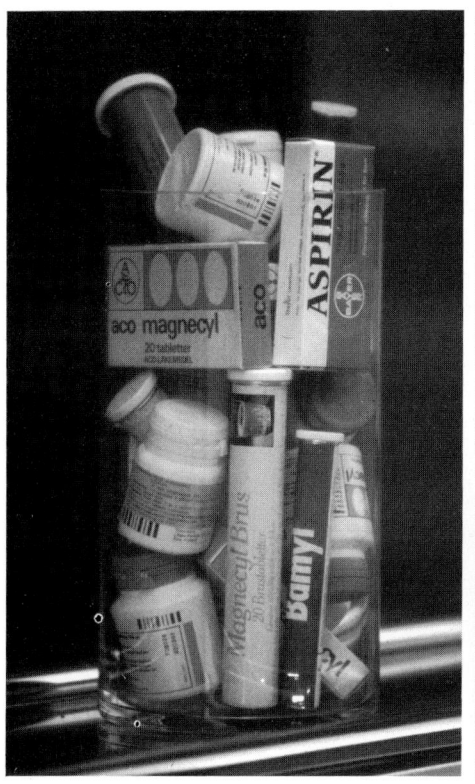

Psychologie oder Pharmakologie?

Wir sind der Ansicht, daß *alle* Gewohnheiten und Zwänge psychologisch, physiologisch und biochemisch erklärt werden können. Diese Auffassung mag all denen nicht passen, die eine scharfe Grenze ziehen zwischen Drogenabhängigkeit und rein psychisch bedingten Zwängen – und somit auch zwischen den jeweils geeigneten Behandlungsmethoden. Drogensucht, so argumentieren diese Leute, sei nicht dasselbe wie zum Beispiel die Glücksspielsucht. Im ersten Fall müsse der Süchtige von einer physischen Abhängigkeit befreit werden, unter Umständen mit Hilfe eines weniger gefährlichen Ersatzmittels; im zweiten Fall sei das Problem psychologischer Art und müsse dadurch angegangen werden, daß man den Betroffenen ermuntert, die schädlichen Folgen des Spielens zu erkennen und die damit verbundenen psychischen Probleme zu lösen.

Nach unseren Erfahrungen aber kann auch mit psychologischen Behandlungsmethoden Verhalten wirksam verändert werden, selbst wenn es sich um eine starke physische Abhängigkeit handelt. Diese Methoden basieren auf umfangreichen psychologischen Forschungsarbeiten, die genau zu ergründen versuchten, wie der Mensch seine Verhaltensweisen erlernt, wie er Fertigkeiten erwirbt und entfaltet, um Probleme anzugehen und zu lösen. Es handelt sich hier um ein verhältnismäßig junges Forschungsgebiet, doch bestärken uns die bisher erzielten Resultate in dem Glauben, daß mit den hier empfohlenen Methoden immer mehr Verhaltensprobleme bewältigt oder zumindest gelindert werden können.

Selbstkontrolle

Wir haben diese Behandlungsmethoden unter dem allgemeinen Begriff Selbstkontrolle zusammengefaßt. Das heißt allerdings nicht, daß es ein genau festgelegtes Programm von Verfahren gibt, das bei jedem Menschen und in jedem Fall »funktioniert«. Jedes Individuum verhält sich auf ganz spezifische Weise, auch wenn es Ähn-

Oben: Positive Verstärkung: Die wiederholte Assoziation bestimmter Gewohnheiten (z. B. Rauchen) mit angenehmen Gefühlen der Entspannung führt zur Verfestigung dieser Gewohnheiten.

Links: Encounter-Gruppen helfen, die Barrieren der Isolation abzubauen.

Ganz links: Arzneimittel können nicht nur helfen, sondern auch süchtig machen. Gegenüber gewohnheitsbildenden und -erhaltenden Prozessen sind sie machtlos.

lichkeiten zwischen den Verhaltensweisen von Gruppen gibt. Wenn aber trotzdem der Selbstkontrollmethode ein einheitliches Prinzip zugrunde liegt, so beruht es auf der Tatsache, daß der Mensch motiviert werden kann, unerwünschte Verhaltensweisen zu verlernen und dafür neue zu erlernen, die es ihm ermöglichen, sein Leben sinnvoller zu gestalten. Er kann lernen, die Faktoren in seinem Alltag zu erkennen, die seine Motivation und Moral stärken, und er kann sich Techniken aneignen, mit deren Hilfe negative Einflüsse vermieden oder abgemildert werden. Das Vertrauen, das sich aus dem Erlernen und der Einübung neuer Fertigkeiten ergibt, stärkt das Selbstwertgefühl der Person, und so kann sie Probleme mit Aussicht auf Erfolg angehen.

Verstärkung von Verhaltensgewohnheiten

Eine sehr eindrucksvolle Schilderung, wie sich Gewohnheiten zu Zwängen entwickeln können, findet sich in den Schriften des heiligen Augu-

stinus, der gegen Ende des sechsten Jahrhunderts erster Erzbischof von Canterbury wurde. Jahrelang hatte dieser fromme Mann mit einem sexuellen Zwang zu kämpfen, dessen Entwicklung er folgendermaßen beschrieb: »Wenn Begierden Befriedigung gewährt wird, so kommt es zur Gewohnheit, und wenn sich die Gewohnheit ungehindert entfaltet, so setzt ein zwanghafter Trieb ein. Von diesen schweren Ketten ward ich gefesselt.«

Dieser Bericht sollte nicht einfach als puritanische Einstellung zur Lust gedeutet werden. Seine Aussage stimmt auf verblüffende Weise mit der Erkenntnis moderner Psychologen überein, daß nämlich Gewohnheiten verfestigt oder *verstärkt* werden, wenn ein Verlangen wiederholt befriedigt wird. Solche Gewohnheiten, die entweder mit starken Lustempfindungen oder aber mit der Vermeidung von Unlust verbunden sind, entwickeln sich leicht zu Zwängen, die unsere Lebensqualität erheblich beeinträchtigen. Dabei ist nicht unbedingt die Dauer der Gewohnheit ausschlaggebend. Die rechte Socke zuerst anzuziehen ist eine Gewohnheit, die sicher leicht abzulegen wäre, selbst wenn man sie sein ganzes Leben lang praktiziert hat – es sind ja keine starken Gefühle beteiligt. Der regelmäßige Konsum von Alkohol oder anderen Drogen dagegen ist wesentlich schwieriger zu unterbinden.

Positive und negative Verstärkung

Lustgefühle, die mit Essen, Sex, Drogen und Geld verbunden sind, können eine Gewohnheit so lange verstärken, bis es schwer oder unmöglich wird, diese wieder abzulegen. Psychologen sprechen hier von *positiver Verstärkung*. Das *Vermeiden von Unlust* auf der anderen Seite ist eine ebenso bedeutende motivierende Kraft. Die Bekräftigung einer Gewohnheit, die das Erleben von Schmerz, Angst, Frustration oder anderen unangenehmen Gefühlen – wie kurzfristig auch immer – hinausschiebt, wird als *negative Verstärkung* bezeichnet.

Viele Psychologen und Neurophysiologen haben den Zusammenhang zwischen Verstärkung und Verhalten mit der Hirnaktivität selbst erklärt. Sie glauben, daß die elektrische Aktivität in bestimmten Bereichen des Gehirns für das Erleben von Lust und Schmerz verantwortlich ist. Der amerikanische Psychologe James Olds war einer der Wegbereiter auf diesem Forschungsgebiet. Bei seinen Experimenten wurden Versuchstieren (meist Ratten) Elektroden tief ins Gehirn implantiert. Nun hatten die Tiere die Möglichkeit, einen Hebel zu bedienen, der die Zufuhr geringer Strommengen zu den Elektroden regulierte. Waren diese Elektroden in ganz bestimmten Hirnbereichen eingepflanzt, so bedienten die Ratten ihren Hebel immer wieder, um die elektrische Stimulation aufrechtzuerhalten. Plazierungen in anderen Gehirnbereichen indes bewirkten, daß die Ratten den Hebel betätigten, um die Stimulation abzubrechen. Wir dürfen also annehmen, daß diese Elektroden in solchen Bereichen implantiert wurden, die direkt mit den Empfindungen von Lust oder Unlust zusammenhängen, und anzunehmen ist auch, daß ähnliche Strukturen im menschlichen Gehirn existieren. Und wenn dies der Fall ist, sind es vielleicht ebendiese »Lustzentren« und »Unlustzentren«, die durch Drogen oder

Alkohol ist in der abendländischen Welt zu einem Symbol für Kameradschaftlichkeit und Geselligkeit geworden. Zwangloses Verhalten in der Gruppe ist eine starke Belohnung, vor allem wenn einer schüchtern oder nervös ist.

Schmerz stimuliert werden und somit eine positive oder negative Verstärkung bewirken.

Der ABC-Ansatz

Olds' Schlußfolgerungen liefern eine mögliche Erklärung, wie menschliche Gewohnheiten entstehen und verstärkt werden. Wir können versuchen, den Ablauf von Ereignissen nachzuvollziehen, der in der Außenwelt beginnt, eine gehirnelektrische Aktivität im Lust- oder Schmerzzentrum auslöst und schließlich das Verhalten bekräftigt oder verstärkt. Dieser Ablauf läßt sich in drei Abschnitte unterteilen, nämlich A, B und C: (A) *Antecedent cues* – vorausgehende Auslösereize; (B) *Behaviour* – das Verhalten selbst oder die Gesamtreaktion des Organismus auf diese Auslösereize; und (C) *Consequences* – die Konsequenzen, die das Verhalten positiv oder negativ verstärken.

Vorausgehende Auslösereize

Zwanghafte Verhaltensweisen entstehen selten »einfach so«. Sie werden gewöhnlich durch eine

Oben links: Gewohnheiten werden durch Reize ausgelöst, die – ähnlich wie diese englischen Verkehrsschilder – gewisse Erwartungen für die unmittelbare Zukunft wecken. Oben rechts: Die bloße Hoffnung auf einen Fang hält den Fischer an der Angel!

Reihe früherer Ereignisse ausgelöst, die natürlich von Person zu Person verschieden sind. Solche Ereignisse, die das Individuum veranlassen, sich auf bestimmte Weise zu verhalten, bezeichnen wir als *vorausgehende Auslösereize*. Manche dieser Auslösereize, zum Beispiel Hunger und Durst, resultieren aus biologischen Vorgängen innerhalb des Körpers. Andere entstehen durch die soziale Umgebung, zum Beispiel durch den Einfluß von Familie und Freunden. Wieder andere entspringen heftigen Gefühlen des Zorns, der Angst oder sonstigen Emotionen. *Der erste Schritt, Gewohnheiten zu kontrollieren und Zwänge abzulegen, besteht darin, die Auslösereize zu erkennen, die diese Gewohnheiten hervorgerufen haben.*

Diese Auslösereize stehen oft in sehr komplexer Wechselwirkung zueinander. Betrachten wir hierzu den Fall von Tom, einem chronischen Alkoholiker. Tom trank schon als Halbwüchsiger, wurde aber erst zum Gewohnheitstrinker, als er zum Militär mußte. Er fand das Soldatenleben unerquicklich, entdeckte jedoch bald, daß er durch ausgiebigen Genuß von Alkohol in der Lage war, seine angeborene Schüchternheit und Ungeselligkeit zu überwinden und sich als »ei-

ner von den Kumpels« zu fühlen. Der Alkohol bewirkte, so fand Tom heraus, daß er sich in Gesellschaft entspannt und ungehemmt verhielt. Nachdem er sich an dieses Phänomen gewöhnt hatte, mußte er feststellen, daß er bei *jeder* gesellschaftlichen Situation den Drang zu trinken verspürte. In diesem Stadium war Tom, psychologisch gesehen, bereits alkoholabhängig. Im Lauf der folgenden fünf Jahre konsumierte er regelmäßig pro Tag eine Flasche Gin, und er begann an Entzugserscheinungen zu leiden, d. h. an unkontrolliertem Zittern, Übelkeit und heftigem Herzschlag, wann immer er den Versuch unternahm, auf den Genuß von Alkohol zu verzichten. Der einzige Weg, sich von diesen unangenehmen körperlichen Symptomen zu befreien, bestand darin, weiter und immer mehr zu trinken.

Die physischen Symptome, die Tom verspürte, waren zweifellos echte physiologische Ereignisse in seinem Körper, Vorgänge, die sich aus den Wirkungen des Alkohols ergaben. Sein Drang zu trinken freilich ergab sich aus zwei Typen von Auslösereizen. Hier ist zunächst die soziale Umgebung zu nennen: Tom hatte immer dann das Verlangen zu trinken, wenn er sich mit einer Gruppe von Menschen konfrontiert sah. Später kam der physiologische Auslöser hinzu: Wenn er versuchte, das Trinken einzustellen, fühlte er sich hundeelend, und diese unlustvolle Erfahrung verstärkte erneut seinen Drang zu trinken.

Auslösereize, Entscheidung und Konsequenzen

Die Auslösereize fungieren als Signale, d. h. sie versprechen Lust- oder warnen vor Unlustkonsequenzen, die in der Zukunft liegen. Köstliche Düfte aus der Küche lösen konditionierte Reflexe aus (vermehrten Speichelfluß und gesteigerte Produktion von Magensäften), und so wird dem wartenden Gast signalisiert, daß es Zeit ist, hungrig zu sein. Die auf Rot geschaltete Ampel teilt dem Autofahrer mit, daß es gefährlich ist weiterzufahren. Die Aussicht auf ein geselliges Beisammensein mit seinen Kameraden wiederum erinnerte Tom daran, daß er sich nach mehreren Gläsern Alkohol wunderbar entspannt fühlen würde (und bei Enthaltsamkeit wäre genau das Gegenteil der Fall). Im Frühstadium seiner physischen Abhängigkeit wirkte der bloße Gedanke, auf den Genuß von Alkohol zu verzichten, wie ein Warnsignal: Vorsicht, unangenehme Folgen! Achtung, Entzugserscheinungen! So betrachtet, wird Toms Entscheidung – lieber trinken als enthaltsam sein – gleich viel verständlicher. Wie wir noch sehen werden, kann die Angst vor unangenehmen Konsequenzen ebenso stimulierend sein wie die Aussicht auf Lustgewinn.

Verschiedene Belohnungsformen

Drogengenuß, der anfangs angenehme Gefühle erzeugt, kann also zum chronischen Konsum führen, mit dem nur noch bezweckt wird, die Angst vor den Entzugserscheinungen abzuwehren. Warum aber legen die Betroffenen solche Gewohnheiten nicht ab, wenn sich doch weitaus schlimmere Konsequenzen – Verlust von Freunden, sozialer Abstieg, ja sogar schwere Krankheiten – fast zwangsläufig daraus ergeben? Wir stehen hier vor einem Paradoxon, mit dem sich die Psychologie seit gut dreißig Jahren beschäftigt. Hier zwei mögliche Erklärungen:

Die erste lautet ganz einfach, daß *kurzfristige Belohnung* motivierender ist als die Aussicht auf langfristigen Schaden. Der Fettsüchtige, der abnehmen will, sich aber über einen Schokoladenkuchen hermacht, wird die Folgen erst Tage später auf seiner Waage feststellen. Zunächst hat er die Befriedigung, rundum satt zu sein. Nicht ganz so einleuchtend ist das Prinzip der gelegentlichen oder *intermittierenden Belohnung.* Die unglücklichen Kreaturen, die in Las Vegas zu Tausenden den einarmigen Banditen verfallen sind, erhalten nicht jedesmal den Hauptgewinn, wenn sie den Hebel ihres Spielautomaten bedienen. Weit davon entfernt: Sie werden nur hin und wieder belohnt, und trotzdem spielen sie Stunden um Stunden wie besessen. Alkoholiker und exzessive Trinker berichten, daß ihre Sauftouren sie nicht immer in einen angenehmen Zustand versetzen, ja oft stellen sich Depressionen, Angst und heftige Aggressionen ein. Gelegentlich aber *haben* sie jenes Gefühl, eins mit der Welt zu sein, was eine Form der intermittierenden Belohnung darstellt.

Oben: Wer konditioniert wen? Automatische Reaktionen auf vertraute Reize sind ein Charakteristikum des Verhaltens von Tier und Mensch.

Rechts: Soll ich – oder soll ich nicht? Angesichts einer Versuchung kann der Mensch in starke Konflikte geraten.

Konflikt

Opfer von zwanghaften Verhaltensweisen sind starken Konfliktgefühlen ausgesetzt. Der Fettsüchtige möchte abnehmen, lechzt aber gleichzeitig nach Süßigkeiten. Der unter seinem Waschzwang Leidende will vielleicht in letzter Sekunde einen Zug erreichen, verspürt aber den verzweifelten Drang, sich zum x-tenmal die Hände zu waschen. Der Problemtrinker versucht, nach dem zweiten Glas aufzuhören – er weiß, daß die Folgen sonst verheerend sein werden –, doch er sehnt sich nach dem euphorischen Rauschgefühl. Wir wissen aus Berichten von Betroffenen und aus Tierversuchen, daß Konflikte zu sonderbaren Gefühlen und Konsequenzen führen können. Fettsüchtige zum Beispiel, die ihrer Eßlust nicht widerstehen können, haben oft den Eindruck, hilflose Beobachter ihrer eigenen Handlungen zu sein. Diese Erfahrung, in der Psychologie Dissoziation genannt, scheint ein Symptom des Kampfes zu sein zwischen dem Drang fortzufahren und dem Versuch aufzuhören. Derart dissoziierte Gefühle sind, wie wir sehen werden, mit Angst und depressiven Geisteszuständen verbunden, in denen Willenskraft und logisches Denken schwer aufrechtzuerhalten sind. Wenn wir solchen Menschen helfen wollen, ihre Gewohnheiten abzulegen, reicht es nicht aus zu erkennen, warum Gewohnheiten zustande kommen und wie sie ausgelöst werden. Vielmehr muß dieser Mensch mit der notwendigen Fertigkeit ausgestattet werden, um derartige Konfliktphasen zu überstehen.

Assoziatives Lernen und Generalisierung

Wir sprachen von bestimmten umweltbedingten Auslösereizen, die Gewohnheiten erzeugen. Unter gewissen Umständen jedoch entstehen neue Auslösereize als Resultat der nun schon alten Gewohnheit. Bei manchen Drogensüchtigen zum Beispiel wirkt sich das wiederholte Injizieren von Heroin so aus, daß bereits der bloße Akt des Injizierens als lustvoll empfunden wird. Das kann so weit gehen, daß sich der Süchtige Wasser spritzt, nur um eine Spur des »High«-Zustandes zu verspüren, den die Droge sonst hervorruft. Dies ist ein Beispiel für Konditionierung oder assoziatives Lernen. Charles O'Brian und seine Kollegen an der University of Pennsylvania haben Beweismaterial gesammelt, um zu zeigen, daß die physischen Entzugssymptome bei Heroinsucht auch durch Assoziation konditioniert werden können.

Einer von O'Brians Patienten war ein Heroinsüchtiger, der während eines Gefängnisaufenthaltes »clean« geworden war. Am Tage seiner Entlassung kam er in eine Umgebung, in der er früher, wenn er auf der Suche nach neuem »Stoff« war, häufig unter Entzugsbeschwerden gelitten hatte. Kaum befand er sich wieder in der alten Umgebung, wurde er von heftiger Übelkeit befallen und mußte sich übergeben. Er verschaffte sich Drogen, und sofort waren die Symptome beseitigt. Am folgenden Tag, in seiner häuslichen Umgebung, verspürte er erneut Sucht- und Entzugssymptome, und wieder linderte er sie, indem er sich Heroin injizierte. Der Vorgang wiederholte sich, und innerhalb weniger Tage war er rückfällig geworden.

Bei diesem Beispiel scheint die wiederholte Kombination von Reizen (Stimuli) mit sonst nicht zusammenhängenden physischen Reaktionen dem Muster der klassischen Konditionierung zu entsprechen. Der russische Psychologe Pawlow entdeckte als erster, daß Hunde durch wiederholte Assoziation zweier Ereignisse (Läuten einer Glocke und Erscheinen von Futter) auch dann physische Symptome von Hunger zeigten, wenn nur die Glocke ertönte.

Ein weiterer Aspekt assoziativer Konditionierung ist die sogenannte Generalisierung. Das Suchtverhalten des Alkoholikers, das gewöhnlich durch Entzugsbeschwerden wie Zittern der Hände hervorgerufen wird, kann auch dann zustande kommen, wenn er sich aus Gründen zittrig fühlt, die nichts mit dem Konsum von Alkohol zu tun haben. Einer unserer Patienten, der unter zwanghafter Angst vor Krebs litt, geriet bereits außer sich, wenn ihm ein Foto von einer einzigen Krebszelle vorgelegt wurde (er fürchtete, angesteckt zu werden!). Ein anderer Patient, der unter einer Schlangenphobie litt, war außerstande, die Abbildung einer Schlange zu betrachten. In beiden Fällen hatten sich die Reize, die ursprünglich das zwanghafte Verhalten auslösten, auf solche Ereignisse oder Objekte ausgedehnt, die den Originalreizen lediglich ähnelten. Generalisierung ist am häufigsten bei zwanghaften Störungen zu beobachten; in Kapitel 15 werden wir uns mit einigen höchst merkwürdigen Beispielen dieses Phänomens befassen.

In diesem ersten Kapitel konnten wir nur einige der unbewußten Prozesse erläutern, die zur Entwicklung von Süchten und Zwängen führen; doch oft sind ganz andere Faktoren im Spiel. Nun ist aber der Mensch kein passives Wesen, das äußeren Einflüssen völlig ausgeliefert wäre. Denn schließlich ist er in der Lage, logisch zu denken, zu planen, auf zukünftige Ziele hinzuarbeiten und Selbstbeherrschung zu üben. Dieses Buch stellt Strategien vor, wie Selbstkontrolle erlernt und starke Zwänge, die unsere besten Vorsätze zunichte machen, abgebaut werden können.

Verhaltensänderungen

Verhaltenpsychologen haben in den letzten Jahren eine Reihe von Methoden entwickelt, um Gewohnheiten, Zwänge und Süchte gezielt zu verändern. Diese Techniken befassen sich mit drei Aspekten des zwanghaften Verhaltens – den vorausgehenden Auslösereizen, dem Verhalten selbst und den Konsequenzen, die dieses verstärken. Hier eine Zusammenfassung dieser Techniken:

Selbstbeobachtung

Der Betroffene wird angehalten, ein Verhaltenstagebuch zu führen. Darin hält er jedes Auftreten des habituellen oder zwanghaften Verhaltens fest, mit dem zusätzlichen Vermerk, unter welchen Umständen es genau stattgefunden hat. Dieses Verfahren hilft dem Betroffenen, die Auslösereize, die Ereignisse, Gedanken oder Gefühle zu erkennen, die das Verhalten herbeigeführt oder zumindest beeinflußt haben.

Selbstmanagement

Dem Betroffenen wird geholfen, Strategien zu entwickeln, um mit den Auslösereizen fertigzuwerden. Mit Entspannungsübungen können zum Beispiel Ängste abgebaut werden; Angst ist, wie wir noch sehen werden, ein verbreiteter Auslöser für viele Arten von zwanghaftem Verhalten. Ebenso wurden Techniken entwickelt, um Depressionen zu bekämpfen. Der Betroffene wird ermuntert, sein Leben neu zu gestalten, so daß auslösende Reize oder Bedingungen vermieden oder bewältigt werden.

Reizkonfrontation

Dies ist ein späteres Stadium der Behandlung. Der Betroffene wird angehalten, sich für immer größere Zeitabschnitte den Auslösereizen zu stellen, statt sie zu meiden. Je länger er in der Lage ist, diesen Reizen zu widerstehen, desto größer ist die Chance, daß sie schließlich keinen Einfluß mehr auf sein Verhalten haben.

Alternative Belohnungen

Süchte und Zwänge sind leichter abzubauen, wenn Belohnungen in Aussicht stehen. Selbsthilfegruppen wie die »Anonymen Alkoholiker« tragen dazu bei, die positiven Konsequenzen von Mäßigung und Abstinenz hervorzuheben. Der Verzicht auf Alkohol wird in einer solchen Gruppe mit Lob quittiert – und Lob kann ja bereits ein positiver Verstärker sein.

Rückfallverhinderung

Vielen Menschen fällt es relativ leicht, einer zwanghaften Gewohnheit über kurze Zeiten zu widerstehen. Selbst starke Trinker sind manchmal in der Lage, mehrere Wochen lang ohne einen Tropfen Alkohol auszukommen; plötzlich aber überkommt sie der unwiderstehliche Drang, und sie werden rückfällig. Aus diesem Grund muß der Betroffene Techniken erlernen, um solche verführerischen Situationen vorauszuerkennen und sich gegen sie zu wappnen – wie etwa der Pilot, der Notlandungen in einem Simulator trainiert.

All diese Strategien werden in den folgenden Kapiteln detailliert erläutert. Es sind natürlich keine Allheilmittel, doch sie haben sich bei vielen Formen des Sucht- und Zwangsverhaltens als überaus hilfreich und wirkungsvoll erwiesen.

2
Selbstkontrolle (1):
Selbstbeobachtung

In diesem Kapitel wollen wir anhand verschiedener Beispiele demonstrieren, wie Selbstkontrolltechniken angewandt werden können, um Verhaltensweisen zu verändern. Der erste Schritt besteht stets darin, eine detaillierte »Diagnose« des individuellen Falls zu stellen, denn nur so können wir herausfinden, welche Faktoren es sind, die das Problemverhalten beeinflussen. Da es auf der Welt keine zwei Menschen gibt, die genau identisch sind, kommt es auch kaum vor, das sich zwei Verhaltensmuster in jeder Hinsicht entsprechen. Während zwei Trinker vielleicht dieselbe Menge Alkohol konsumieren, können die Gründe, weshalb sie zur Flasche greifen, sehr unterschiedlich sein.

Wie wir gesehen haben, entwickeln sich Gewohnheiten durch die wiederholte Assoziation von gewissen auslösenden Reizen mit gewissen Verhaltenskonsequenzen. Deshalb lernt eine Person ihre Gewohnheiten dann am besten verstehen, wenn sie die Bedingungen untersucht, die unmittelbar vor und unmittelbar nach dem Verhalten auftreten. Sie muß genau wissen, welches die Auslösereize sind, die ein spezifisches Verhalten nach sich ziehen. Und sie muß außerdem die positiven wie negativen Folgen, die auf das Verhalten folgen, erkennen und verstehen.

Wir wollen dies anhand eines Beispiels veranschaulichen: Rosemary, eine 45jährige Hausfrau, leidet an Übergewicht und verspürt gleichzeitig den starken Drang, Süßigkeiten zu essen. Sie hat seit ihrer Heirat (vor etwa zwanzig Jahren) 23 Kilogramm zugenommen. Ihr Mann bezeichnet sie scherzhaft als »Schokoholikerin«, sie selbst aber weiß, daß ihr zwanghaftes Verhalten ganz und gar nicht zum Lachen ist. Vor einigen Jahren begann Rosemary, jeden Tag gegen 15 Uhr Süßigkeiten zu essen, weil sie sich nachmittags oft träge und erschöpft fühlte. Nach zahlreichen Wiederholungen dieser Assoziationen entstand ein enger Zusammenhang zwischen Müdigkeit und Süßigkeiten, so daß Gefühle von Mattigkeit automatisch den Gedanken an Süßigkeiten und Hungergefühle auslösten. Müdigkeit wurde zu einem Auslösereiz ihres Zwangsverhaltens. Im Laufe der Zeit (und in Verbindung mit weiteren Assoziationen) wurde die Sequenz Müdigkeit → Hunger → Essen zur Gewohnheit; sie kam ohne bewußtes Denken oder gar einen bewußten Entschluß zustande. Zusätzlich wurde der Akt des Essens durch die Tatsache verstärkt, daß er vorübergehend (durch Anheben des Blutzuckerspiegels) die Müdigkeit beseitigte. Und nicht zuletzt schmecken Süßigkeiten ja so gut! Menschliches Verhalten wird, wie wir bereits erwähnten, besonders durch kurzfristige, unmittelbare Konsequenzen beeinflußt. Deshalb hatten die angenehmen »Gaumenfreuden« eine stärkere Wirkung auf Rosemarys Verhalten als Frustration und Schuldgefühle, die sie empfand, weil sie ihr Gewichtsproblem nicht in den Griff bekam. Diese negativen Folgen aber traten viel zu spät auf, als daß sie Einfluß auf ihr unerwünschtes Verhalten hätten nehmen können. Die ersten Sekunden nach dem Genuß der Süßigkeiten sind ausschlaggebend. Das aber ist der Hauptgrund, weshalb die hier beschriebenen Gewohnheiten so schwer abzulegen sind. Sie werden alle durch die angenehmen Konsequenzen verstärkt, welche unmittelbar nach dem Verhalten auftreten. Die unter Waschzwang leidende Person erlebt ganz unmittelbar die Erleichterung, daß sie sich nicht anstecken wird, der Drogensüchtige fühlt sich, wenn er die Droge eingenommen hat, sofort entspannt, und der Spieler wird durch die Aussicht auf einen möglichen Gewinn angenehm erregt.

Vier Hauptkategorien von Auslösern und nachfolgenden Umständen, die Süchte beeinflussen können, wurden festgestellt: (1) Situationen, (2) Familie und Freunde, (3) Gedanken und (4) Emotionen.

Situationen

Es ist schwer, ein normales Leben zu führen, ohne Situationen ausgesetzt zu sein, die Gedanken an eine Sucht auslösen. Der Raucher sieht, wie sich ein Freund auf einer Party eine Zigarette anzündet, und wird daran erinnert, wie gut ihm jetzt eine Zigarette schmecken würde. Der besessene Spieler gerät in Versuchung, wenn er auf dem Heimweg von der Arbeit an einem

Wettbüro vorbeifährt. Die Frau mit dem Gewichtsproblem wird im Fernsehen und in Illustrierten mit Werbung für Süßigkeiten nur so bombardiert. Situationsbedingte Auslöser lauern überall.

Vor einigen Jahren entwickelten Dr. Miller und sein Forscherteam ein Experiment, um den Einfluß von situationsbedingten Reizen auf den Konsum von Alkohol zu untersuchen. Die Testpersonen wurden gebeten, in einem kleinen Raum Platz zu nehmen und während einer Zeit von zehn Minuten den Hebel einer »Trinkmaschine« zu bedienen. Bei jedem fünfzigsten Hebeldruck füllte sich ein kleines Glas mit 5 cl Bourbon-Whisky, allerdings mit Wasser verdünnt. Die Versuchspersonen wurden aufgefordert, den Alkohol, sobald er »ausgeschenkt« war, zu trinken. Alle Teilnehmer mußten diese Trinkaufgabe zweimal absolvieren, und zwar unter verschiedenen Stimulus-Bedingungen: In der einen Situation enthielt der Raum mehrere

Gibt es keinen konkreten Grund, nicht zu rauchen, so kann der Einfluß anderer – man spricht hier von »Verhaltensansteckung« – unwiderstehlich sein. Wer seine Gewohnheiten ändern will, muß Mittel und Wege finden, um sich selbst und andere an seine neuen Verhaltensziele zu erinnern.

trinken gern in Situationen, die viele visuelle Stimuli bereithalten – also auf Partys oder in Bars.

Es gibt auch Situationen, die keine deutlich erkennbaren Auslöser sind, sondern durch einen assoziativen Konditionierungsprozeß zu Auslösereizen werden. Jedesmal, wenn ein Individuum ißt, raucht oder trinkt, wird das Verhalten mit all den Faktoren assoziiert, die irgendwie damit zusammenhängen. Ein bestimmtes Zimmer zum Beispiel, die Tageszeit oder eine Handlung wie Lesen oder Fernsehen können Voraussetzungen sein, die Gewohnheiten oder ein starkes Verlangen hervorrufen.

Das Trinkverhalten von Mr. und Mrs. Walters wurde auf diese Weise konditioniert: Das Ehepaar hatte sich angewöhnt, nachmittags gegen sechs Uhr mehrere Cocktails zu trinken. Mr. Walters, ein tüchtiger Bauunternehmer, genoß das entspannte Gefühl, wenn er nach einem arbeitsreichen Tag zusammen mit seiner Frau zwei oder drei Drinks zu sich nahm. Mrs. Walters war als Innenarchitektin tätig. Sie kam gewöhnlich kurz vor ihrem Mann von der Arbeit heim und freute sich, wie er, auf die gemeinsame Cocktail-Stunde. Sobald Mr. Walters zu Hause eintraf, schenkte er sich und seiner Frau einen Whisky ein, und das Ehepaar machte es sich im Wohnzimmer bequem. Alle diese verschiedenen Elemente – Drinks, entspannte Unterhaltung, Wohnzimmer, sechs Uhr – wurden durch wiederholte Assoziation aufs engste miteinander verknüpft. Nach der Lektüre eines Zeitungsartikels zum Thema Alkoholkonsum begann sich Mrs. Walters Sorgen über ihre Trinkgewohnheiten zu machen. Seit über einem Jahr hatte sich ihre Cocktail-Stunde zu einem festen Bestandteil des Tagesablaufs entwickelt, und aus den zwei oder drei Drinks waren vier oder fünf geworden. Sie teilte Mr. Walters ihre Sorgen mit, und sie kamen überein, gemeinsam ein Experiment durchzuführen: Sie nahmen sich vor, eine Woche lang auf ihre Cocktails zu verzich-

Alkohol-Stimuli, wie Whiskyflaschen und Werbeplakate mit Leuten, die genußvoll einen Drink schlürfen; in der zweiten Situation war der Raum kahl und leer, bis auf einen Stuhl und die Trinkmaschine.

Die visuellen Stimuli hatten, wie sich herausstellte, einen erheblichen Einfluß auf das jeweilige Verhalten der Testpersonen: die Gelegenheitstrinker bedienten den Hebel bedeutend häufiger (und tranken somit auch mehr), wenn die erwähnten Auslösereize auf sie einwirkten. Interessanterweise legten die chronischen Alkoholiker in diesem Test ein anderes Verhaltensmuster an den Tag als die Gelegenheitstrinker – sie tranken nämlich große Mengen, ganz gleich, wie ihre Umgebung geartet war. Offensichtlich tranken die chronischen Alkoholiker dieser Studie häufig allein zu Hause und wohl hauptsächlich als Reaktion auf innere Stimuli, zum Beispiel Entzugsbeschwerden, Angstgefühle oder Depressionen. Gelegenheitstrinker dagegen

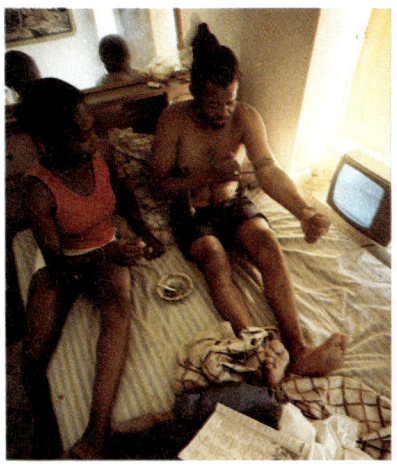

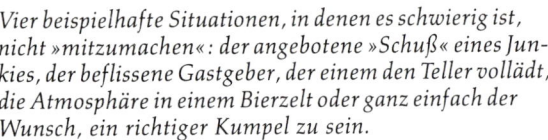

*Vier beispielhafte Situationen, in denen es schwierig ist,
nicht »mitzumachen«: der angebotene »Schuß« eines Jun-
kies, der beflissene Gastgeber, der einem den Teller vollädt,
die Atmosphäre in einem Bierzelt oder ganz einfach der
Wunsch, ein richtiger Kumpel zu sein.*

ten, um zu prüfen, wie wichtig der Alkohol in
ihrem Leben geworden war.

Am ersten Tag ihres Privatexperiments saßen
die Walters abends wie gewöhnlich (allerdings
ohne Drinks) beisammen. Beide merkten, daß
sie immer angespannter und nervöser wurden.
Ja, sie mußten sich eingestehen, daß sie ein heftiges Verlangen nach einem Drink verspürten.
Es fiel ihnen schwer, sich zu entspannen und auf
ihr Gespräch zu konzentrieren. Allein die Situation – Wohnzimmer, sechs Uhr – reichte aus,
um das Bedürfnis auszulösen.

Familie und Freunde

Auch was andere Leute tun oder sagen, kann
Gewohnheiten auslösen. Allein die Gegenwart
einer anderen Person, die eine ähnliche Verhal-
tensweise zeigt, ist oft von großem Einfluß. Dr.
Wayne Glad und Dr. Vincent Adesso von der
University of Wisconsin untersuchten dieses
Phänomen, das sie als »Verhaltensansteckung«
bezeichneten. Sie forderten College-Studenten,
die entweder Gelegenheits- oder Gewohnheitsraucher waren, auf, in einem Raum mit anderen
Personen Platz zu nehmen. Eine Hälfte der Studentengruppe teilte den Raum mit rauchenden,

die andere Hälfte mit nicht rauchenden Personen. Zwei Versuchsleiter beobachteten das Geschehen durch ein Einwegfenster, zählten, wie
viele Zigaretten geraucht, wie viele Züge gemacht, wie häufig Asche abgestreift und wie
viele Minuten insgesamt mit dem Rauchen ver-
bracht wurden. Das Rauchverhalten erwies sich
tatsächlich als ansteckend, und zwar insofern,
als die Studenten, die nur von Rauchern umge-
ben waren, wesentlich mehr rauchten als die von
Nichtrauchern umgebenen Studenten. Dieser
Einfluß war bei den Gelegenheitsrauchern generell größer als bei den Gewohnheitsrauchern.
Das könnte einfach darauf hindeuten, daß starke
Raucher süchtiger nach Nikotin sind und daß
deshalb die Menge der gerauchten Zigaretten
vorwiegend durch innere physiologische Reize
ausgelöst wird und weniger durch äußere um-
weltbedingte Stimuli.

Umgekehrt rauchen manche Leute in Gesellschaft von Nichtrauchern weniger. Aus einer
Studie des Medical Center der University of
Mississippi geht hervor, daß Gelegenheitsrau-
cher häufiger an der Zigarette zogen und tiefer
inhalierten, wenn sie allein rauchten. Sozialer
Kontakt mit Leuten, die nicht rauchten, führte
zu einer allgemeinen Reduktion des inhalierten
Rauches. Ähnlich wie bei dem anderen Experi-

ment hatte das Rauchverhalten der sie umgebenden Personen auf die starken Raucher keinen Einfluß.

Hier müssen noch die sogenannten »freundlichen Feinde« erwähnt werden, die einen erheblichen Einfluß auf das spezifische Suchtverhalten ausüben können. Wie oft hört man auf Cocktailpartys die Bemerkung: »Nun komm schon – ein kleiner Drink wird dir nicht schaden!« Der Drogen-Pusher ist wohl der übelste Vertreter dieser »Freunde«, doch auch der Alkohol-, der Zigaretten- oder der Süßigkeitsverführer kann sehr gefährlich sein. Solche Leute lösen nicht nur schlechte Gewohnheiten aus, sie »belohnen« sie auch noch durch positive Kommentare oder gesteigerte Aufmerksamkeit. Nachdem der Alkohol-Verführer seinen Freund zu einem Whisky überredet hat, den dieser eigentlich gar nicht trinken wollte, legt er seinen Arm um die Schulter seiner »Eroberung« und sagt: »Siehst du, mein Lieber, ich wußte doch, daß es dir schmecken wird!«

Gedanken

Viele Menschen unterschätzen den Einfluß, den Gedanken auf ihr Verhalten ausüben – dabei reden sie sich ihre schlechten Gewohnheiten oft selbst ein! Im ersten Kapitel sprachen wir über die Gefühle der Dissoziation (auch kognitive Dissonanz genannt), die immer dann entstehen, wenn ein Verhalten mit den allgemeinen Anschauungen, Einstellungen oder mit der sogenannten öffentlichen Meinung unvereinbar ist. Wenn eine Person einerseits glaubt, daß Rauchen gesundheitsschädlich ist, sich andererseits aber eine Zigarette anzündet, so befindet sie sich in einem Zustand der Dissonanz. Ein solcher Konflikt kann dadurch vermieden werden, daß sich die Person eine akzeptable Entschuldigung zurechtschustert. Sie könnte sich zum Beispiel sagen: »Eine *einzige* Zigarette wird mir doch nicht schaden«, oder: »Dies ist eine Ausnahmesituation, ein besonderer Anlaß.« Und damit hat sie sich aus der Schlinge gezogen. Viele Leute vermeiden kognitive Dissonanz, indem sie die persönliche Verantwortung für ihr Handeln ablehnen und sagen: »Wenn mich meine Arbeit nicht so stressen würde, hätte ich das Rauchen längst aufgegeben«, oder: »Ich war einfach zu nervös und angespannt – deshalb konnte ich der Verlockung nicht widerstehen.« Solche selbstgezimmerten Entschuldigungen fördern das Verhalten, indem sie seine Bedeutung verharmlosen.

Emotionen

Emotionen üben einen starken Einfluß auf erlerntes Verhalten aus. Zorn, Langeweile, Einsamkeit, Depression und Nervosität – sie alle sind häufig Auslöser für Süchte und Zwänge. Durch Emotionen erzeugtes Suchtverhalten wird durch die emotionale Erregung verstärkt, die es erzeugt. Süchte geraten zu einem Mittel, um »sich gehen zu lassen« und der Routine des Alltags zu entfliehen.

Gewisse Arten zwanghaften Verhaltens – zum Beispiel übermäßiges Essen – sind für emotionale Einflüsse wie Streß und Depression besonders empfänglich. Professor Albert Stunkard, ein Experte auf dem Gebiet der Fettsucht,

---

Benjamin Franklin als Selbstbeobachter

Einer der ersten uns bekannten »Selbstbeobachter« war kein anderer als Benjamin Franklin. Dieser große amerikanische Staatsmann, Naturwissenschaftler und Erfinder strebte sein ganzes Leben lang nach Selbstverbesserung – für sich, aber auch für andere. Seine berühmten Merksprüche, die zu Sparsamkeit, Fleiß und Bescheidenheit auffordern, sind in seinem zwischen 1733 und 1758 veröffentlichten *Poor Richard's Almanach* nachzulesen. Seine gescheiten und geistreichen Merksprüche zeugen von einer großartigen Kenntnis der menschlichen Natur. Eine seiner bekanntesten Lebensregeln, »Early to bed and early to rise, makes a man healthy, wealthy and wise« (frühes Zubettgehen und frühes Aufstehen machen den Menschen gesund, reich und weise), lernt noch heute jeder Englisch-Schüler.

Franklins hochfliegendes Lebensziel bestand darin, ». . . zu keiner Zeit irgendeinen Fehler zu begehen«. Das war natürlich leichter gesagt als getan. Als Wissenschaftler aber argumentierte er, daß das Verhalten, ähnlich wie die physikalischen Vorgänge der Natur, systematisch untersucht und, wenn nötig, geändert werden könne. Zu diesem Zweck arbeitete er eine Selbstbeobachtungs- und Selbstüberwachungsstrategie aus, wobei er zunächst alle die von ihm angestrebten Verhaltensweisen auflistete. Dazu zählten die 13 folgenden »Tugenden«:

1. Enthaltsamkeit
2. Schweigsamkeit
3. Ordnung
4. Entschlossenheit
5. Bescheidenheit
6. Fleiß
7. Ehrlichkeit
8. Gerechtigkeit
9. Mäßigung
10. Sauberkeit
11. Gelassenheit
12. Sittsamkeit
13. Demut

Es fällt auf, daß Franklin die positiven und nicht die negativen Verhaltensweisen auflistete, also Enthaltsamkeit statt Trunkenheit, Bescheidenheit statt Überheblichkeit, Gelassenheit statt Angst und Nervosität. Moderne Verhaltensforscher haben herausgefunden, daß diese Konzentration auf positives Verhalten bei der Modifizierung von Gewohnheitsmustern erfolgversprechender ist als die auf negative Verhaltensweisen.

Sobald Franklin seine Liste fertiggestellt hatte, vermerkte er in einem Notizbuch, zu welchem Zeitpunkt welches Verhalten aufgetreten war. Er war sich darüber im klaren, daß strenge Selbstbeobachtung zum besseren Verständnis der eigenen Fehler beiträgt.

Eine Seite von Franklins Notizbuch ist hier abgedruckt. Wie wir sehen, hat er *alle* Gewohnheiten beobachtet, wenn er sich auch pro Woche nur auf die Verbesserung einer einzigen konzentrierte. Enthaltsamkeit war also sein Ziel für die erste Woche. Bis zum Ende der 13. Woche hoffte er, alle schlechten Gewohnheiten abgebaut und »moralische Vollkommenheit« erlangt zu haben.

Ein Sternchen im jeweiligen Kästchen deutet auf ein Fehlverhalten hin. Während der ersten Woche hatte Franklin offensichtlich Probleme mit Schweigsamkeit und Ordnung. Er überprüfte sein Protokoll sorgfältig, um herauszufinden, was »schiefgelaufen« war, mit anderen Worten – er suchte nach den auslösenden Reizen und den Konsequenzen.

	S	M	D	M	D	F	S
E							
S	*	*		*		· *	
O	* *	*	*		*	*	*
E			*			*	
B		*			*		
F							
E			*				
G							
M							
S							
G							
S							
D							

* Fehlverhalten

stellte fest, daß ein unter Fettsucht leidender Mensch, der ein emotionales Trauma durchmacht, bis zu 20 000 Kalorien am Tag konsumieren kann. Das ist mehr, als ein »normal« Essender pro Woche zu sich nimmt!

Selbstbeobachtung

Bevor wir einen »Verhaltensfahrplan« ausarbeiten, müssen wir ermitteln, welchen Einfluß die verschiedenen Auslösereize und Konsequenzen auf die jeweiligen Gewohnheiten haben. Die meisten Menschen wissen nur sehr wenig über die Bedingungen, die ihr Verhalten beeinflussen. Wenn sie gefragt werden: »Was veranlaßt Sie, zu trinken, zu rauchen oder übermäßig zu essen?«, so antworten sie gewöhnlich: »Wenn ich das wüßte, könnte ich mich beherrschen.« Und damit haben sie völlig recht. Leider aber gibt es weder Universaltests noch psychologische Schnellverfahren, mit denen dieses Problem gelöst werden könnte.

Der Schlüssel zur Selbsterkenntnis ist die Selbstbeobachtung. Der Betroffene muß sein Verhalten studieren und analysieren – wie ein Wissenschaftler, der eine kranke Zelle unter dem Mikroskop untersucht. Das ist natürlich nur möglich, wenn das Verhalten genau, systematisch und regelmäßig beobachtet wird. Ein Wissenschaftler, der nur hier und da mal in sein Mikroskop schaut, wird mit Sicherheit nie ein Mittel gegen den Krebs finden.

Methoden der Selbstbeobachtung

Zuallererst muß sich der Betroffene darüber klarwerden, was beobachtet werden soll und welches das entscheidende Zielverhalten ist. Das Gewohnheitsmuster, das beobachtet wird, muß zunächst zahlenmäßig erfaßt werden. Der Spieler zum Beispiel notiert, wie viele Minuten oder Stunden er jeweils im Spielsalon oder Wettbüro verbringt. Die wichtigsten Einzelfaktoren sind: die Uhrzeiten, zu denen gespielt wurde, die Häufigkeit und Dauer der Spielperioden pro Tag und pro Woche. Auf diese Weise bleibt das Protokoll knapp und objektiv. Subjektive Selbstanalysen wie »Ich habe diese Woche etwas mehr getrunken als letzte Woche« oder »Mein Pro-

Achten Sie gut auf überflüssige Kalorien! Durch genaues Protokollieren dessen, was Sie essen und wann Sie es essen, können Sie Ihre Ernährungsgewohnheiten steuern.

Einige Zielverhaltensweisen bei der Selbstbeobachtung

Problem	Verhaltensweisen
Alkoholismus	Zahl der Drinks pro Tag Alkoholmenge pro Tag Arten der Getränke pro Tag
Rauchen	Zahl der Zigaretten pro Tag Zahl der Züge pro Zigarette Nikotinmenge pro Tag
Drogensucht	Drogenmenge (mg) pro Tag Drogenarten pro Tag Zahl der Pillen oder Injektionen pro Tag
Sexuelle Störungen	Zahl der Vorfälle Zahl der Impulse
Zwänge (z. B. Waschzwang)	Zahl der Kontrollepisoden Zahl der Gedanken über mögliche Ansteckung
Übergewicht	Zahl der Kalorien pro Tag Zahl der Mahlzeiten/Snacks Dauer und Art der körperlichen Betätigung
Glücksspiel	Zahl der Einsätze Betrag des eingesetzten Geldes Im Kasino oder Wettbüro verbrachte Zeit
Arbeitssucht	Zahl der Arbeitsstunden Zahl der mit Freizeitaktivitäten verbrachten Stunden

blem verschlimmert sich«, liefern keine nützliche Information.

Außerdem muß sich der Selbstbeobachter darüber im klaren sein, daß er nicht zuviel gleichzeitig beobachten kann. Ein Raucher zum Beispiel, der zugleich trinkt und zuviel ißt, sollte sich entscheiden, welche dieser drei Gewohnheiten er zuerst ändern will. Werden zu viele Verhaltensweisen kontrolliert, so ist eine sorgfältige und genaue Beobachtung nicht möglich.

Neben der *Auftretenshäufigkeit* der Gewohnheit müssen auch die vorausgehenden Ereignisse und die Konsequenzen dieser Gewohnheit beobachtet werden. Die Person, die ihre Verhaltensweisen überwacht, muß die gesamte Ereignisabfolge kontrollieren (angefangen bei der Situation einige Minuten *vor* bis hin zu der Situation einige Minuten *nach* Auftreten des Verhaltens). Vier Aspekte sollten berücksichtigt werden, wenn es um die Umstände geht, die das Verhalten ausgelöst haben könnten: der allgemeine Rahmen oder die Situation, die Zahl der anwesenden Personen, die in der Situation er-

lebten Gefühle und die Gedanken, die einem in diesem Zeitraum durch den Kopf gegangen sind. Danach müssen die Konsequenzen der Gewohnheit beobachtet und festgehalten werden. Auch hier kommt es auf die objektive Beobachtung an – das Geschehen soll weder gewertet noch begründet werden. *Die vorausgehenden Reize und die Konsequenzen sind die Gründe! Um Verhalten erfolgreich zu verändern, bedarf es keiner weiteren Erklärung.* Die Bedeutung einer solchen deskriptiven wissenschaftlichen Beobachtungsweise kann gar nicht genug hervorgehoben werden. Wer sich nicht daran hält, wird anfangen, nach den psychologischen Ursachen zu suchen, die dem Verhalten zugrunde liegen könnten, und sich in Mutmaßungen und Spekulationen verlieren. Die Frage darf nie »Warum?« heißen – sie heißt »Was?«, »Wann?«, »Wo?« und »Unter welchen Bedingungen?«

Führen eines Selbstkontroll-Tagebuchs

All diese Beobachtungen sollten protokollarisch in einem Selbstkontroll-Tagebuch festgehalten werden. Solch ein »Verhaltenstagebuch« läßt Muster innerhalb der Gewohnheiten und der sie auslösenden Situationen erkennen. Zu diesem Zweck muß das Tagebuch methodisch und sachlich geführt werden. Seitenlange detaillierte Beschreibungen von täglichen Erlebnissen mögen als Erinnerung interessant sein, für die Analyse spezifischer Probleme jedoch eignen sie sich nicht.

Verhaltenstagebücher können sehr unterschiedlich gestaltet sein. Manche Leute registrieren ihr Verhalten auf Karteikarten, andere in Notizbüchern, die handlich sind und stets mitgeführt werden können. Wie ein solches Tagebuch am besten angelegt wird, wollen wir anhand eines Beispiels illustrieren: Terry, ein 38jähriger Regierungsangestellter, verheiratet und Vater von zwei Kindern, begab sich in Behandlung, um mit seinem Alkoholproblem fertigzuwerden. Sein Vorgesetzter hatte sich bereits mehrmals über sein häufiges Fehlen am Arbeitsplatz wegen angeblicher Krankheit beschwert. (In Wirklichkeit hatte Terry an diesen Tagen getrunken oder seinen Rausch ausgeschlafen.) Nun drohte sein Vorgesetzter mit

Trinktagebuch

Donnerstag, 14. April 1981

Uhrzeit	Auslösereiz	Verhalten	Konsequenz
11 Uhr	Bar neben Büro, war nervös, angespannt und wütend auf den Chef.	3 Bier	Fühlte mich entspannter.
12.30 Uhr	Mittagessen mit Kollegen.	2 Bier	Keine besonderen Gefühle, Gedanke: »Ich hab' mein Trinken völlig im Griff. Vielleicht hab' ich eigentlich gar kein Problem.«
17 Uhr	Nach Büroschluß in Stammkneipe. Wußte, daß Freunde da sein würden. Immer noch wütend auf den Chef.	4 Whiskys	Fühlte mich entspannt. Genoß Gesellschaft meiner Freunde. Einer überredete mich, noch ein Glas zu trinken.
18.45 Uhr	Kam spät heim, Frau wütend, schimpfte über meine Trinkerei, ich war nervös und wütend, sagte aber nicht viel.	2 Whiskys	Wurde gesprächiger, ließ meinen Zorn raus, schoß aber übers Ziel hinaus und brüllte Frau und Kinder an.
20.30 Uhr	Schlechtes Gewissen wegen Zornausbruch. Dachte: »Jetzt ist's sowieso egal. Trink mir richtigen Rausch an. Werd' ihr schon zeigen, wer der Herr im Hause ist.«	3 Whiskys	War beduselt. Schlief auf der Couch ein.

Entlassung für den Fall, daß Terry noch einmal unentschuldigt der Arbeit fernblieb. Obwohl sich Terrys Trinkproblem im Lauf der letzten Jahre verschlimmert hatte, hatte es bisher seine Arbeit selbst nicht beeinträchtigt.

Zu Beginn der Behandlung schien Terry (wie viele Opfer von Zwängen und Süchten) kaum Kenntnis von den Faktoren zu haben, die sein Trinken beeinflußten. Er konnte lediglich sagen, daß er täglich ziemlich viel trank, »weil das Zeug so gut schmeckt«. Er wurde gebeten, eine Woche lang ein »Trink-Tagebuch« zu führen, um sein Verhalten besser analysieren zu können. Er sollte nach jeder Trinkepisode Tageszeit, Anzahl und Art der Drinks sowie die vorausgegangenen Reize und die Konsequenzen festhalten. Diese Selbstbeobachtungstechnik wurde Terry im einzelnen erläutert. Bei der Aufzeichnung der vorausgehenden und nachfolgenden Bedingungen sollten nicht nur Ort und Umstände, sondern auch Gedanken und Gefühle berücksichtigt werden. Nach einer Woche strenger Selbstprotokollierung lieferte sein Tagebuch ein detailliertes

Frustrationen können selbstzerstörerisches Verhalten auslösen. Manchmal müssen die Menschen Selbstbehauptung erst lernen.

Bild seiner Trinkgewohnheiten. Ein Tag aus seinem Tagebuch ist hier abgedruckt. Überblickt man diesen und die anderen sechs Tage, so wird deutlich, daß Terry vorwiegend nachmittags und abends trank. Die beiden wichtigsten Bedingungen, die den Alkoholkonsum auslösten, waren erstens Gefühle von Angespanntheit und unterdrücktem Zorn und zweitens geselliges Beisammensein mit Freunden. Ein dritter Faktor, der mit der Zeit immer stärker in den Vordergrund trat, war das Gefühl von Schuld und Reue über exzessives Trinken oder rüpelhaftes Benehmen während der Trinkepisoden. Die verstärkenden Konsequenzen des Trinkens schienen zu sein: (1) Spannungsreduzierung, (2) die Fähigkeit, Ärger unmittelbarer zu artikulieren, (3) vergnüglicher und zwangloser Umgang mit Freunden. Als Terry mit Hilfe seines Therapeuten das Tagebuch zu analysieren begann, entdeckte er Regelhaftigkeiten in seinem Trinkverhalten, und er erkannte die Situationen, die dieses Verhalten auslösten.

Auf dieser Grundlage war es möglich, bestimmte *Risikosituationen* auszumachen, d. h. Bedingungen, unter denen Terry mit größter Wahrscheinlichkeit zur Flasche griff. Durch Erkennen dieser Risikosituationen war Terry in der Lage, Voraussagen über sein Trinkverhalten zu machen. Die Fähigkeit nun, zu erkennen, wann die Versuchung am größten sein wird, ist einer der Schlüssel zur erfolgreichen Verhaltensänderung. Bei Terry zum Beispiel lagen folgende Risikosituationen vor:

1. Wut auf den Chef, verbunden mit der Unfähigkeit, sie zum Ausdruck zu bringen.
2. Angespanntheit, besonders in den späten Morgenstunden nach einer alkoholreichen Nacht.
3. Geselliges Beisammensein mit Freunden und der Drang mitzutrinken.
4. Streit mit der Ehefrau wegen seines Trinkens und wegen seiner Unfähigkeit, sich gegen den Chef durchzusetzen.

Durch diese Analyse war es möglich, Behandlungsziele festzulegen, die wirklich Terrys individuellen Bedürfnissen entsprachen. Anhand solcher Ziele kann der Betroffene effektivere Strategien entwickeln, um die Auslöser des un-

erwünschten Verhaltens zu meiden oder zu bewältigen. Außerdem ermöglichen sie es ihm, die positiven und negativen Konsequenzen von abstinentem bzw. nicht abstinentem Verhalten bewußt zu erleben. Die Behandlungsziele in Terrys Fall waren:

1. Methoden entwickeln, um seinen Zorn direkter auszudrücken, ohne dabei aggressiv zu werden.
2. Methoden physischer und psychischer Entspannung erlernen und regelmäßig praktizieren.

Schlechte Beziehungen, zu Hause wie am Arbeitsplatz, lösen heftige und unkontrollierbare Gefühle aus. Das Lernen und Entwickeln bestimmter Fertigkeiten – besser mit sich selbst und mit anderen auszukommen – trägt dazu bei, Verhaltensmuster dauerhaft zu ändern.

Selbstkontrolle: Verhaltenstagebücher

Verhaltenstagebücher müssen knapp und präzise und so angelegt sein, daß sie ein klares Bild von den Reizen vermitteln, die das gewohnheitsmäßige Verhalten auslösen. Hier ein Beispiel aus einem Raucher-Verhaltenstagebuch, geführt an einem typischen Montagmorgen. Die Selbstbeobachterin, Evelyn M., ist eine 36jährige geschiedene Immobilienmaklerin.

Rauchertagebuch

Montag, 1. Februar 1982

Uhrzeit des Rauchens	Stärke des Verlangens (0 bis 5)	Ort	Tätigkeit	Gedanken oder Gefühle
7.30 Uhr	5	Bett	Versuch, langsam aufzuwachen	Nichts Bestimmtes
8.00 Uhr	4	Küche	Frühstück	Entspannung
8.20 Uhr	4	Schlafzimmer	Telefonieren mit Büro	Nachdenken über vollen Terminplan
8.45 Uhr	3	Auto	Fahrt zum Büro	Leicht angespannt (»Wird es mir gelingen, das Haus zu verkaufen?«)
9.20 Uhr	4	Büro	Kaffeetrinken, Korrespondenz	Gedanken, wie ich Schreibarbeit hasse
10.00 Uhr	2	Büro	Warten auf Kunden	Ungeduld
10.20 Uhr	3	Auto	Fahrt mit Kunden zu Häusern	Leicht angespannt
10.50 Uhr	3	Auto	Fahrt mit Kunden zu Häusern	Leicht angespannt
11.30 Uhr	4	Büro	Gespräch mit Kunden über Details eines Hauses	Spannung: Wird der Kunde das Haus kaufen?
12.15 Uhr	2	Büro	Gespräch mit Kollegen über gelungenen Verkauf	Freude und Stolz, Zigarette zur Belohnung und Entspannung

3. Fertigkeiten der »Trinkverweigerung« erwerben und praktizieren, um dem Druck, der von Freunden und Kollegen ausgeht, gewachsen zu sein.

4. Streit und Unstimmigkeiten mit der Ehefrau reduzieren, positive Interaktionen dagegen vermehren.

5. Hilfe von Freunden und Kollegen suchen, um die positiven sozialen Konsequenzen des Trinkens zu reduzieren.

6. Entschuldigungen und negative Gedanken, die das Trinken förderten, durchschauen und kontrollieren lernen.

Die Früchte der Selbstbeobachtung

Die Selbstbeobachtung dient nicht nur der persönlichen Selbsteinschätzung, sie ist auch ein wirksames Mittel, das unerwünschte Verhalten tatsächlich zu ändern. Sobald sich eine Person über ihr Verhalten klarwird, fällt es ihr meist auch leichter, es zu kontrollieren. Dr. David Watson und Dr. Roland Tharp von der University of Hawaii, beide Spezialisten auf dem Gebiet der Selbstbeobachtung, stellen ihren Psychologiestudenten die Aufgabe, über eines ihrer persönlichen Verhaltensmuster Protokoll zu führen. Die Studenten entscheiden sich meist für Rauchen, Lernen (wenn sie Lernschwierigkeiten haben) oder Essen. Einer der Studenten soll sich nach wenigen Tagen der Selbstbeobachtung an seine Dozenten gewandt und gesagt haben: »Tut mir leid, aber ich kann keinen Plan ausarbeiten. « – »Und warum nicht?« – »Mein Problem ist, daß mein Problem nicht mehr existiert!«

Der bloße Akt der Selbstprotokollierung lenkt das Verhalten oft schon in eine positive Richtung. Raucher, die ihre Rauchgewohnheiten protokollieren, rauchen etwa 20 Prozent weniger als gewöhnlich, Leute mit Übergewicht konsumieren weniger Kalorien, Arbeitssüchtige haben mehr Spaß am Leben.

Neben Informationen über die auslösenden Faktoren liefert die Selbstbeobachtung auch regelmäßiges Feedback über die täglichen Schwankungen des Sucht- und Zwangsverhaltens. »Gute« Tage geben moralischen Auftrieb und sind motivierend; weniger gute Tage sollten kein Grund zur Verzweiflung, sondern zu neuer Anstrengung sein. Die an Fettsucht leidende Person, die ihr Tagebuch durchsieht, denkt bei sich: »Sieh dir das an! Gestern über 2000 Kalorien zuviel! Wenn ich so weitermache, werde ich nie mehr in meine Lieblingskleider passen. Morgen werd' ich das Problem richtig in die Hand nehmen. «

Zwei Faktoren bei der Selbstbeobachtung haben sich als besonders motivierend erwiesen. Der erste betrifft die Frage, *wann* die Aufzeichnung stattfindet. Dr. Allan Bellac von der University of Pittsburgh forderte eine Gruppe von fettsüchtigen Frauen auf, ihre Eßgewohnheiten über mehrere Wochen hin zu protokollieren. Eine Hälfte der Testgruppe wurde gebeten, die Art der Nahrung, die Menge und die Kalorienzahl *vor* dem Essen einzutragen, während die andere Hälfte das gleiche *nach* dem Essen tun sollte. Die Gruppe, die ihre Eintragungen vor den Mahlzeiten machte, konsumierte weniger Kalorien und verlor bedeutend mehr Gewicht als die andere Gruppe. Die Frauen erklärten, daß ihnen durch Notieren der Kalorienzahl vor dem Essen sehr viel deutlicher bewußt würde, was und wieviel sie gerade zu verzehren beabsichtigten.

Der zweite Faktor hängt mit der Art der Informationen zusammen, die aufgezeichnet werden. Dr. David Abrams und Dr. G. Terence Wilson von der Rutgers University untersuchten die Frage, ob ein bestimmter protokollierter Informationstyp eine Verhaltensänderung besser bewirkt als ein anderer. Dazu führten sie folgendes Experiment durch: 50 Prozent der Testpersonen wurden gebeten, die Anzahl der gerauchten Zigaretten aufzuzeichnen, die anderen 50 Prozent sollten die täglich konsumierte Nikotinmenge festhalten. (Da die Nikotinmenge pro Zigarette auf der Schachtel angegeben ist, ist es nicht schwer, ein solches Protokoll zu führen.) Dabei stellte sich die Überwachung der Nikotinmenge als weitaus wirkungsvoller heraus. Über eine Zeitdauer von vier Wochen nahm hier der Zigarettenkonsum um 50 Prozent ab – bei der anderen Gruppe nur um 15 Prozent!

Die Gewißheit, daß es zu schaffen ist, und die Überzeugung, es schaffen zu können, sind enorm motivierend. Hier hat es geklappt! Ein solcher Verhaltensfahrplan aber muß methodisch aufgebaut sein, wenn er zum Ziel führen soll. Die genaue Protokollführung über bestimmte Verhaltensweisen ist ein erster Schritt zum Erfolg.

3
Selbstkontrolle (2):
Selbstmanagement

Nach genauer Analyse eines Verhaltenstagebuches lassen sich spezifische Umstände und Situationen ausmachen, die das unerwünschte Verhalten auslösen. Der nächste Schritt besteht nun darin, Selbstbeherrschungstechniken zu erlernen, um solchen Situationen nicht mehr wehrlos ausgeliefert zu sein.

Die meisten Leute setzen Selbstbeherrschung gleich mit Willenskraft und Charakterstärke. Einem zwanghaften Verlangen nachzugeben wird als Schwäche betrachtet – als Beweis dafür, daß es dem Betreffenden an Selbstbeherrschung mangelt. »Ich kann allem widerstehen«, schrieb Oscar Wilde, »nur der Versuchung nicht.«

Selbstbeherrschung wird fälschlicherweise oft als ein Alles-oder-Nichts-Charaktermerkmal angesehen, so als hätten einige Menschen viel, andere so gut wie keine Entschlußkraft in die Wiege gelegt bekommen. Vermeintlicher Mangel an Willenskraft kann gefährlich sein, da er gern als Entschuldigung benutzt wird: »Ich konnte nicht anders, ich mußte es tun«, oder: »Ich bin eben willensschwach, aber das ist doch nicht meine Schuld« – so ziehen sich viele Menschen aus der Affäre.

In Wirklichkeit setzt sich die Selbstbeherrschung aus einer Reihe von Fertigkeiten zusammen, die erlernt und durch Praxis verbessert werden können. Eine gute Definition liefern uns Dr. Goldfried und Dr. Merbaum in ihrem Buch *Behaviour Change Through Self-Control.* Sie beschreiben Selbstbeherrschung als »einen Prozeß, durch den eine Person zum Hauptagierenden wird, indem sie jene Teilaspekte ihres eigenen Verhaltens lenkt, dirigiert und reguliert, die zu den erwünschten positiven Konsequenzen führen könnten«. So gesehen, spricht man vielleicht besser von Selbststeuerung oder *Selbst-*

management. Das Steuern eines Suchtverhaltens ist vergleichbar mit der Leitung eines Betriebs. Ähnlich wie beim Mangement in der Wirtschaft gehört auch zum Selbstmanagement aktives Vorausplanen und Problemlösen. Ein Raucher glaubt vielleicht, Willenskraft zu demonstrieren, wenn er vor einem Zigarettenautomaten steht und mit sich kämpft, ob er nun eine Schachtel ziehen soll oder nicht. In Wirklichkeit deutet ein solches Verhalten auf mangelnde Selbstkontrolle hin, da sich der Raucher bewußt in eine riskante Situation begibt und dadurch die Wahrscheinlichkeit erhöht, daß es zu dem unerwünschten Verhalten kommt. Der »Selbstmanager« würde in einem solchen Problemfall einen Weg wählen, auf dem er sicher sein kann, an keinem Zigarettenautomaten vorbeizukommen. Die verführerischen Umstände müssen erkannt werden, und dann muß man (im voraus!) Strategien entwickeln, um sie zu vermeiden.

Wie dieser Feuerwehrmann können auch Sie lernen, sich gegen Gefahren zu wappnen – auf die »Ausrüstung« kommt es an!

Wie läßt sich Selbstmanagement messen?

Dr. Michael Rosenbaum von der Haifa-Universität in Israel entwickelte kürzlich ein Verfahren, um zu testen, inwieweit gewisse Menschen ihr Verhalten bewußt (und nicht durch angeborene Willensstärke) steuern können. Er konzipierte einen *Selbstkontroll-Fragebogen*, der einen breiten Fächer von Selbstmanagementfertigkeiten umfaßt (siehe Kasten S. 33). Wie man sieht, beziehen sich mehrere Punkte dieses Fragebogens auf die Art und Weise, wie eine Person unangenehme Gefühle bewältigt (z. B. »Wenn ich deprimiert bin, versuche ich, an angenehme Dinge zu denken«). Andere betreffen Methoden, die angewandt werden, um die unmittelbare Belohnung hinauszuzögern (»Wenn ich eine langweilige Arbeit zu erledigen habe, denke ich an die weniger langweiligen Aspekte dieser Arbeit und an die Belohnung, die auf mich wartet, wenn ich sie abgeschlossen habe«). Andere Fragen testen die Fähigkeit, alternative Lösungen für Probleme zu finden (»Wenn es mir schwerfällt, mich auf eine bestimmte Arbeit zu konzentrieren, teile ich sie in kleine Abschnitte auf«).

Nachdem Rosenbaum eine Reihe von Personen nach diesem Verfahren getestet hatte, fragte

Wie wär's mit einem Zug? Will man eine Gewohnheit ablegen, so geht man der Versuchung am besten für eine Weile aus dem Weg.

er sich, ob die Teilnehmer mit hohen Punktwerten ihr Verhalten auch tatsächlich besser im Griff hatten als die mit niedrigen Punktwerten. Um dieser Frage nachzugehen, entwickelte er ein interessantes Experiment. Nach Auswertung des *Selbstkontroll-Fragebogens* wurde jeder der 40 Testteilnehmer aufgefordert, seine rechte Hand so lange wie möglich in schmerzhaft kaltes Eiswasser einzutauchen. Die 40 freiwilligen Versuchspersonen wurden in zwei Gruppen aufgeteilt – eine Versuchs- und eine Kontrollgruppe. Die Versuchsgruppe wurde vor dem Experiment mit einer simplen Selbstmanagementtechnik vertraut gemacht: Die Teilnehmer sollten sich etwas Angenehmes vorstellen, um sich von dem Gefühl der Kälte und des Unbehagens abzulenken. Die Kontrollgruppe bekam keine solche Unterstützung. Resultat: Die Teilnehmer der ersten Gruppe waren in der Lage, den Schmerz zweieinhalb Minuten länger zu ertragen als die der zweiten Gruppe.

Der nächste Schritt bestand darin, die Relation zwischen der erreichten Punktzahl auf dem

Auf eigenen Füßen zu stehen sollte – ähnlich wie das Sich-Aufrechthalten auf einem Surfbrett – als eine erlernbare Fertigkeit betrachtet werden und nicht als etwas, was nur wenige beherrschen.

Selbstkontroll-Fragebogen und der Leistung bei diesem Kaltwassertest zu ermitteln. Die Teilnehmer beider Gruppen wurden gemäß ihrer Punktzahlen in gute und schlechte »Selbstmanager« (GS und SS) eingeteilt. In der Versuchsgruppe erzielten die GS einen Durchschnittswert von 37,8, die SS von nur 6,6 Punkten. Auch in der Kontrollgruppe bestand ein großer Unterschied zwischen GS und SS. In jeder Gruppe hielten die GS knapp zwei Minuten länger durch als die SS.

Mit Hilfe der Ablenkungsstrategie war es also den Teilnehmern der Versuchsgruppe (ungeachtet ihrer Punktzahlen) möglich, den Kälteschmerz länger auszuhalten. Jeder schien von dem Selbstmanagement-Training zu profitieren. Würde ein solches Training über längere Zeit durchgeführt, so könnten die Punktwerte sicherlich noch erheblich gesteigert werden. Der

Der Rosenbaum-Selbstherrschungsfragebogen

Jede Aussage wird eingestuft mit Werten von +3 bis −3, d. h. von »sehr typisch für mich, völlig zutreffend« bis »sehr untypisch für mich, völlig unzutreffend«. Aussagen mit einem Sternchen sind negativ formuliert, so daß der Plus- oder Minuswert umgekehrt werden muß. Die durchschnittliche Punktzahl bei einer getesteten Studentengruppe (Durchschnittsalter 22 Jahre) lag zwischen 23 und 27. Interessanterweise erzielten Testgruppen mit älteren Teilnehmern (Durchschnittsalter 50 Jahre) höhere Punktwerte (durchschnittlich 31). Vielleicht ist Erfahrung doch am Ende der beste Lehrer!

Geben Sie mit Hilfe des folgenden Schlüssels an, wie typisch oder bezeichnend jede der hier aufgeführten Behauptungen für Sie ist.

+3 sehr typisch für mich, völlig zutreffend
+2 typisch für mich, weitgehend zutreffend
+1 halbwegs typisch für mich, in etwa zutreffend
−1 eher untypisch für mich, eher unzutreffend
−2 untypisch für mich, unzutreffend
−3 sehr untypisch für mich, völlig unzutreffend

1. Wenn ich eine langweilige Arbeit zu erledigen habe, denke ich an die weniger langweiligen Aspekte dieser Arbeit und an die Belohnung, die auf mich wartet, wenn ich sie abgeschlossen habe.
2. Wenn ich etwas tun muß, was mir Angst macht, versuche ich mir vorzustellen, wie ich diese Angst während der Arbeit überwinde.
3. Oft bin ich, wenn ich meine Denkweise ändere, auch in der Lage, meine Gefühle zu ändern.
4. Ohne Hilfe von außen fällt es mir häufig schwer, meine Nervosität und Anspannung zu überwinden.*
5. Wenn ich deprimiert bin, versuche ich an angenehme Dinge zu denken.
6. Ich muß immer wieder an die Fehler denken, die ich in der Vergangenheit gemacht habe.*
7. Wenn ich mit einem Problem konfrontiert bin, versuche ich es systematisch anzugehen.
8. Ich erledige meine Pflichten meist schneller, wenn mich jemand unter Druck setzt.*
9. Wenn ich vor eine schwierige Entscheidung gestellt bin, schiebe ich diese Entscheidung meistens hinaus, selbst dann, wenn die Situation günstig ist.*
10. Wenn es mir schwerfällt, mich auf meine Lektüre zu konzentrieren, suche ich nach Wegen, meine Konzentration zu verbessern.
11. Wenn ich mir vornehme zu arbeiten, entferne ich alle Dinge, die mich von meiner Arbeit ablenken könnten.
12. Wenn ich mir vornehme, eine schlechte Gewohnheit abzulegen, versuche ich zunächst, alle Faktoren ausfindig zu machen, die diese Gewohnheit fördern.
13. Wenn mich ein unangenehmer Gedanke quält, versuche ich, an etwas Angenehmes zu denken.

14. Wenn ich täglich zwei Schachteln Zigaretten rauchen würde, wäre ich sicher auf fremde Hilfe angewiesen, um mir das Rauchen abzugewöhnen.*
15. Wenn ich schlecht gelaunt bin, versuche ich mich aufzumuntern, damit meine schlechte Laune vergeht.
16. Hätte ich die nötigen Pillen dabei, so würde ich, wann immer ich angespannt und nervös bin, ein Beruhigungsmittel nehmen.*
17. Wenn ich deprimiert bin, versuche ich mich mit Dingen zu beschäftigen, die mir Spaß machen.
18. Ich neige dazu, unangenehme Aufgaben vor mir her zu schieben, auch wenn ich sie sofort erledigen könnte.*
19. Wenn ich eine schlechte Gewohnheit ablegen will, bin ich auf die Hilfe anderer angewiesen.*
20. Wenn es mir schwerfällt, eine neue Arbeit in Angriff zu nehmen, suche ich nach Wegen, sie mir schmackhaft zu machen.
21. Obwohl es mich deprimiert, muß ich oft an alle möglichen künftigen Katastrophen denken.*
22. Bevor ich mich mit Dingen beschäftige, die mir wirklich Spaß machen, schließe ich die Arbeiten ab, die erledigt werden müssen.
23. Wenn ich irgendwo in meinem Körper Schmerzen verspüre, versuche ich, nicht daran zu denken.
24. Wenn es mir gelungen ist, eine schlechte Gewohnheit abzulegen, steigt mein Selbstwertgefühl.
25. Wenn ich Angst habe zu versagen, rede ich mir ein, daß es keine Katastrophe ist und daß ich etwas unternehmen kann, um diese Angst zu überwinden.
26. Wenn ich merke, daß ich zu impulsiv bin, sage ich mir: »Halt! Erst überlegen und dann handeln!«
27. Selbst wenn ich schrecklich wütend auf jemanden bin, überlege ich genau, was ich tue.
28. Wenn ich weiß, daß ich eine Entscheidung treffen muß, zaudre ich meist, statt schnell und spontan zu handeln.
29. Meist tue ich zuerst die Dinge, die mir wirklich Spaß machen, auch wenn es Dringenderes zu erledigen gibt.*
30. Wenn ich merke, daß es mir unmöglich ist, rechtzeitig zu einem wichtigen Termin zu kommen, rede ich mir ein, daß es sinnlos ist, mich aufzuregen.
31. Wenn ich einen physischen Schmerz verspüre, versuche ich meine Gedanken davon abzulenken.
32. Wenn ich mehrere Dinge zu erledigen habe, mache ich gewöhnlich einen Arbeitsplan.
33. Wenn mein Geld knapp wird, beschließe ich, über meine Ausgaben Buch zu führen, damit ich in Zukunft besser planen kann.
34. Wenn es mir schwerfällt, mich auf eine Aufgabe zu konzentrieren, teile ich sie in kleinere Abschnitte auf.
35. Oft gelingt es mir nicht, unangenehme Gedanken, die mich quälen, beiseite zu schieben.*
36. Wenn ich hungrig bin, aber nicht essen kann, versuche ich meine Gedanken von meinem Magen abzulenken und mir einzureden, daß ich satt bin.

Selbstkontroll-Fragebogen ist ein nützliches Instrument zur Messung des Selbstmanagement-Niveaus und zur Bewertung von Fortschritten, wenn neue Bewältigungsfertigkeiten erlernt werden.

Welches aber sind diese Fertigkeiten? Allgemein unterscheidet man vier Hauptstrategien des Selbstmanagements:

Strategie 1: Veränderung der Umgebung

Wie wir gesehen haben, tragen viele Umstände und Situationen, die kurz vor einem Gewohnheitsmuster auftreten, zu seiner Zementierung bei. Gedanken, Gefühle, sozialer Druck, Assoziationen mit bestimmten Orten oder Tageszeiten – all das kann beim Zustandekommen eines Suchtverhaltens mit im Spiel sein. Gedanken und Gefühle werden am besten durch Entspannungs-, Selbstsicherheits- oder Gedankenkontrollübungen gesteuert, wie wir sie in Kapitel vier, fünf und sechs erläutern. Die Zeit/Ort-Assoziationen, die Süchte auslösen, lassen sich in vielen Fällen neutralisieren, indem die Umstände, die sie hervorrufen, modifiziert werden. Wenn Kaffeetrinken zum Beispiel das Verlangen nach einer Zigarette auslöst, so kann der Kaffee durch ein anderes Getränk ersetzt werden. Wird aber Kaffee getrunken, so nur unter relativ »risikolosen« Umständen, d. h. wenn keine Zigaretten in Reichweite sind.

Potentiell gefährliche Orte und Zeiten lassen sich am besten durch sorgfältige Analyse eines Verhaltenstagebuches ermitteln. Um ihrem Einfluß entgegenzuwirken, wird ein Selbstmanagementplan entwickelt. Anhand zweier Fälle von Alkoholikern, die von Dr. Miller behandelt wurden, möchten wir zeigen, wie ein solcher Plan aussehen kann.

Im ersten Fall ging es um Robert, einen 42jährigen Geschäftsmann, Vater von zwei Kindern, der sich angewöhnt hatte, nach der Arbeit exzessiv zu trinken. Die kritischsten Zeiten lagen zwischen 17.30 und 19.30 Uhr, also unmittelbar nach seiner Arbeit, und spät abends, kurz vor dem Zubettgehen. Als Selbstmangementstrategie sah Robert für diese Zeiten bestimmte Aktivitäten vor, die das Trinken erschwerten oder unmöglich machten.

1. Gleich nach der Arbeit zu Abend essen (nach dem Essen hatte er kein Verlangen nach Alkohol).
2. Frau und Kinder oder seine Frau allein zum Essen oder ins Kino ausführen.
3. Seine Schwester und ihren Mann besuchen, die beide grundsätzlich keinen Alkohol tranken.

Zum guten Selbstmanagement gehört: Einsamkeit vermeiden lernen
(links), wenn das Verlangen besonders stark zu werden droht. Füllen
Sie die risikoreichen Zeiten mit anderen Aktivitäten aus, die entweder
nützlich sind (Mitte) oder einfach
Spaß machen (rechts).

4. Mit seinen Söhnen den alten Mercedes reparieren, den er für sie gekauft hatte.

Für den späteren Abend waren folgende Aktivitäten vorgesehen:

1. Diskussionen mit seiner Frau über bestimmte Themen.
2. Abendsport von 22.30 bis 23 Uhr (nach
sportlicher Betätigung verspürte Robert selten
Lust zu trinken).
3. 20 Minuten Entspannungs- und Medita-
tionsübungen vor dem Zubettgehen, um besser
zu schlafen.

Mit Unterstützung seiner Frau gelang es Robert,
sich drei Wochen lang strikt an diesen Plan zu
halten. Dabei machten ihm diese alternativen
Tätigkeiten immer mehr Spaß, und mit der Zeit
ließ sein Verlangen nach dem abendlichen Trinken nach.

Im zweiten Fall handelte es sich um Leonard,
einen 49jährigen Vertreter, der nur dann übermäßig trank, wenn er auf Geschäftsreise war.
Leonards Verhaltenstagebuch ergab, daß er am
gefährdetsten war, wenn er sich nach seiner An-
kunft allein in seinem Hotelzimmer aufhielt,
meist nachmittags bis zum Abend oder bis zum
nächsten Morgen (je nach Termin mit seinem

Kunden), oder wenn er abends mit einem oder
mehreren Kollegen zum Essen ging und alle
anderen Alkohol tranken.

Sein Selbstmanagementprogramm sah folgende Punkte vor: Er sollte seine Geschäftsreisen so planen, daß er knapp vor dem vereinbar-
ten Termin in der Stadt eintraf und gar nicht erst
dort zu übernachten brauchte. Wenn möglich,
sollte er seine Geschäfte an einem Tag abwik-
keln, um noch am Abend heimfahren zu können. Bei guter Planung ließ sich das problemlos
verwirklichen.

Wenn möglich, sollte Leonard Einladungen
zu Cocktailpartys ausschlagen – mit der Begrün-
dung, er sei müde oder müsse noch arbeiten.
Wenn er mit Kunden zum Essen ging, sollte er
seinen »Drink« (Kaffee oder Tee!) als erster bestellen. Wenn nämlich die anderen vor ihm alkoholische Getränke bestellten, war er leicht
eingeschüchtert und bestellte auch Alkohol.

Er wurde außerdem aufgefordert, angenehme
Beschäftigungen für die freien Stunden während seiner Geschäftsreisen zu planen. Zum Beispiel las er gern Kriminalromane, glaubte aber,
zu Hause nie genügend Zeit und Muße zum
Lesen zu haben. Ein paar Stündchen unterhalt-
samer Lektüre zwischen zwei Geschäftstermi-
nen, das war eine angenehme Alternative zum
Trinken und diente demselben Zweck: der Erho-

Selbstbelohnung ist ein nützliches Werkzeug in einem Gewohnheitskontrollprogramm – besondere Genüsse sollten aber jeweils der Verwirklichung besonderer Ziele vorbehalten sein.

lung, Entspannung und Ablenkung von der Arbeit.

Dank umsichtiger Planung und genauer Einhaltung seines Plans gelang es Leonard, sein Trinkverhalten unter Kontrolle zu bekommen. Er lernte, während seiner Geschäftsreisen auf den Genuß von Alkohol zu verzichten, und trank nur noch hin und wieder ein Bier, wenn er mit Freunden und Bekannten beisammensaß.

Grundsätzlich müssen also ablenkende Beschäftigungen für die Zeiten geplant werden, wenn die Sucht oder der Zwang mit größter Wahrscheinlichkeit auftritt. Diese Beschäftigungen sollen möglichst angenehm und nicht mit der Gewohnheit zu vereinbaren sein. Eine Person, die mit einem Gewichtsproblem zu kämpfen hat, könnte zum Beispiel einen flotten

Spaziergang für die Tageszeit planen, in der sie besonders »gefährdet« ist. Schnell laufen und gleichzeitig eine Schachtel Kekse essen ist zwar nicht unmöglich, aber doch ziemlich schwierig!

Strategie 2: Modifizierung der Verhaltenskonsequenzen

Verhaltensweisen können auch modifiziert werden, indem man ihre Konsequenzen ändert. Positives Verhalten kann belohnt werden, negatives bestraft werden. Selbstbelohnungen oder -bestrafungen müssen, wenn sie effektiv sein sollen, möglichst unmittelbar nach Auftreten des Verhaltens verabreicht werden. Wir alle belohnen und bestrafen uns täglich selbst, gehen dabei jedoch nicht systematisch genug vor, um nachhaltige Wirkungen zu erzielen. Nach Erledigung einer schwierigen Aufgabe belohnen wir uns zum Beispiel mit dem Gedanken: »Ich habe wirklich hart gearbeitet. Jetzt gönne ich mir eine Pause und gehe ins Kino.«

Ein Forscherteam an der University of Pennsylvania entwickelte ein neuartiges Selbstbelohnungsverfahren für die Therapie von Fettsüchtigen. Zu Beginn eines Gewichtskontrollprogramms wurden alle Teilnehmer aufgefordert, ein Paket Schweinefett zu kaufen, das in etwa ihrem jeweiligen Übergewicht entsprach. Sie mußten das Fett in ihren Kühlschränken deponieren und sich konkret vorstellen, daß es ihre eigenen Fettpolster darstellte. Immer wenn sie einen Gewichtsverlust verzeichnen konnten, durften sie sich auch der entsprechenden Fettmenge aus dem Kühlschrank entledigen. Diese Methode erwies sich als recht effektiv und wurde bald sehr beliebt. Wichtig für die Teilnehmer war, daß sie das Fett sehen konnten, wann immer sie die Kühlschranktür öffneten.

Dr. Michael Mahoney von der Pennsylvania State University untersuchte die Frage, *was* belohnt werden soll. Ist es wirkungsvoller, sich für das Erreichen eines bestimmten Ziels (sagen wir neun Kilogramm Gewichtsabnahme) oder für die täglichen Änderungen des Verhaltens (weniger Kalorien, dafür mehr Sport) zu belohnen? Um diese Frage beantworten zu können, führte er ein Experiment mit insgesamt 49 Männern und Frauen durch, die alle mindestens 20 Prozent Übergewicht hatten. Die Testpersonen wurden im Zufallsverfahren auf vier Experimente verteilt: (1) Selbstbelohnung für Gewichtsabnahme, (2) Selbstbelohnung für Verhaltensbesserung, (3) Selbstüberwachung und (4) verzögerte Behandlung (Kontrollgruppe). Die Teilnehmer der ersten beiden Gruppen mußten für das Programm 35 Dollar bezahlen, eine Summe, die später für Selbstbelohnungszwecke verwendet wurde.

Während der beiden ersten Wochen wurden die Gruppen 1, 2 und 3 angehalten, ein Verhaltenstagebuch zu führen, in dem Gewicht, konsumierte Kalorienmenge, Anzahl der Mahlzeiten, Begleitumstände usw. aufgezeichnet wurden. Diese Daten bildeten die Grundwerte, anhand derer die Veränderungen, die aus der Behandlung resultierten, bemessen werden konnten. Nach diesen beiden Wochen wurden in puncto Behandlung Anweisungen und Empfehlungen gegeben. Die Selbstüberwachungsgruppe wurde aufgefordert, weiter Tagebuch zu führen. Bei den wöchentlichen Gewichtskontrollen wurden ihr wünschenswerte Ziele der Gewichtsabnahme und Änderungsmöglichkeiten der Eßgewohnheiten genannt. Die Mitglieder der Gruppe »Selbstbelohnung für Gewichtsverlust« wurden angehalten, nicht nur ihr Tagebuch weiterzuführen, sondern sich selbst für die allwöchentlich erzielte Gewichtsabnahme auch zu belohnen. Die Partizipanten der Gruppe »Selbstbelohnung für Verhaltensverbesserung« wurden aufgefordert, sich immer dann zu belohnen, wenn sie die Ziele ihrer wöchentlichen Gewohnheitsänderungen erreicht hatten (z. B. nicht mehr als 1000 Kalorien pro Tag oder langsam zu essen). Die Belohnungen bestanden aus Umschlägen mit Bargeld oder Geschenkgutscheinen von Kaufhäusern. Sie wurden den Teilnehmern jeweils nach der wöchentlichen Gewichtskontrolle angeboten, und jeder durfte sich nach den festgelegten Richtlinien selbst belohnen. Die Teilnehmer der Kontrollgruppe bekamen keine Hinweise oder Unterstützung. Das Experiment erstreckte sich über insgesamt sechs Wochen; nach zwölf Monaten fand eine Nachuntersuchung statt.

Mahoney stellte fest, daß die Teilnehmer der Gruppe »Selbstbelohnung für Verhaltensverbesserung« nicht nur mehr Gewicht verloren als

Selbstbestrafung – auf eine Lieblingssendung im Fernsehen verzichten, sich kleine Geldstrafen auferlegen – kann unter Umständen ebenfalls zur Selbstkontrolle beitragen. Seien Sie aber nicht zu streng mit sich selbst!

die der anderen Gruppen, sondern daß sie ihr reduziertes Gewicht auch länger halten konnten. Diese Unterschiede zeigten sich vor allem bei der Nachkontrolle. 70 Prozent der Testgruppe, die sich für Gewohnheitsveränderungen belohnten, hatten ihr neues Gewicht gehalten oder sogar weiter reduziert! Die Prozentzahlen für die Gruppen »Selbstbelohnung für Gewichtsreduktion« und »Selbstüberwachung« und für die Kontrollgruppe betrugen 40, 37,5 und 40 Prozent. Belohnung für Gewichtsabnahme war kaum besser als gar keine Behandlung. Belohnungen sollten also stets auf Verbesserungen im Verhalten und nicht auf den endgültigen Ergebnissen der Verhaltensänderung basieren.

Wenn Suchtverhalten mit Hilfe von Selbstbelohnung modifiziert werden kann – wie steht es

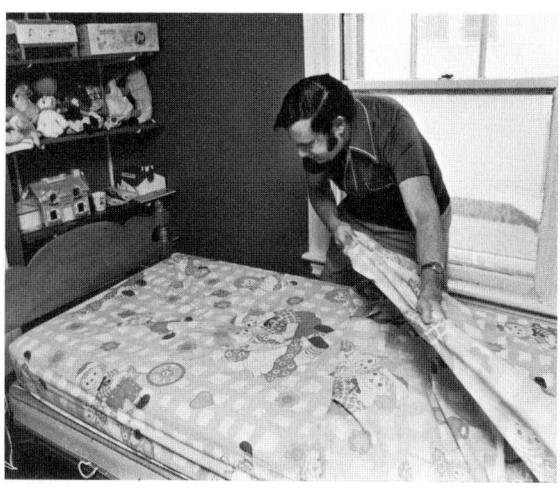

Arbeiten im Haushalt sind geeignete Strafen für eventuelles Versagen in Ihrem Programm.

dann mit der Selbstbestrafung? Kann ein Mensch seine Gewohnheiten verändern, indem er sich für sein Verhalten bestraft? Die einfachste Form der Selbstbestrafung ist der Verzicht auf eine angenehme Betätigung. Ein Raucher, der sich zu einer Zigarette hat verführen lassen, könnte sich damit bestrafen, daß er den Fernseher ausschaltet und auf seine Lieblingssendung verzichtet.

Hier ein Beispiel für erfolgreiche Selbstbestrafung: Eine Ehefrau, die unbedingt abnehmen wollte, beschloß, sich bei Nichteinhaltung ihres Gewichtskontrollplans durch unangenehme Hausarbeiten zu bestrafen. Dazu traf sie eine Vereinbarung mit ihrem Mann. Alle Hausarbeiten wurden aufgelistet und gleichmäßig in »seine« und »ihre« Pflichten aufgeteilt. Jeder hatte wöchentlich das gleiche Quantum an Arbeit zu verrichten. Die Frau begann ihre Schlankheitskur und kontrollierte ihr Gewicht einmal pro Woche. Wenn sie im Lauf der Woche abgenommen hatte, so blieb die Arbeitsteilung die gleiche. Hatte sie jedoch zugenommen, so mußte sie bis zur nächsten Woche seine Pflichten zusätzlich zu den ihren übernehmen. Resultat: Sie nahm täglich ab, und das Programm wurde ein Erfolg.

Welche ist nun die erfolgreichere Strategie – Belohnung oder Bestrafung? Allgemein kann

man sagen, daß Belohnung allein oder eine Kombination von Belohnung und Bestrafung der bloßen Bestrafung vorzuziehen ist. Selbstbestrafungsstrategien können unerwünschte Nebenwirkungen haben. Nehmen wir an, ein Exhibitionist oder ein Drogenabhängiger bestraft sich dadurch, daß er sich seine Lieblingstätigkeit versagt (zum Beispiel Freunde besuchen). Eine solche Strafe kann zu Einsamkeit, Depressionen und Gefühlen der Isolation führen und somit wiederum das ungewollte Verhalten auslösen. Mit Selbstbestrafungen muß also sehr behutsam umgegangen werden, da sie leicht Unheil anrichten können.

Strategie 3: Selbstkontrolle durch Gedankenkontrolle

Fertigkeiten der Selbstkontrolle können auch dazu benutzt werden, daß die jeweilige Person solche verborgenen oder *verdeckten* Gedanken kontrolliert, die ein Problemverhalten auslösen. Dr. Lloyd Homme bezeichnete 1965 diese Gedanken als *verdeckte Operanten* (kurz *Coverants*) und behauptete, verdeckte Gedanken und Vorstellungen könnten durch Techniken modifiziert werden, wie sie auch bei der Veränderung offener Verhaltensweisen angewandt werden. Er betrachtete also die *Gedankenmodifzierung* ähnlich wie die *Verhaltensmodifizierung* und begann, Konditionierungsverfahren zur Gedankenkontrolle zu entwickeln.

Viele seiner Verfahren basierten auf einer Konditionierungsregel, die als Premack-Prinzip bekannt ist. Dieses Prinzip besagt, daß von zwei Verhaltensweisen diejenige verstärkend auf die andere wirkt, deren Auftreten wahrscheinlicher ist. Ein Verhalten kann also benutzt werden, um die Auftretenswahrscheinlichkeit eines anderen Verhaltens oder Gedankens zu erhöhen. Nehmen wir zum Beispiel an, daß eine Person eine sehr negative Meinung von sich selbst hat und sich ständig einredet, wie dumm und unfähig sie doch sei. Ziel ist, das Selbstbewußtsein dieser Person zu stärken, indem anstelle der negativen die positiven Gedanken gefördert werden. Nach dem Premack-Prinzip ist die Auftretenswahrscheinlichkeit positiver Gedanken immer dann stärker, wenn diese Gedanken zeitlich so arrangiert werden, daß sie unmittelbar vor einer gewohnheitsmäßigen Handlung (etwa Telefonieren) auftreten. Die Person wird also aufgefordert, sich unmittelbar vor dem Abnehmen des Telefonhörers auf einen positiven Gedanken zu konzentrieren. Für jemanden, der häufig telefoniert, ist dies eine ausgezeichnete Methode, um positives Denken zu trainieren. Nach vielfacher Wiederholung treten positive Gedanken automatisch häufiger auf.

Dr. John Horan und Dr. R. Gilmore Johnson von der Michigan State University wollten herausfinden, ob mit Hommes Technik auch gewohnheitsmäßiges Verhalten verändert werden kann. Vor allem interessierte sie ein Motivierungsverfahren, das die langfristigen Auswirkungen eines Verhaltens in den Mittelpunkt stellt. Mit dieser Methode soll der Tatsache entgegengewirkt werden, daß die unmittelbaren, kurzfristigen Folgen eines Suchtverhaltens meist positiv sind und somit die Gewohnheit verstärken. Langfristige negative Folgen (wie Lungenkrebs bei Kettenrauchern) können zwar das Verhalten beeinflussen, meist aber ist ihr

Eine wirkungsvolle Vorstellung für jeden, der das Rauchen aufgeben will. Vielleicht sollten auch Sie mal versuchen, Ihren Tageskonsum an Zigaretten, Zigarren oder Pfeifen auf einmal in den Mund zu stecken.

Selbstgespräche können hilfreich sein

Das Erkennen und Kontrollieren von Denkmustern, die zum Verlust der Selbstbeherrschung führen, sind ein wichtiger Schritt auf dem Weg zur Bewältigung von Gewohnheiten, Süchten und Zwängen. Negative Gedanken, Selbstzweifel und Ausreden müssen als »Saboteure« erkannt und mit angemessenem zielorientiertem Denken bekämpft werden. Hören Sie genau auf das, was Sie sich selbst sagen, oder denken Sie laut, wenn Sie mit einer Versuchung konfrontiert sind – dann gewinnen Sie Zeit, eine vernünftige Entscheidung zu treffen.

So könnte das Selbstgespräch eines Spielers aussehen, der einen Entscheidungskonflikt ausficht. Sobald er sich seines »unkontrollierten« Selbstgesprächs bewußt wird, sollte er mit »kontrollierten« Argumenten dagegen angehen.

»Unkontrolliertes« Selbstgespräch

1. Mir fehlt die Willenskraft, das Spielen aufzugeben.

2. Mir sind so wenig Freuden im Leben vergönnt. Diese eine möchte ich mir nicht nehmen lassen.

3. Einmal kurz spielen, wirklich nur einmal. Das kann doch nicht schaden.

4. Wenn ich in meinem Beruf nicht so angespannt wäre, könnte ich meine Gewohnheiten viel leichter kontrollieren.

»Kontrolliertes« Selbstgespräch

1. Willenskraft gibt es nicht – nur schlechte Planung. Wenn ich die erlernten Selbstkontrolltechniken anwende, *werde* ich erfolgreich sein.

2. Im Grunde bringt mir das Spielen nur Nachteile: Ich mache Schulden und bekomme Ärger mit meiner Familie.

3. Das hab' ich mir jetzt schon hundertmal gesagt, und dennoch ist es mir nie gelungen, nach dem ersten Einsatz aufzuhören.

4. Viele Leute sind viel angespannter als ich. Außerdem kann ich lernen, mich zu entspannen und meine Arbeit besser in den Griff zu bekommen.

Einfluß minimal. Der Einfluß langfristiger Folgeerscheinungen kann jedoch vergrößert werden, wenn über Gedankenprozesse eine unmittelbare Verbindung mit dem Verhalten hergestellt wird.

Hier kann mit zwei Kategorien von Gedanken gearbeitet werden – mit negativen und mit positiven. Die *negativen* sind jene, die mit den unerwünschten Aspekten einer Gewohnheit zusammenhängen. Die Patienten werden aufgefordert, sich die langfristigen negativen Konsequenzen vorzustellen, die sich dann einstellen, wenn sie die Gewohnheit nicht ablegen. In diese Kategorie gehören Gedanken wie: »Ich würde früher sterben«, »Ich würde meine Familie verlieren«, »Ich würde meinen Arbeitsplatz verlieren«, »Ich würde immer depressiver werden« usw. *Positive* Gedanken hingegen sind jene, die sich auf die wünschenswerten Aspekte der Gewohnheitsmodifizierung beziehen. Die Klienten werden aufgefordert, sich die langfristigen positiven Auswirkungen vorzustellen, die sich aus einer Verhaltensänderung ergäben. In diese Kategorie gehören dann Gedanken wie: »Ich würde Anerkennung finden«, »Ich würde länger leben und hätte mehr Energie und Vitalität«, »Ich würde beruflich weiterkommen« usw. Je intensiver und häufiger man sich diese langfristigen Konsequenzen vergegenwärtigt, desto stärker ist ihr Einfluß auf das Verhalten. Mit welcher Methode lassen sich nun solche Gedanken am besten hervorrufen?

Dr. Horan und Dr. Johnson entwickelten ein Experiment, um dieser Frage auf den Grund zu gehen. Es handelte sich um ein Gewichtskontrollprogramm, an dem 96 Frauen mit Übergewicht teilnahmen. Die Frauen wurden auf vier experimentelle Bedingungen aufgeteilt. Gruppe 1, *verzögerte Behandlung*, diente als Kontrollgruppe und wurde erst behandelt, als das Experiment abgeschlossen war. Gruppe 2, *Diätberatung*, wurde aufgefordert, täglich maximal 1000 Kalorien zu sich zu nehmen und diese genau zu zählen. Gruppe 3, *Behandlung durch langfristige Konsequenzen*, sollte negative und positive Gedankenpaare erkennen, die mit ihrer Verfassung zu tun hatten, zum Beispiel »Übergewicht verkürzt die Lebensdauer« – »Wenn ich abnehme, passe ich wieder in meine Kleider«. Waren diese Paare einmal bewußt gemacht, so mußten

die Personen sie sich mindestens siebenmal täglich im stillen vorsagen. Gruppe 4 schließlich wurde einer Behandlung unterzogen, *die sich langfristiger Konsequenzen experimentell bediente*. Auch diese Personen mußten negative und positive Gedankenpaare erkennen, mit dem Unterschied freilich, daß man sie danach aufforderte, einen positiven Plan zu entwickeln, der es ihnen erlauben würde, sich den ganzen Tag lang an die besagten Konsequenzen zu erinnern. Zu diesem Zweck bat man sie, sich bestimmte Ereignisse einfallen zu lassen, die sie mindestens siebenmal am Tag erlebten – zum Beispiel »sich auf einen bestimmten Stuhl setzen«. Hierauf wurden die Versuchspersonen angewiesen, immer dann an die Gedankenpaare zu denken, wenn das Zielereignis eintrat.

Nach achtwöchiger Behandlungsdauer stellte sich heraus, daß die Teilnehmer der 4. Gruppe, die nach dem Premack-Prinzip behandelt worden waren, doppelt so häufig an die Konsequenzen gedacht hatten wie die der Gruppe 3. Das Premack-Prinzip wirkte sich auch auf den Gewichtsverlust aus. In Gruppe 1 verloren nur fünf Prozent der Teilnehmer mindestens ein Pfund pro Woche. Auf diesen Kriterien basierend verbuchte Gruppe 2 eine Erfolgsrate von 20 Prozent, Gruppe 3 von 21 Prozent, Gruppe 4 dagegen von 52 Prozent! Die Frauen, die am häufigsten an die langfristigen Konsequenzen gedacht hatten, verloren am meisten Gewicht.

Motivierende Gedanken können also vermehrt und verstärkt werden, wenn man sie mit Verhaltensweisen verknüpft, die täglich häufig auftreten. Der bloße Versuch, sich auf diese Gedanken häufiger zu konzentrieren, scheint nicht auszureichen. Und – je mehr Gedanken dieser Art gedacht werden, desto leichter läßt sich eine Gewohnheit verändern.

Der Erfolg kann noch gesteigert werden, wenn *emotionale* Vorstellungen mit ins Spiel kommen. Die Patienten werden aufgefordert, sich diese Konsequenzen so lebhaft vorzustellen, als würden sie sie im Augenblick selbst erleben. Dabei müssen sie sich in die begleitenden Gefühle und Empfindungen hineinversetzen. Sie sollen sich also, wenn man so will, in die Zukunft projizieren und dabei die Langzeitkonsequenzen ihres unerwünschten Verhaltens vorwegnehmen.

Hilfreich kann auch die fiktive Vorstellung sein, daß die Sucht oder der Zwang bereits völlig überwunden ist. Die Person, die unter einem Waschzwang leidet, soll sich ausmalen, wie ihr Leben wäre, wenn sie der Anblick ihrer schmutzigen Hände nicht mehr im geringsten stören würde. Vorstellungskraft und häufige Übungen sind die Schlüssel zur erfolgreichen Anwendung dieser Technik.

Strategie 4: Selbstmanagement als Selbstbeherrschung

Zum Selbstmanagement gehört die Fähigkeit, sich zu beherrschen, der Versuchung zu widerstehen und den Lustgewinn aufzuschieben. Sieht sich eine Person mit einer Versuchung konfrontiert, so lautet die erste Regel der Selbstbeherrschung, sich eine zehnminütige Frist aufzuerlegen, bevor irgendeine Entscheidung gefällt wird. Diese simple Strategie hat folgende Vorteile: Erstens kann der Drang oder das Verlangen schon nach wenigen Minuten nachlassen oder ganz verschwunden sein. Zweitens verhindert die Frist impulsive Handlungen und Entscheidungen und ermöglicht eine logischere und rationalere Analyse der zu treffenden Entscheidung. Und drittens schließlich gibt sie dem Individuum Gelegenheit, »vorauszudenken« und die langfristigen schädlichen Konsequenzen der Gewohnheit zu antizipieren.

Auch Ablenkung kann ein nützliches Instrument zur Selbstbeherrschung sein. Gedanken oder bildliche Vorstellungen, die sich auf die Versuchung selbst beziehen, sollten vermieden und durch lebhafte Bilder von konstruktiven und angenehmen Ereignissen ersetzt werden. Eine weitere Möglichkeit besteht darin, daß man sich von der Situation entfernt und sich einer anderen interessanten Beschäftigung zuwendet, die alle Aufmerksamkeit und Konzentration erfordert. Auf diese Weise wird das Unlustgefühl, das aus dem Verzicht resultiert, oft schnell vergessen.

Übung macht den Meister...

Selbstmanagement – gewußt wie

Vermeiden oder Verändern der umweltbedingten Auslösereize, Belohnen neuer Verhaltensmuster und Ankämpfen gegen negative Gedanken, die dem Verlangen vorausgehen – all dies sind wirksame Techniken, um unerwünschte Gewohnheiten zu kontrollieren und zu modifizieren. Diese Techniken müssen systematisch (nicht verbissen!) eingeübt werden. Dabei kann die Hilfe eines Therapeuten von großem Nutzen sein, doch auch ohne solche Hilfe sind die in diesem Kapitel beschriebenen Techniken dazu angetan, Verhaltensänderungen aufrechtzuerhalten und zu verstärken.

4
Selbstkontrolle (3):
Konfrontation mit der Realität

Reizkonfrontation

Im letzten Kapitel erörterten wir, wie man durch Selbstmanagement der Versuchung entgegenwirkt – durch Veränderung des Lebensstils, Erkennen von Gefahrenzonen, Vermeiden bestimmter Situationen usw. Nun kann man aber nicht ein Leben lang Umwege machen, um der Versuchung zu entgehen. Irgendwann ist dann der Zeitpunkt gekommen, da man »dem Feind ins Auge sehen« muß. Das Verfahren, Zwangsverhalten durch zunehmende Konfrontation mit der Versuchung zu reduzieren, ist verhältnismäßig neu, wurde aber bereits erfolgreich angewandt. Wir wollen den Ablauf dieser Strategie,

»Reizkonfrontation« genannt, anhand eines Falles beschreiben.

Barbara wurde 1970 an das Institute of Psychiatry in London verwiesen, wo man eine neue Methode der Behandlung von Zwangsverhalten ausprobieren wollte. Barbara war 37 Jahre alt und litt unter der irrationalen und sehr stark ausgeprägten Zwangsvorstellung, sich die Hände waschen zu müssen, wann immer sie Türklinken, Geld, Telefonhörer oder andere Gegenstände berührt hatte, die vorher möglicherweise mit »Bakterienträgern« in Kontakt gekommen waren. Sie lebte in der ständigen Angst, infiziert zu werden. Wirklich ernste Formen hatte ihr Waschzwang erst angenommen, als sie 21 Jahre alt war und ihre beste Freundin an Tuberkulose starb.

Da das ständige Waschen zu zeitraubend war, vermied sie eine Vielzahl von Tätigkeiten, die die meisten von uns wohl kaum mit Schmutz oder Bakterien in Zusammenhang bringen würden. Statt ihr ganzes Haus zu bewohnen, hielt sie sich vorwiegend in einem einzigen Zimmer auf, das sie durch ständiges Putzen und Desinfizieren »absicherte« – stets begleitet von gründlichem Händewaschen. Immer wieder verspürte sie den unwiderstehlichen Drang, sich die Hände zu waschen; manchmal bat sie sogar ihren Mann, sie vom Waschbecken fortzutragen, um sicherzugehen, daß sie sich nicht erneut »infizierte«. Sie knipste Lichtschalter mit der Schulter an, öffnete Türen mit dem Fuß. Ihr kleiner Sohn durfte nicht am Boden krabbeln – er mußte den ganzen Tag in seinem Laufställchen verbringen.

Barbaras Problem war gravierend. Dennoch konnte sie nach dreimonatiger Reizkonfrontationsbehandlung folgendes berichten: »Ich kann jetzt wieder normal leben. Ich lernte Dinge zu tun, Dinge zu berühren, ohne in Panik zu geraten, und konnte jeden Tag Fortschritte verzeichnen. Jetzt bin ich wieder in der Lage, mich unter Menschen zu begeben, mich an jeden Tisch, auf jeden Stuhl zu setzen. Mein Sohn darf Tiere streicheln, ohne daß ich den Zwang verspüre, ihm fortwährend die Hände zu waschen. Ich kann öffentliche Toiletten benutzen, und das gleiche gilt für meinen Sohn. Der darf jetzt im Garten herumlaufen, Blumen pflücken, Bäume anfassen und nach Herzenslust im Sandkasten spielen. Ich habe ohne übermäßiges Händewaschen meinen Hausputz absolviert und brauche nicht mehr alle Gegenstände mit Desinfektionsmittel abzureiben.« Ihre Rückkehr zur Normalität erstaunte sie selbst am meisten. Sie war, nach ihren eigenen Worten, »von den Ketten befreit«, die sie 16 Jahre lang gefangengehalten hatten.

Therapeutische Reizkonfrontation

Die Behandlung, die Barbara geholfen hat und die heute vielen Menschen in der ganzen Welt hilft, basiert auf einem einfachen Prinzip. Wenn man sich bewußt der Versuchung aussetzt und

Zwanghaftes Waschen und Putzen ist sehr viel mehr als das Bedürfnis, alles im Haus blitzblank zu haben. Es ist ein durch Angst ausgelöster, entnervender Zwang, der mit den Mechanismen verknüpft ist, durch die Gewohnheiten und Süchte entstehen.

dann dem Drang widersteht nachzugeben, so hat das zwei sehr positive Ergebnisse zur Folge: Bei der nächsten Konfrontation mit der Versuchung wird es leichter sein zu widerstehen, und der Drang nachzugeben wird allmählich nachlassen.

Der erste Schritt in Barbaras Behandlung bestand in einer genauen Auflistung der Tätigkeiten, die ihren Waschzwang auslösten. Dann wurde sie angehalten, sich der »Infizierung« bewußt auszusetzen, jedoch dabei dem Drang nach exzessivem Waschen zu widerstehen. Nach der ersten Woche klinischer Behandlung war sie bereits in der Lage, einen Koffer mit »infizierten« Kleidern auszupacken, den man ihr nachgeschickt hatte; die meisten waren in einem Schrank verstaut gewesen, den zu öffnen sie davor gar nicht gewagt hätte. Dann verbreitete sie die »Ansteckungsgefahr« in ihrem Zimmer: Ihr Bett und ihr Waschzeug, ja sogar ihre saubere Unterwäsche blieben »infiziert«. Während der ersten Sitzung brach sie in Tränen aus, doch der Therapeut brachte sie behutsam dazu, immer schwierigere Aufgaben zu bewältigen. Sie wurde ins Ortskrankenhaus gefahren, wo sie sich durch Berühren von Stühlen und Wänden im Wartezimmer »infizieren« mußte. Während der zweiten Woche wurden ähnliche Übungen täglich wiederholt, und es gelang ihr immer besser, dem Waschdrang zu widerstehen. Während der dritten Woche wurden ihr Sohn und ihr Mann in das therapeutische Programm einbezogen. Barbara übertrug die »Infektion« auf ihren Sohn, auf sein Spielzeug und seine Kleider. Sie spielte mit ihm, bereitete seine Mahlzeiten vor, ja, sie wechselte sogar seine Windeln, ohne sich nachher wie besessen zu waschen. Nach 21 täglichen Sitzungen konnte sie entlassen werden.

Eine Krankenschwester, die bereits große Erfahrung mit dieser Art von Therapie besaß, begleitete sie nach Hause und half ihr, ähnliche Aufgaben in ihrer häuslichen Umgebung zu bewältigen. Nach wenigen Monaten war sie so gut wie geheilt.

Hauptmerkmal dieser Behandlungsmethode ist die zunehmende Darbietung von Reizen, die den Zwang hervorrufen (bei gleichzeitiger Unterbindung des zwanghaften Verhaltens). Die zugrunde liegenden psychologischen Prozesse wurden von den verschiedensten Forschungsinstituten in Europa und den Vereinigten Staaten untersucht, und diese Studien beweisen, daß die Reizkonfrontation eine erfolgreiche Methode zur Behandlung von Zwangsverhalten ist.

Ein breites Spektrum von zwanghaften Störungen – Nachprüfzwang, Trunksucht, Masturbation – wird heute mit dem Reizkonfrontations-Verfahren behandelt. Zwanzig bis dreißig Sitzungen in unterschiedlichen Situationen und Stimmungen reichen gewöhnlich aus, um die Störungen zu beseitigen. Doch ist die Heilung von Dauer?

Rachman, Hodgson und Marks führten ein Experiment mit zwanzig Patienten durch, die alle an chronischen Zwangsstörungen litten. Eine dreiwöchige Entspannungsbehandlung änderte so gut wie gar nichts an dem zu modifizierenden Verhalten, doch drei Wochen Reizkonfrontation führten in den meisten Fällen zu entscheidenden Veränderungen: Fünfzehn Patienten berichteten von »Fortschritten« oder gar »großen Fortschritten«. Nach sechs Monaten war diese Zahl auf 13 gesunken, zwei Jahre später aber erneut auf 15 angestiegen – eine Erfolgsrate von 75 Prozent also!

Lernen, in der Realität zu bestehen – wenn eine Freundin ein bißchen hilft!

Reizkonfrontation auch bei Süchten?

Hodgson, Rankin und Stockwell, alle am London Institute of Psychiatry tätig, untersuchten die Frage, ob die Reizkonfrontationstherapie auch bei Süchten Erfolg haben könnte. Die Resultate ihrer Studie deuten darauf hin, daß selbst starken Alkoholikern durch ausgedehnte Reizkonfrontation geholfen werden kann.

Bei einem ihrer Tests wurden hospitalisierte Alkoholiker, die vor Testbeginn vier oder fünf doppelte Wodkas bekommen hatten, aufgefordert, eine Stunde lang vor einer geöffneten Flasche Wodka auszuharren. Ein Glas war bereits eingeschenkt, und sie sollten alle 15 Minuten daran riechen und davon etwas trinken. Man hatte ihnen erklärt, daß dies ein Training sei, um ihr Verlangen zu reduzieren und ihre Willenskraft zu stärken. Niemand würde sie am Trinken hindern, sie sollten sich aber so weit wie möglich beherrschen.

Trotz ihres enormen Verlangens gelang es den meisten dieser stark abhängigen Alkoholiker, sich zurückzuhalten. Nach wiederholter Konfrontation mit den Reizen nahm ihr Verlangen allmählich ab – die meisten hatten keine heftigen inneren Kämpfe mehr auszutragen, um der Versuchung zu widerstehen. Obwohl die Reizkonfrontation nur ein Bestandteil der gesamten Behandlung war, bewies dieses simple Experiment, daß der Zwang zu trinken auf gleiche Weise modifiziert werden kann wie ein Wasch- oder Nachprüfzwang.

Wie man lernt, der Versuchung zu widerstehen

Das Gefühl mangelnder Selbstbeherrschung, das mit einem Zwang oder einer Sucht einhergeht, ist an sich schon überaus störend, wie der Fall von Colin, einem Patienten des Londoner Maudsley Hospital, beweist. Colin litt unter einem heftigen Masturbationszwang, den er selbst als äußerst problematisch empfand. Er wirkte sich störend auf seine Arbeit und sein Geschlechtsleben aus und wurde von ihm als anomal betrachtet. Er wollte unbedingt davon loskommen, um wieder Herr über seine Handlungen zu sein.

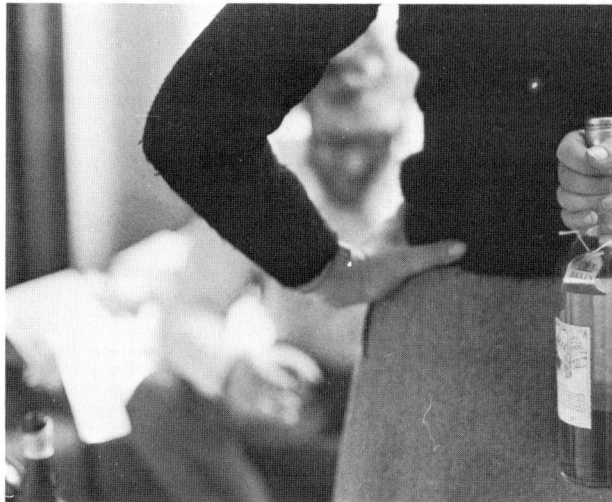

Sie können nicht ein Leben lang andere Leute für Sie entscheiden lassen.

Er masturbierte jeden Tag, manchmal sogar zweimal täglich, meist während der Arbeit, wenn er allein zu Hause war oder spät nachts, wenn seine Frau schlief. Zu Beginn der Behandlung wurde er aufgefordert, ein Verhaltenstagebuch zu führen. Aus seinen Aufzeichnungen ging hervor, daß sein Masturbationszwang mit folgenden Stimuli und Situationen verknüpft war:

- Kritisiertwerden bei der Arbeit,
- Anblick einer attraktiven Frau auf der Straße,
- Niedergeschlagenheit,
- Alleinsein auf dem Land an einem Sommertag,
- Alleinsein im Haus,
- Heimkommen nach einem Spaziergang durch Soho,
- Anblick eines Kruzifixes,
- Beobachten der aufreizenden Nachbarin in ihrem Garten,
- Betrachten pornographischer Fotos.

Auf eine dieser Situationen soll hier näher eingegangen werden, da Colin sie als besonders anomal und störend empfand. Seit seiner Jugend beschäftigte ihn ein Phantasiebild des gekreuzigten Christus. Eine seiner frühesten sexuellen Erinnerungen war die, daß er beim Betrachten eines Kruzifixes eine Erektion gehabt hatte. Später rief die Vorstellung dieses Bildes automatisch eine Erektion hervor. Wenn er allein zu Haus war, legte er sich aufs Bett, stellte sich die Szene vor und onanierte. In anderen Situationen – wenn er in der freien Natur war und ihn diese »übermannte« – betrachtete er sein Masturbieren als etwas ganz Normales. Deshalb war sein Endziel bei dieser Behandlung: erstens Beseitigung dieses Zwangs im Zusammenhang mit Kreuzigungsszenen und pornographischen Phantasien und zweitens auch bessere Kontrolle in anderen Situationen. Mit anderen Worten: Er wollte das Zwanghafte seines Tuns eliminieren.

Zu diesem Zweck wurde Colin aufgefordert, sich die verschiedensten »erregenden« Situationen vorzustellen, dem Drang zu masturbieren dabei jedoch zu widerstehen (und zwar während wie auch außerhalb der Sitzungen). Man versicherte ihm, daß es ihm im Verlauf der Behandlung immer leichter fallen würde, sich zu beherrschen.

Für die ersten beiden Wochen waren vier einstündige Sitzungen vorgesehen. Bei diesen Sitzungen mußte Colin jeweils 40 Minuten lang pornographische Fotos betrachten und sich 20 Minuten auf seine Kreuzigungsphantasie konzentrieren. Die Gegenwart des Therapeuten machte es ihm natürlich leichter, sich zu beherrschen; deshalb wurde er in der dritten und vierten Sitzung die meiste Zeit allein gelassen. Nach der vierten Sitzung glaubte Colin bereits eine Besserung zu spüren, nur die Kreuzigungsszene machte ihm noch schwer zu schaffen, vor allem wenn er allein zu Hause war.

Deshalb fanden die zehn folgenden Sitzungen bei ihm zu Hause statt. Colin sollte u. a. die Nachbarin in ihrem Garten beobachten und sich attraktive Frauen vorstellen, die ihm auf der Straße begegnet waren. Dabei ließ ihn der Therapeut über immer längere Zeitabschnitte allein. Bis zu diesem Stadium sollte Colin auch außerhalb der Sitzungen dem Drang zu onanieren widerstehen, sich aber nicht bewußt der Versuchung aussetzen. Während der drei letzten Sitzungen wurde er völlig allein gelassen, der Therapeut rief lediglich vor und nach der Stunde an. Danach sollte er sich auch außerhalb der Sitzungen bewußt der »Gefahr« stellen, zum Beispiel durch die Straßen von Soho (Vergnügungsviertel von London) schlendern und sich in pornographischen Buchläden umsehen. Außerdem

sollte er Kirchen aufsuchen und Kreuzigungsdarstellungen betrachten.

Colin führte ein Verhaltenstagebuch, in das er mindestens zweimal täglich Verhalten, Gefühle und Eindrücke eintragen mußte und das sich der Therapeut vor jeder Sitzung vornahm. In den sieben Wochen vor der Therapie hatte Colin durchschnittlich sechsmal pro Woche masturbiert – während und auch noch ein Jahr nach der Behandlung dagegen nur noch einmal wöchentlich. Gelegentlich kam es noch zu zwanghaftem Verhalten, jedoch nie in dem Ausmaß wie früher.

Warum funktioniert das Verfahren der Reizkonfrontation?

Gewohnheiten, Zwänge und Süchte resultieren oft aus dem Bestreben, Unlustgefühle und unangenehme Situationen zu vermeiden. Das gilt auch für triviale Gewohnheiten, die wir gar nicht unbedingt ablegen wollen. Bernard Levin schrieb 1973 in The Times: »Ich habe mindestens 7000 Tonnen Plätzchen gegessen, nur weil mir die Aussicht, ein Plätzchen zu essen, verlockender erschien, als mich an meinen Schreibtisch zu setzen und zu arbeiten.«

Seit über 50 Jahren beschäftigen sich Psychologen mit dem Vermeidungsverhalten von Tieren und Menschen; dabei gingen sie von der Annahme aus, daß viele Formen des Zwangsverhaltens im Grunde Beispiele von exzessivem Vermeidungsverhalten sind. Dies wollen wir anhand eines Tierexperiments veranschaulichen: Eine Ratte wird in einen Behälter gesetzt, der aus zwei Abteilungen besteht – die eine schwarz, die andere weiß. Die schwarze Abteilung ist am Boden mit einem Gitter versehen, durch das die Ratte elektrische Schocks verabreicht bekommt. Die Ratte lernt schnell die schwarze Abteilung zu meiden. Später reagiert sie jedesmal, wenn sie in die gefährliche Abteilung gesetzt wird, auf den Farbreiz schwarz, indem sie in die weiße Abteilung flüchtet. Sobald sie dieses Vermeidungsverhalten gelernt hat, flüchtet die Ratte auch dann aus der schwarzen Abteilung, wenn der Schock gar nicht verabreicht wird (und dies nach tausendfacher Wiederholung). Die wirksamste Methode, die Ratte von ihrem »Zwang« zu befreien, besteht darin, daß man sie zwingt, in der schwarzen Abteilung zu bleiben, bis sie entdeckt, daß diese nicht länger gefährlich ist. Dieses Beispiel von *Realitätsprüfung* wird von vielen Psychologen als Modell für die Reizkonfrontationstherapie benutzt. Wenn sich Vermeidungsverhalten von Tieren auch nicht mit menschlichem Zwangsverhalten gleichsetzen läßt, so bestehen doch viele eindeutige Parallelen.

Zwanghafte Verhaltensweisen und Süchte sind häufig als Vermeidungsstrategien zu betrachten, denn die betroffene Person versucht, der erwarteten Angst oder Frustration auszuweichen. Barbara zum Beispiel erwartete bei der Konfrontation mit Schmutzreizen extreme Angstgefühle, doch sie fand heraus, daß ihr Unbehagen geringer war als erwartet. Die Reizkonfrontation hat sie also von ihrem Zwang befreit, weil sie ihr Gelegenheit gab, die *Realität zu prüfen*. Auch wenn sie sich nicht nach jeder »Infizierung« die Hände wusch, geriet sie nicht zwangsläufig in Panik und Depression, und das minderte ihre Angst.

Ähnlich verspürte jener von Dr. Hodgson und seinen Kollegen behandelte Alkoholiker nicht länger den Drang, nach vier doppelten Wodkas weiterzutrinken, weil er unangenehme Entzugsbeschwerden erwartete für den Fall, daß er in diesem Stadium aufhörte zu trinken. Durch Reizkonfrontation lernte er, daß diese Erwartung falsch war, und so fiel es ihm anschließend leichter, sein Trinkverhalten in den Griff zu bekommen.

Selbstmanagement durch Reizkonfrontation

Im vorangegangenen Kapitel erläuterten wir Methoden zur Vermeidung von Versuchungen. Hier dagegen behaupten wir, daß ein Zwang durch Konfrontation mit dem auslösenden Reiz beseitigt werden kann. Das erscheint dem Leser vielleicht widersprüchlich. Tatsächlich aber können beide Methoden wirksam sein, sie müssen lediglich in verschiedenen Phasen der Behandlung angewandt werden. In der ersten Phase geht es um die grundsätzliche Vermeidung aller gefährlichen Auslösereize, in der zweiten dage-

Rechts: Wenn dieser Bauarbeiter gelernt hat, in 200 Meter Höhe zu arbeiten, sollte es auch Ihnen gelingen, ganz »obenauf« zu sein!

Ganz rechts: Diese Dame sieht so gut aus, daß sie Essen als Ersatz gar nicht braucht. Lernen, an kalorienreicher Nahrung mit einem Lächeln vorbeizugehen, ist besser, als alle Supermärkte vermeiden zu müssen. Denken Sie einfach daran, wie Sie im nächsten Sommer am Strand aussehen möchten!

gen um die bewußte Konfrontation mit diesen Reizen.

Der Trinker zum Beispiel sollte sich mindestens einen Monat lang von allen Reizen und Situationen fernhalten, die sein Verlangen nach Alkohol auslösen könnten (wie Cocktailpartys, Bars, frühere Saufkumpane) und seine Freizeit mit angenehmen Beschäftigungen ausfüllen (wie Lesen, Tennisspielen, Kinogehen, oder was ihm sonst gerade Spaß macht). Ganz gleich, wie die persönliche Strategie aussieht: Wichtig ist, daß die Versuchung und jeder mögliche Auslöser des Problemverhaltens gemieden wird, bevor der Drang überhandnimmt.

Das zweite Stadium sollte aus einer schrittweisen Konfrontation mit immer schwierigeren Situationen bestehen. Unser Trinker zum Bei-

Schritt für Schritt: Die Versuchung wird durch Reizkonfrontation bekämpft

Trinkern oder Drogenabhängigen fällt es oft gar nicht so schwer, abstinent zu bleiben, solange sie in klinischer Behandlung sind. Das liegt ganz einfach daran, daß sie dort von all den Verlockungen und Reizen abgeschirmt sind, die das zwanghafte Verlangen auslösen. Sobald sie jedoch wieder »auf freiem Fuß« und den alten Versuchungen ausgesetzt sind, kommt es leicht zu Rückfällen. Um sich langfristig von einer Sucht oder einem Zwang zu befreien, muß der Betroffene lernen, auch in den verführerischsten Situationen standhaft zu bleiben. Bewußte wiederholte Konfrontation mit immer stärkeren Auslösereizen löscht allmählich deren Einfluß auf das Verhalten aus. Hier wird gezeigt, wie einem Trinker geholfen wurde, sein Trinkverhalten unter Kontrolle zu bekommen. Zunächst wurde er aufgefordert, eine Anzahl von Aufgaben nach ihrem Schwierigkeitsgrad auf einer Skala von eins bis zehn zu bewerten. Anschließend sollte er diese Aufgaben schrittweise, angefangen bei der leichtesten, in Angriff nehmen. Rechts sind einige der Aufgaben aufgeführt (in Klammern ist der Schwierigkeitsgrad vermerkt).

Ein Glas Bier mit meiner Frau trinken und dann aufhören (4)

Mit einem Glas Whisky in Reichweite fernsehen, ohne es zu trinken (5)

Bei sonntäglicher Langeweile konzentriert ans Trinken denken (5½)

Nachts bei Schlaflosigkeit auf die Flaschen in der Hausbar starren (6)

An meinen alten Stammkneipen vorbeigehen, wenn diese geöffnet sind (6½)

Bei starker Nervosität auf die Flaschen in der Hausbar schauen (7)

An einem Glas Whisky lediglich nippen und mich auf den Geschmack konzentrieren (8)

Am Wochenende eine kleine Flasche Whisky mitnehmen; gelegentlich daran riechen, ohne davon zu trinken (9)

Zwei Glas Bier mit meinen Freunden trinken und dann aufhören (9½)

Sein Behandlungsfahrplan sah eine dreimonatige Periode totaler Abstinenz vor. Während dieser Zeit sollte er eine Serie von Aufgaben bewältigen, die er jeweils so oft wiederholte, bis er sich stark genug fühlte, die nächste in Angriff zu nehmen. Sobald sein Verlangen heftiger zu werden drohte, sollte er sich sagen: »Wenn ich mein Verlangen beherrsche, wie ein guter Surfer sein Surfbrett, so wird der Drang allmählich nachlassen. Bis ich so weit bin, bekämpfe ich zwar das Verlangen nicht – trinken werde ich jedoch auch nicht.« Es gab freilich ein paar Fallstricke auf diesem Weg. So nahm er einmal einen nicht geplanten Drink zu sich, als er nicht einschlafen konnte, und zweimal konnte er beim Fernsehen dem in Reichweite stehenden Glas nicht widerstehen. Nach einem solchen Fehltritt sollte er zu sich sagen: »Der Vorfall beweist nur, daß ich mit dieser Situation noch Schwierigkeiten habe; doch ich kann sie bewältigen, wenn ich sie immer wieder trainiere, zuerst theoretisch und dann in der Praxis.« Trotz dieser Zwischenfälle konnte der Betroffene am Ende einen Erfolg verbuchen.

spiel sollte vorsätzlich in eine Bar oder auf eine Cocktailparty gehen, zunächst nur, wenn er besonders ausgeglichen und entspannt ist, und später auch dann, wenn er sich unsicher und elend fühlt. Die Personen mit einem Gewichtsproblem sollten ihren Morgenkaffee in einer Konditorei einnehmen oder zum Nachmittagskaffee ein (aber wirklich nur ein) Plätzchen essen. Jede auf diese Weise erfolgreich abgewehrte Versuchung stärkt ihr Selbstbewußtsein und ihre Selbstbeherrschung.

Abgestufte Aufgabenstellung

Wenn Sie Ihr Problem mit Hilfe der Reizkonfrontationstechnik bewältigen wollen, müssen Sie eine sorgsam gestaffelte Rangfolge von Aufgaben planen:

1. Beobachten Sie weiter Ihr Verhalten. Versuchen Sie die Situationen, Stimmungen, Gedanken, Wahrnehmungen usw. zu erkennen, die als Auslösereize oder Signale dienen.
2. Finden Sie heraus, welche Reize am gefährlichsten und welche am ungefährlichsten für Sie sind.
3. Stellen Sie eine Liste mit abgestuften Aufgaben zusammen, die Sie mit diesen Auslösereizen konfrontieren (angefangen mit den am wenigsten gefährlichen).

Wenn Sie in eigener Regie, also ohne die Hilfe eines Therapeuten, vorgehen, so achten Sie besonders darauf, daß Sie sich nur ganz langsam und behutsam die Stufen dieser »Hierarchie« hocharbeiten dürfen. Vergessen Sie nicht, daß vor allem die ersten Schritte mit Ängsten und Enttäuschungen verbunden sind. Halten Sie deshalb Argumente bereit, die Ihnen Mut machen; zum Beispiel können Sie sich sagen:

1. »Ich werde sicherlich anfangs Unlust verspüren; wenn ich mich aber mit dieser Tatsache abfinde, so wird das Unlustgefühl weniger schlimm sein als erwartet.«

2. »Wenn ich motiviert bin und mich mit anderen Dingen beschäftige, so wird das Verlangen nachlassen.«
3. »Wenn ich mich jetzt zusammenreißen kann, werde ich mein Problem ein für allemal los. Ich nehme das kurzfristige Unbehagen in Kauf, damit es mir langfristig gut geht.«

Wann immer Sie eine Aufgabe erfolgreich bewältigt haben, merken Sie sich den genauen Ablauf und werten Sie ihn für ähnliche zukünftige Situationen aus. Ein Erfolg zieht den nächsten nach sich, bis das unerwünschte Verhalten völlig beseitigt ist.

So weit, so gut...

Die wesentlichen Schritte zur Selbstkontrolle sind also Selbsterkenntnis durch Selbstbeobachtung sowie Selbstmanagement und Selbstbeherrschung durch zunehmende Konfrontation mit den Reizen, die das Problemverhalten ursprünglich auslösten. Alle hier beschriebenen Techniken wurden in der Praxis systematisch getestet und haben sich als überaus wirkungsvoll erwiesen. Den Kritikern, die sie als zu einfach betrachten, antworten wir, daß mit diesen Methoden vielen Opfern von starken Zwängen – wie Barbara – geholfen werden konnte, wieder ein normales Leben zu führen.

Voraussetzung für *dauerhafte* Erfolge ist die richtige emotionale Haltung. Gefühle der Angst und Depression sind eng mit Rückfällen in selbstzerstörerische Gewohnheiten und Süchte verknüpft. Die eigentliche Ursache solcher Gefühle ist die Angst vor unmittelbaren Konsequenzen, die Angst zu versagen oder die Unfähigkeit, sich dem sozialen Druck durch Kollegen, Freunde oder Familienmitglieder zu widersetzen. Deshalb muß der Betroffene neben den bereits beschriebenen Strategien auch Techniken erlernen, um Motivation und Moral aufrechtzuerhalten. Das soll das Thema der nächsten beiden Kapitel sein.

5
Angst
und Angstbewältigung

Die meisten Formen von Problemverhalten gehen mit Gefühlen von Angst und Depression einher. Dabei ist oft schwer zu sagen, ob diese Gefühle Ursache oder Ergebnis des zwanghaften Verhaltens sind. Fest steht nur, daß sie das Zwangsverhalten durchdringen und ständig präsent sind.

Ein hoher Prozentsatz von Trinkern zum Beispiel gibt Angstverminderung als Hauptgrund für exzessiven Alkoholkonsum an. In einer von Gloria Litman durchgeführten Studie stellte sich der Faktor Angst, vor allem angesichts von sozialen Situationen, als wesentliche Rückfallursache heraus. Ähnlich verhält es sich bei Abhängigen von Opiaten und psychotropen Drogen wie Cannabis (Marihuana). Leute, die von Barbituraten oder Tranquilizern (z. B. Valium) abhängig sind, nehmen diese Mittel anfänglich meist ein, um Ängste zu lindern. Auch bei Zwangsverhaltensformen, die nichts mit Drogen zu tun haben, sind Angstgefühle vorherrschend. Das gleiche gilt für Spiel- und Eßsucht und vor allem für den Wasch- und Kontrollzwang. Selbst bei sexuellen Zwängen spielt Angst eine entscheidende Rolle. Doch was genau verstehen wir unter Angst?

Reale und eingebildete Bedrohungen

Angstgefühle sind mit bestimmten physischen Symptomen verbunden, welche die natürliche Reaktion des Körpers auf eine wahrgenommene Bedrohung sind. Diese Reaktion, die wir als Flucht- oder Abwehrreaktion bezeichnen, ist allen Säugetieren eigen, ganz gleich ob es sich um Ratten, Affen oder Menschen handelt. Hervorgerufen wird die Reaktion durch die Ausschüttung von Hormonen (Adrenalin), die eine Steigerung der Herzschlagrate, der Atemfrequenz, des Blutdrucks usw. bewirken. Diese physiologischen Veränderungen veranlassen das Tier, die Bedrohung anzugreifen – oder vor ihr zu fliehen.

Beim Menschen funktioniert diese Flucht oder Abwehrreaktion bei eingebildeter ebenso wie bei realer Bedrohung. Viele Menschen, die

von starken Angstgefühlen berichten, wissen oft genau, daß es gar nichts Reales zu befürchten gibt, und dennoch erleben sie die physiologischen Symptome – erhöhter Puls, Zittern, Atemlosigkeit, Schweißausbrüche. Bei fehlender realer Bedrohung aber gibt es weder ein Angriffsobjekt noch eine klare Fluchtrichtung. In solchen Augenblicken kann eine mechanische Tätigkeit (Anzünden einer Zigarette, Nippen an einem Glas) vorübergehend Erleichterung bewirken, die wiederum diese Tätigkeit verstärkt.

Wie wir bereits erwähnten, sind Gewohnheiten, Süchte und Zwänge mit Gefühlen der Angst assoziiert. Strategien, die Angst abbauen helfen, sind demnach auch geeignet, zwanghaftes Verhalten zu modifizieren. Nun wirkt aber Angst nicht nur auf einer Ebene, wie das folgende Beispiel zeigt.

Angst: Zustand und Merkmal

Michael ist leitender Angestellter einer größeren Firma, doch trotz seiner Position leidet er unter starken Ängsten. Vor allem fürchtet er sich vor den häufigen geschäftlichen Besprechungen und den Menschen, mit denen er sich abgeben muß. Er hat ständig das Gefühl, daß etwas schiefgehen könnte, und oft überkommen ihn heftige Angstgefühle, wenn er in lebhafte Diskussionen mit selbstbewußten oder kritischen Kollegen verwickelt wird. Bei solchen Angstanfällen bricht ihm der Schweiß aus, sein Herz klopft zum Zerspringen, und er wird spürbar nervös und unsicher. Seine Gedanken kreisen vor allem um den Eindruck, den er bei den anderen zu erwecken meint: »Die müssen denken, daß ich neurotisch bin«, »Ich wette, die reden später über mich.« Oft entschuldigt er sich dann und verläßt für kurze Zeit den Raum. Während der letzten sechs Monate hat er sich angewöhnt, vor jeder Sitzung 20 mg Valium zu schlucken.

Wenn Michael an einer solchen Sitzung teilnimmt, befindet er sich in einem *Zustand* der Angst. Wir könnten aber auch sagen, daß er eine ängstliche Person ist, was einem *Persönlichkeitsmerkmal* gleichkäme. Verhaltenspsychologen unterscheiden zwischen dem Merkmal Angst (d. h. einer Prädisposition zur Angst) und dem Zustand Angst (d. h. Angst zu einem bestimmten Zeitpunkt). Wenn Michael völlig ent-

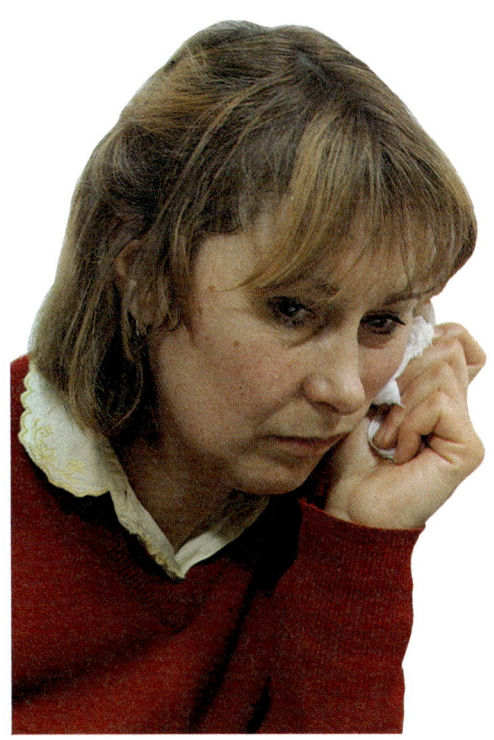

spannt ist, so ist seine Zustandsangst auf einem niedrigen, seine Merkmalsangst jedoch auf einem hohen Niveau, weil er in der Vergangenheit häufig Angstzustände erlebt hat und deshalb auch in Zukunft mit großer Wahrscheinlichkeit ähnliches erleben wird.

Angst ist nicht nur ein Gemütszustand, bedeutet nicht nur heftiges Herzklopfen. Angst ist vielmehr eine Reaktion der ganzen Person auf eine subjektiv empfundene Bedrohung. Michael legte ängstliches Verhalten und Denken an den Tag, und sein Körper antwortete mit einer deutlichen physiologischen Überreaktion. Die Abbildung rechts veranschaulicht die Wechselwirkung dieser drei Prozesse. Soll der Angst entgegengewirkt werden, so muß das gesamte System der beteiligten Reaktionen verändert werden.

Bewältigungsfertigkeiten und Einschätzung der Bedrohung

Die Abbildung zeigt, daß Angst durch eine *subjektiv empfundene* Bedrohung ausgelöst wird. Für viele Leute sind geschäftliche Besprechungen anregend und interessant, für Michael aber stellen sie eine Bedrohung dar. Frühere unange-

Wir alle kennen Angstmomente – was wir als Angst empfinden, ist die natürliche Reaktion des Körpers auf bedrohliche Ereignisse. Freilich kann Angst, wie unser Diagramm veranschaulicht, sich auch ständig erneuern und zu einem chronischen Geisteszustand werden.

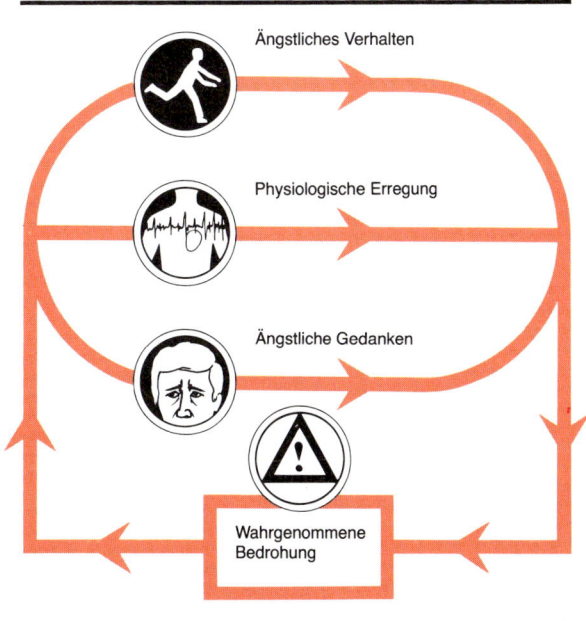

Ängstliches Verhalten

Physiologische Erregung

Ängstliche Gedanken

Wahrgenommene Bedrohung

nehme Erfahrungen und der übertrieben starke Wunsch, einen guten Eindruck zu machen, beeinflussen seine Einschätzung der Situation. Es ist also eine subjektiv empfundene Bedrohung, die seine Angst hervorruft, und keine objektive Beurteilung der Situation.

Für viele Leute sind Cocktailpartys entweder amüsante oder langweilige, auf *keinen* Fall jedoch angsterzeugende Ereignisse. Für andere wiederum sind sie die Hölle. Der sozial Ängstliche fürchtet ständig, etwas Unpassendes zu tun oder zu sagen oder einen schlechten Eindruck zu hinterlassen. Der Alkoholiker dagegen, der von seiner Sucht loskommen möchte, betrachtet die Situation als eine große Versuchung und hat Angst, vor, während oder nach der Party das unwiderstehliche Verlangen nach Alkohol zu verspüren.

Moderne Psychologen sind zu der Überzeugung gelangt, daß zur erfolgreichen Angstbewältigung allen drei Angstreaktionssystemen entgegengewirkt werden muß. Auf der Verhaltensebene muß Michael lernen, mit selbstbewußten oder aggressiven Kollegen umzugehen, auf der physiologischen Ebene muß er lernen, sich zu entspannen, und auf der »Denk-Ebene« muß er versuchen, die Dinge in einem anderen Licht zu sehen. Die später in diesem Kapitel erörterten Strategien umfassen alle drei Angstreaktionssysteme.

Ereignisse und Angst

Angst kann dadurch entstehen, daß Ereignisse falsch gedeutet oder überbewertet werden. Doch wie steht es mit den Erfahrungen, die wirklich schwerwiegend und manchmal gar nicht zu vermeiden sind? Jeder von uns kennt Leute, die in einer Krisen- oder Streßsituation erneut mit dem Rauchen begonnen haben. Drogenmißbrauch und Zwangsverhalten sowie Herzanfälle, Magengeschwüre, Arthritis, Allergien und Depressionen sind eng mit solchen angstauslösenden Ereignissen verknüpft. Das ist verständlich, wenn man bedenkt, welch ungeheure Anpassung derartige Erfahrungen dem Menschen abverlangen.

Nehmen wir zum Beispiel die Folgen einer Ehescheidung: Zumindest einer der betroffenen Partner bleibt meist allein zurück – vielleicht mit

finanziellen Sorgen, mit der Trauer um den Verlust der Kinder oder mit Gefühlen der Unzulänglichkeit, des Zurückgestoßenseins. In solch einem Zustand kommt es mit großer Wahrscheinlichkeit zu ängstlichem Verhalten, physiologischen Überreaktionen und angstgeprägten Gedanken. Jeder neue Tag wird zu einer Bedrohung.

Thomas Holmes und Richard Rahe von der Medical School der University of Washington entwickelten einen Fragebogen (*Social Readjustment Rating Scale* – Bewertungsskala für soziale Neuanpassung), um die Ereignisse zu ermitteln, die von den meisten Menschen als Streß erlebt werden. Ihre Studie basiert auf zahlreichen klinischen Interviews, Krankengeschichten und einer Reihe von Untersuchungen, an denen über 5000 Patienten teilnahmen. Die beiden Wissenschaftler konnten 43 Ereignisse oder Veränderungen der Lebensweise ausmachen, die mit Streß und Krankheit verbunden sind. Dazu gehören Ehe und Scheidung, Tod eines Ehepartners, neue Lebensbedingungen und eine Vielzahl von persönlichen, sozialen und wirtschaftlichen Veränderungen, die ein ge-

Angst und Streß sind direkt verbunden mit einer Vielzahl von Süchten und Zwängen – auch mit physiologischen Störungen, wie Herzkrankheiten, Arthritis und Allergien. Zum Glück aber ist es möglich, Angstgefühle zu lindern.

wisses Maß an Neuanpassung verlangen. Anschließend forderten sie eine größere Anzahl von Personen aus verschiedenen Gesellschaftsschichten auf, diese Ereignisse nach dem jeweiligen Grad der erforderlichen Anpassung in einer progressiven Skala zu bewerten. Die Tabelle rechts zeigt die 15 Ereignisse, die von amerikanischen Testpersonen eingeschätzt wurden, dazu die entsprechenden Bewertungen von europäischen und japanischen Versuchspersonen.

Die meisten dieser Ereignisse können nicht vermieden werden. Sie sind für viele Menschen auf der ganzen Welt Ursachen von Angst. Sollen Drogenabhängigkeit und anderes Zwangsverhalten erfolgreich unter Kontrolle gebracht werden, so müssen die Betroffenen lernen, die entsprechende Angstreaktion in den Griff zu bekommen.

Verhaltensstrategien

Die wirkungsvollste Methode der Angstbewältigung ist der »Frontalangriff«. In Kapitel 4 erläuterten wir, wie Sucht- und Zwangsverhalten

Bewertung von belastenden Ereignissen

Fünfzehn wesentliche Ereignisse wurden von amerikanischen Versuchspersonen in eine Rangordnung gebracht (Spalte 1). Spalte 2 und 3 zeigen, wie Europäer und Japaner die gleichen Ereignisse bewerteten.

Ereignisse	Amerikaner	Europäer	Japaner
Tod des Ehepartners	1	1	1
Scheidung	2	3	3
Getrenntleben	3	5	7
Gefängnisaufenthalt	4	2	2
Tod eines nahen Familienangehörigen	5	18	4
Unfall oder Krankheit	6	8	5
Ehe	7	4	6
Gekündigtwerden	8	9	8
Aussöhnung mit Ehepartner	9	7	15
Pensionierung	10	17	11
Krankheit eines Familienangehörigen	11	20	9
Schwangerschaft	12	6	13
Sexuelle Probleme	13	15	10
Hinzukommen eines neuen Familienangehörigen	14	13	23
Einschneidende berufliche Neuorientierung	15	11	12

durch wiederholte ausgedehnte Konfrontation mit den Auslösereizen reduziert werden kann. Inzwischen konnte anhand von wissenschaftlichen Daten nachgewiesen werden, daß ähnliches auch für die Angstbewältigung gilt. Eine Katzenphobie zum Beispiel kann geheilt werden, indem der Phobiker Schritt für Schritt die verschiedenen Stadien der Angsthierarchie, vom leichtesten bis zum massivsten, in Angriff nimmt (angefangen beim Betrachten von Katzenphotos, über vorsichtiges Streicheln eines jungen Kätzchens bis hin zum Auf-den-Arm-Nehmen einer ausgewachsenen Katze). Unsicherheit kann durch Selbstsicherheitstraining abgebaut werden, wobei auch hier mit der einfachsten Aufgabe in der Rangordnung der angstauslösenden Situationen begonnen wird. Es steht außer Zweifel, daß mit dieser Art der Desensibilisierung Angst reduziert und die Vorstellungen und Assoziationen, die Angst auslösen, modifiziert werden können. Planung und Ausführung von progressiven Übungsserien setzen Mut und Geduld voraus. Mit Hilfe der hier beschriebenen Methoden wurden indes bereits beachtliche Erfolge erzielt.

Der erste Schritt einer solchen Therapie besteht darin, die angstauslösenden Reize festzustellen. Bei den Angstauslösern kann es sich um Situationen, Tätigkeiten oder Gedanken handeln. Sobald sie erkannt sind, müssen sie ihrem Intensitätsgrad nach geordnet werden.

Ein anschauliches Beispiel dieser Art von Konfrontation »in vivo« liefern uns Christensen, Arkowitz und Anderson von der Psychology Clinic der University of Oregon. Sie entwickelten ein Projekt, das zum Ziel hatte, Häufigkeit, Geschick und Lockerheit beim Dating (also bei Rendezvous) zu steigern. Von insgesamt 145 Freiwilligen wurden die 30 Männer und die 30 Frauen mit der niedrigsten Dating-Frequenz ausgewählt.

Die »Behandlung« war weder kompliziert noch bedurfte sie langfristiger Vorbereitungen. Die männlichen Teilnehmer bekamen einmal wöchentlich einen weiblichen Partizipanten zugeteilt. So entstanden in einem Zeitraum von sechs Wochen sechs verschiedene Paarkonstellationen. Jedes Paar sollte das Rendezvous als eine Möglichkeit betrachten, soziale Fertigkeiten zu erlernen und einzuüben. Da die Teilnehmer keine Angst zu haben brauchten, in irgendeiner Weise aufzulaufen oder gar zurückgewiesen zu werden, entwickelten sie sichtliches Selbstvertrauen und erhöhte Kontaktfähigkeit.

Links: Der einfache Prozeß, neue Bekanntschaften zu schließen, kann mit schrecklichen Ängsten verbunden sein – oder so simpel wie eins, zwei drei...

Rechts und unten: Die Kampf- oder Abwehrreaktion baut Spannung im Körper auf. Diese Spannung kann durch intensive Körpertätigkeit wieder abgebaut werden – Sportler »laden« sich vor entscheidenden Wettkämpfen ganz bewußt auf.

Meditationstechniken können Ängste lindern und die mit ihnen verbundenen körperlichen Symptome – erhöhte Herzfrequenz, flaches Atmen, Muskelanspannung – reduzieren helfen. Willentliche progressive Entspannung der Muskeln und bewußt tiefes, regelmäßiges Atmen können im Alarmsystem des menschlichen Körpers sozusagen für Entwarnung sorgen.

Physiologische Entspannung

Da physiologische Erregung ein Flucht- oder Abwehrverhalten zur Folge hat, wurde eine Methode zur physiologischen Entspannung entwickelt. Laufen, Springen, Joggen, Graben, Klettern, Tanzen und Schwimmen – all diese Aktivitäten sind dazu angetan, Spannung zu reduzieren. Nach einem Dauerlauf oder einer anstrengenden Bergtour ist man vielleicht müde, fühlt sich aber körperlich entspannt.

Die zweite Methode, das *Muskelentspannungs-Training,* hat bereits eine lange Geschichte in der Medizin, der klinischen Psychologie und der Psychiatrie. Im Jahr 1929 berichtete Edmund Jacobson von seiner Entdeckung, daß durch systematische Anspannung und Entspannung verschiedener Muskelgruppen und durch Konzentration auf den nachfolgenden Entspannungseffekt Muskelverspannungen abgebaut werden können, was gleichzeitig vorhandene Ängste abbauen half. Seither wird diese Technik erfolgreich bei der Behandlung von physiologischer Erregung, Schlaflosigkeit und starken Kopfschmerzen angewandt. Hier ein Beispiel aus unserer eigenen Praxis: David, ein 64jähriger pensionierter Automechaniker, war auf dem besten Wege, Alkoholiker zu werden. Er trank vor allem aus Langeweile und um besser schlafen zu können. Seit seiner Pensionierung litt er unter Schlafstörungen und glaubte, nur einschlafen zu können, wenn er vorher getrunken hatte. Aus gesundheitlichen Gründen aber mußte David das Trinken völlig aufgeben. Erst da merkte er, wie abhängig er vom Alkohol geworden war. Ohne seinen Schlummertrunk brauchte er Stunden, um einschlafen zu können. Deshalb bekam er von uns eine Kassette mit Entspannungsinstruktionen, die er jeden Abend beim Zubettgehen abspielen mußte. Schon nach wenigen Malen funktionierte diese Technik so gut, daß er bereits schlief, bevor die Kassette ganz abgelaufen war. Einmal war er sogar bereits in der kurzen Zeitspanne zwischen dem Einschalten des Tonbandgeräts und dem ersten gesprochenen Wort eingeschlafen!

In diesem Zusammenhang möchten wir darauf hinweisen, daß die meisten Formen von Schlafbeschwerden durch Arzneimißbrauch verursacht werden – ausgerechnet durch die

Medikamente, die gegen die Schlaflosigkeit verschrieben wurden. Regelmäßige Einnahme von Schlaftabletten kann nämlich die Toleranz erhöhen, d. h. die Wirkung der gleichen eingenommenen Menge läßt nach. Beim Absetzen wird die Schlafstörung dann erst zum wahren Problem. In einem solchen Fall von Abhängigkeit empfiehlt sich ein Entspannungstraining bei gleichzeitiger allmählicher Reduzierung der Dosis.

Eine Anleitung zur Muskelentspannung finden Sie auf Seite 65.

Meditationstechniken

Der Einsatz von Muskelentspannungs-Techniken basiert auf der Theorie, daß Angst reduziert werden kann, wenn eine wichtige *periphere* Komponente des physiologischen Reaktionssystems gebremst wird. Eine weitere Methode, die sich zum Teil als noch effektiver erweist, ist die sogenannte *Meditation*. Diese Technik hat eine jahrtausendelange Geschichte. Ernsthafte wissenschaftliche Untersuchungen auf diesem Gebiet gibt es allerdings erst seit wenigen Jahrzehnten, seitdem das Interesse an der Transzendentalen Meditation (TM) in der westlichen Welt so groß geworden ist. Inzwischen konnten viele der behaupteten Fertigkeiten der Meditierenden wissenschaftlich nachgewiesen werden. Vor allem gilt als erwiesen, daß durch TM die physiologische Erregung abgebaut werden kann.

Dr. Benson, einer der ersten Wissenschaftler, die sich mit TM beschäftigten, versuchte die Meditation zu entmystifizieren, indem er folgende Vorschriften zur Erreichung von Entspannung aufstellte:

1. Sitzen Sie ruhig, in einer bequemen Haltung.
2. Schließen Sie die Augen.
3. Entspannen Sie alle Ihre Muskeln, angefangen bei den Fuß- bis hin zu den Gesichtsmuskeln. Halten Sie sie entspannt.
4. Atmen Sie durch die Nase und werden Sie sich Ihrer eigenen Atmung bewußt. Sagen Sie sich selbst, während Sie ausatmen, das Wort »Oh« vor. Also einatmen... ausatmen und

Meditation und der Körper

Die meisten Untersuchungen haben erbracht, daß TM eine sehr günstige Auswirkung auf die physiologischen, biochemischen und psychologischen Aspekte der Angst hat. Leider liegen uns nur wenige experimentelle Vergleiche von TM und anderen Techniken (wie Muskelentspannung) mit Versuchspersonen vor, die willkürlich eine der beiden Therapien durchführen. Es gibt jedoch einige Studien, in denen die Ergebnisse von Meditierenden und von Freiwilligen verglichen wurden, die nicht meditierten. Dabei ergeben sich gewisse Deutungsschwierigkeiten, da Meditierende vielleicht von vornherein, selbst vor dem Training, besser entspannen können. Dennoch sind die Ergebnisse sehr aufschlußreich. So wurden Leute getestet, die bereits ein Meditationstraining hinter sich hatten und eine Kontrollgruppe, die TM erst lernen sollte. Vor und während der Meditations- oder Entspannungsphasen wurden physiologische Messungen vorgenommen. Dabei fand man heraus, daß sich Meditation ganz deutlich in den physiologischen Meßwerten niederschlägt. So nahm die Herztätigkeit der Meditierenden um 7,6 Schläge pro Minute ab; in der Kontrollgruppe ergaben sich keine signifikanten Veränderungen.

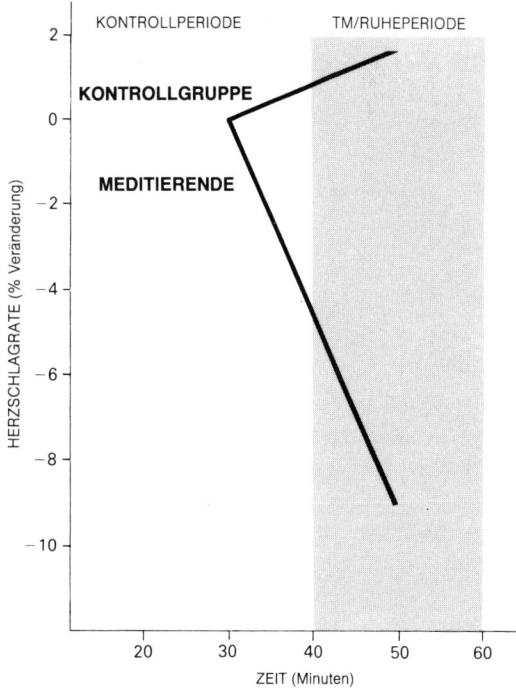

Die Veränderung der Herzschlagrate wurde jeweils in der Mitte der Kontrollperiode und der TM/Ruheperiode gemessen.

»Oh«, ein, aus und »Oh«, und so fort. Atmen Sie leicht und natürlich, *keinesfalls* tief.

5. Setzen Sie diese Übung 10 bis 20 Minuten fort. Sie können die Augen öffnen, um auf die Uhr zu schauen, verwenden Sie jedoch keinen Wecker. Bleiben Sie, wenn Sie fertig sind, noch einige Minuten still sitzen, zuerst mit geschlossenen, dann mit geöffneten Augen. Stehen Sie erst einige Minuten später auf.

6. Machen Sie sich keine Gedanken darüber, ob es Ihnen gelingen wird, tiefe Entspannung zu erreichen. Nehmen Sie eine passive Haltung ein und lassen Sie die Entspannung nach ihrem eigenen Tempo »mit sich geschehen«. Wenn ablenkende Gedanken auftreten, so versuchen Sie, diese zu ignorieren, indem Sie ihnen einfach keine Bedeutung beimessen, und wiederholen Sie erneut Ihr »Oh«. Mit der Zeit stellt sich die Reaktion mühelos ein. Üben Sie diese Technik ein- bis zweimal täglich, aber erst etwa zwei Stunden nach den Mahlzeiten, da es den Anschein hat, daß der Verdauungsprozeß mit der Auslösung der Entspannungsreaktion unvereinbar ist.

Mit Hilfe dieser Methode untersuchte Benson die Auswirkungen von Entspannungspausen auf den Blutdruck. Vier Teilnehmergruppen erhielten unterschiedliche Entspannungsvorschriften. Gruppe A bekam die oben beschriebene Meditationstechnik erklärt. Gruppe B wurde lediglich aufgefordert, still zu sitzen und sich zu entspannen. Gruppe C erhielt gar keine Instruktionen, und Gruppe D diente als Kontrollgruppe. Gruppe A und B wurden aufgefordert, acht Wochen lang täglich zwei 15minütige Entspannungspausen einzulegen. Und das Gesamtergebnis? Eine signifikante Blutdruckreduzierung konnte nur in Gruppe A festgestellt werden.

Wissenschaftliches Material aus den letzten zehn Jahren läßt den Schluß zu, daß mit Hilfe von Meditation physiologische Erregung reduziert werden kann. Sie muß deshalb als eine Möglichkeit zur Selbstkontrolle betrachtet werden. Wenn eine unter Streß stehende Person ihre physiologischen Reaktionen kontrollieren kann, dann erhöht sich die Wahrscheinlichkeit, daß auch Drogenabhängigkeit und Zwangsverhaltensformen unter Kontrolle gebracht werden können.

Seit einigen Jahren sind Meditationstraditionen des Ostens bei uns geradezu in Mode gekommen (rechts und unten). Das Biofeedback-Gerät (unten rechts) registriert einige der wichtigsten Körperrhythmen – Alpha- und Theta-Wellen im Gehirn, die elektrische Leitfähigkeit der Haut und Veränderungen der Körpertemperatur –, die auf den Grad der Entspannung hindeuten. Die an ein solches Gerät angeschlossene Person erhält ein direktes Feedback über die Wirksamkeit ihrer Entspannungstechniken.

BioLab
BioLab
BioLab
BioLab

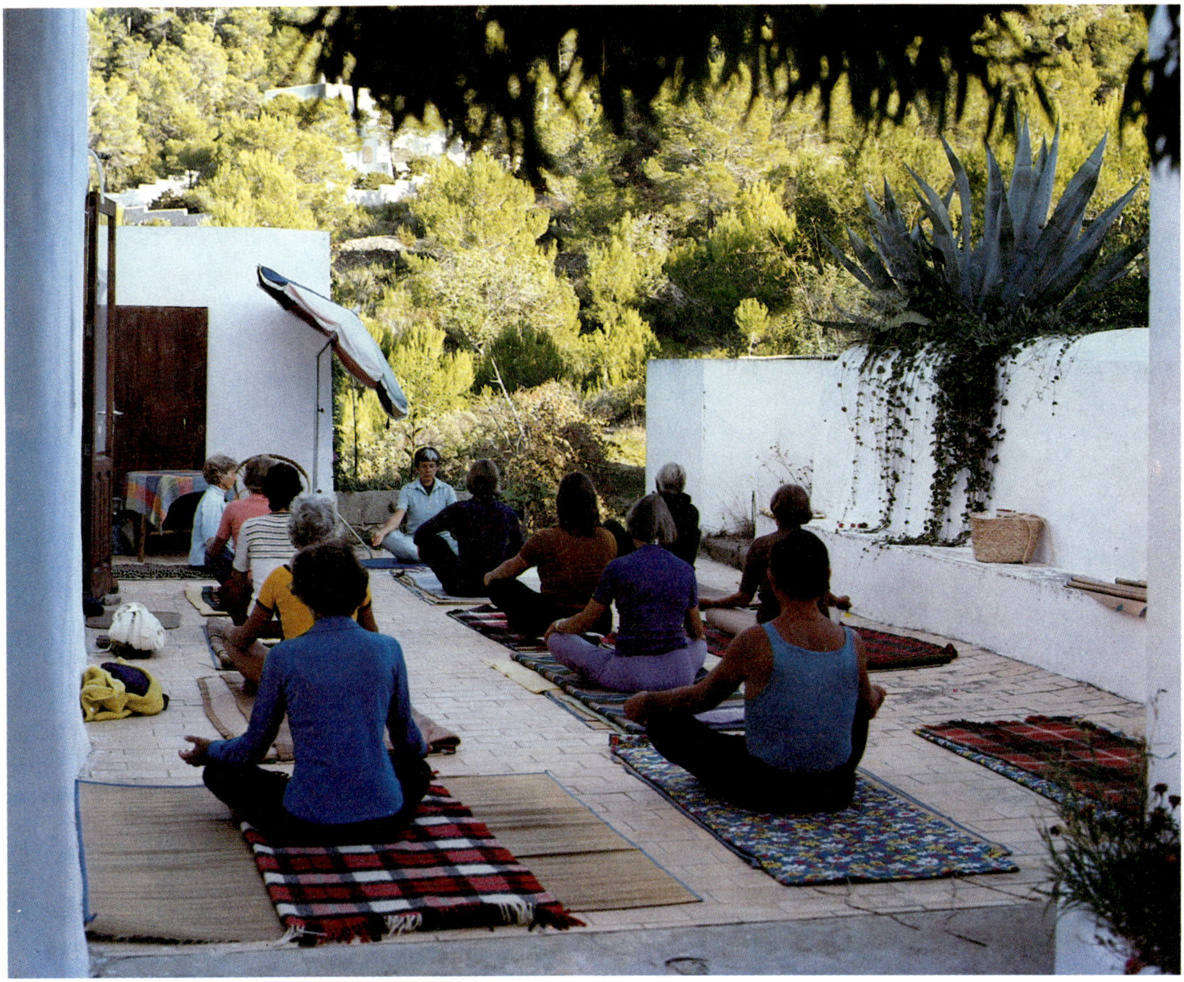

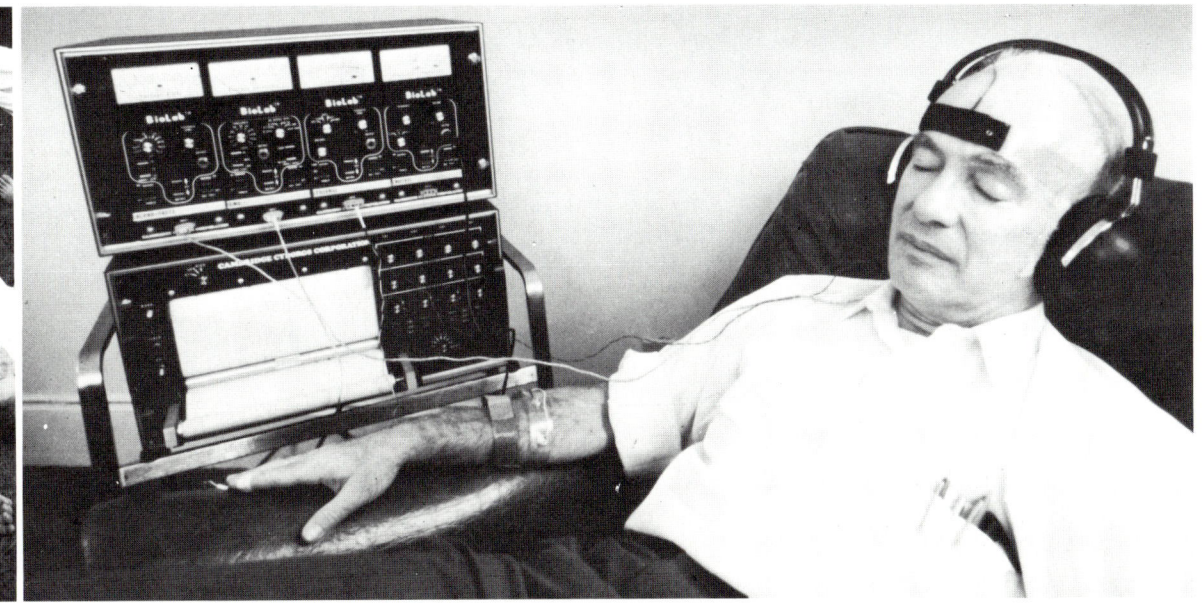

Denkhilfen

Angstgeprägtes Denken ist das dritte Element unseres Angstschemas. Die ängstliche Person fürchtet ständig, daß sich ein Unheil anbahnt. Wenn eine realistische Einschätzung der Situation ergibt, daß dies sehr unwahrscheinlich ist, so hat die Person ein verzerrtes Bild von dieser Situation. Sie muß lernen, die Welt aus einem anderen, einem unverzerrten Blickwinkel zu betrachten.

Eine 48jährige Frau zum Beispiel trank seit sechs Monaten täglich Alkohol, um ihre Angstzustände bei der Arbeit zu lindern. Sie war Abteilungsleiterin in einer kleinen Bekleidungsfabrik und hatte zwölf Näherinnen unter sich. Eines ihrer Hauptprobleme war ihre Neigung zu erröten. Deshalb war sie stets nervös, wenn andere Leute sie im Gespräch anstarrten, wenn sie Anweisungen geben oder Beschwerden entgegennehmen mußte. Sie hatte festgestellt, daß Alkohol sie von ihrer Angst befreite. Deshalb trank sie eine Viertelliterflasche Wodka, bevor sie zur Arbeit ging, und nahm zwei weitere Drinks in ihrer Mittagspause.

Sie wurde aufgefordert, sich selbst in den angstauslösenden Arbeitssituationen vorzustellen und die automatischen Gedanken zu identifizieren, die mit ihrer Angst verbunden waren. Folgende Gedanken belasteten sie am meisten:

– Ich werde erröten, und die Mädchen werden mich für schwach halten.
– Wie kann ich Anweisungen geben, wenn man mich für ein Nervenbündel hält?
– Vielleicht werde ich ohnmächtig. Ich bin schon einmal ohnmächtig geworden, als ich sehr nervös war.
– Ich werde unfähig sein, frei und spontan zu reden. Man muß aber schnelle und spontane Antworten parat haben in meiner Position.

Ihr wurde klargemacht, daß diese Gedanken Fehleinschätzungen sein könnten, die auf ihrer Überempfindlichkeit beruhen, und sie wurde aufgefordert, für jeden der vier ängstlichen Gedanken alternative Interpretationen auszuprobieren. Folgende Behauptungen erschienen ihr glaubhaft und verringerten ihre Angst, wenn sie an die Arbeit dachte:

– Vielleicht erröte ich ja gar nicht. Und wenn ich erröte, sehen es die Mädchen vielleicht nicht.
– Viele nervöse Menschen kommen mit anderen Leuten gut zurecht. Ich erröte ja nur, und das heißt noch lange nicht, daß ich ein Nervenbündel bin.
– Ich bin schon häufig nervös gewesen, ohne in Ohnmacht zu fallen. Und selbst wenn! Niemand wird mir einen Vorwurf daraus machen.
– Wenn ich langsam und etwas zögernd spreche, so macht das doch nichts. Die Leute scheinen mich zu mögen – da ist es egal, wenn ich nicht ganz flüssig rede. Sie werden mich akzeptieren, so wie ich bin.

Nachdem sie diese Gedanken eingeübt hatte, nahm sie allen Mut zusammen und ging, ohne zu trinken, zur Arbeit. Nach sechs Monaten kam sie immer noch ohne ihren »Morgentrunk« aus und war sicher, ihre Schwierigkeiten gemeistert zu haben.

Frustration und Wut

Wut ist keine Flucht-, sondern eine Kampfreaktion auf die Streßsituation. Angestaute Wut löst häufig selbstzerstörerisches Verhalten aus. Schlimmer noch: Heftiger, unkontrollierter Zorn kann sich zu einer gewohnheitsmäßigen Reaktion auch auf belanglose Frustrationen entwickeln. Ähnlich wie bei anderen destruktiven Gewohnheiten verdeckt die kurzfristige Belohnung (ein plötzliches Nachlassen der Anspannung) die langfristigen negativen Konsequenzen. Es ist jedoch erwiesen, daß angstreduzierende Entspannungs- und Gedankenkontrolltechniken geeignet sind, Wut einzudämmen. Der Nachweis wurde von Raymond Novaco, einem Psychologen der University of California, erbracht. Seine Patienten neigten zu heftigen, unkontrollierten Zornausbrüchen; mehrere hatten Personen physisch angegriffen; einer hatte die Glastür einer Eisdiele eingetreten, weil er nicht schnell genug bedient worden war; ein anderer hatte ein Autofenster mit einem Pfla-

Ein Schauspieler überwindet sein Lampenfieber durch wiederholtes Proben seiner Rolle – so lange, bis sie zu seiner zweiten Natur geworden ist. Ähnlich können wir unsere Ängste durch wiederholte »Proben« in der Realität abbauen.

Oben: Heftige Zornausbrüche können eine ähnliche Wirkung haben wie der Alkoholgenuß – sie führen zu Enthemmung und Spannungsreduzierung.

Rechts: Bei diesen jungen englischen Skinheads ist das Demonstrieren von Wut zu einem »Markenzeichen« geworden.

sterstein eingeschlagen. Novaco fand heraus, daß die Verbindung von Gedankenkontroll- und Muskelentspannungstechniken besonders effektiv war.

Um sein Programm zu testen, verglich er die Wirksamkeit verschiedener Wut- und Geduldsregulationstechniken bei 34 freiwilligen Testpersonen. Seine Erfolgskriterien waren: größere Toleranz in zornauslösenden Situationen und verstärkte Steuerung der angestauten Wut. Novacos Trainingsprogramm setzte sich aus vier Hauptkomponenten zusammen: lernen, was Wut ist und wie sie entsteht; die Umstände erkennen, die sie auslösen; unterscheiden lernen zwischen nützlicher und zweckloser Wut; Bewältigung von Konflikt- und Streßsituationen. In Situationen, die mit großer Wahrscheinlichkeit Verärgerung und Wut hervorrufen, wird die Person angewiesen, sich so tief wie möglich zu entspannen und dabei eine Reihe von Gedanken still zu verbalisieren, etwa: »Nur nicht aufregen! Ich finde schon einen Weg, mit dieser Situation fertigzuwerden«, oder: »Konzentrier

dich auf das Wesentliche, und nimm es nicht zu persönlich.« Solch aufmunternde, »innere« Monologe fördern die Selbstbeherrschung. Wenn der Betroffene spürt, daß sich seine Wut steigert, soll er sich selbst sagen: »Bleib ruhig und atme tief durch«, oder: »Ich werde mich erst mal entspannen und das Problem dann ruhig überdenken.« Novacos Testpersonen wurden außerdem angehalten, ein »Wut-Tagebuch« zu führen, in das sie Zornausbrüche, ihre Ursachen und die Konsequenzen eintragen mußten.

Dr. Novaco verglich sein Gedankenkontroll-Entspannungsverfahren mit (1) Entspannungstraining allein, (2) Gedankenkontrollbehandlung allein und (3) einer Kontrollgruppe, die weder Gedankenkontroll- noch Entspannungstraining erhalten hatte. Jede Gruppe (außer der letzten) bekam sechs Trainingsstunden verabreicht. Vor und nach diesen Stunden wurden die Teilnehmer aufgefordert, ihre wahrscheinlichen Reaktionen auf 80 wutauslösende Ereignisse auf einer Fünf-Punkte-Skala zu bewerten. Zusätzlich zu dieser »Wut-Skala« hat man dann wut-

Die Muskelentspannungstechnik

Diese Entspannungstechnik ist sehr leicht zu erlernen und dauert jeweils 20 Minuten. Sie hat sich vor allem bei der Reduktion von Angst und Nervosität bewährt. Um optimale Resultate zu erzielen, sollten Sie sich einen bequemen, ruhigen Ort aussuchen, wo Sie sich flach hinlegen können. Sie sollten vor Abschluß der Übung nicht einschlafen, auch wenn Sie mit dieser Technik Schlafstörungen abbauen wollen.

Lockern Sie zunächst alle einengenden Kleidungsstücke und ziehen Sie die Schuhe aus. Legen Sie sich jetzt hin. Im Laufe der Übungen sollen alle Körperteile entspannt werden, angefangen bei den Zehen bis hin zum Gesicht.

Die folgenden Anweisungen gelten für jeden Körperteil. Sie sollten auswendig gelernt werden und lauten: Spannen Sie den jeweiligen Körperteil an. Halten Sie die Spannung und zählen Sie dabei bis 5. Versuchen Sie, während Sie zählen, die Spannung noch zu steigern. 1, 2, 3 – fester – 4 – noch etwas fester – 5. Atmen Sie tief ein und lösen Sie die Spannung beim Ausatmen. Wiederholen Sie dabei für sich das Wort: »Entspannen. Entspannen. Entspannen.«

Schließen Sie jetzt die Augen und konzentrieren Sie sich auf den jeweiligen Körperteil. Wiederholen Sie beim Anspannen und Entspannen die obigen Anweisungen.

Zehen: Krallen Sie die Zehen ganz fest zusammen. Entspannen.

Waden: Stellen Sie die Zehen hoch und spannen Sie die Wadenmuskeln an. Entspannen.

Gesäß: Pressen Sie das Gesäß gegen Stuhl, Sofa, Bett oder Boden. Entspannen.

Bauch: Spannen Sie die Bauchmuskeln an, so als erwarteten Sie einen Schlag in die Magengegend. Entspannen.

Brust: Spannen Sie die Brustmuskeln an, indem Sie die Handflächen aneinanderpressen. Entspannen.

Schultern: Spannen Sie die Schultern an, indem Sie sie so hoch wie möglich ziehen. Entspannen.

Hals: Spannen Sie die Halsmuskeln an, indem Sie das Kinn auf das Brustbein pressen. Entspannen.

Nacken und Kopf: Bewegen Sie Nacken und Kopf so weit wie möglich nach hinten. Entspannen.

Gesicht: Spannen Sie alle Gesichtsmuskeln so fest wie möglich an. Entspannen.

Nehmen Sie jetzt, noch immer mit geschlossenen Augen, das Feedback wahr, das Ihr Körper Ihnen gibt – ein Schwere- oder Wärmegefühl, eventuell auch ein Kribbeln. Wenden Sie sich jetzt wieder jedem einzelnen Körperteil zu und befehlen Sie ihm jeweils noch fünfmal zu entspannen. Versuchen Sie die immer tiefere Entspannung wahrzunehmen. Wenn Sie sich von den Zehen bis zum Gesicht zurückgearbeitet haben, ist die Übung abgeschlossen.

Polizisten lernen während ihrer Ausbildung, mit Wutaus-
brüchen zurechtzukommen und Schlägereien vorzubeugen.

auslösende Situationen durchgespielt, so daß
Wutverhalten, Blutdruck, galvanische Hautreaktion und Selbstbewertungen von Zorngefüh-
len gemessen werden konnten.

Dabei stellte Novaco fest, daß die Kombination von kognitiven und Entspannungsmetho-
den erkennbar wirksamer war als alle einzeln
durchgeführten Methoden. Ganz gleich, welcher Faktor gemessen wurde – Selbstbeherrschung, Hautreaktion, Blutdruck –, das kombi-
nierte Verfahren führte zu weit größeren Erfolgen. Entspannungstraining allein erbrachte
zwar eine gewisse Erleichterung, durch zusätzliche Gedankenkontroll-Techniken jedoch konnten diese Resultate um ein Vielfaches verbessert
werden.

Zusammenfassend stellen wir fest, daß es eine
Reihe von experimentell erprobten angstreduzierenden Methoden gibt, z. B. Verhaltens- und
Gedankenkontroll-Strategien und Entspannungstechniken. Diese Verfahren sind geeignet,

die Einschätzung der Bedrohung zu modifizieren. Professor Richard Lazarus von der University of California traf eine nützliche Unterscheidung zwischen primärer und sekundärer Einschätzung einer Bedrohung. Ein Polizist zum
Beispiel, der einen Betrunkenen festnimmt,
rechnet vielleicht damit, angegriffen zu werden
(primäre Einschätzung), doch er fürchtet sich
nicht, weil er Vertrauen in seine Fähigkeit hat,
den eventuellen Angriff abzuwehren (sekundäre
Einschätzung). Ähnlich erwarten die meisten
von uns, in einer Vielzahl von Situationen zwar
Angst zu empfinden (primäre Einschätzung),
viele aber glauben, mit dieser Belastung fertigzuwerden (sekundäre Einschätzung). Die in diesem Kapitel beschriebenen Strategien haben
zum Ziel, erstens die primäre Einschätzung der
Bedrohung durch Änderung der Erwartung positiv zu gestalten und zweitens die sekundäre
Einschätzung durch Erlernen von Bewältigungsstrategien zu bestärken.

6
Nieder mit der Depression!

Titelseite der Anatomy of Melancholy *von Robert Burton (1577–1640). Das Krankheitsbild der Melancholie datiert nicht erst aus dem 16. Jahrhundert, sondern ist älter als das Christentum selbst. Schon Hippokrates (400 v. Chr.) befaßte sich mit der »Schwarzgalligkeit«.*

Ein 1973 vom National Institute of Mental Health in den Vereinigten Staaten veröffentlichter Bericht über depressive Störungen kam zu dem Ergebnis, daß in 75 Prozent aller klinischen Fälle eine Depression vorliegt und daß in einem bestimmten Jahr 15 Prozent aller Erwachsenen zwischen 18 und 74 unter ausgesprochenen depressiven Symptomen litten. Die meisten Menschen kennen gelegentlich auftretende leichte Depressionen und würden gern eine Bewältigungsstrategie für sich erarbeiten. In unserem Kontext muß darauf hingewiesen werden, daß Depressionen oft mit Süchten und Zwängen einhergehen können, vor allem mit Alkoholismus, Eßsucht, mit Wasch- und Kontrollzwang.

Was ist Depression?

Folgende Anzeichen und Symptome aus dem Bereich des Verhaltens, der Physiologie und der subjektiven Erfahrung charakterisieren nach allgemeiner Auffassung die Depression:

1. Traurige, apathische Stimmung (Dysphorie);
2. Negatives Selbstwertgefühl (Selbstvorwürfe, Selbstbeschuldigungen);
3. Wunsch, sich zu verkriechen, sich von anderen fernzuhalten;
4. Schlafstörungen, mangelnder Appetit, Nachlassen der Libido, bisweilen die Tendenz, zuviel zu schlafen;

5. Gestörtes Aktivitätsniveau (Tendenz, sich entweder lethargisch oder hektisch zu verhalten);
6. Häufige Gedanken an den Tod oder Selbstmord;
7. Konzentrationsschwierigkeiten.

Wie wir wissen, legen Menschen, die unter einer zwanghaften Gewohnheit leiden, mangelnde Selbstbeherrschung an den Tag. Weil nun die Depression Entschlossenheit und Tatkraft reduziert, vermindert sie auch die Selbstbeherrschung – mit dem Ergebnis, daß man dem zwanghaften Drang noch mehr ausgeliefert ist. Die folgende Beschreibung eines depressiven Zustands gibt einen Einblick in die tiefe Verzweiflung, Hilflosigkeit und Gelähmtheit, die für diesen Gemütszustand typisch sind:

»Eine unbeschreibliche physische Trägheit hatte mich ergriffen. Ein Gefühl von bleierner Müdigkeit saß in meinen Muskeln, wie ich es noch nie erlebt hatte. Ein sonderbares Empfinden schien über mein Rückgrat bis zu meinem Kopf hinaufzukriechen. Meine Nerven waren wie zuckende Drähte, geladen mit elektrischem Strom. Nachts konnte ich nicht schlafen. Mit geöffneten Augen lag ich da und starrte ins Nichts. Ich war von der Angst besessen, daß ein großes Unheil drohte. Ich fürchtete, von allen verlassen zu werden. Die trivialsten Arbeiten wurden zu kaum zu bewältigenden Aufgaben. Geistige und körperliche Betätigungen waren unmöglich; meine erschöpften Muskeln weigerten sich zu reagieren, aller Ehrgeiz war dahin. Mein Leben erschien mir völlig sinnlos.«

Neben solchen Veränderungen des Verhaltens und der Wahrnehmung haben Wissenschaftler biochemische Veränderungen feststellen können, die in depressiven Phasen auftreten und die zum Teil erfolgreich mit Psychopharmaka neutralisiert werden können. Solche Drogentherapien sind jedoch keine ausreichende Antwort auf dieses Problem.

Zahlreiche Psychologen und Psychiater vertraten die Ansicht, daß zur Linderung und Prävention von depressiven Zuständen der psychologische Kern des Symptoms behandelt werden müsse. Aaron Beck argumentierte, daß dieser Kern durch Hoffnungslosigkeit oder »generalisierte negative Erwartungen« gekennzeichnet

Depression gehört zu den bei uns am weitesten verbreiteten Krankheiten. In den Vereinigten Staaten leiden 75 Prozent der Patienten, die in psychiatrische Kliniken eingeliefert werden, an Depressionen.

sei. Von einer ähnlichen Hypothese ausgehend, sammelte Martin Seligman umfangreiches Datenmaterial, um zu beweisen, daß »erlernte Hilflosigkeit« das wesentliche psychologische Problem sei, das angegangen werden müsse. Doch selbst wenn es erkennbare psychologische Probleme gibt, ist die Möglichkeit nicht ausgeschlossen, daß diese durch ein biochemisches Ungleichgewicht verursacht werden. Es wurde behauptet, daß die Behandlung der psychologischen Symptome mit der eines gebrochenen Beins vergleichbar sei, bei dem der Schmerz gelindert, der Knochenbruch jedoch nicht kuriert würde. Inzwischen gilt als erwiesen, daß der psychologische Ansatz, basierend auf der Arbeit Aaron Becks, bei Depressionen ebenso wirksam, wenn nicht sogar effektiver ist als die konventionelle Drogentherapie. Auf diese Erkenntnis kommen wir später in diesem Kapitel zurück.

Der psychologische Ansatz

Dieser Ansatz beruht auf der Annahme, daß eine zu Depressionen neigende Person zu Fehleinschätzungen in drei Bereichen tendiert: Selbstverständnis, individuelle Erfahrungen und persönliche Zukunftsaussichten werden auf höchst negative Weise wahrgenommen, und diese sogenannte »kognitive Triade« führt zu vermindertem Selbstgefühl, Selbstvorwürfen, Resignation und Apathie.

Depressionen sind also stärker mit negativen Fehleinschätzungen als mit den Ereignissen selbst verknüpft. Verhaltensspezifische, physiologische und kognitive Reaktionen werden durch »subjektiv wahrgenommene Hilflosigkeit« beeinflußt, und das Feedback aus diesen drei Reaktionssystemen scheint das Empfinden der Hilflosigkeit zu bestätigen. Wenn wir durch unsere Deutung von Ereignissen gehemmt werden, so müssen wir alternative Deutungen erarbeiten, die unseren Geist von den negativen Gedanken befreien.

Es gibt zwei Methoden (sieht man einmal von der Drogentherapie ab), um wahrgenommene Hilflosigkeit und die damit verbundenen Fehleinschätzungen zu modifizieren. Die erste besteht in der Durchführung geringfügiger *Verhaltensänderungen* mit dem Ziel, unsere Deu-

Das Beck-Depressionsinventar

Das Ausmaß einer Depression läßt sich anhand einer Bewertungsskala leicht ermitteln. Der hier abgedruckte Selbstbewertungsfragebogen wurde von Dr. Aaron Beck entworfen. Der Betroffene wird aufgefordert, bei allen 21 Komplexen den Satz unter insgesamt vieren auszuwählen, der seine Gefühle während der vergangenen 7–14 Tage am besten charakterisiert. Die Sätze sind von 0 bis 3 numeriert, was der jeweiligen Bewertung entspricht. Nach Ausfüllen des Fragebogens werden die Punkte zusammengezählt. Die mögliche Punktzahl liegt also zwischen 0 und 63: 0 bis 9 ist normal; 10 bis 18 ist leicht; 19 bis 25 ist mäßig; 26 bis 35 ist mäßig bis stark; alle Werte über 36 dagegen deuten auf eine schwerwiegende Depression hin.

Dieser Fragebogen setzt sich aus Gruppen von Feststellungen zusammen. Bitte lesen Sie jede Gruppe sehr sorgfältig durch. Wählen Sie dann die Aussage, die am besten auf die Gefühle zutrifft, die Sie in der *zurückliegenden Woche, einschließlich heute*, am stärksten empfanden. Kreuzen Sie die Zahl vor der ausgewählten Aussage an. Wenn mehrere Feststellungen einer Gruppe in gleicher Weise zutreffen, so kreuzen Sie jede von ihnen an. Lesen Sie die Sätze sorgfältig durch, bevor Sie sich für einen von ihnen entscheiden.

1   0 Ich bin nicht traurig.
    1 Ich bin traurig.
    2 Ich bin ständig traurig und werde dieses Gefühl nicht los.
    3 Ich bin so unglücklich, daß ich es kaum ertragen kann.

2   0 Ich mache mir keine besonderen Sorgen um die Zukunft.
    1 Ich bin entmutigt, wenn ich an die Zukunft denke.
    2 Es gibt nichts, worauf ich mich freuen kann.
    3 Ich sehe völlig schwarz, was die Zukunft betrifft.

3   0 Ich fühle mich nicht als Versager.
    1 Ich glaube, öfter zu versagen als andere.
    2 Wenn ich zurückblicke, sehe ich viele Mißerfolge.
    3 Ich fühle mich als totaler Versager.

4   0 Ich habe genausoviel Freude an Dingen wie früher.
    1 Ich kann mich nicht mehr so freuen wie früher.
    2 Ich kann mich über nichts mehr richtig freuen.
    3 Ich bin mit allem unzufrieden und von allem gelangweilt.

5   0 Ich fühle mich nicht besonders schuldig.
    1 Ich fühle mich ziemlich oft schuldig.
    2 Ich fühle mich fast ständig schuldig.
    3 Ich fühle mich immer schuldig.

6   0 Ich habe nicht das Gefühl, bestraft zu werden.
    1 Ich habe das Gefühl, ich könnte bestraft werden.
    2 Ich lebe in der Erwartung, bestraft zu werden.
    3 Ich habe das Gefühl, bestraft zu werden.

7   0 Ich bin nicht enttäuscht von mir.
    1 Ich bin enttäuscht von mir.
    2 Ich bin sehr unzufrieden mit mir.
    3 Ich hasse mich.

8   0 Ich glaube nicht, schlechter zu sein als andere.
    1 Ich beobachte kritisch meine Schwächen und Fehler.
    2 Ich mache mir ständig Vorwürfe wegen meiner Fehler.
    3 Ich gebe mir die Schuld an allem Schlechten, das passiert.

9   0 Ich hege keine Selbstmordgedanken.
    1 Ich hege Selbstmordgedanken, führe sie aber nicht aus.
    2 Ich möchte mir das Leben nehmen.
    3 Ich würde mir das Leben nehmen, wenn sich die Gelegenheit dazu böte.

10 0 Ich weine nicht öfter als gewöhnlich.
    1 Ich weine öfter als gewöhnlich.
    2 Ich weine jetzt ständig.
    3 Früher konnte ich weinen; jetzt kann ich es nicht mehr, selbst wenn ich es möchte.

11 0 Ich bin nicht gereizter als früher.
    1 Ich werde jetzt viel leichter gereizt als früher.
    2 Ich bin fast ständig gereizt.
    3 Alle Dinge, die mich früher ärgerten, sind mir völlig gleichgültig.

12 0 Ich habe mein Interesse an anderen Leuten nicht verloren.
    1 Mich interessieren andere Leute weniger als früher.
    2 Ich habe mein Interesse an anderen Leuten fast ganz verloren.
    3 Andere Leute interessieren mich überhaupt nicht mehr.

13 0 Ich kann mich genauso schnell entscheiden wie immer.
    1 Ich schiebe meine Entscheidungen öfter auf als früher.
    2 Ich habe häufiger Schwierigkeiten, mich zu entscheiden, als früher.
    3 Ich bin überhaupt nicht mehr in der Lage, Entscheidungen zu treffen.

14 0 Ich finde, ich sehe nicht schlechter aus als früher.
    1 Ich fürchte oft, alt und unattraktiv zu wirken.
    2 Ich habe das Gefühl, daß sich mein Äußeres ständig verschlechtert.
    3 Ich bin überzeugt, häßlich auszusehen.

15 0 Ich arbeite in etwa so gut wie früher.
    1 Ich muß mir einen Ruck geben, bevor ich etwas in Angriff nehme.
    2 Ich muß mich mächtig am Riemen reißen, bevor ich irgend etwas anpacke.
    3 Ich kann überhaupt nicht mehr arbeiten.

16 0 Ich schlafe so gut wie gewöhnlich.
    1 Ich schlafe nicht so gut wie gewöhnlich.
    2 Ich wache 1–2 Stunden früher auf als gewöhnlich und habe Schwierigkeiten, wieder einzuschlafen.
    3 Ich wache mehrere Stunden früher auf als gewöhnlich und kann dann keinen Schlaf mehr finden.

17 0 Ich ermüde nicht schneller als gewöhnlich.
    1 Ich ermüde schneller als früher.
    2 Ich ermüde bei der kleinsten Kleinigkeit.
    3 Ich bin zu müde, um noch irgend etwas zu tun.

18 0 Mein Appetit ist nicht schlechter als früher.
    1 Mein Appetit ist nicht so gut wie früher.
    2 Mein Appetit ist stark beeinträchtigt.
    3 Ich habe überhaupt keinen Appetit mehr.

19 0 Ich habe letzthin kaum – wenn überhaupt – an Gewicht verloren.
    1 Ich habe mehr als 5 Pfund abgenommen.
    2 Ich habe mehr als 10 Pfund abgenommen.
    3 Ich habe mehr als 15 Pfund abgenommen.
    Ich bin bestrebt, durch weniger Essen abzunehmen.   Ja   Nein

20 0 Ich mache mir nicht mehr Sorgen um meine Gesundheit als früher.
    1 Ich mache mir Sorgen wegen physischer Probleme, wie Kopf- oder Gliederschmerzen, Magenverstimmung oder Verstopfung.
    2 Ich bin sehr besorgt um meine Gesundheit und kann kaum an etwas anderes denken.
    3 Ich bin so besorgt um meine Gesundheit, daß ich an nichts anderes mehr denken kann.

21 0 Mein Interesse an Sex hat nicht nachgelassen.
    1 Ich bin weniger an Sex interessiert als früher.
    2 Ich habe jetzt sehr viel weniger Interesse an Sex als früher.
    3 Ich habe mein Interesse an Sex völlig verloren.

tungen zu testen. Die in Kapitel 4 beschriebene Reizkonfrontation liefert ein anschauliches Beispiel, wie Erwartungen modifiziert werden können. Die zweite beruht auf der Suche nach alternativen Vorstellungen mit Hilfe *kognitiver* Ansätze (z. B. Selbstbefragung). Beide Ansätze werden anhand des folgenden Falls veranschaulicht:

Charles, ein Beamter, der stark zum Perfektionismus neigte, betrachtete sein Verhalten bei der Arbeit (ständiges Nachprüfen) und zu Hause (Wasch- und Putzzwang) als zwanghaft. Dieser Zwang war sehr viel stärker, wenn er sich in einer depressiven Phase befand; seine Depression wiederum wurde durch Probleme am Arbeitsplatz noch verschlimmert. Er war ständig überarbeitet, einerseits durch seinen Kontrollzwang und zum anderen durch sein Unvermögen, seine Schwierigkeiten mit seinem Vorgesetzten zu besprechen. Immer wenn er sich vornahm, sein Problem vorzubringen, überkam ihn übergroße Angst vor möglicher Kritik.

Man überzeugte Charles, daß er mit Hilfe einer verhaltenstechnischen und einer kognitiven Strategie die Einschätzung seiner Arbeitssituation ändern könnte. Zunächst sollte er *im Experiment* versuchen, seinem Chef mitzuteilen, daß er überlastet sei. Dann sollte er mit der erwarteten Kritik seines Chefs fertigwerden, indem er den Gedanken »Ich bin ein Versager« durch die Vorstellung ersetzte »Mein Boß ist verärgert, weil ich ihm ein zusätzliches Problem aufgehalst habe. Aber schließlich ist er mein Chef, und es ist seine Aufgabe, sich um solche Dinge zu kümmern.« Die Strategie funktionierte hervorragend. Sein Chef übte nicht einmal wirkliche Kritik, sondern war nur etwas kurz angebunden. Charles wiederum war in der Lage, sich alternative Erklärungen für das Verhalten seines Chefs zurechtzulegen.

Verhaltensänderung

»Langeweile ist für den Moralisten ein entscheidendes Problem, denn mindestens die Hälfte aller Sünden der Menschheit werden durch die Angst vor Langeweile ausgelöst« (Bertrand Russell). Apathie und Untätigkeit ergeben sich un-

Wie ein Einsiedlerkrebs in sein Gehäuse, so zieht sich der Depressive in seine einsame Welt zurück.

mittelbar aus Vorstellungen, die meist Fehleinschätzungen sind. Der Depressive glaubt, daß es keine Tätigkeit gebe, die seine Lage ändern könne und daß es deshalb sinnlos sei, überhaupt zu versuchen, irgend etwas zu tun. Es gibt keinen allgemeingültigen Weg, »da herauszukommen«, doch gibt es Möglichkeiten, die Lebensgeister Schritt für Schritt wieder wachzurufen. Die wichtigste Voraussetzung für eine Verhaltensmodifizierung ist, daß ein Anreiz für eine solche Veränderung existiert.

Steigerung der Aktivität

Der Depressive wird durch ein ganzes Geflecht von negativen Vorstellungen »lahmgelegt«, vor allem was die Konsequenzen seines eigenen Handelns angeht. Sollen Depression und Zwangsverhalten verhindert werden, so müssen diese Vorstellungen modifiziert werden. Aaron Beck meint dazu: »Das Handeln gegen eine Vorstellung ist der beste Weg, diese zu verändern. Der Patient, der Angst hat, Fehler zu machen, sollte solche Situationen auswählen, in denen die Wahrscheinlichkeit, Fehler zu machen, besonders groß ist. Der Mensch, der übertriebenen Wert darauf legt, von anderen anerkannt zu werden, sollte sich in Situationen begeben, in denen die Wahrscheinlichkeit der Anerkennung

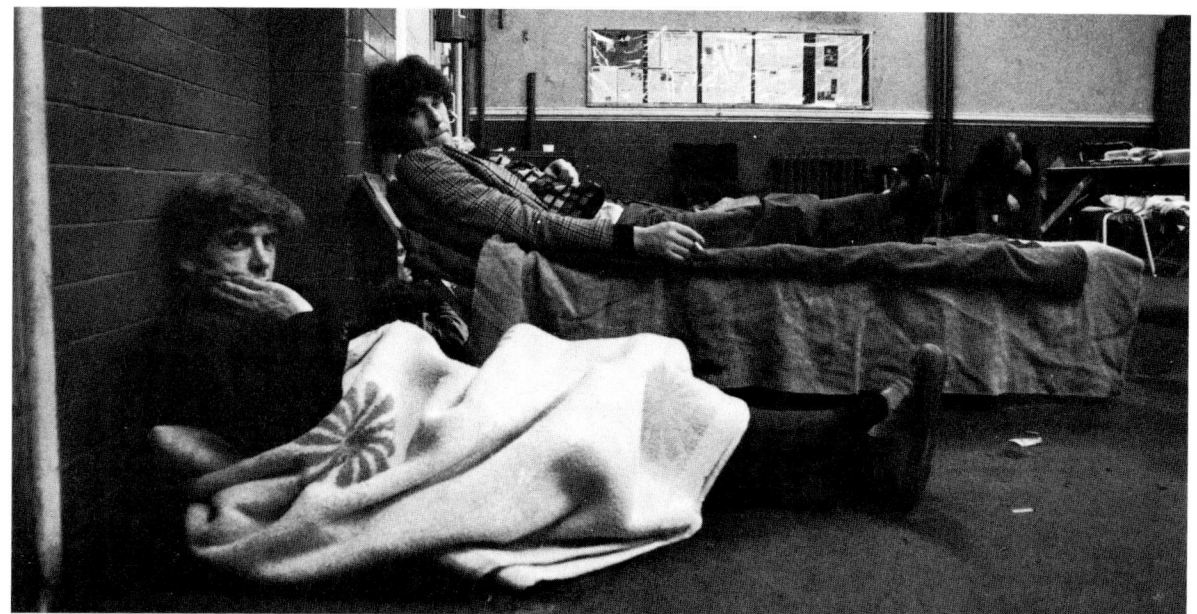

Negative Vorstellungen führen zu Apathie und mangelnder Aktivität, die ihrerseits die bereits vorhandene negative Einstellung verstärken.

gering ist. Und die Person, die Angst hat, sich lächerlich zu machen, sollte angehalten werden, bewußt etwas Außergewöhnliches zu tun.«

Dieser Ansatz erscheint uns überaus vielversprechend. Die meisten unserer eigenen Patienten konnten nach einer solchen Therapie in etwa berichten: »Ich war anfangs ein wenig verängstigt, doch eigentlich war es gar nicht so schlimm, wie ich erwartet hatte.« Der Depressive muß sich klarmachen, daß gezielte Aktivitäten die Vorstellungen beseitigen, die zur Untätigkeit geführt haben. Pamela zum Beispiel, eine Hausfrau, litt, seitdem ihre Kinder auf eigenen Beinen standen, unter heftigen Depressionen, die sie durch Trinken zu lindern suchte. Keine Tätigkeit vermochte sie zu interessieren, alles erschien ihr öde und langweilig. Erschwerend kam hinzu, daß ihr Ehemann beruflich äußerst erfolgreich war. Er arbeitete oft bis spät abends und verbrachte monatlich mindestens eine Woche im Ausland. Mit ihren 48 Jahren tat Pamela kaum etwas anderes als fernsehen und den Haushalt führen. Es war nicht leicht, sie zu überzeugen, daß die Lösung ihres Problems weder in einer diffizilen Analyse (zum Beispiel von verdrängten Kindheitserinnerungen) noch in der Verabreichung von Psychopharmaka lag. Sie

war schließlich bereit, mit Hilfe der in diesem Kapitel beschriebenen Richtlinien einen »Kommando-Fahrplan« zu entwerfen und sich strikt daran zu halten. Innerhalb von sechs Monaten war sie wieder zu einer aktiven Frau mit vielen Interessen (wie Golf und Mitarbeit bei den Anonymen Alkoholikern) geworden. Sie hatte wieder Vertrauen in ihre eigenen Fähigkeiten gewonnen und blickte zuversichtlich in die Zukunft.

Behandlungsgrundlagen

Vor Beginn eines solchen Programms muß der Depressive überzeugt werden, daß Aktivität zur Heilung beitragen kann. Er muß deshalb die logische Grundlage des Ansatzes begreifen und sich selbst als Subjekt eines Experiments betrachten. Aktivitäten müssen auf ihre Wirksamkeit hin getestet werden, so wie ein Arzt die Anwendung von Penicillin zur Behandlung einer Infektion ausprobiert. Jede Art von Aktivität kann den Patienten von selbstzerstörerischen Grübeleien ablenken. Freunde und Verwandte werden zu positiverem Verhalten neigen, wenn die depressive Person aktiver wird. Am wichtigsten jedoch ist die Tatsache, daß aktives Handeln

Die Flucht aus den Netzen der Depression kann ein harter Kampf sein.

das geeignetste Mittel ist, um pessimistische Vorstellungen »an der Realität zu testen«. Gedanken wie »Alles, was ich tue, hat ja doch keinen Sinn« können durch tage- oder wochenlange Untätigkeit nicht abgebaut werden. Dagegen besteht die Möglichkeit, daß der Patient sich nach einem Dauerlauf oder nach anstrengender Gartenarbeit schon viel besser fühlt.

Welche Aktivitäten aber sind dazu geeignet, bei einer bestimmten Person in einem bestimmten Augenblick positive Gefühle zu wecken? Es gibt eine Lösung für diese Frage, und die Suche nach der Lösung kann bereits Teil der Antwort sein. Ähnlich wie bei der Arbeit eines Detektivs oder eines Forschers sollte die Grundstrategie darin bestehen, ganz spezielle Hypothesen zu formulieren und zu überprüfen, zum Beispiel:

– Aktivitäten, die mit körperlicher Anstrengung verbunden sind, könnten meine Stimmung verbessern.
– Ich war früher ein Naturfreund. Vielleicht wird ein kleiner Waldspaziergang meinen Geist anregen und meine Neugierde wecken.
– Ich habe mich in den letzten Jahren stark zurückgezogen. Ich könnte versuchen, das zu ändern. Vielleicht geht es mir besser, wenn ich morgen einen alten Freund besuche.

Durch genaues Registrieren der Wirkungen jeder dieser Handlungsweisen kann der Depressive die Aktivitäten herausfinden, die ihm besonders guttun.

Auswahl der geeigneten Aktivitäten

Es ist manchmal äußerst schwierig, eine Liste mit möglichen angenehmen Aktivitäten zusammenzustellen, vor allem wenn sich der Betroffene gerade in einer depressiven, mit negativen Gedanken verbundenen Phase befindet. Beck und seine Kollegen benutzten den folgenden Fragebogen, um Ideen wecken zu helfen:

– Welche Art von Beschäftigung machte Ihnen Spaß, bevor Sie depressiv wurden? (Zum Beispiel Sport, Handarbeit, Sprachen)
– Welcher Tagesausflug würde Ihnen Freude machen? (Zum Beispiel zum Meer, in die Berge, aufs Land)
– Was, glauben Sie, würde Ihnen Spaß machen, wenn Sie keine Hemmungen hätten? (Zum Beispiel Malen, Theaterspielen, Klavierspielen)
– Was machte Ihnen früher Spaß, wenn Sie allein waren? (Zum Beispiel lange Spaziergänge, Klavierspielen, Nähen)
– Was machten Sie gerne mit anderen zusammen? (Zum Beispiel Telefongespräche, mit Freunden ausgehen, Handballspielen)
– Welche Dinge, die nicht mit Kosten verbunden sind, machten Ihnen Spaß? (Zum Beispiel mit meinem Hund spielen, in die Bücherei gehen, Lesen)
– Welche Dinge, die weniger als 20 DM kosten, machten Ihnen Spaß? (Zum Beispiel ins Kino gehen, im Taxi fahren, Museen besuchen)
– Was machte Ihnen Freude, wenn Geld keine Rolle spielte? (Zum Beispiel einen neuen Anzug kaufen, nach New York reisen, schick essen gehen)
– Welche Aktivitäten machten Ihnen zu bestimmten Zeiten Spaß? (Zum Beispiel morgens, sonntags, im Frühling, im Herbst).

Es sollten solche Aktivitäten ausgewählt werden, die eine unmittelbare Belohnung bereithalten. Diese Aktivitäten müssen je nach Schwierigkeitsgrad in eine Rangordnung gebracht werden (angefangen bei den leichtesten). Durch langsames Aufsteigen in der Stufenfolge ist es möglich, ohne allzu große Anstrengung vorwärtszukommen. Wenn Willenskraft erforderlich ist, müssen Sie sich jedoch oft regelrecht zwingen, gewisse Dinge zu tun: zum Beispiel einem Vorgesetzten in seinem Büro energisch entgegentreten, eine besonders attraktive Frau zum Tanzen auffordern usw. Je öfter man solche Mutproben bestanden hat, desto leichter sind mit der Zeit ähnliche Aufgaben zu bewältigen.

Aktionspläne

Beck und seine Kollegen forderten ihre Patienten auf, Aktionspläne für jeden Tag aufzustellen. Um die Angst zu versagen auszuschalten, fügten sie folgende prinzipielle Anmerkungen hinzu:

- Niemand kann jedes Vorhaben ausführen; verzagen Sie also nicht, wenn Sie nicht alles in die Tat umsetzen.
- Beim Planen kommt es darauf an, festzulegen, welche Art von Tätigkeit ausgeführt werden soll, und nicht, wieviel davon ausgeführt wird.

Es gibt zwei Wege, die Ausführung eines Plans zu erleichtern. Der erste involviert *geistige Übung*, der zweite *kurzfristige Zielsetzung*.

Genauso wie ein Computer ein Programm braucht, um ein bestimmtes Ergebnis auszuspucken, so benötigen wir ein klar umrissenes Konzept, eine konkrete Vorstellung, um unser Verhalten zu steuern. Wenn wir depressiv sind, ist unser Denken derart von negativen Vorstellungen beherrscht, daß nur wenig Platz für ein solches Konzept bleibt. Es ist also notwendig, Raum zu schaffen. Eine Person, die vorhat, nach zehn Jahren zum erstenmal wieder zu schwimmen, sollte in Gedanken jedes Detail durchgehen, um sich zu vergewissern, daß der Plan einwandfrei ist und daß alle möglichen Schwierigkeiten bedacht sind.

Die *kurzfristige Zielsetzung* gehört zur Strategie der Anonymen Alkoholiker – jede besonders schwierige Aufgabe soll in kleine, leichter zu bewältigende Schritte aufgeteilt werden, die Aufmerksamkeit auf die nächsten Stunden oder Minuten statt auf die nächste Woche gerichtet sein. Professor Bandura und ein Kollege von der Stanford University konnten anhand von wissenschaftlichen Experimenten nachweisen, daß

Leute mit Übergewicht, die sich ein wöchentliches Ziel setzten, weniger abnahmen als diejenigen, die sich auf die nächsten paar Stunden konzentrierten. Dieses Prinzip gilt für die unterschiedlichsten Formen von Problemverhalten. Ein Alkoholiker zum Beispiel, der glaubt, drei Wochen (aber nicht ein Leben lang) abstinent sein zu können, sollte sich vornehmen, drei Wochen nichts zu trinken, um dann sein Ziel neu zu überdenken.

Dies ist eine ganz normale Selbstkontrollstrategie, die viele Leute anwenden, wenn sie sich vor ein schwieriges Problem gestellt sehen. Ein Schriftsteller zum Beispiel könnte geneigt sein, aufzugeben, wenn er an den Umfang der Arbeit denkt, die er zu bewältigen hat. Das kann er umgehen, indem er sich kleinere Ziele, sagen wir eine bestimmte Seitenzahl pro Tag, vornimmt.

Abbauen von negativen Grundhaltungen

Die meisten Ereignisse können, je nach der geistigen Grundhaltung und Einstellung des Betroffenen, sehr unterschiedlich bewertet werden. So wird das Läuten der Wohnungsklingel von der Mutter, die ängstlich darauf wartet, daß ihr halbwüchsiger Sohn mit seinem Motorrad von der Arbeit heimkehrt, ganz anders empfunden als von ihrem Untermieter, der den Besuch seiner Freundin erwartet. Ein laut knirschendes Geräusch während eines Transatlantikfluges wird den Passagier, der Angst vorm Fliegen hat, in Panik versetzen, die Stewardess dagegen wird kaum darauf achten, da sie davon ausgeht, daß der Pilot nur das Fahrwerk testet.

Leute, die häufig depressiv sind, leiden, was die Zukunft angeht, unter einer Voreingenommenheit, vor allem wenn ihre eigenen Fähigkeiten und ihr Selbstwert im Spiel sind. Häufig stehen ihre pessimistischen Interpretationen auf sehr wackeligen Beinen und basieren auf regelrechten Denkfehlern, wie die folgenden, von Beck beschriebenen Beispiele zeigen:

Willkürliche Rückschlüsse: Schlußfolgerungen, die unzureichend oder gar nicht belegt sind. Zum Beispiel betrachtet sich eine Frau als unzulängliche Mutter, weil sie ihr Baby nicht stillen kann.

Selektiver Rückschluß: Eine Schlußfolgerung, die nur auf einem unter vielen Elementen einer Situation beruht. Eine Frau glaubt – trotz vieler gegenteiliger Beweise –, daß ihr Mann sie nicht mehr so liebt wie früher, nur weil er beschlossen hat, samstags ins Büro zu gehen.

Übergeneralisierung: Eine stark verallgemeinernde Schlußfolgerung auf Grund eines einzigen, möglicherweise trivialen Ereignisses. Ein Achtzehnjähriger glaubt, vom anderen Geschlecht abgelehnt zu werden, nur weil ihm *ein* Mädchen bei *einer* Gelegenheit gesagt hat, daß er Mundgeruch habe.

Unter- und Überbewertung: Fehleinschätzungen des Gewichts oder der Bedeutung eines Ereignisses. Eine halbe Stunde im Sprechzimmer einer Arztpraxis warten zu müssen wird als persönliche Kränkung betrachtet (Überbewertung). Ein guter Klavierspieler sieht sein Können als nichtig an, weil er es nicht zu einem Konzertpianisten gebracht hat (Unterbewertung).

Um solchen negativen irrationalen Denkweisen entgegenzuwirken und somit depressive Phasen zu vermeiden, muß der Betreffende zunächst lernen, diese logischen Fehler in seinem Denken auszumerzen. Er muß den Weg freimachen für eine realistische Einschätzung seiner tagtäglichen Erfahrungen.

Aufdecken mechanischer Gedanken

Jede unserer Handlungen geht mit verschiedenen mechanischen Gedanken einher, die eng mit dem gerade vorherrschenden Gemütszustand verknüpft sind. Diese Gedanken sind sehr schwer ausfindig zu machen. Können sie aber bewußt gemacht und identifiziert werden, so liefern sie wichtige Aufschlüsse über die Hintergedanken, die unser Alltagsleben beeinflussen.

Eine depressive Frau zum Beispiel hatte folgende Hintergedanken, als sie bei einem Buchhändler ein Buch über Psychologie bestellte:

– Er denkt bestimmt, ich sei nicht ganz normal, weil ich ein Buch über Psychologie lesen will.
– Ich wünschte, ich könnte in solch einer Situation frei und ungehemmt sprechen.
– Ich bin schrecklich langsam und unentschlossen.

Um Depressionen erfolgreich zu bekämpfen, muß nach Beschäftigungen gesucht werden, die Spaß machen, ganz gleich ob allein ...

... oder in Gesellschaft mit anderen. Sportliche Betätigungen steigern die körperliche und geistige Spannkraft.

– Der Mann dort hört uns zu. Was er wohl über mich denkt?

Diese Art von »gedankenlosem Denken«, die unsere Stimmung beeinflußt, ist von großer Bedeutung für die Selbstkontrolle. Das Erfassen solcher automatischer Gedanken liefert uns wichtiges Informationsmaterial über Grundhaltungen, ähnlich wie es Stichproben der Erdkruste dem Geologen ermöglichen, sich ein Bild von Felsformationen und mineralischen Ablagerungen zu machen. Solche Gedanken sollten im Lauf des Tages niedergeschrieben werden, vor allem dann, wenn sich der Betroffene gerade unwohl oder niedergeschlagen fühlt. Er kann aber auch einen Zeitraum einplanen, um über ein bestimmtes Problem nachzudenken und jene flüchtigen Gedanken festzuhalten, die zur Einschätzung des Problems beitragen.

Eine 54jährige depressive Witwe, die mit einem Gewichtsproblem zu kämpfen hatte, bediente sich dieser Technik, um sich über die Zusammenhänge zwischen ihrer Fettsucht und ihrer Depression klarzuwerden. Sie stellte sich selbst nackt in verschiedenen Situationen in Gesellschaft ihrer Familie und ihrer Freunde vor. Folgende Gedanken kamen nach und nach an die Oberfläche:

– Mein armer Mann wäre entsetzt, wenn er mich jetzt sehen könnte.
– Ich wünschte, ich wäre noch so schlank und attraktiv, wie ich es mit 40 war.
– Mein Mann war ein wunderbarer Mensch. Ich wollte, ich wäre ganz schlank und er wäre bei mir.
– Meine Beine wollen nicht mehr; ich fühle mich wie ein verrostetes Auto.
– Meine Kinder verstehen meinen Eßzwang nicht. Sie denken, ich sei nur furchtbar gierig.
– Es ist mir egal, was meine Kinder denken, oder vielleicht doch nicht? Nun, wenn ich ehrlich bin, fühle ich mich zurückgewiesen.
– Ich möchte wissen, ob ich zuckerkrank bin.

Nachdem sie diese Gedanken festgehalten hatte, verstand sie schon sehr viel besser, was es mit ihrer Depression auf sich hatte. Vor allem fühlte sie sich physisch unwohl und von ihrer Familie vernachlässigt. Als sie noch eine gute Figur hatte, war sie jung, attraktiv, sehr verliebt und eine gute Mutter gewesen. Jetzt empfand sie sich als alt – als »Schrotthaufen«. Nun, dick war sie tatsächlich (was sie allerdings ändern konnte), älter wurde sie auch, doch das Gefühl, zurückgewiesen zu werden, erwies sich als eine Fehleinschätzung, die weder Hand noch Fuß hatte. Nach einer realistischen Bewertung ihrer Gefühle befand sie sich in einer sehr viel günstigeren Ausgangsposition, und so konnte sie nun all ihre Energie auf ihr Gewichtsabnahmeprogramm konzentrieren.

Modifizieren von Fehleinschätzungen

Beck listete einige der Standpunkte auf, die mit Depressionen verbunden sind:

– Um glücklich zu sein, muß ich in allem, was ich tue, erfolgreich sein.
– Wenn ich einen Fehler mache, so bedeutet das, daß ich unfähig bin.
– Ich kann nicht ohne dich leben.
– Wenn jemand anderer Meinung ist als ich, dann mag er mich nicht.
– Mein Wert als Mensch hängt davon ab, was andere von mir denken.

Eine depressive Person zieht solche Ansichten gar nicht erst in Zweifel. Sie sind eng mit ihrer Persönlichkeit verknüpft. Um sie zu ändern, sollte die Person folgendermaßen vorgehen:

– Sie sollte sich auf jeweils eine Überzeugung konzentrieren,
– nach alternativen Erklärungen suchen,
– sich um eine Alternative bemühen, die einen Sinn ergibt und sich positiv auf die Stimmung auswirkt.

Wir wollen uns diesen Ansatz anhand eines Fallbeispiels veranschaulichen: Eine 34jährige unverheiratete Frau litt unter einem Waschzwang. Folgende Vorstellung war mit ihren Gefühlen von Hilflosigkeit und Depression verknüpft: »Ich werde nicht heiraten können, ehe ich nicht meinen Zwang los bin. Kein Mann könnte mich, so wie ich jetzt bin, lieben.« Sie wurde aufgefordert, diese Vorstellung in Zweifel zu ziehen und

Neue Interessen und Hobbys führen zu menschlichen Kontakten.

ihr eine Reihe von Alternativen entgegenzustellen, die in einer Skala von 0 bis 5 bewertet werden mußten; diese Skala sollte anzeigen, wie stark sie an ihre Vorstellungen glaubte. Die Bewertungen stehen in Klammern.

– Ich kann auch glücklich sein, wenn ich nicht heirate (1).
– Trotz meines Zwangs könnte ich eine gute Hausfrau sein (4).
– Im Grunde bin ich nur eine übertrieben penible Hausfrau, und es gibt sicher Männer, die genau das suchen (4).
– Mit hartnäckigem Training werde ich meinen Waschzwang vielleicht allmählich in den Griff kriegen (2).
– Andere Frauen heiraten, obwohl sie viel größere Schwächen haben als ich (5).
– Ich bin eine sehr verständnisvolle Person und könnte den richtigen Mann sehr glücklich machen. Das ist bestimmt wichtiger als mein Waschzwang (3).

Während der folgenden Monate gelang es ihr, immer wenn ihr negative Gedanken über sich selbst oder das Heiraten durch den Kopf gingen, diese mit den Alternativen 2, 3 und 5 zu bewältigen.

Wissenschaftliche Belege

Es gibt zahlreiche Verfahren, mit dem Ziel, die Aktivität zu steigern und negative Überzeugungen abzubauen. Die Wirksamkeit dieser Methoden konnte inzwischen wissenschaftlich getestet werden. 1977 veröffentlichten Beck und seine Kollegen in *The Journal of Cognitive Therapy* das Ergebnis eines streng kontrollierten Experiments. Die Studie verglich oben erläuterte psychologische Verfahren mit der Einnahme eines nachweislich wirksamen antidepressiven Medikaments (Imipramin). Mäßig oder stark depressive ambulante Patienten wurden willkürlich der Drogentherapie oder der psychotherapeutischen Behandlung zugewiesen. Eine Analyse des dreimonatigen Experiments ergab: erstens, daß die psychologisch behandelte Gruppe in den ersten Wochen schnellere Fortschritte machte; zweitens, daß bei 79 Prozent dieser Gruppe (gegenüber 23 Prozent der Drogentherapiegruppe) die Symptome stark nachgelassen hatten oder ganz verschwunden waren; und drittens, daß bei Nachuntersuchungen die Rückfallquote der psychologisch behandelten Gruppe wesentlich geringer war.

Eine weitere Studie wurde von Ivy Blackburn und Steven Bishop in der Abteilung Brain Metabolism in Edinburgh durchgeführt. Ihre Ausgangsfrage lautete: *Gibt es eine Alternative zur Medikation bei der Behandlung von ambulanten depressiven Patienten?* In dieser Studie konnten Blackburn und Bishop nachweisen, daß mit einer psychologischen Behandlung (ähnlich der in diesem Kapitel erläuterten) größere Erfolge erzielt werden als mit der üblichen Drogentherapie. Hier ein Fallbeispiel:

M. L. war Krankenschwester, 32 Jahre alt, verheiratet, Mutter von drei Kindern. Ihre erste Depressionsphase war vor 2½ Jahren aufgetreten und mit Amitrptylin, Valium und einer Ehetherapie behandelt worden. Die letzte Phase hatte sich über zwei Monate erstreckt und schloß zwei Selbstmordversuche ein. Ihre Hauptsymptome waren: (1) Affekt: Depression, Reizbarkeit, Ängstlichkeit; (2) körperliches Befinden: Schlafstörungen, mangelnder Appetit, Mattigkeit, nachlassendes sexuelles Verlangen; (3) Verhalten: Untätigkeit, Weinen; (4) innere Einstellung: Gefühl des Versagens, Hoffnungslosigkeit, Schuldgefühle gegenüber Ehemann und Kindern.

Die Behandlung erstreckte sich über zwölf Wochen. Gespräche mit dem Therapeuten ließen bestimmte Themen und Gefühle erkennen, die ihren Alltag beherrschten. Dazu gehörten übertriebene Ordentlichkeit, mangelnde Selbstsicherheit, ständiges Gefühl der Unzulänglichkeit, Angst, die Kontrolle über sich selbst und ihr Dasein zu verlieren. Zu Hause war sie oft wütend und eifersüchtig auf ihren Mann, und sie zweifelte ständig am Sinn ihrer Ehe. Bei ihrer Arbeit erwies sich ihre Übergewissenhaftigkeit als äußerst hinderlich.

M. L. begann ihre Therapie mit der Lektüre von *Coping with Depression* (Beck und Greenberg) und einer anschließenden Diskussion über den Inhalt des Buches. Danach wurde ihr beim Planen der täglichen Aktivitäten geholfen, die

vor allem angenehm und amüsant sein sollten. Sie wurde ermuntert, sich auf die Erfahrungen zu konzentrieren, die ihr am meisten Freude und Befriedigung verschafft hatten.

Ein wesentliches Element ihrer Therapie war das Erkennen der mechanischen negativen Gedanken, die ihr Gefühl der Unzulänglichkeit verstärkten. Sie wurde aufgefordert, ihre Gedanken und Gefühle, die sie zu bestimmten Tageszeiten hatte, schriftlich zu fixieren (s. unten). Um diesen Gedanken entgegenwirken zu können, wurden ihr verschiedene rationale Reaktionen vorgeschlagen, die ihre Gefühle von Niedergeschlagenheit und Unzulänglichkeit tatsächlich zu reduzieren vermochten.

Durch diese Arbeit wurde M. L. klar, daß ihr Leben von selbstauferlegten Regeln beherrscht war, die sie zum Versagen verurteilten. Diese Regeln waren:

1. Seine Wut zu zeigen ist falsch und unchristlich.
2. Man muß jederzeit absolut sauber und ordentlich sein.
3. Man muß sich bemühen, den vollkommenen Willen Gottes zu erfüllen.

Bei der Erörterung ihres Problems wurde M. L. aufgefordert, sich Gedanken darüber zu machen, welche Konsequenzen bewußter Ungehorsam gegen diese Regeln nach sich ziehen würde. Schließlich testete sie diesen Ungehorsam im realen Leben (zum Beispiel durch Wutausbrüche oder durch Auslassung bestimmter Haushaltsarbeiten) und stellte fest, daß die Konsequenzen sehr viel weniger negativ waren als erwartet.

Schritt für Schritt verbesserte sich ihr Zustand. Gemessen an der Beck-Depressionstabelle fielen ihre Punktwerte von 29 auf 8. Ein Jahr nach Ablauf der Behandlung ging es ihr unver-

Situation	Emotion	Automatischer Gedanke	Vernünftige Reaktion	Ergebnis
Aufwachen	Traurigkeit (100 %)	Ich werde keine von meinen Aufgaben bewältigen (100 %)	Ich werde sie bewältigen, indem ich schön eins nach dem anderen mache (30 %)	Glaube an automatische Gedanken (50 %); Traurigkeit (50 %)

Depressive müssen dazu gebracht werden, etwas zu riskieren. Die Realität – wie die eines Fallschirmspringers – ist meist viel weniger furchterregend als erwartet. Die Belohnung ist ein Gefühl gesteigerter Kontrolle über sich selbst und über die Welt.

mindert gut, was beweist, daß der psychologische Ansatz zur Behandlung von Depressionen mindestens ebenso effektiv ist wie eine Medikation.

Schlußfolgerungen

Die Selbstkontrolltechniken, die wir in diesem Kapitel beschrieben haben, wurden in erster Linie zur Bekämpfung von Depressionen entwickelt. Da die Depression ein Geistes- und Gemütszustand ist, ist sie nicht notwendigerweise mit einem Zwangsverhalten verbunden, obgleich man sie als eine zwanghafte und systematische Fehldeutung der Realität umschreiben könnte. Andererseits neigen Personen, die an einem Sucht- oder Zwangsverhalten leiden, sehr häufig zu depressiven Gedanken; sie empfinden sich selbst als hilflose Versager, die nicht imstande sind, ihr Leben zu ändern. In dieser seelischen Verfassung wird ein Mensch, der sich entschlossen hat, seine schlechte Gewohnheit oder sein Zwangsverhalten zu korrigieren, sehr wahrscheinlich jede Anfangsschwierigkeit als weiteren Beweis für sein Versagen deuten und dadurch alle Hoffnung auf einen schließlichen Erfolg aufgeben. So gesehen, können psychologische Strategien gegen Depressionen ganz allgemein bestimmten Fehlverhaltensformen entgegenwirken. Und die Befunde, die uns vorliegen, deuten darauf hin, daß dies tatsächlich der Fall ist.

7
Sozial- und Ehekonflikte

Die Unfähigkeit, zwischenmenschliche Konflikte auszutragen, kann ein Hauptauslöser von Süchten und Zwängen sein. Solche Konflikte können unterschiedliche Formen annehmen. Die unmittelbarsten zwischenmenschlichen Probleme ergeben sich aus aufreibenden Begegnungen mit Freunden, Verwandten oder Kollegen, Begegnungen, die Verkrampfung, Nervosität oder Wut hervorrufen. Folgende Situationen fallen beispielsweise in diese Kategorie:

Eine Frau, die eine Schlankheitskur macht, will in die Küche gehen und Tee kochen. Ihr Mann ruft ihr nach: »Fang bloß nicht wieder heimlich an zu naschen. Du weißt ja, wie willensschwach du bist. « Der Kommentar ihres Mannes regt sie schrecklich auf, und als Trotzreaktion verschlingt sie schnell zwei Riegel Schokolade.

Ein Glücksspieler hat einem guten Freund seine innersten Gefühle anvertraut und erfährt dann, daß sich dieser Freund am nächsten Tag in aller Öffentlichkeit über ihn lustig gemacht hat. Er fühlt sich niedergeschlagen und betrogen und begibt sich auf eine fünftägige Spieltour, um seinen Kummer zu vergessen.

Ein Drogensüchtiger wird am Arbeitsplatz für einen Fehler verantwortlich gemacht, der einem seiner Kollegen unterlaufen ist. Statt sich zur Wehr zu setzen, schweigt er, fühlt sich ungerecht behandelt, hilflos und wütend. Am Abend betäubt er seine Frustration mit einer starken Dosis Kokain.

In jedem der beschriebenen Fälle fehlte es dem Betroffenen an der Fertigkeit, Probleme direkt anzugehen. Viele solcher Situationen erfordern eine ausgeprägte Fähigkeit der Selbstbehauptung. Dazu zählt unter anderem die Fähigkeit, einer anderen Person zu widersprechen, nein sagen zu können, wenn man zum Essen, Trinken oder Rauchen verleitet werden soll, oder Ärger und Unzufriedenheit zu artikulieren.

Dr. Miller und seine Kollegen haben demonstriert, wie verhängnisvoll mangelnde Selbstbehauptung bei Alkoholikern sein kann. In einer ihrer Studien wurden Alkoholiker und Nicht-Alkoholiker aufgefordert, eine Reihe von sozialen Begegnungen durchzuspielen, die Selbstbehauptung erforderten. Die jeweilige Szene wurde den Teilnehmern beschrieben, ein Forschungsassistent spielte den Part eines Freundes, Verwandten oder Kollegen. Die Testpersonen sollten so reagieren, als seien sie tatsächlich mit dieser Situation konfrontiert. Auf ihre Reaktionen antwortete der Assistent mit einer aggressiven Bemerkung, die der Versuchsperson wiederum Selbstbehauptung abverlangte. Hier ein Beispiel:

Beschreibung: Sie mußten bis 10 Uhr abends arbeiten. Sie sind stolz, den ganzen Monat noch keinen Tropfen Alkohol getrunken zu haben, ja Sie hatten gar kein Verlangen zu trinken. Nach Ihrem langen Arbeitstag fühlen Sie sich erschöpft, aber zufrieden. Als Sie nach Hause kommen, empfängt Sie Ihre Frau in höchst gereizter Stimmung.
Assistent: »Wo hast du denn die ganze Zeit gesteckt? Sicher hast du wieder getrunken, oder etwa nicht?«
Alkoholiker: »Aber . . . äh . . . nein. Ich hatte so lange im Büro zu tun.« (Klingt verkrampft, fast unterwürfig.)
Assistent: »Mir kannst du nichts vormachen; ich merke genau, wenn du getrunken hast.«

Entspannte Gesprächssituationen dienten als Kontrollphasen. Nach jedem Testabschnitt hatten die Teilnehmer die Möglichkeit, Alkohol zu trinken. Die Alkoholiker unter den Testpersonen tranken nach den Selbstbehauptungssituationen auffällig mehr als nach den streßfreien Unterhaltungen. Sie waren außerstande, sich bei Auseinandersetzungen zu behaupten, und zeigten große Angst. Die Nicht-Alkoholiker hingegen tranken mäßig, reagierten direkt und

gelassen auf die Begegnungen und tranken nach den Selbstbehauptungssituationen nicht mehr als gewöhnlich, im Schnitt sogar etwas weniger.

Von großer Bedeutung ist auch die Fähigkeit, sozialem Druck widerstehen zu können. Dr. Alan Marlatt und seine Kollegen an der University of Washington schätzen, daß 27 Prozent aller Rückfälle bei Rauchern, Alkoholikern, Drogenabhängigen, Spielern und Eßsüchtigen durch den Druck anderer Personen in sozialen Situationen ausgelöst werden.

Interpersonelle und kommunikative Fertigkeiten spielen in der Ehe eine besonders wichtige Rolle. Sind diese Fertigkeiten nicht vorhanden, so ist die Wahrscheinlichkeit groß, daß es zu Eheproblemen kommt. Solche Konflikte können Sucht- und Zwangsverhalten auslösen, was wiederum die Eheprobleme verschärft, und so geraten die Betroffenen in einen Teufelskreis.

Altgewohnte Langeweile oder trautes Eheglück?

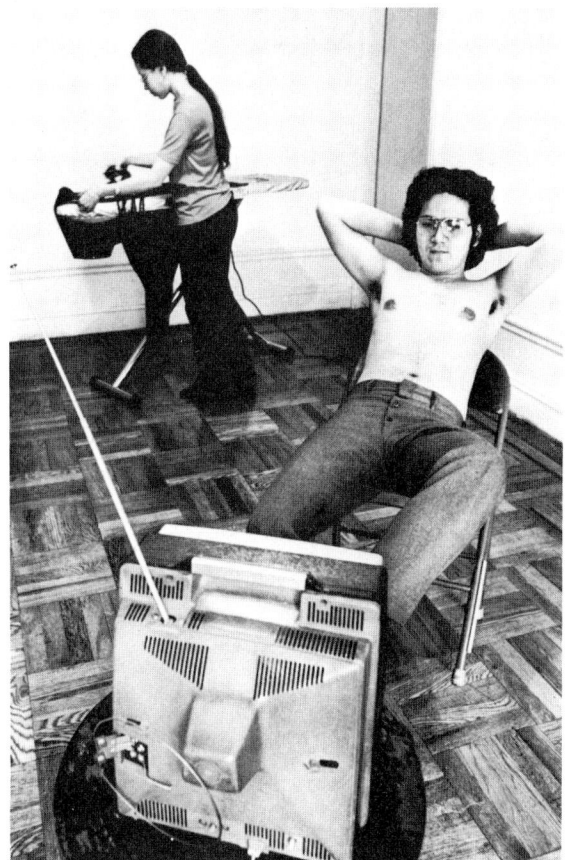

Das Erlernen einer neuen Fertigkeit ist nie so schwierig, wie es anfangs aussieht.

Ehepartner können auf besonders subtile Weise negativen Einfluß ausüben. Sie geben oft unbeabsichtigt Kommentare von sich, die den Partner »sabotieren«. Dr. Richard Stuart beschreibt in seinem Buch *Slim Chance in a Fat World* (Magere Chance in einer fetten Welt) ein Experiment, in dem er diese Partnerinteraktionen analysiert. Er forderte Frauen, die an einem Gewichtskontrollprogramm teilnahmen, und ihre Ehepartner auf, Familiengespräche beim Abendessen auf Tonband aufzunehmen. Die Ergebnisse waren recht aufschlußreich: Erstens sprachen die Ehemänner *siebenmal* häufiger vom Essen als ihre Frauen. Zweitens boten sie ihren Frauen *viermal* so oft zu essen an als umgekehrt – und das, obwohl über 90 Prozent dieser Männer entschieden darauf bestanden, daß ihre Frauen abnahmen. Und schließlich bedachten sie die Eßgewohnheiten ihrer Frauen *zwölfmal* häufiger mit Kritik als mit Lob. Solche Kommentare haben oft einen so negativen Ein-

fluß auf das Verhalten des Partners, daß dessen Motivation langsam untergraben wird.

Erlernen von sozialen Fertigkeiten

Es wurden Verfahren entwickelt, die dem Betroffenen helfen sollen, (1) sich in gewissen Situationen selbst zu behaupten, (2) sozialem Druck zu widerstehen und (3) Reibereien in der Ehe zu bewältigen. Durch das Erlernen von sozialen und interpersonellen Fertigkeiten fällt es dem Betroffenen leichter, Konfliktsituationen zu meistern und zugleich einen Hauptauslöser von Sucht- und Zwangsverhalten auszuschalten. Darüber hinaus stärkt die Fähigkeit, mit seinen Mitmenschen auszukommen, die Selbstachtung, das Selbstwertgefühl und das soziale Durchsetzungsvermögen des Betroffenen.

Selbstbehauptungstraining

Das Selbstbehauptungstraining basiert auf einem simplen Lernprozeß, den wir anhand des folgenden Beispiels veranschaulichen wollen. Der Betroffene war ein 34jähriger geschiedener Mann, der bereits seit zehn Jahren zu exzessivem Alkohol- und Drogenkonsum neigte. Seine Vorgeschichte enthielt eine Reihe beruflicher Situationen, in denen er »ganz klein« anfing und durch Fleiß und Sachverstand rasch aufstieg. Während der Zeit, in der er sich hocharbeitete, konnte er gänzlich auf Drogen und Alkohol verzichten. Sobald er jedoch eine Position innehatte, die ihm Verantwortung abverlangte, kehrte er zu Alkohol und Drogen zurück und verlor prompt seine Stelle. Vor Beginn der Behandlung hatte er als Empfangschef in einem kleineren Hotel gearbeitet und war schon nach wenigen Wochen wegen seines enormen Einsatzes und seiner Zuverlässigkeit zum zweiten Geschäftsführer avanciert, doch geriet er nun wegen mangelndem Durchsetzungsvermögen erneut in Schwierigkeiten. Der Patient war zwar äußerst liebenswert, höflich und fleißig, doch war er unfähig, rasche Entscheidungen zu treffen und mit anderen Leuten effektiv umzugehen. Eine Analyse seines Problems ergab, daß sein Suchtverhalten vor allem durch drei Faktoren ausgelöst wurde:

Selbstbehauptungstest

Wie gut können Sie sich im Umgang mit Ihren Mitmenschen durchsetzen? Sind Sie direkt, offen, bestimmt, oder lassen Sie sich von anderen Menschen ausnutzen und dominieren? Antworten Sie bei jeder der 30 Fragen mit JA oder NEIN. Untersuchen Sie dann jeden Punkt, um zu prüfen, wie Sie sich besser durchsetzen könnten. Ein JA bei Frage 1, 4, 5, 6, 9, 12, 13, 14, 15, 16, 17, 18, 19, 20, 21, 23, 24, 25, 27, 28, 29, 30 und ein NEIN bei Frage 2, 3, 7, 8, 10, 11, 22, 26 deuten auf Durchsetzungsvermögen hin.

Selbstbehauptungs-Fragebogen

Ja oder Nein

1. Jemand ist ungerecht zu Ihnen. Setzen Sie sich zur Wehr?
2. Achten Sie sehr darauf, Ärger mit anderen Leuten zu vermeiden?
3. Meiden Sie häufig sozialen Kontakt aus Angst, etwas Unpassendes zu tun oder zu sagen?
4. Ein Freund mißbraucht Ihr Vertrauen. Stellen Sie ihn zur Rede?
5. Sie leben in einer Wohngemeinschaft. Bestehen Sie darauf, daß die Mitbewohner ihren Anteil an der Hausarbeit erledigen?
6. Ein Verkäufer will einen Kunden bedienen, der nach Ihnen den Laden betreten hat. Machen Sie ihn darauf aufmerksam?
7. Gibt es nur wenige Leute, in deren Gegenwart Sie sich wohl und entspannt fühlen?
8. Würden Sie zögern, einen guten Freund zu bitten, Ihnen Geld zu leihen?
9. Jemand, dem Sie Geld geliehen haben, scheint das vergessen zu haben. Erinnern Sie ihn daran?
10. Jemand ärgert Sie. Fällt es Ihnen schwer, Ihren Zorn zu äußern?
11. Sie stehen ganz hinten in einem überfüllten Vortragsraum. Bemühen Sie sich, einen Platz weiter vorn zu ergattern?
12. Ihr Hintermann im Kino tritt ständig gegen Ihren Sitz. Bitten Sie ihn, das zu unterlassen?
13. Ein Freund hat Sie schon häufig mitten in der Nacht angerufen. Bitten Sie ihn, Sie in Zukunft nicht nach einer bestimmten Uhrzeit anzurufen?
14. Jemand unterbricht Sie dauernd in einem Gespräch. Geben Sie Ihrem Ärger Ausdruck?
15. In einem guten Restaurant wird Ihnen lauwarmes Essen serviert. Beschweren Sie sich beim Kellner?
16. Ihr Wohnungsbesitzer hat vor Wochen einige Reparaturen versprochen. Bestehen Sie darauf?
17. Sie stellen fest, daß ein eben gekauftes Kleidungsstück fehlerhaft ist. Bringen Sie es zurück?
18. Eine von Ihnen geschätzte Person äußert Ansichten, die Sie nicht gutheißen können. Haben Sie den Mut, Ihren Standpunkt zu vertreten?
19. Können Sie nein sagen, wenn Leute unvernünftige Forderungen an Sie stellen?
20. Sind Sie der Meinung, daß man auf seinen Rechten bestehen sollte?
21. Protestieren Sie, wenn sich in einer Schlange jemand vordrängt?
22. Neigen Sie dazu, sich ständig zu entschuldigen?
23. Sie werden ungerechterweise von einem Freund kritisiert. Protestieren Sie offen?
24. Sind Sie in der Lage, einer dominierenden Person zu widersprechen?
25. Sie erfahren, daß jemand falsche Gerüchte über Sie verbreitet. Stellen Sie ihn zur Rede?
26. Behalten Sie gewöhnlich Ihre Ansichten für sich?
27. Können Sie Liebe und Zuneigung offen äußern?
28. Sagen Sie Ihren Freunden, daß Sie sie mögen?
29. Sind Sie fähig, ein Telefongespräch abzubrechen, wenn Sie in Eile sind?
30. Sie bemerken beim Verlassen eines Ladens, daß man Ihnen zu wenig Wechselgeld zurückgegeben hat. Gehen Sie zurück, um sich zu beschweren?

1. Seine Unfähigkeit, sich beim Personal durchzusetzen, wenn es um unzulänglich gesäuberte Zimmer ging.
2. Seine Unfähigkeit, Vertreter abzuwimmeln, die ihm völlig überflüssige Dinge aufschwatzten.
3. Seine Unfähigkeit, mit ungerechtfertigten Beschwerden von Hotelgästen fertigzuwerden.

Sechs typische arbeitsbezogene Situationen wurden für das Selbstbehauptungstraining ausgewählt. Hier ein Beispiel:

Ein Gast kommt zu Ihnen und beschwert sich, daß sein Zimmer nicht richtig saubergemacht sei. Sie überprüfen andere Zimmer und entdecken, daß auch diese nicht sauber sind. Sie stellen

Freude haben in Gesellschaft anderer und mitmachen,
wo's Spaß gibt, sind soziale Fertigkeiten, die wir schon als
Kinder entwickeln.

das Zimmermädchen zur Rede, das Ihnen antwortet: »Ich habe die Zimmer saubergemacht, so gut ich konnte. Ich bin zu überlastet, um so gründlich zu putzen, wie Sie es verlangen.«

Vor Beginn des eigentlichen Trainings wurde dieser Geschäftsführer aufgefordert, zusammen mit einem Forschungsassistenten im Rollenspiel diese Szene durchzuspielen, und so stellte man fest, welches seine typischen Reaktionen waren. Bei der oben beschriebenen Szene wurde der Patient äußerst nervös; er blickte verlegen zu Boden und antwortete sehr unsicher: »Ich . . . äh . . . Es tut mir leid, Sie darauf hinweisen zu müssen . . . äh . . . aber . . . würde es Ihnen etwas ausmachen, die Zimmer in Zukunft gründlicher zu putzen . . . ich will Ihnen ja keine Vorwürfe machen, aber . . . äh . . . einer der Gäste meinte, der Fußboden sei etwas schmutzig.« Der Patient erklärte, daß er sich gehemmt fühle, weil er sich nicht richtig ausdrücken könne und fürchte, die Leute zu verärgern oder zu verletzen. Er habe in

solchen Fällen die Zimmer oft selber geputzt, sich dann nachträglich fast geschämt und abends, nach getaner Arbeit, sich eine Flasche Whisky gekauft.

Das Training bestand in wiederholten »Proben« dieser Situationen, wobei der Patient spezifische Verhaltensinstruktionen zur Selbstbeobachtung erhielt. Die Rollenspiele wurden per Video aufgenommen, um dem Patienten die nachträgliche Kontrolle seines Verhaltens zu ermöglichen. Anfangs sollte er sich auf den Augenkontakt konzentrieren, seinem Gesprächspartner also direkt in die Augen schauen, dann auf seine eigene Stimme und Mimik (der Patient neigte dazu, viel zu sanft zu sprechen und aus Angst oder Verlegenheit häufig zu lächeln). Direkte und energische Antworten wurden eingeübt, etwa: »Sally, die Zimmer sind immer noch schmutzig. Sie werden Zimmer 321 und 322 noch einmal gründlich putzen, und zwar sofort. Geben Sie Bescheid, wenn Sie fertig sind, damit ich nachsehen kann.«

Mit der Zeit wußte sich der Patient immer besser zu behaupten, auch im realen Leben. Er war erstaunt festzustellen, daß seine Untergebenen ihn von Tag zu Tag mehr respektierten und seine Anweisungen besser befolgten. Er fühlte sich dadurch zuversichtlicher und selbstsicherer und verspürte kein Verlangen mehr, Alkohol zu trinken oder Drogen zu konsumieren.

Verweigerungstraining

Wie wir bereits erwähnten, ist ein Sucht- und Zwangsverhalten oft mit der Unfähigkeit, nein zu sagen, verbunden. Die meisten von uns sind soziale Wesen, die von anderen anerkannt und geschätzt werden möchten. Wir versuchen, den Wünschen anderer so weit wie möglich entgegenzukommen, ohne uns jedoch ausnutzen zu lassen. Aus diesem Grund fällt es uns häufig so schwer, einfach nein zu sagen, wenn uns Freunde oder Kollegen »in Versuchung führen«. Die Entscheidung, wie wir uns in solchen Situationen verhalten sollen, ist oft von komplexen Gedankengängen bestimmt, zum Beispiel:

— Wie kann ich Jims Einladung zu einem Drink ausschlagen? Schließlich ist er seit Jahren einer meiner besten Kunden. Er erwartet einfach von mir, daß ich ein Glas mit ihm trinke. Wenn ich es nicht tue, schadet das möglicherweise unserer guten Geschäftsbeziehung.
— Meine Frau hat diese Nachspeise extra für mich gemacht. Wenn ich nichts davon esse, wird sie bestimmt gekränkt sein. Sie ist in letzter Zeit so überempfindlich. Ich möchte ihr keinesfalls weh tun.
— Ich möchte nicht als Spielverderber dastehen. Was wird meine neue Bekannte denken, wenn ich nicht trinke? Sicher wird sie mich für einen Spießer halten und nicht mehr mit mir ausgehen wollen.

Solche Entschuldigungen deuten auf eine recht unreife Denkweise hin: Man scheut die eigene Verantwortung und schiebt sie einfach jemand anderem zu.

Dr. David Foy vom Medical Center der University of Mississippi entwickelte ein Verfahren, das sogenannte *Verweigerungstraining*, mit dessen Hilfe der Patient lernt, sich bei sozialem Druck weniger einschüchtern zu lassen. Dieses Verfahren wurde bei Eßsüchtigen, Rauchern, Alkoholikern und Drogenabhängigen erfolgreich angewandt. Der Alkoholiker zum Beispiel lernt, mit Bemerkungen wie »Ein Gläschen kann nicht schaden«, »Ein richtiger Mann weiß, was er verträgt« oder »Nur einen kleinen Schluck, der wird Ihnen guttun« fertig zu werden. Ähnlich wie beim Selbstbehauptungstraining wird auch hier mit Rollenspiel, Verhaltensproben und Videofeedback gearbeitet. Wichtige Bestandteile des »Nein-Sage-Trainings« sind:

1. Direkter Augenkontakt.
2. Ernste und energische Stimme.
3. Der Versuch, das Gesprächsthema zu wechseln.
4. Das Angebot einer Alternative. Zum Beispiel könnte die Person, die eine Abmagerungskur macht, sagen: »Nein danke, ich möchte keine Nachspeise, aber eine Tasse von Ihrem köstlichen Kaffee wäre nicht schlecht.«
5. Die Bitte an den »Verführer«, seine Versuche in Zukunft zu unterlassen. Zum Beispiel könnte der Alkoholgefährdete sagen: »John, ich habe das Trinken völlig aufgegeben. Du tätest mir also einen großen Gefallen, mir in Zukunft keinen Alkohol mehr anzubieten.«

Das Einüben solch ablehnender Antworten im Rollenspiel – oder auch nur in der Vorstellung – erleichtert es dem Betroffenen, seine Reaktionen zu planen und sich sicher zu fühlen, wenn er sozialem Druck ausgesetzt ist. Nach wiederholtem erfolgreichem Nein-Sagen werden solche Reaktionen zur zweiten Natur und erfordern nur mehr ganz wenige Gedankenprozesse. Außerdem unterläßt es der »Verführer« nach ein oder zwei ablehnenden Antworten gewöhnlich, weiter Druck auszuüben. Er hat begriffen, daß seine Versuche vergeblich sind.

Interaktionsfertigkeiten in der Ehe

Mangelnde Interaktionsfertigkeiten in der Ehe sind oft mit Suchtverhalten eng verknüpft. Partnerprobleme führen zu Anspannung, Gereiztheit, Unlust und Apathie, die es dem Betroffe-

Wenn Nein-Sagen Abschiednehmen von alten Freunden bedeutet ...

nen schwer machen, seine Sucht zu kontrollieren. Können diese Fertigkeiten verbessert werden, so erhöht sich auch die Wahrscheinlichkeit einer erfolgreichen Gewohnheitsänderung. Die dazu notwendigen Trainingsprogramme weichen natürlich, je nach Wesen der Partner und Art der Probleme, leicht voneinander ab. Selbstbehauptungstraining, Erwerb von Problemlösungs- und Interaktionsfertigkeiten und »Verhaltensverträge« (in diesen Abmachungen einigen sich die Partner auf bestimmte Verhaltensweisen) können Teil eines solchen Programms sein, das wir anhand des folgenden Falls erklären wollen:

Harold, 49 Jahre alt, verheiratet, hatte bereits zehn Jahre Alkoholismus hinter sich und mußte sich wegen akuter Gesundheitsschäden in klinische Behandlung begeben. Bis zu seiner Einweisung ins Krankenhaus hatte er täglich etwa einen halben Liter Wodka getrunken. Da ihm sein Vorgesetzter sehr gewogen war, konnte er seinen Job als Packer in einer Glascontainerfabrik behalten.

Harolds 29jährige Ehe dagegen war äußerst gefährdet. Ehekonflikte lösten Trinkepisoden aus, starkes Trinken wiederum verschlimmerte die Eheprobleme. Seine Frau Edna hatte mit unterschiedlichsten Mitteln versucht, gegen das Trinkverhalten ihres Ehemanns anzugehen – mit Drohungen, durch Ignorieren, mit gutem Zureden oder Kritik. Keine dieser Strategien war jedoch erfolgreich gewesen.

In Vorgesprächen wurde Harold und seiner Frau klargemacht, daß eine Verbesserung ihrer Partnerbeziehung das Trinkproblem effektiv lindern könnte. Ihr derzeitiges Problem war – das sahen beide ein – zum einen Harolds Trunksucht und sein mangelndes Eingehen auf die Belange seiner Frau, zum anderen ihr ständiges Herumgenörgele und schließlich der allgemeine Mangel an positiver Interaktion zwischen den beiden.

*Zur erfolgreichen Bewältigung von schlechten Gewohn-
heiten muß man aus dem Teufelskreis von Anklage, Zorn
und Abwehr ausbrechen.*

Aufgrund dieser Vorgespräche und der Beobachtung des Gesprächsverhaltens der beiden
wurden folgende Behandlungsziele festgelegt:

1. Dem Paar beizubringen, sich offen auszu-
   sprechen und gemeinsame Probleme effektiver zu lösen.
2. Positive Kommunikationsmuster zu fördern
   (die meisten Bemerkungen der beiden Partner zueinander waren negativ oder neutral).
3. Gespräche zu verhindern, die negative Ereignisse aus der Vergangenheit betreffen, um
   dem Paar zu ermöglichen, sich auf die Lösung gegenwärtiger Probleme zu konzentrieren.
4. Beiden Partnern Fertigkeiten beizubringen,
   die nötig sind, um wünschenswertes Verhalten beim anderen auszulösen, so daß Drohungen und Versuche, den anderen unter
   Druck zu setzen, unterbleiben.

Fertigkeiten, die zum Erreichen dieser Ziele notwendig sind, wurden in wöchentlichen Trainingssitzungen mit einem Therapeuten und einer Therapeutin erarbeitet. Diese Therapeuten
lieferten Beispiele für sinnvolle Verhaltensabmachungen, die sie den Ehepartnern im Rollenspiel vorführten. Zum Beispiel: »Ich bin bereit,
täglich Antabus (ein Medikament, das bei
gleichzeitigem Alkoholkonsum Übelkeit und
Kreislaufbeschwerden hervorruft) einzunehmen, wenn du aufhörst, dich ständig über meine
früheren Trinkgewohnheiten auszulassen.« Außerdem führten sie dem Paar die Anwendung
von unmittelbaren, positiven Problemlösungsfertigkeiten vor und boten konkrete, praktische
Lösungen an. Dann wurde das Paar aufgefordert, diese Übungen selbst durchzuspielen. Ihre
Interaktionen wurden mit Video aufgenommen,
so daß sie sie später mit ihren Therapeuten ansehen und Verbesserungsmöglichkeiten erarbeiten konnten. Das Paar wurde ermuntert, an-

fangs nur sehr einfache, nicht-verbale Kommunikationsformen zu trainieren, zum Beispiel direkten Augenkontakt im Gespräch, häufigeres Lächeln, aufmerksames Zuhören und gegenseitiges Berühren. Einfache positive Bemerkungen wie »Du siehst heute ganz bezaubernd aus« wurden von den Therapeuten angeregt und verstärkt. Wiederholte Instruktionen, regelmäßige Ermunterungen, dazu die Praxis und das Video-Feedback – all dies führte ziemlich rasch zu neuen Verhaltensweisen, die dann auch ins Repertoire eingingen.

Harold und Edna wurden außerdem aufgefordert, Eheprobleme zu diskutieren, bei denen Selbstsicherheit trainiert und das Augenmerk vor allem auf Augenkontakt, Gefühlsausdruck, Kompromißbereitschaft und Rücksichtnahme auf Verhaltensänderungswünsche des Partners gerichtet wurde. Diese neuen Fertigkeiten wurden wiederholt geprobt, wobei die Therapeuten für das entsprechende Feedback sorgten.

Das Paar wandte die neuerworbenen Fertigkeiten, gemeinsame Probleme zu lösen, zunächst während der Trainingssitzungen an und später dann allein zu Hause. Eine Schwierigkeit ergab sich aus der Tatsache, daß die beiden häufig von ihrem Sohn und ihrer Schwiegertochter gebeten wurden, ihre Enkelin zu hüten. Obwohl sie das Kind sehr liebten, fühlten sie sich von dem jungen Paar ausgenutzt. Früher hatte schon der bloße Versuch, über dieses Problem zu diskutieren, zu heftigen Auseinandersetzungen geführt, so daß Harold jedesmal das Haus verließ, um mit seinen Freunden zu trinken. Als sie diesen Streitpunkt nach ihrem Trainingsprogramm erneut besprachen, kamen sie überein, ihre »Babysitterdienste« einzuschränken; auch sollte sich nun nicht nur Edna, sondern auch Harold um das Enkelkind kümmern, zumal dieser in der betreffenden Sitzung erklärt hatte, daß er sehr gern mit der Kleinen spiele, allerdings immer mit dem Gefühl, daß sich seine Frau lieber allein mit dem Kind beschäftige. Edna hatte die Neigung ihres Mannes nicht erkannt und freute sich nun über sein Angebot.

Um diese Veränderungen zu untermauern, wurden am Ende jeder wöchentlichen Sitzung Verhaltensabmachungen getroffen. Diese »Verträge«, die von beiden Partnern unterzeichnet wurden, spezifizierten ein oder zwei Verhaltens-

Verhaltensverträge

Verhaltensverträge sind schriftliche Vereinbarungen, die bestimmte Belohnungen für gewisse Verhaltensweisen beinhalten. Solche Vorträge haben sich vor allem bei der Bewältigung von Problemen innerhalb von Partnerschaften als sehr hilfreich erwiesen.

Die Unterzeichneten, Herr und Frau L., sind im gegenseitigen Einvernehmen zu einer Vereinbarung gekommen, die folgende Verpflichtungen umfaßt:

1. Frau L. erklärt sich bereit, am kommenden Wochenende alle Bemerkungen über Herrn L.s vergangene Trinkgewohnheiten und sein mögliches künftiges Trinken zu unterlassen.

2. Frau L. ist eine Übertretung dieser Vereinbarung pro Tag gestattet, vorausgesetzt, sie nimmt ihre Bemerkung sofort zurück, wenn sie von Herrn L. an die Vereinbarung erinnert wird.

3. Herr L. erklärt sich bereit, seine Frau am Wochenende entweder zum Essen auszuführen, ins Kino oder beim Einkaufsbummel zu begleiten oder einen Ausflug mit ihr zu unternehmen.

4. Frau L.s Zusage, die Trinkgewohnheiten ihres Ehemanns nicht zu erwähnen, ist nur bindend, wenn Herr L. seine Zusage unter Punkt 3 einhält.

5. Herr L.s Zusage, Frau L. am Wochenende auszuführen, ist nur bindend, wenn Frau L. ihr Versprechen unter Punkt 1 erfüllt.

6. Die Vertragsbedingungen können jeweils zu Beginn des nächsten Tages erneuert werden, so daß der Vertragsbruch seitens eines Partners nur für einen Tag gilt.

_____

Herr L.
_____

Frau L.
_____

Zeuge
_____

Schlechte alte Gewohnheiten gegen gute neue austauschen – ein Mittel, um gutes Aussehen und Wohlbefinden zu fördern.

ziele, die am Wochenende, wenn Harold von der Klinik nach Hause kam, verwirklicht werden sollten. Aus dem hier abgedruckten »Mustervertrag« ersehen wir, daß sich Edna verpflichtete, weder Harolds Trinkprobleme noch irgendein Thema, das mit Alkohol zu tun hatte, zu erwähnen. Die Erfahrung hatte gezeigt, daß solche Anspielungen häufig Trinkepisoden auslösten. Harold wiederum versprach, seine Frau zum Essen oder ins Kino auszuführen. Edna hatte sich nämlich wiederholt beschwert, daß sie so selten zusammen ausgingen. In der nächsten Sitzung wurde mit dem Therapeuten der Erfolg oder Mißerfolg des jeweiligen Vertrags besprochen. War es ihnen nicht gelungen, die Vertragsbedingungen einzuhalten, so wurden die Gründe dafür in allen Einzelheiten erörtert und ein neuer Vertrag für das Wochenende darauf ausgehandelt.

Nachdem Harold aus der Klinik entlassen war, setzten die beiden diese Trainingssitzungen noch ein halbes Jahr fort. Resultat der Behand-

lung: Harold blieb neun Monate völlig abstinent und nahm täglich Antabus ein. Beide Parteien konnten berichten, daß sich ihre Partnerschaft sehr zum Positiven entwickelt hatte. Sie gehen jetzt einmal wöchentlich aus und sitzen häufig abends beisammen, um über gemeinsame Ziele, Interessen und Aufgaben zu plaudern. Sie fühlen sich einander näher, als dies jemals der Fall gewesen war. Harold ist fest entschlossen, weiterhin abstinent zu bleiben. »Schließlich«, so bemerkte er und blickte seine Frau dabei vielsagend an, »haben wir beide noch eine Menge Pläne.«

Unterstützung durch die Umwelt

Unterstützung und Zuspruch durch Familienangehörige und Freunde spielen bei der Gewohnheitsmodifizierung eine entscheidende Rolle. Solche Unterstützung kann von bereits existierenden Familien- und Sozialstrukturen oder von Gruppen geleistet werden, die speziell zu diesem Zweck gegründet wurden, zum Beispiel von den Anonymen Alkoholikern oder den zur Hilfe von Drogenabhängigen, vor allem in den Vereinigten Staaten begründeten »Synanon-Gruppen«, um nur zwei Selbsthilfeunternehmen zu nennen.

Anderen helfen, damit sie einem selbst helfen

Da andere Menschen einen so großen Einfluß auf den Erfolg eines Selbstkontrollprogramms haben können, geben wir hier einige Tips, wie Sie Verwandte und Freunde ermutigen können, Sie zu unterstützen. Bitten Sie sie:

1. Ihre Bemühungen ernst zu nehmen – also Witze und Hänseleien zu unterlassen,
2. Ihnen keine klugen Ratschläge zu geben, wie Sie Ihr Verhalten ändern sollen,
3. nicht in Ihr Programm einzugreifen oder Sie zu überwachen,
4. Ihre Bemühungen anzuerkennen und Sie zu loben,
5. gelegentliche Rückschläge zu ignorieren und kleine »Rückfälle« niemals zu rügen,
6. ganz bestimmte Dinge zu *sagen* oder zu *tun*, um Ihnen zu helfen,
7. zu beachten, daß *Sie* allein für Ihr Leben verantwortlich sind,
8. sich positiv einzustellen und Ihnen Mut zu machen.

Im Rahmen eines Abmagerungsprogramms an der Pennsylvania State University gingen die Psychologen Mahoney und Mahoney der Frage nach, ob sich Unterstützung durch die Umwelt auf die Gewichtsabnahme der Versuchsteilnehmer auswirkte. Dabei fanden sie heraus, daß Kooperation und Ermunterung durch Familienangehörige und Freunde sehr viel zum Erfolg der Therapie beitrugen.

Zu ähnlichen Ergebnissen kamen Dr. Kelly Brownell und seine Kollegen, die sich über Jahre mit dem Problem der Fettsucht beschäftigten. Sie entwickelten eine Behandlungsstrategie, bei der sie den Ehepartner als eine Art Therapeuten einsetzten. Wenn der Partner ein »freundlicher Feind« sein kann, so folgerten sie, dann kann er auch lernen, positiven Einfluß auszuüben.

Um ihre Hypothese zu testen, entwickelten sie ein Abmagerungsprogramm, an dem 29 übergewichtige Männer und Frauen teilnah-

men. Alle Patienten waren verheiratet, und ihr Durchschnittsgewicht betrug 95 kg.

Das Programm bestand aus zehn Wochensitzungen, die Ernährungsberatung, Gymnastik und Verhaltensmodifizierung umfaßten. Die Frauen wurden auf eine 1200-, die Männer auf eine 1500-Kalorien-Diät gesetzt. Die Ehepartner aller Patienten wurden gebeten, an den Sitzungen teilzunehmen und ihre bessere Hälfte aktiv zu unterstützen. Die Patienten, deren Ehepartner zur Mitarbeit bereit waren, wurden einer von zwei Behandlungsgruppen zugeordnet.

Gruppe 1 hieß *Kooperative Ehepartner – Paartraining*. Die Ehepartner nahmen an allen Sitzungen teil und bekamen schriftliches Material über Ernährungsfragen und Gewohnheitsmodifizierung. Sie wurden angehalten, ihren Partnern zu helfen, indem sie ihre eigene Alltagsroutine genauso änderten wie die Patienten. Die Ehepartner sollten natürlich nicht Diät leben (sie waren ja nicht übergewichtig), wurden aber aufgefordert, genauso wie die Patienten langsamer und zu geregelten Zeiten zu essen. Außerdem sollten sie den Patienten ablenken, wenn dieser in Versuchung kam, außerplanmäßig zu essen. Dann sollten sie zum Beispiel einen Spaziergang oder eine Partie Schach vorschlagen. Auch sollten sie sie durch ihr Verhalten ermutigen und Fortschritte mit Lob und Begeisterung quittieren; kritische Bemerkungen dagegen sollten unterbleiben. Die Paare wurden aufgefordert, Verhaltenstagebücher zu führen, um ihre Eßgewohnheiten besser überprüfen zu kön-

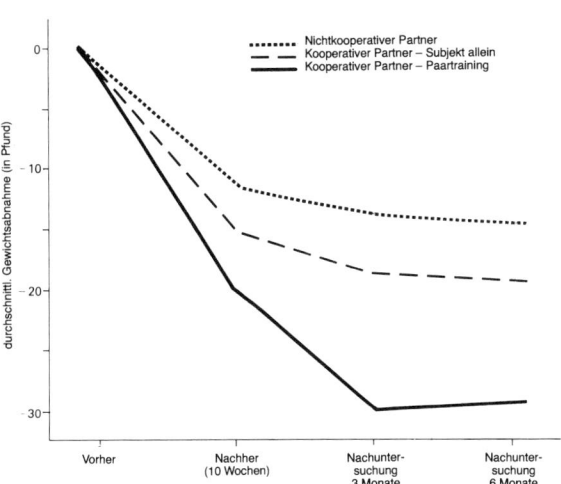

Gewichtsveränderungen aller drei Testgruppen bei der Vorbehandlung und bei Nachuntersuchungen nach 3 und 6 Monaten.

nen. Das gesamte Programm war auf gegenseitige Hilfe und Unterstützung ausgerichtet.

Gruppe 2 trug den Namen *Kooperative Ehepartner – Subjekt allein.* Die Teilnehmer dieser Gruppe erhielten ein ähnliches Training wie die Gruppe 1, mit dem Unterschied, daß die Ehepartner zwar aufgefordert wurden, den Patienten zu unterstützen, aber keine Anweisungen bekamen, wie diese Hilfe genau aussehen sollte.

Die Teilnehmer, deren Ehepartner es abgelehnt hatten zu helfen, wurden Gruppe 3, *Nichtkooperative Ehepartner – Subjekt allein,* zugeteilt. Sie unterzogen sich einem Abmagerungsprogramm, das mit dem von Gruppe 2 identisch war.

Links und oben: Eine mitfühlende und hilfreiche Umgebung macht es leichter, Ängste zu bewältigen und Verantwortung für das eigene Verhalten zu tragen.

Die Ergebnisse dieses Versuchs waren erstaunlich. Die Grafik zeigt den durchschnittlichen Gewichtsverlust (in Pfund) aller drei Gruppen. Die Patienten, deren Partner das Paartraining mitgemacht hatten, waren wesentlich erfolgreicher als die anderen Gruppen. Ihre Erfolge stellten sich besonders bei den Nachuntersuchungen heraus, die drei und sechs Monate nach dem Experiment stattfanden. Bei der zweiten Nachkontrolle wurde in Gruppe 1 eine durchschnittliche Gewichtsabnahme von 13,6 kg – gegenüber 8,6 kg und 6,8 kg in Gruppe 2 bzw. 3 – festgestellt. Da die Teilnehmer aller drei Gruppen dieselben Diätvorschriften erhalten hatten, können wir mit Sicherheit sagen, daß die systematische Unterstützung des Ehepartners erheblich zum Erfolg der Behandlung beigetragen hat.

Während die Teilnehmer von Gruppe 2 etwas mehr abnahmen als die von Gruppe 3, waren sie nicht annähernd so erfolgreich wie die Patienten, deren Partner ein Hilfstraining erhalten hatten. Das zeigt, daß die guten Absichten des Partners nicht ausreichen – er muß wissen, wie, wann und wo er Hilfe leisten soll.

Vorsicht vor »Suchtkontrolleuren«

Das aktive Engagement eines oder mehrerer Familienangehöriger muß allerdings auf eine positive Unterstützung beschränkt bleiben – Hauptverantwortung für die Gewohnheitsänderung trägt der Betroffene selbst. Durch übertriebenes Einmischen wird der Partner zum »Suchtkontrolleur«. Dieser glaubt am Ende, das Verhaltensänderungsprogramm des anderen in die Hand nehmen und die Ausführung ständig überwachen zu müssen. Solche permanente Kontrolle ist für den Erfolg des Programms eher hinderlich. Der Kontrollierte reagiert gereizt und kehrt häufig aus Trotz zu seinen schlechten Gewohnheiten zurück. Der »Kontrolleur« merkt meist gar nicht, welch schlechten Einfluß er ausübt, was wir am Beispiel von Stanley und Ruth demonstrieren möchten.

Stanley und Ruth waren seit 33 Jahren glücklich verheiratet. Ruth war 56, ziemlich klein (1,58 m) und schlug sich seit etwa 15 Jahren mit ihrem Gewichtsproblem herum. Als gute Ehefrau, Mutter und Großmutter kochte – und aß – sie viel und gern. Da ihr älterer Sohn und seine Familie in der Nähe wohnten, hatte sie stets Vorräte an Kuchen, Plätzchen und anderen Süßigkeiten für ihre Enkelkinder im Haus. Sie war, um die Ergebnisse ihrer kulinarischen Fertigkeiten zu überprüfen, ständig versucht, zu naschen und zu kosten.

Stanley waren Ruths überflüssige Pfunde schon lange ein Dorn im Auge. Er hatte aber wenig Verständnis für ihr Problem, zumal er essen konnte, soviel er wollte, ohne je ein Gramm zuzunehmen. Er war überzeugt, daß Ruth willensschwach sei und daher nur dann abnehmen könne, wenn er sie streng überwachte. Er wußte zwar, daß sich Ruth nicht gern sagen ließ, was sie zu tun hatte, glaubte aber zu wissen, was für sie richtig war. Schließlich hatte sie bereits alle möglichen Abmagerungskuren ausprobiert, sich aber nie länger als drei Tage daran gehalten.

Zusätzlich zu ihrem Gewichtsproblem fühlte sich Ruth gesundheitlich nicht auf der Höhe. Sie litt unter gelegentlichen Schwindelanfällen und Schmerzen in der Brust und suchte schließlich einen Arzt auf. Nach einer gründlichen Untersuchung bat der Arzt Ruth und Stanley gemeinsam in die Sprechstunde und erklärte, daß Ruth an zu hohem Blutdruck leide und bei ihrem Gewicht Gefahr laufe, einen Schlaganfall oder Herzinfarkt zu bekommen. Deshalb müsse sie unter allen Umständen abnehmen.

Nach diesen warnenden Worten des Arztes war Ruth fest entschlossen, ein für allemal abzumagern. Stanley wiederum wollte Ruths Schlankheitskur streng überwachen. Als Ruth ihre Diät begann, fing er an, bei jeder Mahlzeit ihren Teller zu überprüfen und die genaue Kalorienzahl auszurechnen. Über diese Zahlen führte er in einem dafür angeschafften Notizblock Buch. Abends zählte er ihr die »Fehler« vor, die sie im Verlauf des Tages begangen hatte. »Wenn du mich fragst, hast du heute 100 Kalorien zuviel gegessen«, meinte er dann beispielsweise. Zu Anfang fand Ruth das noch amüsant, dann aber begann Stanley seine Kontrollen zu verschärfen. Er schleppte Bücher über Schlankheitskuren mit nach Hause, schnitt Zeitungsartikel über Diäten aus, plante die Menüs und begleitete sie zum Supermarkt, um sicher zu sein, daß sie nur das kaufte, was er aufgelistet hatte. Er verbot ihr sogar, Kuchen und Plätzchen für die Enkelkinder zu backen.

Ruth ging Stanleys »Hilfe« allmählich auf die Nerven. Sie hatte ihre Diät mit großer Begeisterung begonnen, fühlte sich jetzt aber wie ein zweijähriges Kind behandelt. Sie nahm Stanleys ständige Kontrolle übel und begann, wenn er nicht zu Hause war, zu naschen. Ihre Motivation abzunehmen war verschwunden, und je mehr sie aß, desto größer wurde ihr Appetit.

Dann kam es zum Eklat. Ruth und Stanley hatten sich mit Freunden in einem Restaurant getroffen, um Stanleys Geburtstag zu feiern. Ruth gab gerade ihre Bestellung auf, als Stanley sie unterbrach und laut sagte: »Nein, Ruth, das ist alles falsch. Ich werde für dich bestellen. Du bekommst nur einen Salat ohne Dressing und gegrillten Fisch ohne Butter.« An seine Freunde gewandt, fuhr er fort: »Ihr müßt nämlich wissen, daß Ruth so gut wie keinen Willen besitzt.

Wenn's ums Essen geht, muß sie beaufsichtigt werden wie ein kleines Kind.« Alles lachte – bis auf Ruth natürlich. Sie war so beschämt und verletzt, daß sie nicht wußte, ob sie in Tränen ausbrechen oder Stanley ihr Besteck an den Kopf werfen sollte.

Später, als Stanley schon zu Bett gegangen war, blieb sie noch lange auf und grübelte. Sie wußte, daß sie abnehmen *mußte*, aber Stanley machte sie einfach verrückt. Sie beschloß, die Sache ein für allemal zu klären.

Beim Frühstück am nächsten Morgen stellte Ruth ihren Mann zur Rede:

Ruth: »Stan, ich muß mit dir über meine Schlankheitskur sprechen.«
Stanley: »Gut. Ich wollte sowieso mit dir über den gestrigen Abend reden. Also, was du da mal wieder alles bestellen wolltest. Ich –«
Ruth: »Jetzt hör mal gut zu, Stan. Ich bin kein kleines Baby. Ich brauche niemanden, der für mich bestellt. Ich weiß ja, daß du mir helfen willst, aber mit deiner ständigen Überwachung erreichst du genau das Gegenteil. Ich nasche nämlich wieder – heimlich, nur um mich zu rächen.«
Stanley: »Wie bitte, was tust du?«
Ruth: »Jetzt laß mich bitte ausreden. Du behandelst mich wie ein kleines Kind, und das macht mich ganz verrückt. Ich weiß, daß ich mich früher beim Essen nicht beherrschen konnte. Diesmal aber schaff' ich's, wenn du mir hilfst – das heißt, besser gesagt, wenn du mir nicht hilfst. Du machst dir viel zuviel Gedanken, Stan.«
Stanley: »Aber ich will dir doch wirklich helfen, Ruth.«
Ruth: »Das weiß ich – aber du hilfst mir *nicht*, im Gegenteil. Je mehr du mich überwachst, desto mehr esse ich. Glaub mir das.«
Stanley: »Aber was soll ich denn tun?«
Ruth: »Du mußt *mir* die Verantwortung für meine Abmagerungskur überlassen. Du kannst mich ermutigen und mich loben, wenn ich's schaffe, aber nicht mehr – selbst wenn ich mal ein bißchen mehr essen sollte, als vielleicht gut

wäre. Sobald du mich tadelst, esse ich noch mehr. Nehmen wir zum Beispiel den gestrigen Abend. Deine Bemerkung war einfach unmöglich. Versprichst du mir, mich in Zukunft in Ruhe zu lassen?«
Stanley: »Okay, wir können's ja versuchen. Ich hab' gar nicht gemerkt, was ich da angerichtet hab'.«
Ruth: »Also, Stan, wir wollen ein paar neue Grundregeln festlegen: 1. kein weiteres Kalorienzählen, 2. keine Bücher und Artikel mehr über Schlankheitskuren, 3. *ich* plane meine Mahlzeiten, nicht du, 4. *ich* bestelle mein Essen, wenn wir im Restaurant sind, 5. keine Kommentare mehr zu meiner Diät! Wenn ich darüber sprechen will, dann schneide *ich* das Thema an, nicht du. Mach positive Kommentare, keine negativen. Sag mir, wie tapfer ich bin oder wieviel schlanker ich schon bin. Bist du mit diesen Bedingungen einverstanden?«
Stanley: »Natürlich bin ich das. Ich hab' mir eben nur Sorgen um dich gemacht. Ich tu alles, was du willst – wenn du nur abnimmst.«

Schlußfolgerungen

Ein wesentliches Element der Gewohnheitskontrolle ist zu lernen, mit anderen besser auszukommen. Eine wichtige soziale Fertigkeit ist die Selbstbehauptung – die angemessene Äußerung der persönlichen Gefühle und Rechte. Sie ist vor allem wichtig, um dem sozialen Druck anderer zu widerstehen, die oft unbeabsichtigt die Voraussetzungen für einen Rückfall schaffen.

Freunde und Familienangehörige können durch zu großes Engagement und ständige Kommentare auch negativen Einfluß ausüben. Solche Einflußnahme, positive wie negative, kann sehr subtil sein. Freunde und Familienangehörige müssen genau wissen, wie sie den Betroffenen am besten motivieren können. Kritische, ironische und negative Kommentare sollten vermieden werden, positive Bemerkungen dagegen sind höchst förderlich.

8
Tabak,
der sanfte Killer

Tabak als Genußmittel hat bereits eine lange Geschichte. In Amerika war er schon lange bekannt, ehe er in Europa erhältlich war. Im Jahre 1613 schickte John Rolfe die erste Schiffsladung Virginia-Tabak von Amerika nach Europa. Rolfe heiratete später die indianische Prinzessin Pocahontas.

Die Einstellung zum Tabakgenuß änderte sich im Laufe der Zeit sehr stark. Sir Walter Raleigh zum Beispiel war ihm sehr zugeneigt; er führte in England das Pfeifenrauchen ein. König Jakob I. verabscheute den Geruch des »sot-weed« (Rauschkraut) und verbot das Rauchen. Im China des 17. Jahrhunderts versuchte man dem Problem mit »todernsten« Maßnahmen Herr zu werden – wen man beim Rauchen überraschte, der wurde um einen Kopf kürzer gemacht! Das Zigarettenrauchen kam erst gegen Mitte des 19. Jahrhunderts auf, als englische und französische Soldaten diese Unsitte im Krimkrieg von türkischen Offizieren übernahmen.

Seither ist das Rauchen zu einer weitverbreiteten Gewohnheit geworden. 1968 rauchten ca.

69 Prozent der männlichen und 43 Prozent der weiblichen Bevölkerung Großbritanniens. Obgleich der Zigarettenkonsum in den Vereinigten Staaten allgemein zurückgegangen ist, rauchen bei einer Gesamtbevölkerung von 216 Millionen noch immer mehr als 50 Millionen. Während der letzten Jahre hat der Tabakkonsum in allen Bevölkerungsschichten nachgelassen – ausgenommen bei jungen Frauen.

Auswirkungen auf die Gesundheit

Erst in den frühen sechziger Jahren entdeckten die Wissenschaftler, wie schädlich das Rauchen für die Gesundheit ist. Man schätzt, daß allein in den Vereinigten Staaten jährlich ca. 325 000 Todesfälle auf Zigarettenrauchen zurückzuführen sind. Etwa 90 Prozent aller Fälle von Lungenkrebs lassen sich dem Rauchen zuschreiben. Das Risiko, Lungenkrebs zu bekommen, ist bei Zigarettenrauchern zehnmal größer als bei Nichtrauchern. Die Rauchgewohnheit hat unter Frau-

Crafft Tugend und würckung deß hochnutzbarlichen Tabacs, durchs ABC gezogen fein gröblich

Der best Tabac der ist hier feil,
Kompt her bey kauff ieder ein theil.

Ich brauch Tabac, und befindts gut,
Trucknet die flüß, reinigt das blut.

Wann ich gleich hab Bier oder Wein
Muß Tabac doch getruncken sein.

Man sagt zu viel sey ungesund,
Das merck ich ietzt zu dieser stund.

Mein Naß die ist verstopffet sehr,
Brauch Schnupff Tabac daß ich sie leer.

Der Schnupff Tabac purgiret gut,
Verzeiht wann was entfahren thut.

Außbündige Alamodo Bauchpurgation Causirt Durchlauff Effectuirt Fartzen Groltzen Husten Juchzen Kotzen Lufft in hosen, Murmeln um leibe Nissen, Operirt, Qualificirt, Rotz, Schnupffen, Speyen, Tabac Vertreibt Wütigkeit Xantho Yn Zahnen.

Während einstmals die heilende Wirkung des Tabaks angepriesen wurde (oben), wird heute sogar in Tabakläden auf die Gefahren des Rauchens hingewiesen (rechts).

en enorm zugenommen – die Zahl der Frauen, die an Lungenkrebs sterben, ist innerhalb der letzten 30 Jahre um 400 Prozent gestiegen. Auch Erkrankungen der Herzkranzgefäße, Herzanfälle, chronische Bronchitis, Emphysema (Erweiterung der Luftsäcke der Lunge) sind oft Folgen starken Zigarettenkonsums. Zigarren- und Pfeifenraucher, die nicht inhalieren, sind kaum lungenkrebsgefährdeter als Nichtraucher, gehen aber ein ebenso großes Risiko ein, an Hals-, Speiseröhren-, Lippen- oder Zungenkrebs zu erkranken.

Was macht nun den Tabak so gefährlich? Tabak enthält verschiedene Partikel und Gase, die äußerst gesundheitsschädigend sind. Nikotin zum Beispiel wirkt als Stimulanz; es erhöht den Blutdruck, beschleunigt die Herzfrequenz und ist in großen Mengen giftig. Kleine Teerpartikel im Zigarettenrauch wurden als Hauptauslöser von Lungenkrebs identifiziert.

Weniger bekannt ist die Tatsache, daß Ziga-

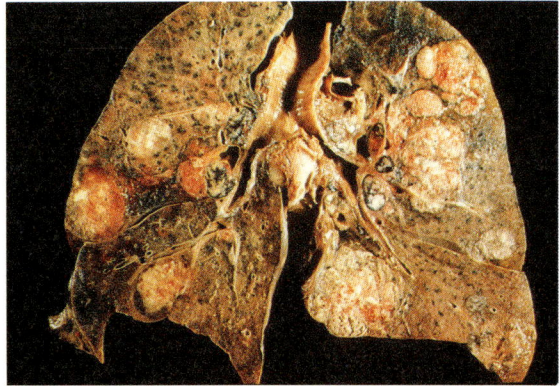

Jahr für Jahr steigt die Zahl der Todesfälle durch Lungen-
krebs. So kann die Lunge eines Kettenrauchers aussehen
(ganz oben). Teenager rauchen, um erwachsener zu wirken
(Mitte), junge Frauen wollen mit der Zigarette Selbstbe-
wußtsein und Emanzipation demonstrieren (unten links).
Besonders schwer ist es, die mit dem Rauchen verbunde-
nen geselligen Rituale aufzugeben (unten rechts).

rettenrauch ein bis fünf Prozent des giftigen Gases Kohlenmonoxyd enthält. Kohlenmonoxyd hat die Eigenschaft, dem Blutkreislauf Sauerstoff zu entziehen, und erhöht unter anderem die Wahrscheinlichkeit von Fehl- oder Totgeburten. Babys von Frauen, die während der Schwangerschaft rauchen, haben im Schnitt ein geringeres Gewicht als solche von nichtrauchenden Müttern. Außerdem können Cholesterinablagerungen in den Arterien die Folge sein. Verstopfte Arterien, welche die Gliedmaßen nicht mehr versorgen, können Gangräne (Brand) bewirken; in schweren Fällen kann der Patient nur durch Amputation gerettet werden.

Warum raucht man?

Wenn Zigaretten so gefährlich sind – warum wird dann trotzdem geraucht? Der Jugendliche, der seine erste Zigarette raucht, hat natürlich ganz andere Motive als der Gewohnheitsraucher. Das Rauchen beginnt gewöhnlich in der Jugend, im Alter zwischen 12 und 21 Jahren. Die meisten rauchen ihre erste Zigarette vor allem aus Neugier. Druck von Gleichaltrigen und Angeberei spielen dabei eine große Rolle. Teenager möchten »erwachsen« erscheinen, indem sie die Gewohnheiten der Erwachsenen nachahmen. Junge Frauen glauben, Rauchen sei ein Ausdruck von Emanzipation, und raffinierte Werbeslogans bestärken sie in diesem Glauben.

Wer regelmäßig raucht, wird schnell zum Gewohnheitsraucher, und dann spielen andere Beweggründe eine Rolle. Dr. Ikard, Dr. Green und Dr. Horn erläuterten im *International Journal of the Addictions*, welche Faktoren die Rauchgewohnheiten auslösen können. Diese Motive wurden in einem »Warum-rauchen-Sie?-Test« zusammengefaßt, den die American Cancer Society und die American Lung Association Rauchern zur Verfügung stellte.

Das erste dieser Motive beruht auf dem Gefühl gesteigerter Energie, also der Stimulation. Diese Stimulation wird durch die Droge Nikotin hervorgerufen. Viele Raucher berichten von einem physischen und emotionalen Auftrieb, vor allem wenn sie gelangweilt oder nervös sind. Eine Zigarette und eine Tasse Kaffee (beides regt das zentrale Nervensystem an) vermitteln das

Gefühl, daß nach Stunden monotoner Arbeit »die Batterien wieder aufgeladen« werden.

Ein anderer Grund ist das Manipulieren und Hantieren mit der Zigarette. Der Vorgang des Öffnens der Zigarettenschachtel, des Anzündens und des ersten langen Zuges scheint ein Gefühl von Befriedigung hervorzurufen. Jeder Raucher entwickelt ein ganz bestimmtes individuelles Ritual beim Rauchen, das ständig wiederholt wird.

Manche Raucher berichten von einem Gefühl der Entspannung beim Rauchen. Interessant ist, daß das Rauchen, je nach Situation oder Gemütszustand der Person, entweder beruhigend oder stimulierend wirkt. Vorwiegend aber scheint die Zigarette als »Tranquilizer« in Streßsituationen betrachtet zu werden. Dr. Miller berichtete von einem Patienten, der sich seit fünf Jahren das Rauchen abgewöhnt hatte. Eines Tages wurde sein Sohn in einen schweren, wenn auch nicht tödlichen Unfall verwickelt. Ohne nachzudenken, kaufte er eine Schachtel Zigaretten, öffnete sie hastig, zündete sich eine an und tat mehrere tiefe Züge. Er beschrieb den Vorgang folgendermaßen:

»Ich war mir nicht im geringsten bewußt, was ich da tat. Ich fühlte mich schrecklich elend und nervös und konnte nur daran denken, mir vorübergehend Erleichterung zu verschaffen. Ich handelte wie im Schlaf. Offenbar hatte ich die Tatsache, daß ich Nichtraucher war, völlig vergessen oder verdrängt.«

In diesem Fall war die frühere Assoziation »Rauchen-Entspannung« so stark, daß sie sich noch fünf Jahre später automatisch einstellte. Glücklicherweise empfand der Betroffene keine besondere Befriedigung bei den wenigen Zügen und wurde folglich nicht rückfällig.

Viele Raucher haben ein starkes physisches Verlangen nach Zigaretten. Sie sind auf zweierlei Weise abhängig: Zunächst ist da die psychische Abhängigkeit von Zigaretten. Anscheinend hilft ihnen das Rauchen, Ängste, Ärger oder Spannungen abzubauen. Der Gedanke, nur wenige Stunden nicht rauchen zu können, ist für den starken Raucher unerträglich. Der zweite Faktor ist die tatsächliche physische Sucht nach Nikotin. Versuche, das Rauchen aufzugeben, werden von physischen Entzugssymptomen begleitet, die denen von Drogensüchtigen ähneln. Die Bedeutung der Nikotinsucht soll später in diesem Kapitel erläutert werden.

Warum fangen junge Mädchen zu rauchen an?

Was macht den Tabak so verführerisch, wo doch jeder weiß, wie schädlich das Rauchen ist? Warum greift man zur ersten Zigarette, wo doch das Rauchen anfangs alles andere als angenehm ist? Oft ist die erste Zigarette sogar eine regelrechte Tortur.

Gerade unter jungen Mädchen wird immer häufiger geraucht. Warum? Mädchen von 12 bis 28 Jahren wurden befragt, was sie veranlaßte, ihre erste Zigarette zu rauchen:

Valerie (15 Jahre)
»Alle meine Freunde rauchten, und ich kam mir als Nichtraucherin schon ganz altmodisch vor. Ich übernachtete bei meiner besten Freundin Betty; sie überredete mich, es mal zu probieren. Ich hustete zuerst ganz schrecklich, doch ich gefiel mir mit der Zigarette in der Hand. Ich stand vor einem Spiegel und fand mich einfach schick. Erst jetzt hatte ich das Gefühl, richtig zu unserer Clique zu gehören.«

Judy (16 Jahre)
»Ich wollte es nur mal ausprobieren. Ich war neugierig. So bin ich nun mal. Ich probiere gern neue Dinge aus.

Ich will mich *jetzt* amüsieren und denke nicht daran, was später mal sein könnte.«

Jackie (13 Jahre)
»Ob Sie's glauben oder nicht – ich hab' das Rauchen nur angefangen, weil es mir meine Eltern verboten haben. Ich laß mir nicht gern Vorschriften machen, und was verboten ist, macht mir besonders Spaß.«

Paula (14 Jahre)
»Ich hab's aus Neugier probiert. Die erste Zigarette schmeckte scheußlich, doch dann fing es an, mir Spaß zu machen. Ich finde auch nichts Schlechtes dabei. Es gibt doch heute fast nichts mehr, das nicht Krebs erzeugt. Ich glaube das einfach nicht. Außerdem bin ich jung und gesund. Mir kann so was gar nicht passieren.«

Diese Antworten zeigen, daß die meisten Teenager unter dem Einfluß oder Druck von Gleichaltrigen zur ersten Zigarette greifen. Teenager, die rauchen, sind meist extravertierter, geselliger, rebellischer und machen sich weniger Gedanken über die Folgen ihres Verhaltens.

Was gibt einem das Zigarettenrauchen? Hier einige Aussagen von Gewohnheitsrauchern. Wie oft haben Sie selbst dieses Gefühl, wenn Sie rauchen? Kreuzen Sie bei jedem Satz die zutreffende Zahl an.

Bitte jede Frage beantworten

	Immer	Oft	Gelegent-lich	Selten	Nie
A. Ich rauche Zigaretten, um zu verhindern, daß ich müde oder träge werde.	5	4	3	2	1
B. Mir verschafft vor allem der Umgang mit der Zigarette Befriedigung.	5	4	3	2	1
C. Zigarettenrauchen ist wohltuend und entspannend.	5	4	3	2	1
D. Ich zünde mir eine Zigarette an, wenn ich mich über irgend etwas ärgere.	5	4	3	2	1
E. Wenn mir meine Zigaretten ausgehen, bin ich nervös und gereizt, bis ich mir Nachschub besorgt habe.	5	4	3	2	1
F. Ich greife automatisch zur Zigarette, ohne mir dessen bewußt zu sein.	5	4	3	2	1
G. Ich rauche, um mich anzuregen oder aufzuputschen.	5	4	3	2	1
H. Mir macht vor allem das Anzünden der Zigarette Spaß.	5	4	3	2	1
I. Ich finde Zigaretten wohltuend.	5	4	3	2	1
J. Wenn ich mich unwohl oder traurig fühle, zünde ich mir eine Zigarette an.	5	4	3	2	1
K. Ich empfinde es als äußerst unangenehm, keine Zigaretten in Reichweite zu haben.	5	4	3	2	1
L. Ich zünde mir eine Zigarette an, ohne zu merken, daß noch eine im Aschenbecher glimmt.	5	4	3	2	1
M. Ich rauche Zigaretten, um mir einen »Energiestoß« zu verabreichen.	5	4	3	2	1
N. Ich empfinde es als angenehm, zu inhalieren und langsam den Rauch auszublasen.	5	4	3	2	1
O. Ich rauche am liebsten, wenn ich entspannt bin und mich wohl fühle.	5	4	3	2	1
P. Ich rauche, wenn ich melancholisch bin, um mich von tristen Gedanken abzulenken.	5	4	3	2	1
Q. Wenn ich eine Weile nicht geraucht habe, überfällt mich eine richtige Gier nach Zigaretten.	5	4	3	2	1
R. Ich habe eine Zigarette im Mundwinkel und kann mich nicht entsinnen, eine angezündet zu haben.	5	4	3	2	1

1. Tragen Sie die bei jeder Aussage angekreuzte Zahl neben A, B, C usw. ein.

2. Zählen Sie die Punkte in jeder Waagerechten zusammen. Die Summe Ihrer Punkte von A, G und M ergibt z. B. Ihre Werte für Stimulation.

				Summe	
A _____	+ G _____	+ M _____	=	_____	Stimulation
B _____	+ H _____	+ N _____	=	_____	Ritualisierter Umgang
C _____	+ I _____	+ O _____	=	_____	Angenehme Entspannung
D _____	+ J _____	+ P _____	=	_____	Spannungsreduktion
E _____	+ K _____	+ Q _____	=	_____	Psychische Abhängigkeit
F _____	+ L _____	+ R _____	=	_____	Gewohnheit

Die Punktwerte reichen von 3 bis 15. Alle Werte über 11 sind hoch; alle Werte unter 7 sind niedrig.

Schließlich kann das Rauchen eine starke Gewohnheit sein, die automatisch auftritt, sobald
Zigaretten in Reichweite sind. Wer täglich zwei
Schachteln Zigaretten raucht, macht pro Tag
mindestens 300 Züge – das sind 100 000 im Jahr.
Eileen, eine 52jährige Lehrerin, die seit 30 Jahren über 40 Zigaretten pro Tag rauchte, berichtete von folgenden typischen Situationen: An einem Montagmorgen wachte sie, wie immer, um
halb sieben auf. Sofort griff sie zur ersten Zigarette. Dabei war kein bewußter Gedankengang
im Spiel – ihr Verhalten war nichts als eine
Reflexhandlung. Dann stand sie auf, lief in die
Küche und setzte Kaffeewasser auf. Sobald der
Kaffee in ihrer Tasse dampfte, wurde es Zeit für
die zweite Zigarette. Eileen konnte sich nicht
erinnern, jemals Kaffee getrunken zu haben,
ohne dabei zu rauchen. Diese Assoziation war so
stark, daß der bloße Anblick oder Duft von Kaffee das physische Verlangen nach einer Zigarette
auslöste.

Wie stark ihre Gewohnheit ausgeprägt war,
zeigt folgende Episode desselben Tages, während
einer Schulpause. Sie unterhielt sich mit einem
Kollegen, zündete sich eine Zigarette an, machte
zwei, drei Züge und legte die Zigarette in einen
Aschenbecher, um nach einem Heft in ihrer Ak-
tentasche zu suchen. Nach etwa einer Minute
wandte sie sich wieder an ihren Gesprächspartner, zündete sich erneut eine Zigarette an und
inhalierte tief. Erst nach einigen Zügen schaute
sie auf den Aschenbecher und wurde sich bewußt, was sie eigentlich getan hatte. Die Gewohnheit, in gewissen Situationen eine Zigarette anzuzünden, war ihr so in Fleisch und Blut
übergegangen, daß sie es automatisch, ohne zu
überlegen, tat.

Will man sich das Rauchen erfolgreich abgewöhnen, so muß man zunächst erkennen, welche Hauptmotive uns zum Rauchen bewegen.
Wer raucht, um Spannungen zu vermindern,
muß geeignete Methoden zur Streßreduzierung
lernen, wie Entspannung, Meditation oder
Atemübungen. Der Gewohnheitsraucher muß
die Umstände (Kaffeepausen zum Beispiel) ermitteln, die eng mit dem Rauchen verknüpft
sind und das Verlangen auslösen. Er könnte
dann Umgebung und Umstände, die das Suchtverhalten hervorrufen, ändern (zum Beispiel
Kaffee durch andere Getränke ersetzen).

*Die Tabakwerbung verbindet Rauchen mit dem Gefühl von
Freiheit und Gesundheit ... und wie ist es denn wirklich?
(ganz oben). Auch »Passivrauchen« kann gesundheitsschädlich sein, vor allem für Kinder (oben).*

Toleranzfragebogen

1. Wie viele Zigaretten rauchen Sie pro Tag?
   0–15   16–25   26+
2. Wie hoch liegen die Nikotinwerte Ihrer Zigaretten-marke? (Eine Liste der gängigen Marken und ihrer Nikotinwerte finden Sie auf Seite 107.)
   0,3–0,8 mg   0,9–1,5 mg   1,6–2,2 mg
3. Inhalieren Sie?
   Nie   Gelegentlich   Immer
4. Rauchen Sie morgens mehr als zu anderen Tages-zeiten?
   Nein   Ja
5. Wann rauchen Sie nach dem Aufstehen Ihre erste Zigarette?
   Nach mehr als 30 Minuten   Nach weniger als 30 Minuten
6. Auf welche Zigarette, die Sie am Tage rauchen, möchten Sie am wenigsten verzichten?
7. Fällt es Ihnen schwer, in Kirchen, Bibliotheken oder an anderen Orten, wo das Rauchen untersagt ist, auf Ihre Zigarette zu verzichten?
   Nein   Ja
8. Rauchen Sie auch, wenn Sie krank sind und den ganzen Tag im Bett liegen müssen?
   Nein   Ja

Auswertung des Toleranzfragebogens

Rechnen Sie Ihre Punktwerte folgendermaßen aus:
1. 0–15: *0*; 16–25: *1*; 26+: *2*
2. Leicht bis mittelstark: *0*; Mittelstark: *1*; Mittelstark bis stark: *2*
3. Nie: *0*; Gelegentlich: *1*; Immer: *2*
4. Nein: *0*; Ja: *1*
5. Weniger als 30 Minuten: *1*; Mehr als 30 Minuten: *0*
6. Die erste Zigarette am Tag: *1*; Alle anderen: *0*
7. Ja: *1*; Nein: *0*
8. Ja: *1*; Nein: *0*

Mit Hilfe dieses Fragebogens läßt sich der Grad der physischen Abhängigkeit messen. 0–3: leichte Abhängigkeit; 4–7: mittelstarke Abhängigkeit; 8–11: starke Abhängigkeit.

Benutzen Sie diesen Fragebogen bei Ihrer Nikotinent-wöhnungskur. Jeder Punkt weniger ist ein Schritt nach vorn. Wenn Sie Ihren täglichen Zigarettenkonsum zum Beispiel unter 26 halten, können Sie einen Punkt abziehen. Wenn Sie von einer Zigarettenmarke mit hohen Nikotinwerten auf eine mit mittleren Werten umsteigen, können Sie einen weiteren Punkt abziehen usw. Regelmäßige Selbstkontrollen mit Hilfe dieses Fragebogens sind ein Anhaltspunkt für den jeweiligen Erfolg oder Mißerfolg Ihrer Entwöhnungskur. Ein ständiges Sinken Ihrer Punktzahl wird Sie anspornen; bei einem Ansteigen Ihrer Punktwerte dagegen sollten Sie sich auf ein bestimmtes Ziel konzentrieren, um Schritt für Schritt wieder auf ihre letzte Bestleistung zu kommen.

Nikotinsucht

Die Ergebnisse zahlreicher Experimente deuten darauf hin, daß Nikotin süchtig machen kann. Beim Zigarettenraucher wird das Nikotin sehr rasch (etwa innerhalb von sieben Sekunden) durch den Organismus ins Gehirn befördert – so schnell etwa, wie injizierte Drogen wirken. Tatsächlich zeigen Raucher alle typischen Merkmale von Drogensucht.

So neigen sie dazu, die Nikotindosis bei niedrigem Nikotingehalt der Zigarette durch erhöhten Zigarettenkonsum auszugleichen. Starke Raucher leiden bei Aufgeben oder Reduzieren der Droge unter heftigen Entzugssymptomen. Diese Symptome schwanken zwischen leichter Erregung, Launenhaftigkeit und Sinken des Blutdrucks bis zu ausgeprägter Feindseligkeit, Reizbarkeit und Konzentrationsschwäche.

Dr. Karl-Olov Fagerstrom vom Ulleraker-Hospital in Uppsala entwickelte einen Test, um das Ausmaß physischer Abhängigkeit von Nikotin zu messen. Dieser »Toleranz-Fragebogen« ist links auf der Seite abgedruckt. Er besteht im wesentlichen aus acht Fragen nach dem täglichen Zigarettenkonsum, der Hauptrauchzeit, der Stärke der Zigaretten usw. Die Punktzahlen aus dem Test werden mit physiologischen Suchtindikatoren korreliert. Der mit Hilfe des Toleranz-Fragebogens gemessene Grad der physischen Abhängigkeit wird positiv korreliert mit dem Sinken der Körpertemperatur in Abstinenzphasen (eine der physiologischen Reaktionen bei Nikotinentzug) und der geringeren Steigerung der Herzfrequenz nach dem Rauchen einer Zigarette (ein Hinweis auf die erworbene Toleranz bei einer Droge).

Körperliche Sucht oder psychische Bedürfnisse

Welches Motiv beim Rauchen ist wichtiger – physisches Verlangen nach Nikotin oder Befriedigung psychischer Bedürfnisse, wie Spannungsabbau?

Dr. Schachter und seine Kollegen von der Columbia University veröffentlichten im Jahr 1977 eine Versuchsreihe, um die Interaktionen psychischer und pharmakologischer Determinanten des Rauchens festzustellen. In ihren ersten Untersuchungen konnten sie nachweisen, daß starke Raucher die Rauchmenge regulieren, um die Nikotinmenge im Organismus auf einem konstanten Niveau zu halten.

Außerdem fanden sie heraus, daß das Verhältnis zwischen dem im Organismus verbleibenden und dem mit dem Urin ausgeschiedenen Nikotin direkt mit dem Säuregehalt des Urins zusammenhängt. Je saurer der Harn ist, desto größer ist die Nikotinausscheidung. Auf diesen Erkenntnissen aufbauend, beschloß Schachters Forscherteam, die pH-Werte (Meßwerte für den sauren und basischen Charakter einer Lösung) zu manipulieren, indem sie den Rauchern entweder alkalisierende oder säurebildende Substanzen verabreichten. Die Testpersonen rauchten tatsächlich auffallend mehr, wenn der Urin stark säurehaltig war, da sie das Nikotin schneller ausschieden und den Nikotinverlust durch verstärktes Rauchen zu kompensieren suchten.

Dr. Schachter ging dann der Frage nach, ob dieses pH-Phänomen ein wesentlicher biochemischer Auslöser für starkes Rauchen sein könnte. Um diese Möglichkeit zu überprüfen, beschloß er, zunächst den Zusammenhang zwischen Streß und Rauchen zu untersuchen, da viele Leute ja vor allem in Streßsituationen zur Zigarette greifen, um Angst und Anspannung zu reduzieren. Dr. Schachter wollte ergründen, ob dieser Einfluß eher physiologischer als psychischer Natur wäre.

Achtunddreißig Raucher nahmen an seinem Versuch teil. Zu Beginn des Experiments wurden der einen Hälfte dieser Gruppe Kapseln mit Maisstärke, der anderen Kapseln mit 3 mg Natriumbikarbonat verabreicht. Natriumbikarbonat bewirkt eine Erhöhung des pH-Werts im Harn, senkt also den Säure- und hebt den Alkalispiegel. Die Maisstärke diente lediglich als Placebo.

Die Partizipanten wurden dann jeweils einer von zwei Streßsituationen ausgesetzt. Den Teilnehmern des Schwach-Streß-Experiments wurde gesagt, man werde ihnen leichte, nicht schmerzhafte Elektroschocks an den Fingerkuppen verabreichen; den Teilnehmern des Stark-Streß-Experiments dagegen, sie würden starken, schmerzhaften Elektroschocks ausgesetzt. Wie erwartet löste die zweite Behandlung weit-

aus größere Spannung und Angstgefühle aus als die erste. Nach diesen Streßsituationen teilte man an alle Teilnehmer jeweils zwölf Zigaretten aus, die sie rauchen durften. Die Testleiter registrierten die von jeder Testperson gerauchten Zigaretten und die Anzahl der Züge pro Zigarette.

Das Testergebnis brachte deutliche Unterschiede zutage, was das Rauchverhalten der beiden Gruppen betraf. Bei den Teilnehmern, die Maisstärkekapseln verabreicht bekommen hatten, wurde das Verhalten beim Stark- und Schwach-Streß-Experiment verglichen. Die Stark-Streß-Partizipanten rauchten nicht nur mehr (durchschnittlich 2,33 Zigaretten pro Person gegen 1,58), sondern machten auch etwa doppelt so viele Züge (23,67 gegen 11,33) wie die Personen, die nur leichtem Streß ausgesetzt waren.

Bei der Gruppe, die Natriumbikarbonat bekommen hatte, ließ die Art der Streßsituation keinen Einfluß auf das Rauchverhalten erkennen. Streß wirkt sich also *nur* auf das Rauchen aus, wenn der pH-Wert im Urin stark alkalisch ist.

Schachter stellte weiter fest, daß der Säuregehalt im Urin einem natürlichen 24-Stunden-Rhythmus unterworfen ist. Früh morgens ist der Urin stark sauer und wird im Lauf der folgenden drei bis vier Stunden immer stärker alkalisch. Das bedeutet, daß früh morgens nicht nur der Nikotinspiegel niedriger ist, sondern zugeführtes Nikotin auch schneller ausgeschieden wird. Daraus folgerte Schachter, daß der Raucher morgens mehr raucht als zu anderen Tageszeiten und daß der starke Raucher morgens (ungeachtet der Streßfaktoren) so lange rauchen wird, bis er einen höheren Nikotinspiegel erreicht hat. Mit anderen Worten spielen morgens Nikotin- und pH-Werte beim Entschluß zu rauchen eine entscheidende Rolle.

Um diese Hypothese zu belegen, wiederholte Schachter sein Experiment mit dem Unterschied, daß diesmal die Hälfte der Versuchspersonen früh morgens, die andere Hälfte nachmittags getestet wurde. Tatsächlich erwies sich seine Vermutung als richtig. Die morgens Getesteten rauchten etwa 20 Prozent mehr als die nachmittags Getesteten. Außerdem bewirkte die Stark-Streß-Situation am Nachmittag einen gesteigerten Zigarettenkonsum, während sie morgens keinerlei Auswirkung auf die Rauchmenge hatte.

Das Verlangen nach einer Zigarette kann also durch eine Kombination von pharmakologischen und psychischen Faktoren ausgelöst werden, wobei die pharmakologischen oder »suchtspezifischen« Faktoren zu gewissen Tageszeiten oder unter gewissen biochemischen Voraussetzungen stärkeren Einfluß haben.

Der Entschluß aufzuhören

Die meisten Raucher – über 90 Prozent – würden das Rauchen gern aufgeben. Viele haben es mindestens einmal versucht und sind gescheitert. Manche Leute kämpfen wochen-, monate- oder gar jahrelang mit diesem Entschluß, andere entscheiden sich spontan.

Professor Alan Marlatt von der University of Washington berichtet von einem solchen spontanen Entschluß, der zu einem sehr positiven Ergebnis führte. Es ging um einen 42jährigen Radiosprecher, der von einem Tag zum anderen das Rauchen aufgab. Der Mann lag nachts in seinem Bett und überdachte seine mißglückten Versuche, das Rauchen einzustellen. Plötzlich wurde ihm bewußt, wie groß seine Abhängigkeit vom Tabak geworden war. Und während er so grübelte, begann er zu beten und Gott um Hilfe zu bitten. Nach dem Gebet empfand er ein starkes Gefühl der Erleichterung. Am nächsten Morgen erwachte er frei von dem Drang zu rauchen und hat seither keine Zigarette mehr angerührt. Leider sind solche blitzschnellen »Heilungen« eine Ausnahme – die meisten Leute müssen lange mit sich kämpfen, bevor sie den Entschluß fassen, die Gewohnheit abzulegen.

Die Angst vor den gesundheitsschädlichen Folgen des Rauchens spielen bei diesem Entschluß eine sehr wichtige Rolle. Also können Ärzte die Rauchgewohnheiten ihrer Patienten wesentlich beeinflussen. Etwa 25 Prozent aller Raucher beschließen auf Anraten ihres Arztes, mit dem Rauchen aufzuhören. Ärzte gehen inzwischen auch mit besserem Beispiel voran. Eine kürzlich in den Vereinigten Staaten durchgeführte Umfrage ergab, daß nur noch 21 Prozent von ihnen rauchen – vor etwa zehn Jahren waren

es noch 64 Prozent. Leider aber scheinen sich die meisten Ärzte gar nicht bewußt zu sein, welchen positiven Einfluß sie auf die Gewohnheiten ihrer Patienten haben könnten; die meisten Raucher berichten, daß ihnen ihr Arzt niemals geraten habe, das Rauchen aufzugeben.

Es stellt sich indes die Frage, warum sich nur so wenige Raucher von den gesundheitsschädlichen Folgen des Rauchens abschrecken lassen. Die Ärzte Richard Eiser, Stephen Sutton und Mallory Wober vom Institute of Psychiatry in London meinen, die Ursache liege an der allgemeinen Einstellung der meisten Raucher zur Gesundheit. Bei einer Befragung von 378 Leuten stellten sie fest, daß nur 49 Prozent der Raucher (im Gegensatz zu 89 Prozent bei den Nichtrauchern) glauben, daß Rauchen tatsächlich gefährlich ist. Außerdem wurden Raucher und Nichtraucher nach ihrer Einstellung zu den beiden folgenden Aussagen befragt:

1. Wenn jemand Dinge tun will, die seiner Gesundheit schaden, so steht es ihm frei, sie zu tun.

2. Der Mensch hat die moralische Verpflichtung, Dinge zu vermeiden, die seiner Gesundheit schaden.

Knapp 60 Prozent der Raucher entschieden sich für den ersten Satz und argumentierten, daß sie das Recht hätten, ihre eigene Gesundheit aufs Spiel zu setzen. Deshalb ist es auch nicht verwunderlich, daß Raucher weniger geneigt sind, sich beim Autofahren anzuschnallen. Sie glauben nicht, daß der Sicherheitsgurt das Verletzungsrisiko verringert – und selbst wenn sie es glauben, sind sie der Meinung, sie selbst hätten das Recht, ihr Leben zu riskieren.

Sehr häufig bestimmt die soziale Umgebung, wer Raucher wird. Es ist sehr wahrscheinlich, daß Kinder, deren Eltern rauchen, auch damit beginnen. Bei Halbwüchsigen, deren Eltern und Geschwister rauchen, ist diese Wahrscheinlichkeit sogar viermal größer als bei Halbwüchsigen einer nichtrauchenden Familie. Doch gerade für Kinder (und Erwachsene mit Herzschwächen oder Asthma) kann das Inhalieren von Zigarettenrauch besonders schädlich sein. Der Rauch, der direkt vom glimmenden Teil der Zigarette an die Luft abgegeben wird, ist sehr viel schädlicher als der vom Raucher inhalierte, da er größere Mengen an Nikotin und Kohlenmonoxyd ent-

hält. Das hängt mit der Temperatur der Tabakverbrennung während des Glimmens zusammen. Kleine Kinder von stark rauchenden Eltern sind anfälliger für Erkrankungen der Atemwege.

Dr. Wilbert Aronow vom Long Beach Veterans Administration Hospital in Kalifornien fand heraus, daß Zigarettenrauch in der Luft besonders schädlich für Männer sein kann, die an Herzkranzgefäßerkrankungen leiden. Er untersuchte zehn solche Patienten vor und nach einem Aufenthalt in einem Raum, in dem stark geraucht wurde. Nach diesem Aufenthalt konnte er bei allen Patienten eine deutliche Herzschlagbeschleunigung und Blutdrucksteigerung feststellen.

Die meisten Raucher bestehen hartnäckig auf ihrem Recht zu rauchen. Rauchen kann sowohl Teil eines selbstsicheren, ehrbaren Persönlichkeitsbildes sein (oben) als auch eine rebellische, nonkonformistische Haltung zum Ausdruck bringen (ganz oben).

Schluß machen mit dem Rauchen

Viele Raucher, die sich das Rauchen abgewöhnen wollen, werden schon bald rückfällig. Wie kann nun die Motivation über längere Zeit hinweg aufrechterhalten werden? Ist es besser, abrupt aufzuhören oder den Zigarettenkonsum Schritt für Schritt zu reduzieren? Was kann man bei Nikotinsucht tun?

Wer den Entschluß faßt, seine Gewohnheiten radikal zu ändern, ist im Anfangsstadium meist stark motiviert und ganz bei der Sache. Wenn jedoch die ersten Schwierigkeiten auftreten oder der Drang zu rauchen übermächtig wird, läßt die Motivation gewöhnlich nach. Der Raucher beginnt an seiner Entscheidung und an ihrem Sinn zu zweifeln. Das »süchtige Ich« führt ein Wortgefecht mit dem »rationalen Ich«: »Ist der Kampf überhaupt sinnvoll? Warum auf das Rauchvergnügen verzichten? Kann eine einzige Zigarette denn schaden?« Es gibt eine Reihe von wirkungsvollen Techniken, die helfen, die Motivation aufrechtzuerhalten.

So kann zum Beispiel die öffentlich abgegebene Erklärung, das Rauchen aufzugeben, sehr hilfreich sein. Der Raucher sollte allen Angehörigen, Freunden und Kollegen mitteilen, wann er die letzte Zigarette rauchen wird. Damit setzt er sich selbst unter Druck. Greift er *nach* dem Stichtag doch wieder zur Zigarette, so setzt sich der »Ex«-Raucher nicht nur dem Gefühl persönlichen Versagens, sondern auch der Mißbilligung seiner Umgebung aus.

Auch Wetten oder selbstauferlegte Geldstrafen können eine motivierende Wirkung haben, wie der Fall von Hans und Frederick zeigt. Hans, ein 30jähriger Computerfachmann, rauchte seit dem 22. Lebensjahr täglich zwei Schachteln Zigaretten. Er war früher sehr sportlich gewesen, hatte Langlauf gemacht und Rugby gespielt. An seinem 30. Geburtstag beschloß er, wieder aktiv Sport zu treiben und seine Kondition zu verbessern. Zu diesem Zweck wollte er zunächst das Rauchen aufgeben.

Sein Freund Frederick, 39 Jahre alt, war Leiter eines Warenhauses; er hatte bereits mit 15 das Rauchen angefangen und rauchte inzwischen zwei bis drei Schachteln pro Tag. Seine Angestellten sahen ihn selten ohne Zigarette im Mundwinkel. Nachdem er wiederholt Stiche in der Herzgegend verspürt hatte, suchte er einen Arzt auf, der ihm dringend anriet, das Rauchen einzustellen. Der Doktor machte ihn auf seinen hohen Blutdruck aufmerksam und erinnerte ihn daran, daß es in seiner Familie mehrere Todesfälle durch Herzversagen gegeben hatte. Frederick, der nun um seine Gesundheit bangte, faßte den Entschluß, das Rauchen ein für allemal aufzugeben.

Zigarettenrauch enthält drei verschiedene Giftstoffe – Teer, Nikotin, Kohlenmonoxyd –, die für jeden, der sie einatmet, schädlich sind. Inzwischen gibt es geradezu militante Kampagnen, um junge Leute auf die Gefahren des Rauchens aufmerksam zu machen. »Mit meinem tollen Röntgenblick«, heißt es in der Sprechblase, »kann ich den Schaden erkennen, den Zigaretten im menschlichen Körper anrichtet. Deshalb rauche ich nicht!« (ganz oben). Punch, die englische satirische Zeitschrift, wies schon 1869 auf die gesundheitsschädlichen Folgen des Rauchens hin (oben).

Die beiden Freunde taten sich zusammen und beschlossen, am selben Tag das Rauchen aufzugeben und sich dabei gegenseitig zu helfen. Sie wußten, daß sie irgend etwas brauchten, das ihre Willenskraft stärkte, sobald sich Entzugssymptome einstellten. Sie hatten zwei Eigenschaften gemeinsam: Sie waren äußerst sparsam und gaben ihr Geld nur für Dinge aus, die sie als sinnvoll ansahen. Außerdem waren sie beide in einer konservativen Partei aktiv. Diese Gemeinsamkeiten wollten sie für ihre Zwecke nutzen. Sie schrieben jeder zehn Schecks über 20 Dollar auf eine extrem liberale Partei aus, deren Ziele sie aufs schärfste ablehnten. Jedem Scheck war eine Notiz beigefügt: »Ihre Partei leistet hervorragende Arbeit. Deshalb möchte ich Ihnen eine kleine Spende zukommen lassen.« Die Schecks steckten sie in frankierte und adressierte Umschläge. Hans nahm Fredericks Schecks in Verwahrung und umgekehrt. Ihr Plan war ganz einfach: An jedem Tag, da einer von beiden nicht rauchte, sollte der Freund jeweils einen der Umschläge mit dem Scheck zerreißen. An jedem Tag jedoch, an dem einer von beiden erneut seiner schlechten Gewohnheit verfiel, sollte ein Umschlag per Post an besagte Partei abgeschickt werden. Freunde, Angehörige und Kollegen sollten die beiden überwachen.

Während der ersten drei Tage hatten Hans und Frederick harte Kämpfe mit sich selbst zu bestehen. Beide gaben zu, daß sie mehrmals drauf und dran gewesen waren, sich eine Zigarette anzuzünden. Beide aber wollten um keinen Preis Geld verschwenden – schon gar nicht an eine Partei, die ihnen seit langem ein Dorn im Auge war. Nachdem beide Männer zehn Tage dem Verlangen erfolgreich widerstanden hatten, waren alle Schecks zerrissen. Beide wußten, daß das Schlimmste überstanden war und sie nun auch ohne ihr »Finanzsystem« weitermachen konnten. Sie gaben aber später zu, daß sie ohne den ausgeklügelten Plan mit großer Wahrscheinlichkeit am ersten oder zweiten Tag gescheitert wären. Deshalb beschlossen sie, den Vertrag zu erneuern, sobald einer von ihnen doch noch rückfällig würde.

Eine andere Motivationstechnik, die vor allem in Selbsthilfegruppen praktiziert wird, konzentriert sich auf die negativen, gesundheitsschädlichen Folgen des Rauchens und die damit verbundenen Emotionen. Raucher werden aufgefordert, die Rollen von Patienten zu spielen, die durch starkes Rauchen an Herz, Lunge oder anderen Organen erkrankt sind. Ein Raucher übernimmt den Part des Arztes, der dem Patienten mitteilt, daß er an Krebs erkrankt sei. Sein Gegenspieler soll dann so reagieren, als wäre er tatsächlich mit dieser Information konfrontiert. Die Teilnehmer dieses Rollenspiels werden ermuntert, sich gefühlsmäßig mit ihren Rollen zu identifizieren. Dieses Verfahren hilft dem Raucher, sich nicht nur verstandesmäßig, sondern vor allem auch emotional mit der Notwendigkeit einer Gewohnheitsänderung auseinanderzusetzen.

Sofortiger Totalentzug oder allmähliches Abgewöhnen

Die Frage, was besser ist – das Rauchen abrupt oder allmählich einzustellen –, ist seit langem umstritten. Ex-Raucher befürworten gewöhnlich die Methode, mit der sie ihr Problem erfolgreich gelöst haben. Dr. Judith Flaxman von der University of North Carolina entwickelte ein Experiment, um dieser Frage auf den Grund zu gehen. Die Testteilnehmer wurden willkürlich einer der drei folgenden Verfahren zugeordnet: Gruppe 1 sollte versuchen, das Rauchen schon am ersten Tag des Behandlungsprogramms ganz aufzugeben. Die Teilnehmer von Gruppe 2 sollten ihren Zigarettenkonsum allmählich reduzieren, bis sie das Gefühl hatten, das Rauchen total einstellen zu können. Den Rauchern in Gruppe 3 war es erlaubt, während der zweiwöchigen Behandlung zu rauchen; sie sollten aber an einem festgelegten Zieltag – dem letzten Tag des Programms – ganz mit dem Rauchen aufgehört haben.

Die größten Erfolge wurden mit dem dritten Verfahren erzielt. Wahrscheinlich konnten diese Raucher die in dem Training gelehrten Selbstmanagementtechniken besser anwenden und praktizieren, weil sie sich täglich mit ihrer Rauchgewohnheit auseinandersetzen mußten. Die Raucher in Gruppe 1 waren ohne Erfahrung im Beobachten, Analysieren und Kontrollieren der Faktoren, die ihr Rauchverhalten beeinflußten, weil sie ja bereits vor dem Erlernen dieser

Methoden zu rauchen aufgehört hatten. Sie wußten deshalb ganz einfach weniger von ihrer Gewohnheit und waren weniger in der Lage, mit diversen Versuchungen oder gelegentlichem Mangel an Willenskraft fertigzuwerden. Die Raucher wiederum, die ohne ein Zieldatum allmählich das Rauchen einstellen sollten, reduzierten ihren Konsum auf zehn oder fünf Zigaretten pro Tag, kamen jedoch nur selten unter dieses Niveau. Leute, die das Rauchen einschränken, aber nicht ganz aufgeben können, sind rückfallgefährdeter.

Experten neigen heute mehr und mehr zu einem graduellen Reduktionsverfahren mit einem Fünf-, Sieben- oder Zehn-Tagesplan und einem Zieldatum, an dem das Rauchen total eingestellt sein soll. Diese Methode hat den Vorteil, daß die Entzugssymptome gering gehalten werden. Die Raucher können auch nach und nach auf leichtere Zigaretten umsteigen und dann den Zigarettenkonsum täglich um 10 oder 20 Prozent reduzieren, bis sie bei 0 angelangt sind. Ein Problem bei dieser Methode könnte die Tatsache sein, daß der Raucher beim Reduzieren der Zigarettenmenge unbewußt dazu neigt, häufiger an der Zigarette zu ziehen oder tiefer zu inhalieren. Er raucht zwar weniger, gleicht aber die Nikotinzufuhr durch seine neue Rauchgewohnheit aus. Raucher müssen also ihre Rauchweise kontrollieren, um sicherzugehen, daß die Menge des inhalierten Rauchs pro Zigarette konstant bleibt, wenn die Zigarettenzahl abnimmt. Der Tabakkonsum kann auch dadurch reduziert werden, daß man das Rauchen in bestimmten Situationen unterläßt. Zuerst sollten die Zigaretten eliminiert werden, auf die man am leichtesten verzichten kann, sagen wir die beim Autofahren. »Unentbehrliche« Zigaretten, wie die zum Morgenkaffee, werden erst am Ende des Programms aufgegeben.

Alternativen zum Tabak

Als zusätzliche Hilfe beim Nikotinentzug können auch pharmakologische Ersatzstoffe, zum Beispiel nikotinhaltige Kaugummis, verabreicht werden. Diese in Schweden entwickelten Kaugummis machen die Entzugssymptome, zumindest vorübergehend, erträglicher. Mehrere in England durchgeführte Studien deuten darauf hin, daß der Tabakkonsum mit Hilfe von nikotinhaltigen Kaugummis effektiver reduziert wird als mit Placebo-Kaugummis, die kein Nikotin enthalten.

Pekka Puska, Stig Bjorquist und Kaj Koskela von der Universität von Kuopio in Finnland machten einen Versuch, um dieses Verfahren auf seine Wirksamkeit hin zu prüfen. Die Testpersonen waren 160 Männer und Frauen, die an einer Nikotinentwöhnungskur teilnahmen. Die Hälfte der Teilnehmer wurde mit nikotinhaltigen Kaugummis versorgt, die jeweils 4 mg Nikotin enthielten. Die andere Hälfte bekam Placebo-Kaugummis, die zwar im Geschmack ähnlich waren, jedoch kein Nikotin enthielten. Aus Kontrollgründen wußten anfangs weder die Testpersonen noch die Testleiter, welcher Teilnehmer welche Art von Kaugummis bekommen hatte. Die Versuchspersonen wurden aufgefordert, immer dann einen Kaugummi zu nehmen, wenn sie den starken Drang zu rauchen verspürten. Gegen Ende des dreiwöchigen Experiments hatten 70 Prozent der Nikotinkaugummi-Gruppe das Rauchen eingestellt – gegen nur 56 Prozent in der Placebo-Gruppe. Nach sechs Monaten jedoch waren die Erfolgsraten der beiden

Das Schnupfen wird heute als eine weniger schädliche Alternative zum Zigarettenrauchen angepriesen.

Gruppen fast gleich: Nur 30 Prozent von jeder Gruppe waren Nichtraucher geblieben. Nikotinhaltige Kaugummis sind also nur im Anfangsstadium des physiologischen Entzugs wirksam.

Schnelles Rauchen

Dr. Edward Lichtenstein von der University of Oregon entwickelte eine spezielle Behandlungs-

---

Der Nikotin- und Teergehalt der meistgekauften Zigarettenmarken (Stand Mai 1984)

Marken	Rauchinhaltsstoffe (mg/Stück)		Marken	Rauchinhaltsstoffe (mg/Stück)		Marken	Rauchinhaltsstoffe (mg/Stück)	
	N (Nikotin)	K (Kondensat = Teer)		N (Nikotin)	K (Kondensat = Teer)		N (Nikotin)	K (Kondensat = Teer)
Abdulla	1,2	22	Gold Dollar	1,4	24	Pall Mall de Luxe	1,3	17
Africaine	0,9	16	Gold Dollar Filter	0,8	14	Panama	0,9	16
Afri Filter	0,7	11	Gold Flake	1,4	16	Parliament	0,8	10
Airport Blend	0,8	13	Goldhut	1,5	22	Peer Export	0,9	13
Airport Light	0,4	9	Güldenring	0,9	13	Peer 100	0,5	10
Anca	0,8	14	Gut + Billig	0,9	13	Peer de Luxe	0,9	15
A & P	0,7	14	Gut + Bilig Leicht	0,7	7	Perkins	1,0	13
Arktis Menthol	0,6	13	Halbe Fünf Filter	0,8	13	Peter Stuyvesant	0,8	13
Astor Filter	0,8	14	Halbe Fünf Orient	1,0	19	Peter Stuyvesant Light & Mild	0,6	7
Astor Mild	0,7	10	Halbe Fünf Virginia	1,1	21	Peter Stuyvesant Superlong	0,7	15
Astor ohne Filter	1,2	22	Haus Bergmann Selecta	0,3	7	Philip Morris Light American	0,3	4
Astra	0,8	14	HB	0,8	13	Philip Morris Special Blend	0,8	12
Atika	0,6	7	Imperial	0,8	14	Pilot	1,3	21
Auslese De Luxe	0,1	1	Imperial mild	0,6	10	Player's Medium Navy Cut	1,3	21
Bali	1,1	17	Jakordia	0,9	14	Player's No. 6	1,6	23
Bali Saar	0,9	14	Jakordia Leicht	0,6	8	Plus Filterzigaretten	0,7	14
Bataro	0,9	14	Jean Bastos	1,0	16	Polo	1,3	21
Belvedere International	0,7	14	Jean Bastos Filtre	0,6	10	Prince Blends	0,9	11
Benson & Hedges Luxury Mild	0,7	10	John Player King Size	0,5	10	Prince Denmark	1,2	16
Benson & Hedges	1,3	16	John Player Special	0,8	13	Prince of Wales Filter	0,9	15
Bentley	1,1	14	Johnny Filter	0,8	14	Pro	0,5	8
Bison	2,2	25	Juno	1,2	20	P & S Filter	1,0	14
Bison Filter	1,3	16	Juno Filter	0,8	13	Reemtsma R 6	0,4	6
Black Horse	0,7	11	Kent de Luxe	0,9	14	Reemtsma No. 1	0,1	1
Caballero	1,5	18	Kent King Size	0,6	11	Rembrandt	1,1	17
Caballero Filter	1,3	15	Kim	0,6	8	Reval	1,2	20
California	0,3	7	King	0,7	12	Reval Filter	0,9	14
Camel	1,4	22	King Superior	1,0	20	Reyno	0,7	13
Camel Filters	0,9	13	Kool	1,1	17	Reyno 100	0,7	14
Camel Light	0,7	10	Krone	0,5	10	Reyno Lights	0,4	7
Camel mild	0,7	10	Krone Menthol	0,5	8	Reyno Lights extra lang	0,5	7
Carrolls Original Filter	1,3	14	Kurier No. 1	0,8	12	Roth-Füchsel	0,9	14
Cartier Luxury Mild	0,7	9	Kurmark	1,4	24	Roth-Händle	1,3	21
Cartier Luxury Slim	0,7	9	Kurmark Filter	0,8	13	Roth-Händle Filter	0,7	12
Cecil	1,9	26	Lasso Hartpackung	0,9	14	Roth-Händle Leichte Mischung	0,5	9
Chesterfield	0,9	14	Lasso Weichpackung	1,1	17	Rothmans International	1,0	14
Collie	0,8	13	Lasso Filter	0,7	11	Rothmans King Size	1,0	14
Commodore	0,9	13	Laurens Extra	1,3	22	Rothschild International	1,2	11
Consul	0,7	13	Lexington	1,0	14	Roxy Full Flavour	0,9	12
Cortina	0,3	3	L & M	0,8	13	Roxy International	0,7	9
Cortina No. 2	0,5	8	L & M 100	0,7	11	Roxy Light	0,5	6
Craven »A« Cork	1,0	20	Lord	0,4	7	Roxy Plain	1,2	17
Craven »A« Filter	1,1	17	Lord Extra	0,4	9	Salem No. 6 Export	0,8	13
Dames	0,3	7	Lord Ultra	0,3	4	Salem No. 6	1,2	20
Darling	0,8	13	Lucky Strike	1,5	24	Santos Dumont	0,8	17
Desuma Filterzigaretten	0,9	13	Lux	1,3	22	Senior Service	1,9	24
Die Reemtsma International	0,9	14	Lux Filter	0,8	13	Senior Service Filter	1,2	17
Die Weißen	0,7	12	Lux Leicht	0,4	5	Senoussi	1,2	22
Dimitrino Botschafter	1,0	19	Lux Special	0,5	12	Sheffield	0,8	17
Dimitrino International	0,8	15	M 120 mm	0,9	15	Simona edel	0,5	8
Dimitrino No. 10	1,3	28	M Menthol 120 mm	0,9	15	Simon Arzt exquisit	1,5	28
Ducal	1,1	14	Manhattan	1,1	17	Simon Arzt No. 15	1,1	18
Ducal mild	0,8	9	Marlboro	0,8	13	Simon Arzt Filter	0,8	16
Dunhill International	1,0	14	Marlboro 100	1,0	14	Simon Arzt Nr. 3	0,6	15
Dunhill International Menthol Mild	0,7	9	Marlboro Lights	0,6	8	Simon Arzt No. 70 L Large Size	1,5	29
Dunhill New York 100's	0,9	13	Marlboro Menthol	0,8	13	Simon Arzt Weltfilter	1,1	17
Dunhill New York 100's Menthol	0,9	13	Maryland	0,9	14	SL International Lights	0,3	3
Dunhill Superior Quality Mild	0,7	9	Maverick	0,8	13	Spar	0,8	13
Eckstein No. 5	1,2	20	Mercedes Orient	1,1	24	St. Moritz Filter	1,1	17
Efes	0,8	13	Merit	0,5	7	St. Moritz Menthol Filter	0,7	10
Emir Orient	1,2	24	Milde Sorte	0,5	9	Stern	0,8	14
Ernte 23	0,8	13	Milde Sorte Orient	1,2	22	Stern Leicht	0,5	8
Ernte 23 Sondertyp	0,7	15	Milde Sorte Super	0,3	7	Sullivan's Private Stock	0,7	24
Erste Sorte	0,8	13	Mokri	1,3	22	Sullivan's Special		
Esplanade	0,8	16	Mokri Filter	0,9	13	Export Virginia	1,5	27
Eve 120 Lights	0,6	10	Multi 100	0,8	11	Topkapi	0,7	17
Exzellenz	1,1	17	Muratti Privat	0,8	13	Tourist	0,8	14
Fairplay	0,8	14	Nil Orient	1,2	22	Türkis	1,1	21
Fairwind	0,5	10	North State	1,6	26	Turbo Filter	0,8	16
Finas	1,4	26	N. Y.	0,9	13	Viceroy	0,9	16
Gauloises Caporal	1,1	17	Oakland	1,2	24	West	0,8	13
Gauloises Caporal Filtre	0,6	9	Oakland Filter	0,8	14	Windsor de Luxe	0,9	13
Gelbe Sorte	1,2	22	Oakland Special	0,8	14	Windsor Menthol	0,5	10
GHD Filterzigaretten	0,8	15	Orienta	1,2	24	Winston	0,9	13
Gitanes	1,2	18	Ova	1,2	20	Winston Gold	0,9	16
Gitanes Bout Filtre	0,7	9	Overstolz	1,2	19	Winston International	1,4	16
Gladstone Export	1,0	13	Overstolz Filter	0,8	13	WY Chester Filter	0,9	13
Gladstone Export Menthol	1,0	13	Overstolz Spezial	1,9	22	WY Chester ohne Filter	1,5	22
Globetrotter	0,8	14	P 4	1,1	17	York	1,1	19
Godewind Filter	0,9	13	Pall Mall 100 Filter	0,9	15	Zuban 22	1,2	20
Golden Smart	0,9	17	Pall Mall Filter	0,9	14			
			Pall Mall Filterfrei	1,6	23	Quelle: Firmenangaben		

Die Beantwortung der Fragen, wann, wo und warum man raucht, ist eine wichtige Voraussetzung für das Aufgeben des Rauchens. Hier sucht eine Raucherin Hilfe bei einem Fachmann.

technik, um dem Zigarettenkonsum entgegenzuwirken. Bei diesem Verfahren sitzen mehrere Raucher im Kreis in einem kleinen Raum. Jeder Teilnehmer wird aufgefordert, eine Zigarette anzuzünden und sehr schnell zu rauchen – alle sechs Sekunden einen Zug. Schon nach kurzer Zeit wird dieser Vorgang unerträglich. Die Raucher werden aufgefordert, sich auf die negativen Aspekte des schnellen Rauchens zu konzentrieren. Die meisten Testpersonen können höchstens zwei bis drei Zigaretten auf diese Weise rauchen. Sie verspüren ein starkes Brennen in Nase, Hals und Augen; hinzu kommen Schwindelgefühle und Übelkeit. Die Behandlung umfaßt gewöhnlich über sechs bis acht Sitzungen mit jeweils zwei bis drei solcher Schnellrauch-Experimente. Lichtenstein berichtet von hervorragenden Ergebnissen: Sechs Monate nach der Behandlung lag die Erfolgsrate im Schnitt noch immer knapp über 50 Prozent.

Diese Schnellrauch-Methode hat freilich einen Haken: Sie intensiviert vorübergehend die schädlichen physiologischen Wirkungen des Rauchens. Herzschlagrate und Blutdruck werden erhöht, das Herzgefäßsystem wird stark belastet. Deshalb kann dieses Verfahren bei Rauchern über 40, Diabetikern, schwangeren Frauen und Personen mit hohem Blutdruck, Herz- oder Lungenerkrankungen nicht angewandt werden. Leider aber sind es gerade diese Menschen, die das Rauchen am dringendsten aufgeben müßten.

Eine weniger schädliche Alternative zum »schnellen Rauchen« ist die Technik des »konzentrierten Rauchens«. Bei dieser Methode werden die Raucher aufgefordert, wie gewöhnlich zu rauchen, dabei aber intensiv an die negativen Aspekte des Rauchens zu denken. Zum Beispiel sollen sie den Rauch länger als gewöhnlich im Mund behalten und das sich einstellende Brennen im Hals und am Gaumen bewußter wahrnehmen. »Konzentriertes Rauchen« ist zwar weniger wirkungsvoll als »schnelles Rauchen«, hat aber dafür weniger schädliche Nebenwirkungen.

Aktionsplan zur Selbstkontrolle

Aufgrund seines Wiederholungscharakters wird das Rauchen schnell zu einer Sucht, die durch unterschiedliche Umstände, Gedanken und Gefühle ausgelöst wird. Ziel der Selbstkontrolle ist, die konditionierten Assoziationen zu durchbrechen und Strategien zur Überwindung von gefährlichen Phasen zu entwickeln.

Ein solcher Selbstkontrollplan muß folgende Elemente enthalten: (1) Selbsteinschätzung, (2) ein Reduzierungsverfahren, (3) Selbstmanagementtechniken, (4) Suchtkontrolltechniken, (5) Gedankenkontrolltechniken und (6) Rückfallvorbeugung.

1. Selbsteinschätzung

Zunächst muß der Raucher ein Verhaltenstagebuch (siehe Kapitel 2) führen. Auf diese Weise wird ihm bewußt, welche Zigarettenmengen er konsumiert und welche Zeiten, Situationen, Gedanken, Emotionen und physischen Empfindungen für ihn gefährlich sind. Das Selbstkontrolltagebuch sollte schon einige Tage *vor* dem Entziehungsprogramm begonnen und so lange fortgesetzt werden, bis der Raucher die schlechte Gewohnheit völlig aufgegeben hat.

2. Allmähliches Reduzieren

Nun muß der Raucher seine übliche »Tagesration« Schritt für Schritt reduzieren – zum Beispiel pro Tag um 25 Prozent, bis er bei 0 angelangt ist. Wer also am Tag 30 Zigaretten raucht, müßte seinen Konsum folgendermaßen einschränken:

1. Tag	2. Tag	3. Tag	4. Tag (Zieltag)
22	15	7	0

Die Zigaretten, auf die man am leichtesten verzichten kann, sollten zuerst weggelassen werden. Außerdem kann der Raucher auch Schritt für Schritt auf leichtere Zigaretten umsteigen, weniger tief inhalieren und weniger Züge pro Zigarette machen.

3. Selbstmanagement

Während, vor und nach der Entwöhnungskur sollte der Raucher die in Kapitel 3 beschriebenen Selbstmanagementtechniken anwenden. Vor allem sollte er Verhaltensmuster durchbrechen, die für ihn mit dem Rauchen verknüpft sind. Die Kaffee-Zigaretten-Assoziation kann vermieden werden, indem Kaffee in den ersten Tagen durch Tee oder andere Getränke ersetzt wird. Alles, was an das Rauchen erinnert – Aschenbecher, Zigarettenschachteln, Streichhölzer –, sollte entfernt werden. Kleidungsstücke, die noch nach Rauch riechen, sollten gereinigt werden.

Schließlich muß auch der übliche Tagesverlauf geändert werden. Für Zeiten, an denen das Verlangen nach einer Zigarette am größten ist, sollten alternative Tätigkeiten (Sport, Hobbies, Spaziergänge usw.) geplant werden.

Verhaltensverträge, wie sie in diesem Kapitel bereits beschrieben wurden, können die Motivation des Rauchers unterstützen. Es sollten schriftliche Vereinbarungen (vorzugsweise mit einer Person, die auch das Rauchen aufgeben will) sein, die bei einem »Vertragsbruch« genau definierte Strafen (zum Beispiel Geldstrafen) vorsehen.

4. Suchtkontrolltechniken

Das Verlangen nach Nikotin muß möglichst schnell vermindert und bewältigt werden. Eine wirkungsvolle Methode, die Lust auf Zigaretten zu reduzieren, ist das in diesem Kapitel beschriebene »schnelle Rauchen«. Eine andere nützliche Strategie ist die *Reizkonfrontation* (siehe Kapitel 4). Sie hilft dem Raucher, Situationen, die gewöhnlich ein starkes Verlangen auslösen, zu meistern.

Emotionen, vor allem Anspannung, Depression und Ärger, sind Warnsignale für die Person, die das Rauchen aufgeben will. Sie bewirken oft, daß der Drang zu rauchen unwiderstehlich wird. Entspannungstechniken und emotionale Kontrolle (siehe Kapitel 5 und 6) müssen trainiert und häufig angewandt werden.

5. Gedankenkontrolle

Selbstbeherrschung durch Gedankenkontrolle hilft dem Ex-Raucher, auf »dem Pfad der Tugend« zu bleiben. Sehr nützlich ist die *Verstärkte Coverant-Technik* (siehe Kapitel 3), bei der sich der Betroffene auf die Konsequenzen seines Verhaltens konzentriert.

6. Rückfallvorbeugung

Rückfallverhinderungstechniken, wie sie in Kapitel 17 beschrieben werden, sind notwendig, um langfristige Erfolge zu gewährleisten. Neue Beschäftigungen und Belohnungen müssen gefunden werden, die den Rauchgenuß ersetzen. Sport und tägliche Spaziergänge vermindern die Gefahr der Gewichtszunahme, die häufig mit dem Nikotinverzicht einhergeht. Freunde und Angehörige können den Ex-Raucher ermutigen und unterstützen.

9
Fettsucht

Fettsucht ist ein weitverbreitetes Problem, das nicht nur gesundheitliche, sondern auch schwerwiegende persönliche und gesellschaftliche Folgen hat. In unseren Ländern leiden zahllose Menschen an Übergewicht, und es werden von Jahr zu Jahr mehr. Männer neigen vor allem in den frühen Dreißigern zu Übergewicht, Frauen erst in den späten Vierzigern und frühen Fünfzigern. Im Alter zwischen 40 und 49 sind 30 Prozent der Männer, verglichen mit 40 Prozent der Frauen, übergewichtig. Studien haben ergeben, daß Übergewicht bei Männern und Frauen in unteren Sozialschichten sechsmal häufiger vorkommt als in den oberen Schichten. Auch ist Übergewicht in Ländern wie Italien und Griechenland weiter verbreitet als etwa in England, was sicher auf unterschiedliche Eßgewohnheiten und Lebensstile zurückzuführen ist.

Die Folgen von Übergewicht

Die schädlichen Folgen von Übergewicht sind gut dokumentiert. So sind Herzschwächen, Bluthochdruck, Schlaganfälle, Nierenkrankheiten, Gallensteine und Diabetes häufig auf Übergewicht zurückzuführen. Nehmen wir ein Beispiel: Zwei Freunde, Howard und Jack, sind beide 40 Jahre alt und 1,90 m groß. Jack wiegt 76,5 kg, ein ideales Gewicht für seine Größe; Howard dagegen hat in den letzten Jahren zugenommen und wiegt 93 kg. Bei diesem Gewicht geht Howard ein um 40 Prozent höheres Sterberisiko ein als sein Freund Jack!

In einer Untersuchung wurden japanische Sumo-Ringer mit einer Gruppe normalgewichtiger Männer verglichen. Die Ringer nahmen im Schnitt täglich 5000 Kalorien zu sich – mehr als

Japanische Sumo-Ringer sind trotz täglichen Trainings für viele Krankheiten wesentlich anfälliger als Normalgewichtige (oben). Zwei Freunde am Strand – hier kommen oft »schwerwiegende« Probleme ans Licht (links).

doppelt soviel wie die normalgewichtigen Vergleichspersonen. Trotz ihres täglichen anstrengenden Trainings lebten die Ringer außerordentlich ungesund. Fälle von Diabetes, Gicht und Bluthochdruck waren bei ihnen signifikant häufiger als bei Männern mit Normalgewicht.

Fettsucht kann auch zu Atembeschwerden führen. Nicht selten leiden Fettsüchtige unter einer Atmungsstörung, die als Pickwick-Syndrom bekannt ist, benannt nach Charles Dikkens' berühmten *Pickwick-Papers*. In diesem Buch wird ein dicker Junge beschrieben, der große Schwierigkeiten hat wachzubleiben.

»Der verdammte Junge«, sagte der alte Herr, »jetzt schläft er schon wieder.«

»Ein merkwürdiger Bursche«, bemerkte Herr Pickwick. »Ist er immer so schläfrig?«

»Schläfrig!« sagte der alte Herr. »Er schläft den ganzen Tag. Er schläft beim Gehen und schnarcht, wenn er bei Tisch serviert.«

Der fette Junge erwachte, öffnete die Augen, schluckte das riesige Pastetenstück hinunter, das er eben in Arbeit gehabt hatte, als er vom Schlaf übermannt worden war, gehorchte langsam dem Befehl seines Herrn, und sein Auge glitt müde über die Reste der Mahlzeit hinweg, als er das Geschirr abräumte und in den Korb legte.

Starke Fettansammlungen rund um Brustkorb und Lungen können zu Atemnot, Müdigkeit und Schlafsucht führen. Peter Miller hatte eine besonders fettleibige Lehrerin in Behandlung, die unter diesem Syndrom litt. Sie schlief – sehr zur Freude ihrer Schüler – regelmäßig während des Unterrichts ein.

Neben physischen Problemen kann Übergewicht auch schwerwiegende psychische Konsequenzen haben, zum Beispiel Depressionen, mangelndes Selbstbewußtsein, Selbsthaß und soziale Ängste. Kinder und Heranwachsende sind davon besonders betroffen. Sie sind häufig übersensibel, passiv und verschlossen.

Verschiedene Studien haben gezeigt, daß Kinder und Erwachsene mit Übergewicht, ähnlich wie Minderheitsgruppen, gesellschaftlicher Diskriminierung und Vorurteilen ausgesetzt sind. So werden fettleibige Kinder von ihren schlanken Kameraden oft als häßlich, nachlässig, gehässig, dumm, faul und unehrlich abgestempelt. Selbst Ärzte und Krankenschwestern sehen dicke Kinder in einem ungünstigen Licht. Eine kürzlich durchgeführte Untersuchung ergab, daß sie Kinder mit Körpermißbildungen generell als sympathischer einstuften als Kinder mit Übergewicht. Solche Vorurteile haben in den Vereinigten Staaten zur Entstehung einer »fatliberation«-Bewegung geführt, die darauf pocht, daß der Dicke ein Recht darauf hat, dick zu sein. Eines ihrer Argumente lautet, daß die Frustration einer mißlungenen Diät schädlicher sei als das Dicksein selbst. Es ist zu bezweifeln, daß diese Argumente allgemein Anerkennung finden, da unsere Vorstellung von Schönheit und Gesundheit eher mit einem schlanken Körper assoziiert ist. Doch sind diese Begriffe von

Schönheit nicht allgemeingültig. So berichtet der Entdecker des ostafrikanischen Königreichs Karagive von dem enormen Übergewicht der jungen Haremsmädchen des Königs. Fettleibigkeit und Sex-Appeal waren in dieser Gesellschaft ein und dasselbe. Einige der Mädchen sollen so »schön« dick gewesen sein, daß sie nicht einmal mehr stehen konnten!

Shakespeares Julius Caesar umgab sich am liebsten mit fettleibigen Männern, ja, er hegte sogar Mißtrauen gegen alle, die es nicht waren:

»Laßt wohlbeleibte Männer um mich sein,
Mit glatten Köpfen und die nachts gut schlafen.
Der Cassius dort hat einen hohlen Blick;
Er denkt zuviel: die Leute sind gefährlich...
Wär er nur fetter!« (Akt I, 2. Szene)

Was ist Fettsucht?

Körpergewicht

Ein Erwachsener wird als übergewichtig betrachtet, wenn sein Körpergewicht sein Idealgewicht um 20 Prozent und mehr übersteigt. Ide-

algewichte für Körpergröße, Geschlecht und Körperbau wurden aus dem Zahlenmaterial großer Versicherungsgesellschaften errechnet und besagen, daß bei dem jeweiligen Gewicht statistisch die größte Lebensdauer zu erwarten ist. Standardgewichtstabellen können beim Laien jedoch Verwirrung stiften. Viele Leute wissen zum Beispiel nicht, in welche Kategorie sie ihren Körperbau einordnen müssen, und so kommt es dann zu der klassischen Entschuldigung: »Ich bin gar nicht dick, ich habe nur schwere Knochen.«

Die neuesten und akkuratesten Körpergewichts-Richtlinien wurden von Dr. George Bray und seinen Kollegen an der University of California ausgearbeitet und sind umseitig in Tabellenform abgedruckt.

Nehmen wir einmal an, Sylvia wäre 1,62 m groß. Ihr gesundes Durchschnittsgewicht würde also 54 kg betragen. 49,5 kg bis 63,5 kg wären noch akzeptabel, doch je näher beim Mittelwert,

Dicke Menschen genießen generell keinen guten Ruf. Auch der fette Junge in Dickens' Pickwick Papers *(ganz links) wird nicht als sonderlich liebenswert beschrieben. Andererseits wird – fälschlicherweise – angenommen, daß dicke Babys besonders gesund seien (oben links). Die* Drei Grazien *von Rubens (oben) entsprachen dem damaligen Schönheitsideal – so ändern sich die Zeiten!*

Körpergewicht

Körpergewichtsrichtlinien, nach Empfehlungen der Fogarty Center Conference 1973 (Bray 1975)

Größe (m)*	MÄNNER Gewicht (kg)*			FRAUEN Gewicht (kg)*		
	Durchschnitt	Akzeptables Gewicht		Durchschnitt	Akzeptables Gewicht	
1,45				46,0	42	53
1,48				46,5	42	54
1,50				47,0	43	55
1,52				48,5	44	57
1,54				49,5	44	58
1,56				50,4	45	58
1,58	55,8	51	64	51,3	46	59
1,60	57,6	52	65	52,6	48	61
1,62	58,6	53	66	54,0	49	62
1,64	59,6	54	67	55,4	50	64
1,66	60,6	55	69	56,8	51	65
1,68	61,7	56	71	58,1	52	66
1,70	63,5	58	73	60,0	53	67
1,72	65,0	59	74	61,3	55	69
1,74	66,5	60	75	62,6	56	70
1,76	68,0	62	77	64,0	58	72
1,78	69,4	64	79	65,3	59	74
1,80	71,0	65	80			
1,82	72,6	66	82			
1,84	74,2	67	84			
1,86	75,8	69	86			
1,88	77,6	71	88			
1,90	79,3	73	90			
1,92	81,0	75	93			

*Größe ohne Schuhe, Gewicht ohne Kleider

desto besser. Sylvia sollte aber auch in Betracht ziehen, wie sie sich mit jeweils mehr oder weniger Gewicht fühlt. Zum Beispiel könnte sie sich mit 54 kg physisch und psychisch unwohl fühlen, weil sie, um dieses Gewicht zu halten, ihren Appetit stark zügeln muß, während sie sich mit, sagen wir 59,5 kg pudelwohl fühlt und ihr Gewicht sehr viel leichter kontrollieren kann. In diesem Fall wäre es vernünftiger, 59,5 kg als ihr Idealgewicht zu wählen.

Körperfett

Viele Experten ziehen es vor, statt von Übergewicht von zuviel Fett zu sprechen. Das Gewicht, das die Waage anzeigt, sagt nicht unbedingt etwas über Dicksein oder Nichtdicksein aus; die Waage wiegt alles – Muskeln, Haut, Fett, Wasser und Knochen. Nehmen wir, um zu zeigen, wie irreführend ein solcher Gewichtsindex sein kann, den Fall eines Rugbyspielers: Joe Greene, Stürmer der Pittsburgh Steelers, ist 1,92 groß und wiegt 127 kg. Für einen Rugbyspieler hat er eine ideale Figur. Laut unserer Tabelle aber sollte er nur etwa 81 kg wiegen. Ziehen wir also allein sein Körpergewicht in Betracht, so hätte er 55 Prozent Übergewicht und müßte als fettleibig eingestuft werden. Sein Körper besteht aber hauptsächlich aus Muskeln und sehr wenig Fett, wobei die Waage natürlich keinen Unterschied macht. In diesem Fall wäre es also vernünftiger, das Körperfett zu messen.

Auch bei Schlankheitskuren sind Körperfettmessungen oft ein besserer Indikator für Erfolg und Mißerfolg. Judy zum Beispiel hält sich eine Woche lang strengstens an ihre 1000-Kalorien-Diät. Am Freitag abend führt sie ihr Ehemann zum Essen ins Restaurant. Hier nimmt sie zwar wenig Kalorien zu sich, doch leider hat es der Koch mit dem Salz zu gut gemeint. Große Salzmengen können zu erhöhter Wasserspeicherung im Gewebe führen. Judy wiegt sich am nächsten Morgen und stellt fest, daß sie nicht abgenommen hat. Das ist natürlich entmutigend, da sich Judy die ganze Woche lang an ihr 1000-Kalorien-Programm gehalten hat. In Wirklichkeit hat Judy 1 kg Fett abgenommen, da sie aber 1 kg Wasser gespeichert hat, ist ihr Gewicht laut Waage gleich geblieben. Natürlich wird sie das Wasser in ein oder zwei Tagen verloren haben. Da sie aber ihr Körperfett nicht getrennt vom Gesamtkörpergewicht messen kann, ist sie vom Resultat ihrer Diät enttäuscht.

Wenn eine Schlankheitskur mit Sport und Gymnastik verbunden ist, sind solche Körperfettmessungen noch wichtiger. Durch Bewegung und Sport wird Muskelgewebe aufgebaut. Da Muskeln schwerer sind als Fett, kann das Muskelgewicht das Fettgewicht ersetzen und der gesamte Gewichtsverlust gering sein, obwohl die Person schlanker geworden ist. Nehmen wir an, June, eine 50jährige Sekretärin, beschließt, an einem Fitneßprogramm teilzunehmen. Sie ist 1,60 m groß, wiegt 64 kg und trägt Konfektionsgröße 42. Obwohl sie nicht dick ist, wirkt sie etwas plump und behäbig. Zu ihrem Fitneßprogramm gehören eine strenge Diät mit viel Protein und wenig Fett und vielseitige sportliche Betätigungen wie Tennis, Gymnastik und Jog-

Fettleibigkeit – ein wachsendes Problem in der westlichen Welt. Man nimmt an, daß in England und den USA fast die Hälfte der Bevölkerung zu dick ist.

ging. Nach vier Wochen ist June enttäuscht, daß sie nur 3½ kg abgenommen hat. Doch obwohl sie laut Waage nur wenig Gewicht verloren hat, sieht sie jetzt schlank und rank aus und kann Kleidergröße 38 tragen. Den Erfolg ihres Programms allein am Gewichtsverlust zu messen wäre also irreführend.

Körperfett kann mit Hilfe verschiedener wissenschaftlicher Methoden gemessen werden. Dazu aber sind spezielle Meßvorrichtungen nötig, die dem Durchschnittsmenschen nicht zur Verfügung stehen. Bei der hydrostatischen Messung zum Beispiel wird der Betroffene in einen Behälter mit Wasser getaucht und das Körperfett anhand der Menge des verdrängten Wassers errechnet.

Warum sind manche Leute dick?

Die Gründe, weshalb manche Leute dick sind und andere nicht, sind äußerst komplex und bis heute nicht vollständig bekannt. Die wichtigsten Faktoren aber, die mit Fettsucht zusammenhängen, scheinen zu sein: (1) Vererbung, (2) Stoffwechsel, (3) Energiegleichgewicht und (4) Lernen.

Vererbung

Ist Fettsucht erblich? Nach den bis heute vorliegenden Erkenntnissen kann die Antwort nur lauten: vielleicht. Wir wissen zwar, daß ein

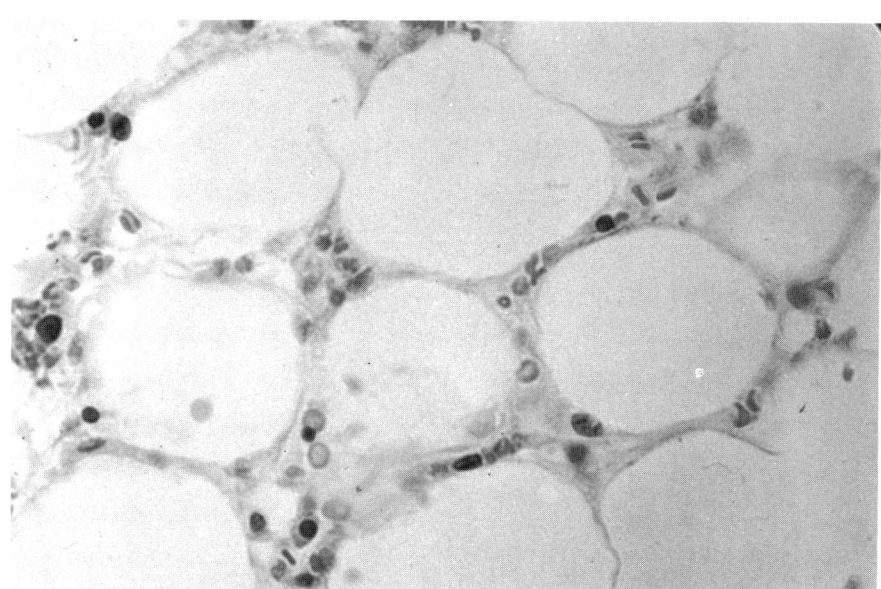

Fettgewebe (rechts) setzt sich fast ausschließlich aus Fettzellen zusammen. Die Zwischenräume sind mit Kollagen und Bindegewebe ausgefüllt, das für die Elastizität der Zellen sorgt.

Kind mit einem fettleibigen Elternteil mit 40prozentiger Wahrscheinlichkeit auch Übergewicht hat (bei beiden Elternteilen liegt die Wahrscheinlichkeit sogar bei 80 Prozent). Bislang unbekannt ist jedoch, ob diesem Phänomen ein genetisches Muster zugrunde liegt oder ob Kinder von fettleibigen Eltern lediglich deren Eßgewohnheiten übernehmen. Manche Experten glauben, daß viele Leute mit einer Disposition zur Fettleibigkeit geboren werden, aber nur dann dick werden, wenn sie zuviel essen und sich zu wenig bewegen. Ganz offensichtlich gibt es ja Leute, die essen können, soviel sie wollen und was sie wollen, ohne jemals zuzunehmen. Andere wiederum setzen an einem einzigen Wochenende mehrere Pfunde Fett an. Zwei Theorien wurden aufgestellt, um diese Unterschiede zu erklären.

Biologisch vorprogrammiertes Gewicht

Viele unserer Körperfunktionen sind auf die Aufrechterhaltung der Homöostase, d. h. der körperlichen Stabilität ausgerichtet. Dies ist möglicherweise auch bei unserem Gewicht der Fall. So könnte jedes Individuum ein biologisch vorprogrammiertes Gewicht haben. Verändert sich dieses Gewicht, so wird der Körper versuchen, sein biologisches Gewicht zurückzuerlangen, ganz gleich ob es höher oder niedriger ist.

Mit anderen Worten: Dieses biologische Gewicht ist das physiologisch geeignetste für das Individuum. Wahrscheinlich wird es von verschiedenen Faktoren, wie Vererbung, vorgeburtliche Bedingungen, Ernährungsweise im Säuglingsalter und Entwicklung bestimmter Gehirnteile (vor allem des Hypothalamus, der Hunger- und Sättigungsgefühl kontrolliert), determiniert.

Liegt nun das biologisch programmierte Gewicht sehr viel höher als das Idealgewicht, so hat der Betroffene ständig mit Gewichtsproblemen zu kämpfen. Wenn solche Leute auf eine Diät verzichten und sich satt essen, so steigt ihr Gewicht meist an – allerdings nur bis zu einem bestimmten Punkt. Sie nehmen vielleicht 20 kg zu, können dann aber ihr Gewicht relativ leicht halten. Leider ist es bis heute unmöglich, dieses biologische Gewicht (so es existieren sollte) zu messen.

Die Fettzellentheorie

Wenn eine Person zunimmt, vergrößern sich ihre Fettzellen. Nicht die Zahl der Fettzellen also nimmt zu, sondern ihre Größe. Nun haben aber manche Leute mehr Fettzellen als andere. Und da sie mehr Zellen haben, die sich vergrößern können, ist auch ihre Disposition zu Übergewicht größer. Die Zahl der Fettzellen ist genetisch und wahrscheinlich auch durch die Ernährung bedingt. Fettzellen werden im Säuglingsalter und in der Jugend gebildet, so daß die Ernährung in diesen Altersstufen von besonderer Bedeutung ist.

Leute mit hoher Fettzellenzahl nehmen nicht nur leicht zu, sie haben es auch schwerer abzunehmen. Dies könnte auf einem Zusammenhang zwischen Fettzellen und biologischen Gewicht beruhen: Möglicherweise ist die Zahl der Fettzellen ein Faktor zur Bestimmung des biologischen Idealgewichts. Sobald es also möglich ist, die Fettzellenzahl eines Menschen genau zu bestimmen, ließe sich schon bei einem Baby voraussagen, ob es zu Übergewicht neigt oder nicht. Dann könnten die Eltern seine Kalorienzufuhr einschränken und dafür sorgen, daß es schon in der Kindheit Gymnastik treibt.

Stoffwechsel

Viele Fettsüchtige behaupten, ihr Gewichtsproblem sei auf ihren trägen Stoffwechsel zurückzuführen. Bevor wir diese mögliche Ursache untersuchen, müssen wir genau definieren, was wir unter Stoffwechsel verstehen. Der Stoffwechsel umfaßt alle im Körper der Lebewesen stattfindenden Vorgänge bei der Aufnahme, Umsetzung, Verwertung und Ausscheidung der Nährstoffe. Der Stoffwechselumsatz des Körpers bei völliger Ruhe wird Grundumsatz genannt. Unser Körper verbrennt also Kalorien, auch wenn wir physisch nicht aktiv sind. Der Grundumsatz beim Erwachsenen liegt zwischen 1200 und 1800 Kalorien pro Tag. Mit dem Grundumsatz allein läßt sich das Phänomen der Fettsucht leider nicht erklären. Es gibt keine Unterschiede zwischen den absoluten Stoffwechselwerten von Fettleibigen und Normalgewichtigen. Es könnte eher Unterschiede bei der *Effizienz* ihres Stoffwechsels geben.

Ein Beispiel für diese Leistungsfähigkeit ist das unter dem Begriff »Thermogenese« bekannte Phänomen. Unter Thermogenese verstehen wir die Steigerung des Energieumsatzes und der Wärmeabgabe, die unmittelbar nach der Nahrungsaufnahme auftritt. Man könnte dies mit einem Ofen vergleichen, der aufgedreht wird, um überschüssiges Öl zu verbrennen. Jeder

Mensch zeigt diese Reaktion, ganz gleich ob er dick oder dünn ist, nur ist sie bei Fettleibigen geringer als bei Schlanken. Eine unlängst durchgeführte Studie zeigt, daß die Umsatzsteigerungen bei Schlanken ein bis zwei Stunden nach einer Mahlzeit zwischen 19 und 25 Prozent, bei Fettleibigen nur zwischen 3 und 9 Prozent liegt. Der Schlanke verbrennt also nach jeder Mahlzeit automatisch mehr Kalorien als der Dicke.

Die mangelnde Leistungsfähigkeit des Stoffwechsels scheint aus der Fettleibigkeit selbst zu resultieren. Das häufige Fasten, Abnehmen und Wiederzunehmen der Übergewichtigen hat verheerende Wirkungen auf den Stoffwechsel, der mit der Zeit immer träger wird. Das absolute Niveau ihres Stoffwechsels bleibt zwar dasselbe, doch erreicht dieser nicht mehr die notwendigen Steigerungen. Durch fortgesetzte überhöhte Kalorienzufuhr und mangelnde Bewegung fordert der Fettsüchtige seinen Körper auf, Fett anzusammeln, bis dieser zu einem regelrechten Experten der Fettspeicherung wird.

Drei weitere Faktoren haben einen wesentlichen Einfluß auf den Grundumsatz. Hier ist zunächst das *Geschlecht* zu nennen. Der Grundenergiebedarf bei Männern liegt deutlich höher als bei Frauen, auch wenn sie gleich groß sind. Beim gesunden Mann liegt er zwischen 1600 und 1800 Kalorien pro Tag, während die Frau nur 1200 bis 1450 Kalorien verbrennt.

Der zweite Faktor ist der *Körperbau*. Je größer eine Person, desto höher gewöhnlich ihr Grundumsatz. Wer 1,90 m groß ist und 90 kg wiegt, hat einen bedeutend höheren Grundumsatz als derjenige, der nur 1,58 m groß ist und 50 kg wiegt. Man braucht einfach mehr Energie, um einen großen, kräftigen Körper in Schuß zu halten als einen kleinen, zierlichen.

Der dritte Faktor schließlich, der den Stoffwechsel beeinflußt, ist das *Alter*. Mit fortschreitendem Lebensalter nämlich nimmt der Energiebedarf ab. Wer mit 50 Jahren genausoviel ißt wie mit 20, kann sicher sein, daß er zunimmt.

Aufgrund dieser drei Faktoren kann der Energiebedarf von einer Person zur anderen sehr stark variieren. Bei kleinen alten Frauen ist der Grundumsatz also am niedrigsten, bei großen jungen Männern am höchsten.

Stoffwechselstörungen können durch Schilddrüsenerkrankungen hervorgerufen werden. Da aber nur ein geringer Prozentsatz der Fettsüchtigen unter solchen Erkrankungen leidet, braucht dieses spezielle Problem hier nicht weiter behandelt zu werden.

Das Energiegleichgewicht

Dr. Jean Mayer, ein anerkannter Ernährungsexperte und Rektor der Tufts University, Massachusetts, weist immer wieder auf die Bedeutung des Energiegleichgewichts hin, d. h. auf das ausgewogene Verhältnis von Input (Energiezufuhr mit der Nahrung) und Output (Grundumsatz und Arbeitsumsatz). Entspricht die Zahl der zugeführten Kalorien der Zahl der verbrannten Kalorien, so ist die Energiebilanz ausgeglichen und das Gewicht bleibt konstant. Bei Fettsüchtigen ist die Energiebilanz positiv, weil sie zuviel essen und sich zu wenig bewegen.

Bereits ein geringes Ungleichgewicht in der Energiebilanz kann auf Dauer erhebliche Auswirkungen auf das Gewicht haben. Nehmen wir an, eine Person nimmt täglich 2500 Kalorien zu sich, verbrennt aber nur 2000. Das wäre ein täglicher Kalorienüberschuß von 500. Da 1 kg Fettgewebe ca. 7000 Kalorien entspricht, würde der Betroffene alle 14 Tage 1 kg zunehmen. Auf ein Jahr umgerechnet, wären das etwa 26 kg!

Übergewicht und Hunger

Lernfaktoren spielen eine wesentliche Rolle dabei, wann, was, wieviel und warum wir essen. Wir wissen heute, daß die Eßlust der Fettsüchtigen nur wenig mit Hunger zu tun hat. Übergewichtige können meist gar nicht bestimmen, wann sie tatsächlich hungrig sind. Sie reagieren sehr viel weniger auf innere Hungerreize, als Schlanke es tun.

Dr. Albert Stunkard, eine Kapazität auf dem Gebiet der Gewichtskontrolle, konnte diesen Mangel an Empfänglichkeit für innere Reize bei Fettsüchtigen anhand eines Experiments belegen. Die Teilnehmer seines Tests (Dicke und Schlanke) wurden aufgefordert, einen Magenballon zu schlucken, der an einen Schlauch befestigt war, welcher wiederum an einem Meßgerät angeschlossen war. Sobald der Ballon im Magen

angelangt war, wurde er mit Wasser vollgepumpt. Das Meßgerät registrierte die Magenkontraktionen, die ja ein Indikator für physischen Hunger sind. Alle Teilnehmer hatten seit 15 Stunden nichts gegessen. Sie sollten den Versuchsleiter wissen lassen, wann sie Hunger verspürten.

Dr. Stunkard fand heraus, daß die Normalgewichtigen immer dann Hunger verspürten, wenn sich ihr Magen tatsächlich zusammenzog. Bei den Fettsüchtigen dagegen waren die subjektiven Hungergefühle nicht an die Magenkontraktionen gebunden. Daraus könnte man schließen, daß die physischen Hungerreize bei Fettsüchtigen weniger stark ausgeprägt sind oder aber daß sie diesen Reizen einfach keine Beachtung schenken.

Die Energiegleichung

INPUT	=	OUTPUT
(Kalorienzufuhr)		(1. Grundumsatz
		2. Arbeitsumsatz)

Offenbar verlieren dicke Leute nach Jahren unkontrollierten Essens das Gespür für echte Hungerempfindungen. Sie essen in so vielen verschiedenen Situationen und als Reaktion auf so viele verschiedene äußere Signale, daß die wirklichen Hungerreize bei ihrem Eßverhalten nur noch eine untergeordnete Rolle spielen.

Fettsüchtige sind also nicht nur unempfänglich für innere Hungerreize, sondern auch noch überempfänglich für Außenreize. So signalisieren zum Beispiel die Uhrzeit, der Anblick oder der Wohlgeruch von Nahrung das Verlangen zu essen, ganz gleich ob der Magen voll ist oder nicht.

Außenreize haben bei Übergewichtigen nicht nur Einfluß auf das Eßverhalten, sondern auch auf die physischen Reaktionen. Dr. Judith Rodin von der Yale University untersuchte die Körperreaktionen auf Nahrung bei Übergewichtigen und Normalgewichtigen. Sie fand heraus, daß der Fettsüchtige, unabhängig davon, ob er gerade gegessen hat oder nicht, starke Reaktionen beim bloßen Anblick von Speisen zeigt. Die Bauchspeicheldrüse setzt Insulin frei. Der Körper wird in Erregung versetzt und bereitet sich

Viele Leute reagieren auf äußere Stimuli – wie dieses schön hergerichtete Buffet – und bekommen Appetit, egal ob sie tatsächlich hungrig sind oder nicht.

auf Nahrungsaufnahme vor. Die erhöhte Insulinfreisetzung bewirkt ein Absinken des Blutzuckerspiegels, das wiederum mit einem Verlangen nach Nahrung, vor allem nach Süßigkeiten, einhergeht. Die bloße Versuchung löst eine Körperreaktion aus, die ein echtes Verlangen nach Nahrung hervorruft. Diese Reaktion scheint bei Fettsüchtigen, vor allem wenn sie seit ihrer Kindheit übergewichtig sind, stärker ausgeprägt zu sein als bei Normalgewichtigen.

Die Konditionierung durch Außenreize führt auch zu einer allgemeinen Fehldeutung innerer Wahrnehmungen und Gefühle. So wissen Fettsüchtige oft nicht zwischen Hunger und anderen Empfindungen zu unterscheiden. Müdigkeit, Langeweile, Unruhe und Anspannung werden häufig als Hunger gedeutet. Bei einer kürzlich durchgeführten Untersuchung bekamen Fettsüchtige und Normalgewichtige Kopfhörer aufgesetzt, über die sie angeblich ihren eigenen Herzschlag hören konnten. Die Teilnehmer wurden in drei Gruppen aufgeteilt. Den Partizipanten von Gruppe 1 wurde erklärt, ihr Herzschlag werde sich im Laufe des Experiments beschleunigen, den Teilnehmern von Gruppe 2 da-

gegen, ihre Herzrate werde sich verlangsamen. Gruppe 3 bekam keine besonderen Angaben.

Während des Tests wurde das Eßverhalten der Teilnehmer unauffällig beobachtet und ihre tatsächliche Herzschlagrate registriert. Wenn die fettsüchtigen Partizipanten ruhig waren, aßen sie sehr wenig, ganz gleich welche Erklärungen man ihnen gegeben hatte. Wenn sie erregt waren, wenn also ihr Herzschlag beschleunigt war, aßen sie mehr, wenn sie nicht mit der Erregung gerechnet hatten. Wenn sie also glaubten, die Beschleunigung ihres Herzschlags beruhe auf inneren Faktoren, statt auf Faktoren, die mit dem Experiment zusammenhingen, neigten sie eher dazu, die gesteigerte Erregung als Hunger zu deuten. Wenn sie eine Erklärung für die gesteigerte Erregung geliefert bekamen (zum Beispiel Lärm oder Unruhe während des Experiments), glaubten sie keinen »Hunger« zu verspüren und aßen nicht mehr.

Gefühle werden also vor allem dann fälschlicherweise als Hunger gedeutet, wenn ihre Ursachen unklar sind. Ist man also allgemein aufgeregt, deprimiert oder unruhig, ohne daß dieser Gemütszustand von einem vorausgegangenen

Ereignis ausgelöst wurde, so können diese Gefühle leicht als Hunger gedeutet werden. Eine effektive und dauerhafte Appetitskontrolle setzt voraus, daß der Betroffene lernt, echte Hungergefühle von anderen Reizen zu unterscheiden.

Außenreize

Situationen: die Macht der Gewohnheit

Da übergewichtige Menschen die echten Hungersignale oft nicht zu »lesen« wissen, treten andere Faktoren in den Vordergrund, die ihr Eßverhalten beeinflussen. Meist sind es äußere und nicht innere Faktoren, die das Verlangen, Nahrung aufzunehmen, auslösen. Jeder äußere Umstand, der mit dem Essen assoziiert wird, kann bei Fettsüchtigen »Hungergefühle« hervorrufen. Je häufiger der Betroffene zu unterschiedlichen Tageszeiten, in verschiedenen Räumen oder bei verschiedenen Tätigkeiten ißt, desto größer ist die Zahl der Faktoren, die seine Eßlust auslösen.

Andere Leute

Auch was andere Leute tun oder sagen, kann starken Einfluß auf das Eßverhalten des Fettsüchtigen haben. Häufig ist dieser gesellschaftliche Druck sehr direkt. So versucht zum Beispiel eine übereifrige Gastgeberin ihren Gast, der gerade abnehmen will, mit allen Mitteln zum Essen zu überreden. »Ach, Joan, nimm doch ein Stück von diesem Schokoladenkuchen. Ich weiß, wie gern du ihn ißt; ich hab' ihn extra für dich gebacken!« Natürlich fällt es dem Betroffenen schwer, nein zu sagen, und so läßt er mit großer Wahrscheinlichkeit seine guten Vorsätze fallen.

Solcher Druck beginnt oft schon im frühen Alter. Das Kind lernt über die Eltern, was und wieviel es essen soll. Dabei wird es häufig unter Androhung von Strafe oder durch Versprechen einer Belohnung gezwungen, mehr zu essen, als es eigentlich möchte. »Willst du wohl deinen Teller leeressen«, heißt es dann. »Du weißt gar nicht, wie gut du's hast. Als wir klein waren, gab es nie genug zu essen. Also, ein Löffel für Mutti, ein Löffel für Vati...« So wird der natürliche, die Nahrungsaufnahme steuernde Regelmecha-

nismus – Hunger, Sättigung – unterdrückt und schließlich völlig ausgeschaltet. Das Kind ißt, um »gelobt« zu werden, und nicht mehr, weil es Hunger hat.

Wer abnehmen will, muß Techniken erlernen, um mit gesellschaftlichem Druck fertigzuwerden. Er muß höflich nein sagen können, wenn er nicht essen soll oder möchte. Tritt er entschieden genug auf, so hat auch der geschickteste Überredungskünstler keine Chance.

Andere Formen gesellschaftlicher Einflußnahme sind sehr viel komplexer. Häufig zum Beispiel versuchen Ehepartner, Freunde oder Verwandte die Rolle des Diätüberwachers zu übernehmen. Sie glauben, es sei ihre Aufgabe, Sie zu beraten, zu überwachen und ständig an die verschiedenen Punkte Ihres Diätprogramms zu erinnern. Gerade weil es diese Leute so schrecklich »gut mit Ihnen meinen«, ist es besonders schwer, solche Situationen zu meistern. In Kapitel 5 werden verschiedene Strategien erläutert, wie der Betroffene lernen kann, sich gegen solche Einflußnahme zu wehren. Unterstützung von anderen *ist* sehr wichtig, nur muß es auch die richtige Art von Unterstützung sein. Der Betroffene muß sein Programm selbst gestalten und darf sich nicht von anderen dreinreden lassen. Außerdem muß er herausfinden, wer seine »freundlichen Feinde« sind und was genau sie sagen und tun, um seine Eßlust auszulösen.

Negatives Denken

Manchmal sitzt der Feind auch in Ihnen selbst, das heißt, *Sie* sind sich selbst der ärgste Feind. Wer eine Abmagerungskur macht, kann leicht entmutigt werden, weil der Aufwand oft größer ist als das erzielte Resultat. Es gibt Wochen, in denen sich der Betroffene strikt an sein Kalorienprogramm hält, fleißig Gymnastik und Sport treibt und trotzdem nicht abnimmt. Solche Phasen müssen überwunden werden und setzen viel Geduld und Durchhaltevermögen voraus. Gedanken wie »Ich nehme nicht schnell genug ab. Die Diät ist für mich nicht geeignet. Ich werde mein Ziel nie erreichen« müssen durch positive Gedanken wie »Dies ist eine vorübergehende Phase; ich muß nur durchhalten« ersetzt werden.

Das Erkennen echter Hungerreize und das Unterscheiden zwischen Hunger und anderen emotionalen Bedürfnissen und Gefühlen ist Voraussetzung für eine erfolgreiche Verhaltensänderung.

Viele Leute, die eine Schlankheitskur machen, verfallen in Selbstmitleid und fühlen sich von der Natur stiefmütterlich behandelt. Sie quälen sich mit Gedanken herum wie »Es ist ungerecht: Terry mit ihrer schlanken Figur kann so viel essen, wie sie will, und nimmt kein Gramm zu« oder »Immer muß ich mich zusammennehmen und verzichten. Einmal möchte ich mich gehen lassen und genau das tun, wozu ich gerade Lust habe«. Dieses »Ich-armer-Mensch«-Syndrom kann zu Wut, Depressionen *und* Heißhungerattacken führen. Diese wiederum ziehen Schuldgefühle, depressive Stimmungen und selbstabwertende Gedanken nach sich, so daß der Betroffene in einen Teufelskreis gerät. Wer abnehmen will, muß diese Gedankenmuster erkennen und mit den in Kapitel 3, 6 und 8 beschriebenen Selbstkontrolltechniken zu ändern versuchen.

Ein weiteres Hindernis für eine erfolgreiche Gewichtskontrolle sind falsche Entschuldigungen oder Ausreden. Wir alle legen uns scheinbar vernünftige Entschuldigungen für unser Verhalten zurecht, vor allem wenn es sich um »ungesundes« Verhalten handelt. Hier einige der üblichen Ausreden: »Ich werde meine Diät erst Montag morgen beginnen. Ich kann unmöglich schon am Wochenende fasten, wo doch die Meyers zu Besuch kommen«; »Ich falle in Ohnmacht, wenn ich nicht sofort etwas esse«; »Ich habe augenblicklich einfach zu viele Probleme. Wenn andere Leute nur verstehen würden, daß ich nicht fasten kann, wenn es mir schlecht geht.« Viele Leute halten immer wieder dieselben Ausreden bereit und weigern sich meist, einzusehen, wie unsinnig ihre Entschuldigungen sind. Solche Gedankenmuster können jedoch erkannt und geändert werden.

Viele Menschen, die abnehmen wollen, entwickeln eine Art Schwarz-Weiß-Denken. Das heißt, sie betrachten das Eßverhalten als ein »Alles-oder-Nichts«-Problem und teilen die Leute in zwei Kategorien auf – in solche, die eine Schlankheitskur machen, und solche, die keine machen. Auch ihre eigene Selbsteinschätzung basiert auf dieser Unterscheidung. Solange sie sich strikt an eine Diät halten, betrachten sie sich als guten »rechtmäßigen« Fastenden. Eine einzige Abweichung von ihrem Kalorienprogramm (das braucht nur ein Plätzchen oder ein Stück Kuchen zu sein) macht sie zum »Betrüger«, und sie betrachten sich schon nicht mehr als Fastenden. Bemerkungen wie »Ich habe meine Diät schon wieder an den Nagel gehängt« zeigen, daß es für solche Leute nur »gutes« und »schlechtes« Eßverhalten und nichts dazwischen gibt. Übergewichtige betrachten Leute, die konsequent eine Schlankheitskur machen, als willensstark, diszipliniert, entschlossen und erfolgreich. Alle anderen sind willensschwache Versager. Solche Werturteile dienen nur als Entschuldigung dafür, daß man erst gar nicht versucht, ein ausgewogenes Ernährungsprogramm zu entwickeln, oder daß man beim ersten Abweichen von diesem Programm gleich die Flinte ins Korn wirft.

Wenn eine schlanke Person zuviel ißt, denkt sie sich nicht viel dabei und sagt sich, daß sie eben mal etwas mehr als gewöhnlich gegessen hat. Bei der nächsten Mahlzeit wird sie sich wieder an die üblichen Kalorienmengen halten, und die Sache ist schnell vergessen. Beim Übergewichtigen sieht das ganz anders aus. Er begreift nicht, daß Eßverhaltensmuster nicht völlig starr sein müssen, sondern variieren können. Das ist der Grund, weshalb ein Abweichen von einer Diät zu Frustration, Schuldgefühlen und Selbstkritik führt. Die Schuldgefühle haben wiederum zur Folge, daß der Betroffene noch mehr ißt und dann noch mehr unter Schuldgefühlen leidet. Der Übergewichtige scheint sich nicht vorstellen zu können, daß er aus diesem Teufelskreis herauskommen und sein gewünschtes Eßverhalten wieder annehmen kann. Der Fehltritt wird als totaler Verlust der Willenskontrolle empfunden.

Außerdem neigen viele Übergewichtige dazu, mehr auf ihr Fehlverhalten als auf ihre Erfolge zu achten und sich wegen dieser Abweichungen schwere Vorwürfe zu machen. Ein Fehltritt hat für solche Leute mehr Gewicht als zehn Erfolgs-

momente. Die vielen Situationen, in denen sie vielleicht tapfer der Versuchung widerstanden haben, werden gar nicht mehr berücksichtigt. Nur selten hört man einen Übergewichtigen sagen: »Heute abend habe ich zwar zuviel gegessen, dafür aber habe ich in der letzten Woche so vielen Versuchungen widerstanden, daß ich mir deshalb keine grauen Haare wachsen lasse. Schließlich beweisen meine Erfolge, daß ich willensstark bin.« Statt dessen ist die Reaktion: »Gestern abend habe ich meinen ganzen Diätplan durcheinandergebracht. Das zeigt mal wieder, daß ich überhaupt keine Willenskraft habe. Ich werde es nie schaffen, abzunehmen.«

Die Macht der Gefühle

Emotionen haben oft großen Einfluß auf das Eßverhalten. Wut, Langeweile, Einsamkeit und Anspannung können Frustration und unkontrolliertes Essen auslösen. Zahlreiche Studien lassen erkennen, daß viele Übergewichtige als Reaktion auf solche Gemütszustände essen, während schlanke Leute essen, weil sie hungrig sind oder gutes Essen genießen. Nahrung kann als »Tranquilizer« und »Stimmungsheber« dienen. Schon bei kleinen Kindern kann man beobachten, daß sie essen, um sich emotional besser zu fühlen. Dr. Miller hat mit einem Kollegen unlängst eine Studie durchgeführt, um die Nahrungseinstellung von vier- bis fünfjährigen Kindern zu untersuchen. Die Kinder sollten in verschiedenen sozial-emotionalen Situationen zwischen einer Tafel Schokolade, einem Kätzchen, einer Puppe, Blumen, Bonbons und einem Spielzeugtelefon wählen. Wut stellte sich dabei als die Emotion heraus, die am deutlichsten mit Nahrungsaufnahme verbunden war. Wenn sie wütend waren, entschieden sich fast die Hälfte der Kinder entweder für die Schokolade oder für die Bonbons, um sich »besser zu fühlen«. Das ist nicht verwunderlich, wenn man bedenkt, wie viele Eistüten für weinende Kinder gekauft werden, um ihren Kummer oder Schmerz zu lindern.

Unterdrückte Wut führt häufig zu übermäßiger Nahrungsaufnahme, mit dem Ziel, sich emotionale Erleichterung zu verschaffen oder sich an dem Auslöser der Wut zu »rächen«. Essen hilft manchen Leuten, angestaute Emotio-

Das Überwachen unserer Eßgewohnheiten hilft uns zu verstehen, wann und warum wir bestimmte Sachen essen – ganz gleich ob wir eine Vorliebe für »Fast-Food« (oben) haben oder unser Abendessen häufig durch einen kleinen Imbiß in einem Lokal ersetzen (rechts). Wichtig ist, daß wir lernen, unsere Mahlzeiten regelmäßig einzunehmen.

nen abzubauen. Andere Leute wiederum essen aus Trotz, und zwar vor allem dann, wenn »freundliche Feinde« sie ständig mit »guten Ratschlägen« und »wohlgemeinter Kritik« bevormunden wollen. Den Fastenden kann das derart irritieren, daß er seine Diät abbricht, nur um zu zeigen, daß er frei ist, selbst über sein Verhalten zu entscheiden.

Auch Depressionen, Langeweile und Einsamkeit führen oft zu unkontrolliertem Essen. Obwohl eines der klassischen Symptome der Depression Appetitlosigkeit ist, reagieren viele Übergewichtige in solchen Phasen mit regelrechten Freßanfällen. Solche Anfälle verschaffen nur kurzfristig Erleichterung und führen langfristig zu Schuldgefühlen und zunehmender Depression, die wiederum unkontrolliertes Essen zur Folge haben, und so fort.

Körperempfindungen

Manchmal wird das unkontrollierte Eßverhalten durch physische Empfindungen ausgelöst, die nichts mit eigentlichem Hunger zu tun haben, sondern auf körperliches Unwohlsein zurückzuführen sind. So essen manche Leute, um sich Erleichterung von Kopfschmerzen, Rückenschmerzen, Müdigkeit oder Schwindelgefühl zu verschaffen.

Die physischen Hungerempfindungen sind wesentlich komplexer, als man annehmen könnte. Wir wissen bis heute nur wenig darüber, vor allem was die Hungergefühle Übergewichtiger anlangt. Dr. Jean Mayer und Leonore Monello von der Harvard School of Public Health untersuchten Hungergefühle anhand eines Experiments. Die Testteilnehmer waren 600 Erwachsene und Kinder beiderlei Geschlechts von 9 bis 61 Jahren. Die meisten Partizipanten berichteten von bestimmten Gefühlen in der Magengegend (z. B. Magenknurren), von Unruhe und Reizbarkeit. Zu ihrer Überraschung stellten die Forscher Unterschiede fest in der Art, wie Männer und Frauen Hunger empfinden. Männer schienen Hunger mehr als rein physische Reaktion zu erleben (wie Magenleere, vermehrter Speichelfluß und ein unangenehmes Gefühl in der Kehle), Frauen dagegen berichteten vor allem von einer allgemeinen Reizbarkeit und Anspannung, verbunden mit häufigen Gedanken an Nahrung.

Wo soll man anfangen?

Wer seine Eßgewohnheiten ändern will, muß von Anfang an systematisch vorgehen. Zunächst einmal muß der Übergewichtige die Mo-

tivationsfaktoren untersuchen. Eine kürzlich vom *Slimming Magazine* durchgeführte Umfrage ergab, daß 82 Prozent der Befragten vor allem abnehmen wollten, um besser auszusehen. Nur 18 Prozent gaben an, daß sie aus gesundheitlichen Gründen ihr Gewicht verringern wollten.

Was fast allen Fettsüchtigen am meisten fehlt, ist ein geregelter »Essensfahrplan«. Solche Leute können in anderen Lebensbereichen diszipliniert und ordentlich sein – doch beim Essen ist oft das Gegenteil der Fall. Das geht aus Verhaltenstagebüchern von Übergewichtigen hervor. Ihre Essenszeiten sind vom Zufall bestimmt, einen Speiseplan gibt es so gut wie gar nicht. Häufig läßt der Fettsüchtige das Frühstück ausfallen und nimmt am späten Morgen mehrere kleine Snacks zu sich. Das Mittagessen wird dann oft durch einen schnellen Imbiß ersetzt oder ganz ausgelassen, um die Kalorienmengen zu reduzieren. Am späten Nachmittag stellen sich Hungergefühle ein, also wird erneut ein Imbiß eingenommen, meist gefolgt von einem schweren kalorienreichen Abendessen. Am späten Abend, zwischen 21 Uhr und Schlafenszeit, ist dann der Appetit am größten. Die sogenannten »Nachtesser« nehmen die meisten Kalorien sogar erst nach Mitternacht ein!

Wenn ein Übergewichtiger glaubt, zuviel gegessen zu haben, »bestraft« er sich häufig dadurch, daß er die nächste Mahlzeit ausfallen läßt oder einen ganzen Tag fastet. Doch damit ist meist nur wenig erreicht. Wer eine Mahlzeit überspringt, bekommt irgendwann übermächtigen Hunger. Zusätzliche Gymnastik oder ein Spaziergang wäre in solch einem Fall sinnvoller und effektiver.

Der Übergewichtige muß vor allem herausfinden, welche Faktoren sein unkontrolliertes Eßverhalten auslösen. Dazu sollte er zunächst ein Verhaltenstagebuch führen, in dem nicht nur die zugeführten Kalorienmengen, sondern auch die Tageszeiten, Situationen, Umstände, Gefühle und Gedanken, die mit dem Eßverhalten verbunden sind, festgehalten werden.

Es ist relativ leicht, einen Speiseplan mit, sagen wir, 1000 Kalorien aufzustellen und ein Bewegungsprogramm mit regelmäßigen Spaziergängen, Gymnastik und Sport zu entwerfen. Schwieriger dagegen ist es, langfristig ein sol-

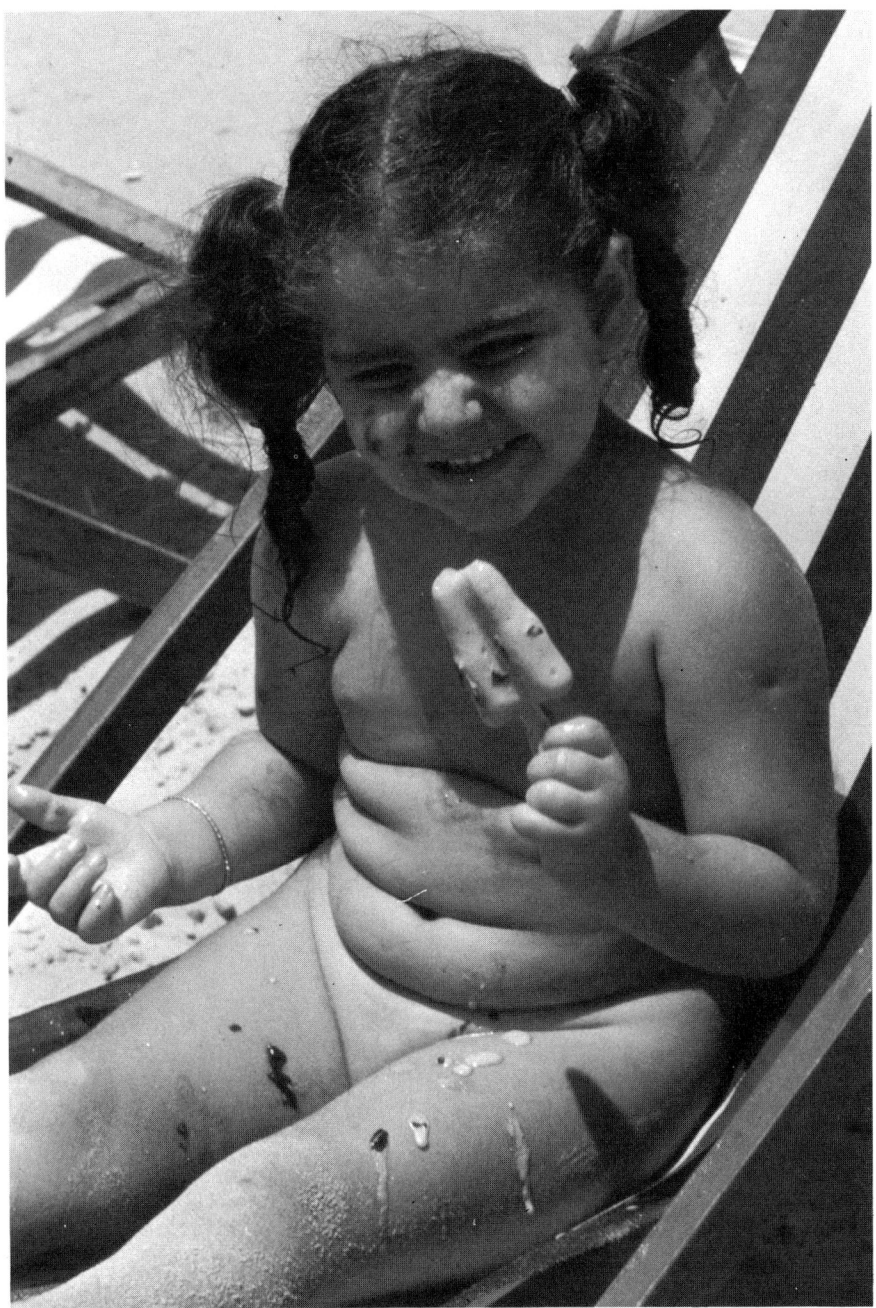

ches Programm auch zu befolgen und Kontrolle über die Begleitumstände zu bekommen, die das unerwünschte Eßverhalten auslösen. Die in den ersten Kapiteln dieses Buches erörterten Selbstkontrollstrategien sollen dem Betroffenen helfen, sein Eßproblem langfristig in den Griff zu bekommen.

Wer Kinder zu häufig mit Süßigkeiten »belohnt«, sorgt schon im frühen Alter für schlechte Eßgewohnheiten. Und aus dicken Kindern werden meist auch dicke Erwachsene.

10
Arbeitssucht

Unsere Arbeitsethik, zumal die protestantische, besagt, daß Arbeit für den Menschen gut ist. Sie soll unerläßlich sein für ein glückliches, gesundes und erfülltes Leben. Ohne Arbeit ist der Mensch ein Nichtsnutz und Tunichtgut von zweifelhaftem Charakter und fragwürdiger Moral. Nur der arbeitende Mensch ist ein nützliches Mitglied der Gesellschaft. Produktivität, Leistung und Erfolg sind, so lehrt und diese Ethik, erstrebenswerte Ziele. Arbeit ist eine Tugend, so wie Wahrhaftigkeit und Bescheidenheit Tugenden sind.

Wenn also Arbeit schon gut ist, dann muß mehr Arbeit noch besser sein. Die Gesellschaft belohnt den Fleißigen mit Geld, Anerkennung und einer guten Position. Allerdings gibt es Leute, die diese Arbeitsmoral bis ins Extrem treiben: Sie werden arbeits- und leistungssüchtig in einem solchen Maße, daß ihre Gesundheit und ihr ganzes Lebensglück darunter leiden.

Der arbeitssüchtige Mensch ähnelt durchaus dem Alkoholiker; Arbeit und Alkohol haben den gleichen Effekt, und der heißt Abhängigkeit. Die Arbeit steht an erster Stelle – erst danach kommen die Familie, die Freunde, das persönliche Vergnügen. Obwohl ursprünglich mit der Arbeit ein berufliches Ziel verfolgt wurde, kommt es mit der Zeit so weit, daß der Arbeitssüchtige nur mehr für die Arbeit an sich lebt: Arbeit um der Arbeit willen. Die Ergebnisse der Arbeit treten in den Hintergrund.

Porträt eines Arbeitssüchtigen

Ein solcher Mensch bringt den größten Teil der Zeit mit seiner Arbeit zu, er ist mit ihr, wie man so schön sagt, verheiratet. Gleichgültig, ob selbständig oder angestellt, dieser Mensch ist jeden Tag als erster an seinem Arbeitsplatz und verläßt ihn als letzter. Auch an Wochenenden und Feiertagen kommt er von seiner Arbeit nicht los, und Urlaub ist bei ihm eine Seltenheit. Er wird von seiner Umgebung – wenn wir von seiner Familie einmal absehen – zumeist bewundert, man blickt zu ihm auf, eine Tatsache, die seine Arbeitssucht natürlich noch verstärkt.

Zeiten, die er nicht arbeitend zubringt, machen ihm ein schlechtes Gewissen, und er fühlt sich unwohl. Längere Ferien sind ihm unange-

nehm, denn sie haben Entzugserscheinungen zur Folge: Er macht sich fast ständig Gedanken über seine Arbeit und sehnt sich nach ihr zurück; er ruft täglich in seiner Firma an und läßt seine Geschäftspartner und seine Sekretärin in jedem Fall genau wissen, wo sie ihn erreichen können.

Dr. Charles Garfield von der University of California in San Francisco hat kürzlich eine Untersuchung über Arbeitssüchtige abgeschlossen, die sich über einen Zeitraum von 14 Jahren erstreckte. Diese Untersuchung ergab, daß der Arbeitsfanatiker zwar die Emsigkeit und Geschäftigkeit in Person zu sein scheint, in Wirklichkeit jedoch häufig weniger leistet als andere Leute. Das freilich hindert unseren Fanatiker nicht, sich für einen Leistungsträger seines Unternehmens zu halten. Auch fand Dr. Garfield heraus, daß sich die Karrieremuster von Arbeitssüchtigen stark ähneln. Der typische Arbeitssüchtige ist zunächst mal ein As in seinem Beruf und gilt schon ziemlich früh in seiner beruflichen Entwicklung als »Aufsteiger«. Und Karriere macht er dann auch – bis er Mitte 40 ist und seine Leistungen abflachen. Zwar macht er

Der Wechsel von einer feudalistischen zu einer kapitalistischen Wirtschaft veränderte das Arbeitsleben. Früher ging es noch gemütlicher zu (oben), heute brüllt der Chef (unten).

Dieser Fragebogen dient der Einschätzung des Typ-A-Verhaltens. Er basiert auf den Untersuchungen von Friedman und Rosenman und wurde von Dr. James Nora, Professor of Preventive Medicine an der University of Colorado School of Medicine, entwickelt.

Persönlichkeitsfragebogen zum Typ-A-Verhalten

Nehmen Sie sich zur Beantwortung der Fragen Zeit. Ihre Antworten sollten so freimütig wie möglich sein. Erkundigen Sie sich ruhig bei Ihrem Ehepartner oder Ihren Freunden, wie sie selbst zu dieser oder jener Frage stehen. Einige Fragen (zum Beispiel nach Ihrer Art zu sprechen) mögen Ihnen schwer beantwortbar vorkommen, doch den Leuten, die Sie näher kennen, wird die Antwort leicht fallen.

1. Glauben Sie, Sie hätten pro Tag genügend Zeit, um all die zu erledigenden Dinge auch wirklich zu erledigen?
( ) Ja ( ) Nein

2. Gehen, essen und bewegen Sie sich immer sehr schnell?
( ) Ja ( ) Nein

3. Erfüllt Sie die Langsamkeit, mit der die meisten Vorgänge ablaufen, mit Ungeduld?
( ) Ja ( ) Nein

4. Sagen Sie zu jemandem, der mit Ihnen spricht, gerne »Hm-m, hm-m« oder »Ja natürlich, jaja«, um ihn unbewußt in seinem Sprechen und Denken voranzudrängen? Neigen Sie dazu, die Sätze anderer, stellvertretend für diese, zu vollenden?
( ) Ja ( ) Nein

5. Reagieren Sie verärgert oder vielleicht sogar wütend, wenn ein Auto auf der Fahrbahn vor Ihnen Ihrer Meinung nach zu langsam fährt? Sind Sie gereizt, wenn Sie irgendwo Schlange stehen müssen oder in einem Restaurant auf einen Platz warten müssen?
( ) Ja ( ) Nein

6. Finden Sie es unerträglich, wenn Sie anderen bei einer Arbeit zusehen müssen, von der Sie wissen, daß Sie sie rascher erledigen können?
( ) Ja ( ) Nein

7. Werden Sie ungeduldig, wenn Sie sich gezwungen sehen, irgendwelche langweiligen Tätigkeiten auszuführen (zum Beispiel Überweisungen oder Schecks ausfüllen, den Abwasch machen usw.), die zwar unerläßlich sind, Sie aber von Dingen abhalten, die zu tun Ihnen wirklich am Herzen liegt?
( ) Ja ( ) Nein

8. Beeilen Sie sich beim Lesen oder versuchen Sie auch bei wertvoller Literatur, Zusammen- oder Kurzfassungen zu bekommen?
( ) Ja ( ) Nein

9. Versuchen Sie oft zwei Dinge auf einmal zu denken oder zu tun? Ein Beispiel: Sie hören jemandem zu und zerbrechen sich gleichzeitig den Kopf über eine unwichtige Angelegenheit.
( ) Ja ( ) Nein

10. Denken Sie auch in Ihrer Freizeit und Erholung über geschäftliche, berufliche oder häusliche Probleme nach?
( ) Ja ( ) Nein

11. Neigen Sie dazu, (a) in Ihrem üblichen Redefluß auch dann bestimmte Wörter stark zu betonen, wenn dies nicht nötig ist, und (b) dazu, die letzten Wörter Ihrer Sätze wesentlich schneller zu sprechen als die ersten?
( ) Ja ( ) Nein

12. Finden Sie es schwierig, in Gesellschaft *nicht* über die Dinge zu reden, die Sie am meisten interessieren? Und wenn Sie *nicht* darüber reden, hören Sie dann zwar den geführten Gesprächen zu, ohne ihnen jedoch ein echtes Interesse abzugewinnen?
( ) Ja ( ) Nein

13. Haben Sie beinahe immer ein unbestimmtes Schuldgefühl, wenn Sie entspannen und mehrere Stunden oder mehrere Tage lang überhaupt nichts tun?
( ) Ja ( ) Nein

14. Versuchen Sie immer mehr Arbeit und Termine in immer weniger Zeit zu bewältigen, und hat dies zur Folge, daß Sie für unvorhergesehene Ereignisse gar nicht mehr vorplanen?
( ) Ja ( ) Nein

15. Hauen Sie im Gespräch oft mit der Faust auf den Tisch oder ballen Sie Ihre Faust oder knallen Sie eine Faust in die andere Handfläche, mit dem Ziel, einen Gesprächspunkt zu unterstreichen?
( ) Ja ( ) Nein

16. Angenommen, Sie sind fest angestellt: Haben Sie dann oft Termine, die einzuhalten Ihnen schwerfällt?
( ) Ja ( ) Nein

17. Beißen Sie oft ganz fest Ihre Kiefer aufeinander oder knirschen Sie mit den Zähnen?
( ) Ja ( ) Nein

18. Nehmen Sie abends häufig Akten mit nach Hause?
( ) Ja ( ) Nein

19. Benoten Sie gern mit Zahlen nicht nur Ihre eigenen, sondern auch die Tätigkeiten anderer?
( ) Ja ( ) Nein

20. Sind Sie mit Ihrer derzeitigen Arbeit unzufrieden?
( ) Ja ( ) Nein

Jede mit Ja beantwortete Frage bekommt 1 Punkt, jedes Nein dagegen 0 Punkte. Die Gesamtpunktwerte werden nach folgenden Kategorien bemessen: 4+ (14 oder mehr Punkte), 3+ (9 bis 13 Punkte), 2+ (4 bis 8 Punkte), 1+ (3 oder weniger Punkte). Die Werte 2+ und 3+ gelten als relativ neutral. Eine Person, die jedoch 4+ aufweist, läuft signifikant stärker Gefahr, eine Herzattacke zu erleiden, als Personen mit 2+ oder 3+; bei 1+ besteht das geringste Risiko.

immer noch seine Überstunden, doch seine Sucht beginnt jetzt ihren Tribut zu fordern. Er leidet an chronischen streßbedingten Störungen, fängt an zu trinken oder greift zu Schlaf- oder Beruhigungsmitteln, hat immer häufiger Streit mit seiner Frau und entfremdet sich seinen Freunden – all dies aber untergräbt seine berufliche Leistung. Die Folge ist, daß er nun noch mehr Überstunden macht und daß der Teufelskreis immer schlimmer wird.

Ein tödlicher Zwang

Ende der fünfziger und Anfang der sechziger Jahre führten die beiden Ärzte Dr. Meyer Friedman und Dr. Ray Rosenman am Harold Brunn Institute für Herzgefäßforschung eine Reihe von Untersuchungen durch, die für die Gesundheitsforschung insgesamt weitreichende Folgen haben sollten. So fanden die beiden Mediziner zum Beispiel heraus, daß der Arbeitssüchtige einige spezifische und leicht erkennbare Merkmale aufweist, doch noch wichtiger an diesen Untersuchungen war das eindeutige Ergebnis, daß Arbeitssucht tödliche Folgen haben kann.

Arbeitswut bis zum Exzeß – dieser Mann ist eine Gefahr sowohl im Straßenverkehr (ganz oben) als auch für sich selbst. Der Arbeitssüchtige ist ein unangenehmer Zeitgenosse – reizbar, innerlich abgekapselt und Feind jeder Häuslichkeit (oben).

Im Jahr 1964 begannen Friedman, Rosenman und ihre Kollegen die Resultate einer ungemein wichtigen Untersuchung, der Western Collaborative Group Study, zu veröffentlichen. Die ersten Ergebnisse dieser Forschungsarbeit, die bereits aus dem Jahr 1959 stammten, hatten die Wissenschaftler davon überzeugt, daß es möglich sei, Arbeitssucht klar zu diagnostizieren. Auch gelangten sie zu der Erkenntnis, daß die Verhaltensmuster von Arbeitssüchtigen tatsächlich zu Herzgefäßerkrankungen führen können. Für ihre Western Study rekrutierten sie 3500 Versuchspersonen, die aus allen Gesellschaftsschichten und Berufssparten stammten. Das Spektrum reichte vom Automechaniker bis zum Konzernchef. Die Wissenschaftler sammelten Informationen über Eß- und Rauchgewohnheiten, über Gymnastik und andere Formen der körperlichen Ertüchtigung, über Gewichtsprobleme und Abmagerungskuren, über die in der Familie aufgetretenen Herzgefäßkrankheiten. Alle Teilnehmer wurden außerdem auf Arbeitssuchtverhalten hin untersucht; Grundlage und Maßstab dieser Untersuchung bildete ein Verhaltensmuster, das später die Bezeichnung »Typ A« erhielt. Diese ansehnliche Testgruppe wurde zehn Jahre lang sorgfältig beobachtet. Bis zum Jahre 1972 war es bei mehr als 250 Personen der ursprünglichen Gruppe zu einer Herzgefäßerkrankung gekommen.

Es stellte sich nun die Frage, welche der Informationen, die zu Beginn dieser Western Study erarbeitet wurden, die zuverlässigste Vorhersage einer Herzerkrankung ermöglichte. Handelte es sich um ein Cholesterinproblem, um eine allzu fettreiche Ernährung? Um einen Mangel an Körpertraining? Nein, eben nicht. Diese Faktoren waren zwar wichtig, aber am wichtigsten war jenes Verhaltensmuster vom Typ A, und dieses Muster hieß: Arbeitssucht. Dabei erhob sich sofort folgende Frage: Ging das zwanghafte Arbeitsverhalten den Herzproblemen einfach voraus, oder gab es da einen unmittelbaren Zusammenhang? Konnte die Arbeitssucht für derartige Herzleiden verantwortlich sein?

Das Verhalten vom Typ A

Nach Dr. Friedman und Dr. Rosenman ist der Arbeitssüchtige »auf aggressive Weise in einen chronischen, unablässigen Kampf verwickelt, mit dem Ziel, in immer weniger Zeit immer mehr zu leisten, wenn nötig gegen den Widerstand anderer Dinge oder anderer Menschen«. Die vier wichtigsten Merkmale des Typ-A-Verhaltens sind: Das Gefühl des Betroffenen, unter gewaltigem Zeitdruck zu stehen; der eigenen Arbeit regelrecht verfallen zu sein; sich selbst und andere im Konkurrenzkampf mitleidlos anzutreiben; und schließlich eine Ungeduld und ein feindseliges Verhalten, die jeglicher Vernunft zuwiderlaufen.

Am stärksten ins Auge sticht in der Regel das erstgenannte Merkmal: Zeitdruck. Der Arbeitssüchtige lebt strikt nach der Uhr, sein Berufs- und Privatleben setzt sich nurmehr aus Terminen zusammen, die wiederum in unverrückbare Hierarchien gegliedert sind. Um seiner Leistungssucht Genüge zu tun, mutet sich der Arbeitsfanatiker immer mehr Arbeit zu und setzt sich immer knappere Termine. Und je stärker die Arbeitsbelastung, desto bedrückender der Streß. Bis es schließlich so weit kommt, daß der Arbeitskranke vor lauter Verpflichtungen, Plänen und Terminen einen Punkt erreicht, wo seine Arbeitsleistung geradezu unansehnlich wird. Seine Kreativität wird abgewürgt, und ein jäher Leistungsabfall ist zu verzeichnen. Immer mehr Arbeit führt zu immer weniger Ergebnissen.

Dieser Hyperaktivität begegnen wir vor allem im Familien- und sonstigen Privatleben des Arbeitsfanatikers. Sidney, ein 56jähriger Pharmavertreter, lieferte zum Beispiel folgende Beschreibung eines typischen Samstags, den er zu Hause mit seiner Familie verbrachte:

»Ich wachte um 6.30 Uhr auf, machte mir etwas Tee und las die Zeitung. Da sonst noch niemand auf war, nutzte ich die Gelegenheit und las einige Informationen aus der Finanzwelt und einige Chemiezeitschriften. Um 8.30 Uhr weckte ich Marge und die Kinder. Wir frühstückten zusammen, und ich schlug vor, wir sollten unsere Vorhaben für den ganzen Tag doch aufeinander abstimmen. Ich selber hatte mir bereits eine Liste gemacht – den Rasen mähen, das Fahrrad von Klein-Georgie reparieren und im Lagerraum ein paar neue Regale einziehen. Außerdem hatte ich einen Zeitplan aufgestellt – welche Arbeit ich zuerst anpacken und wieviel Zeit sie in Anspruch nehmen würde. Die Kinder wollten nachmittags mit den Fahrrädern los, und so plante ich auch diese Zeit von 15.00 bis 16.00 Uhr ein. Ich selber wollte mich nach dem Mittagessen an einen Bericht machen, der nächste Woche fertig sein mußte. Doch die Kinder wollten anscheinend nicht bis 15.00 Uhr warten. Keine Geduld, kann ich da nur sagen. Sie wollen alles jetzt und immer nur jetzt! Sie können sich einfach nicht vorstellen, wie wichtig Zeit sein kann. Marge wollte ihre Mutter besuchen, und ich sollte mitkommen. Sie wollte einfach nicht verstehen, daß das unmöglich war. Sie sollte mir solche Dinge im voraus sagen, denn schließlich muß auch ich meine Zeit planen.«

Ein Mensch ohne Typ-A-Verhalten könnte sich einen freien Tag mit einer so strikten Zeiteinteilung einfach nicht vorstellen. Für Sidney jedoch ist spontanes Handeln im Alltag einfach undenkbar. Er hat Angst davor. Das Schlimmste, was man einem Arbeitssüchtigen antun kann, ist, daß man ihm die Armbanduhr wegnimmt und im Haus selbst ebenfalls alle Uhren entfernt. Und wenn er nicht mehr nach der Uhr leben kann, dann bekommt er Angst, dann regt er sich auf, dann wird er wütend, und nichts stimmt in seinen Augen mehr zusammen.

Das zweite Merkmal des Verhaltens vom Typ A ist ebenfalls augenfällig. Sieben bis acht Stunden pro Tag sind für den Arbeitsfanatiker ganz einfach zu wenig; für ihn heißt das Motto: Überstunden, Überstunden! Und was für ihn vor allen anderen Dingen zählt, das sind die Arbeiten und Verpflichtungen, die er als erledigt ansehen kann.

Vor die Wahl einer Gehaltserhöhung oder Beförderung gestellt, dürfte sich der Arbeitssüchti-

---

Der Fall Clyde:
Wie eine Sucht eine andere nach sich zieht

Der Begriff *burn-out* („ausbrennen") wird oft verwendet, um die Erschöpfungszustände, Reizbarkeit und Passivität von Arbeitssüchtigen zu charakterisieren, die zu lange unter zuviel Streß gestanden haben. In seinem Buch *Burnout: The High Cost of High Achievement* schildert Dr. Herbert Freudenberger den Fall eines gewissen Clyde, ein klassisches Beispiel dafür, wie aus einer Sucht andere Süchte entstehen können.

Clyde wuchs in Texas auf. Er lebte zusammen mit seiner Mutter, zwei älteren Brüdern und einer jüngeren Schwester; der Vater war früh gestorben. Da die Familie wenig Geld hatte, arbeitete Clyde, der inzwischen die höhere Schule besuchte, abends in einem Restaurant. Nach dem Schulabschluß nahm er eine Stelle als Kellner an, weil er sich verpflichtet fühlte, seine Mutter und Schwester zu unterstützen, die von seinen Brüdern im Stich gelassen worden waren.

Er stürzte sich in die Arbeit. Nach einigen Jahren wurde er Kompagnon seines Chefs und eröffnete ein eigenes Lokal. Er arbeitete noch angestrengter, um das neue Unternehmen zum Erfolg zu führen. Er hatte kaum Zeit zur Entspannung. Das Restaurant wurde ein Riesenerfolg, und er arbeitete noch mehr.

Als Clydes Mutter wieder heiratete, hätte er sich etwas mehr Ruhe gönnen können. Doch leider war er seiner Arbeitssucht schon so verfallen, daß er nicht mehr aufhören konnte. Er wollte noch Größeres erreichen. Er verkaufte seinen Anteil am Restaurant mit erheblichem Gewinn und übersiedelte nach New York. Dort wollte er ein elegantes Restaurant eröffnen und es zum besten in der Stadt machen. Doch das Vorhaben stellte sich als schwieriger heraus, als er erwartet hatte. Wochenlang bemühte er sich vergebens, geschäftliche Kontakte anzuknüpfen.

Er trieb seine Planungen noch eifriger und entschlossener voran. Seine Enttäuschung wuchs. Eines Abends traf er in einer Bar ein paar Leute, die ihn mit Kokain bekanntmachten. Das Kokain beflügelte ihn und gab ihm das gleiche Gefühl der Beschwingtheit, das er sonst nur bei der Arbeit empfand. Da ihn jedoch der Arbeitseifer nicht mehr so befriedigte wie früher, wurde das Kokain für ihn zu einem angemessenen Ersatz. Er gab immer mehr Geld für Drogen aus. Er versuchte zwar noch immer, sein Restaurant auf die Beine zu stellen, doch jeder Versuch endete mit einem Fehlschlag. Er wurde ganz und gar abhängig vom Kokain, das er jeden Tag brauchte. Vom ständigen Kokainschnupfen begann seine Nase zu laufen und zu bluten. Wenn er nicht zwanghaft arbeitete, schnupfte er zwanghaft Kokain. Schließlich besaß er nur noch so wenig Geld, daß er sich als Kellner verdingen mußte. Durch seine doppelte Sucht hatte er seine Karriere und seinen Lebenstraum zerstört.

ge für die Beförderung entscheiden. Sein beruflicher Status geht ihm über alles, und ohne seinen Titel und sein Ansehen würde er sich nicht mehr als Mensch fühlen.

Personen, die bei der Arbeit wie im Spiel permanent Überlegenheit an den Tag legen müssen, leiden ebenfalls unter dem Verhalten vom Typ A. Ganz egal, ob diese Person einen beruflichen Konkurrenten aus dem Feld schlagen will oder sich auf ein Tennismatch einläßt – sie ist immer nur darauf aus, zu gewinnen. Das Leben ist für sie ein einziger Konkurrenzkampf. Wenn eine Sache im Beruf oder auch nur im Spiel schiefgeht, so ist es für diese Person einfach undenkbar, daß man ein solches Mißlingen lustig findet oder vielleicht sogar Witze darüber macht. Der Arbeitssüchtige kann selbst in seiner Freizeit nicht aufhören, auf Erfolg und Überlegenheit zu schielen.

Das letzte Merkmal des Typ-A-Verhaltens – Ungeduld und Feindseligkeit – läßt sich bereits in einem frühen Stadium erkennen. Vielen potentiellen Arbeitsfanatikern wird von Familienangehörigen und Freunden leichte Erregbarkeit oder gar Jähzorn attestiert. Und sind sie einmal so richtig in die Fänge der Arbeitssucht geraten, dann ist nichts leichter, als sie in äußerste Irritation zu stürzen, indem man ihren Zeitplan durcheinanderbringt. Schludrigkeit, Ungenauigkeit und Unverantwortlichkeit können sie rasend machen, und hier liegt genau der Grund, weshalb sie häufig mit ihren Kindern nicht zurechtkommen, vor allem wenn diese im Begriff sind, ihrem Elternhaus zu entwachsen und einen eigenen unabhängigen Lebensstil zu entwickeln.

Der Arbeitssüchtige ist immer in Eile, gleichgültig ob beim Essen, im Gespräch, beim Gehen, Autofahren, ja sogar im Spiel. Und je mehr seine Sucht zunimmt, um so heftiger versucht er (oder sie) andere Leute anzutreiben, um so gereizter reagiert er (oder sie) auf Menschen, die im Beruf oder privat einfach so dahintrödeln. Der Arbeitssüchtige haßt es, Schlange zu stehen oder in einem Verkehrsstau festzusitzen. Ja, er geht sogar so weit, daß er einen Gesprächspartner, der etwas langsam ist, zur Eile antreibt, ungeduldig sein »Ja und? Ja und?« einfügt, mit

Arbeiten wir nur, um zu leben? Freizeit und Körpertrai-
ning werden heute großgeschrieben. Die Lust an rascher
Bewegung, an sportlicher Betätigung (links) oder ein freier
Tag mit den Kindern am Strand (rechts) bilden einen er-
freulichen Kontrast zum Arbeitsleben (oben).

einem Grunzen die Langsamkeit des Gegen-
übers rügt oder noch unvollendete Sätze selbst
zum Abschluß bringt. Das Gespräch ist dann
natürlich alles andere als heiter oder ersprieß-
lich.

Arbeitssucht und Streß

Bedingt durch sein zwanghaftes Verhalten, steht
der Arbeitssüchtige zumeist unter erheblichem
Streß. Und über einen längeren Zeitraum gesehen, kann dieser Streß verheerende körperliche
und seelische Folgen haben. So zieht er häufig
weitere Zwangsverhalten und Süchte nach sich,
zum Beispiel Rauchen, Eßsucht, Alkoholismus
oder Drogensucht. Der Betroffene ist am Schluß
nicht mehr bloß mit einem, sondern mit zwei
oder drei gravierenden Problemen belastet.

Dazu kommt noch, daß chronischer Streß eine Steigerung des Blutdrucks, der Herzschlagrate, des Atemrhythmus, des Stoffwechsels und
des Blutzuflusses in Richtung Muskeln bewirkt
– die typische Flucht- oder Abwehrreaktion. Für
unsere Urahnen war diese Reaktion eine adapti-
ve, das heißt, sie half ihnen zu überleben. Doch
wir selbst sind heutzutage körperlich nur selten
irgendwelchen Lebensgefahren ausgesetzt. Wir
führen ein Leben, das in einem höheren Maße
zerebral ist, da wir unsere Probleme kaum mehr
durch Kampf oder Flucht, sondern durch Vernunft und Gespräche lösen. Trotzdem gibt es
einen Haken an dieser ganzen Geschichte: Unser Körper reagiert auf reale oder vorgestellte
Bedrohungen so wie eh und je. Und so kommt
es, daß der Streß, dem sich der Arbeitssüchtige
tagtäglich aussetzt, immer wieder die gleichen
Notreaktionen auslöst. Doch die Ironie dabei ist,
daß dieser Streß großenteils durch die Person
selbst verursacht wird. Natürlich kann ein
Mensch, und sei er noch so tüchtig und arbeit-
sam, nicht jedes angepeilte Ziel erreichen, genausowenig wie er bei jeder Gelegenheit befördert werden kann. Und dann die Ungeduld: Ein
unangenehmer Kunde muß abgewimmelt werden, Entscheidungen von Partnern oder Kollegen bleiben aus . . . Doch all diese Dinge sind im
Geschäftsleben normal, ja unvermeidlich. Nur

für den Arbeitssüchtigen nicht! Dieser ungeduldige und unduldsame Mensch wird infolgedessen allzu leicht zum Opfer von Streßreaktionen. Dr. Herbert Benson, Professor für Medizin an der Harvard Medical School und Direktor der Hypertension Section des Bostoner Beth Israel Hospital, hat in diesem Zusammenhang nachgewiesen, daß die Flucht- oder Abwehrreaktion einen Zustand aus *permanenter* Erregung und Bluthochdruck nach sich ziehen kann. Doch vermag der Arbeitssüchtige seinen Streß nur zu verringern, wenn er das entsprechende Verhaltensmuster ändert. Wenn Verhalten vom Typ A aufgebrochen und modifiziert wird, so kann dies ein glücklicheres und höchstwahrscheinlich auch ein gesünderes und längeres Leben bedeuten.

Einmal arbeitssüchtig, immer arbeitssüchtig?

Unglücklicherweise versuchen die meisten Arbeitssüchtigen ihr Verhalten erst dann zu ändern, wenn die Krise über sie hereingebrochen ist. Das gilt übrigens auch für andere Zwänge und Süchte. Die Notwendigkeit, die Arbeitssucht zu bekämpfen, tritt in vielen Fällen erst dann zutage, wenn der Betroffene seinen ersten Herzinfarkt oder Schlaganfall hinter sich hat

oder wenn seine Ehe bereits in die Brüche gegangen ist. Da aber heute in der Presse mannigfache Informationen zum Thema Streß, Überarbeitung, Gesundheit und Fitneß enthalten sind, erkennen viele Arbeitssüchtige ihr Problem von selbst und suchen aus eigenem Antrieb nach Hilfe.

Arbeitssucht und Verhalten vom Typ A können durchaus modifiziert werden. Eine der Modifikationsmethoden ist das sogenannte Cardia Stress Management Program, das von Richard Suinn und Larry Bloom von der Colorado State University entwickelt wurde. Um ihr Programm zu testen, verpflichteten sie 14 Männer im Alter von 38 bis 55, die alle in leitenden Positionen oder als Manager tätig waren und durchweg unter Typ-A-Verhalten und exzessivem, arbeitsbedingtem Streß litten. Die eine Hälfte dieser Gruppe wurde dem Cardia Stress Management Training unterzogen, während die andere Hälfte als Kontrollgruppe fungierte.

Das Training erstreckte sich über drei Monate. Als erstes brachte man den Versuchspersonen eine Technik bei, die der tiefen Muskelentspannung diente. Danach wurden sie aufgefordert, sich Streßsituationen vorzustellen (zum Beispiel einen wichtigen Termin mit dem eigenen Chef versäumen), und in diesem Zusammenhang schulte man sie dahingehend, daß sie die spezifischen Empfindungen, die durch den Streß hervorgerufen wurden, erkennen lernten. Und nun übten sie sozusagen die Früherkennung der Streßreize, mit dem Ziel, ihnen durch Muskelentspannung entgegenzuwirken. Genauso wichtig war jedoch, daß man sie aufforderte, sich Verhaltensweisen vorzustellen, die als Alternativen zum Typ-A-Verhalten funktionieren konnten. So sollten sie sich zum Beispiel vorstellen, sie seien im Stoßverkehr steckengeblieben, doch anstatt sich nun aufzuregen, sollten sie ihr ganzes Denken und Fühlen auf etwas anderes konzentrieren – auf einen Song im Radio, auf die Bäume am Straßenrand, auf den Himmel in der Ferne. Der nächste Schritt bestand dann darin, daß diese vorgestellten Alternativen auch wirklich in die Praxis umgesetzt wurden.

Dieses Training zeitigte einen nachhaltigen Erfolg. So verringerte sich der gesamte (mit Hilfe des Jenkins Activity Survey gemessene) Typ-

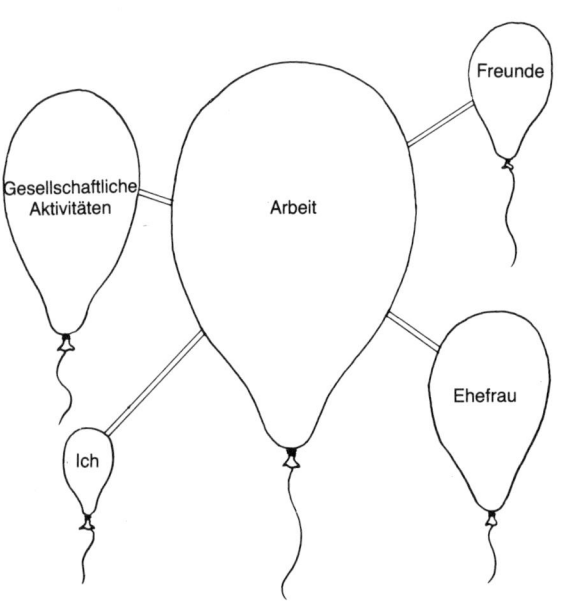

Zeit, um sich einen alten Traum zu erfüllen...

A-Punktwert der Personen mit Training von 11,1 auf 6,8, während die Gruppe ohne Training kaum irgendwelche Punktwertänderungen erkennen ließ. Auch der Blutdruck der Gruppe mit Training nahm ab, nämlich von 130/80 auf 116/77 – eine Abnahme, die freilich nicht so groß war, daß sie statistisch signifikant gewesen wäre. Bei weiteren Untersuchungen mit Arbeitssüchtigen, die vor kurzem einen Herzinfarkt erlitten hatten, erbrachte das oben beschriebene Trainingsprogramm nicht nur Veränderungen des Typ-A-Verhaltens, sondern auch eine entscheidende Senkung der Cholesterin- und Blutfettspiegel.

Wer sich freut, hat mehr vom Leben

Dr. George Sheehan, Arzt, Philosoph und Guru zahlreicher Athleten von Weltklasse, ist der Meinung, daß die Fähigkeit zu echter Lebensfreude allmählich verlorengeht. Für viele unter uns gibt es sie nicht mehr, die Lust am Leben und die Freude am Spiel, so wie wir sie aus unserer Kindheit kennen. Dr. Sheehan spricht in diesem Zusammenhang nicht nur von Glück, sondern auch von körperlicher, geistiger und seelischer Selbsterfüllung. Wenn der Mensch nicht immer wieder bewußt versucht, so meint Dr. Sheehan, die Struktur und Qualität seines Lebens zu verändern, kann er einer ebenso langweiligen wie kraftraubenden Routine verfallen, die nur mehr aus Arbeit, Verantwortung und Terminen besteht.

Auf niemanden trifft dies mehr zu als auf den Arbeitsfanatiker, dessen einzige Lust Leistung heißt und der nurmehr in den Kategorien Profit und Erfolg denkt. So aber besteht ein wesentlicher Aspekt der Behandlung des Arbeitssüchtigen darin, daß er Schritte unternimmt, um neue Freude am Leben zu gewinnen.

Andrew ist 51 Jahre alt und bekleidet eine leitende Stellung in einer großen Werbeagentur. Er ist verheiratet, hat ein Kind, das inzwischen erwachsen ist. Seine Frau schreibt Kinderbücher und ist bereits etwas bekannt. Andrew geht in seinem Beruf förmlich auf: Er arbeitet pro Tag zehn bis zwölf Stunden und sechs Tage in der Woche. Seine Frau hat sich mit seiner Arbeitssucht insofern arrangiert, als sie ihr Selbstwertgefühl aus ihrer Schriftstellerei und ihren gesellschaftlichen Aktivitäten bezieht. Andrew wußte zwar, daß sein Arbeitsverhalten eine Bedrohung seiner Ehe und seiner gesellschaftlichen Beziehungen darstellte, doch befürchtete er, daß seine Karriere darunter leiden könnte, wenn er seiner Firma weniger Zeit widmete.

Eine bildliche Vorstellung von Andrews Verfassung können wir aus einer von ihm selbst angefertigten Zeichnung gewinnen. Andrew wurde nämlich aufgefordert, sich sein Leben in Gestalt von mehreren unterschiedlich großen Ballons vorzustellen, wobei die Größe jedes Ballons dem Zeit- und Kraftaufwand entsprechen sollte, den er in den jeweiligen Lebensbereich investierte. Die Zeichnung veranschaulicht also Andrews Selbsteinschätzung, wobei der »Ich-

Ballon« bei weitem zu kurz kommt: Andrew hat offenbar eine ganze Menge Dinge hintangestellt, die ihm persönlich Spaß machen könnten. Und der Ratschlag, den man ihm gab: Luft ablassen aus dem »Arbeits-Ballon« und den »Ich-Ballon« aufblasen!

Natürlich gibt es noch andere Methoden, um bestimmte Aspekte arbeitssüchtigen Verhaltens zu modifizieren. So empfehlen zum Beispiel Friedman und Rosenman den Personen, die an einer schon krankhaften Gehetztheit leiden, sie sollten an jedem Arbeitstag ganz bewußt drei oder vier Extra-Pausen einlegen, um sozusagen ihre Geschwindigkeit zu drosseln. Der Arbeitssüchtige soll seine Arbeit liegenlassen, auch wenn sie ihm noch so wichtig erscheint, mehrere Male tief durchatmen, um dann zu entspannen. Die hierzu erforderlichen Entspannungstechniken haben wir in Kapitel 5 beschrieben. Diese Augenblicke der Entspannung sollten einer gewissen Bestandsaufnahme dienen: Der Entspannende soll sich über Zweck und Sinn des Lebens Gedanken machen. Indem er sich zum Beispiel die Frage stellt: »Wird meine Arbeit in zehn Jahren noch von irgendwelcher Bedeutung sein?«, kann er sein Leben in einer zugleich breiteren und langfristigeren Perspektive sehen.

Die Erforschung der Arbeitssucht ist ein relativ neues Gebiet für Ärzte und Psychologen, aber auch ein Gebiet, das mit ziemlicher Sicherheit in den kommenden Jahren entscheidende therapeutische Fortschritte erbringen wird. Der Fragebogen auf Seite 128 soll es dem Leser ermöglichen, gefährliche Tendenzen auch bei sich selbst auszumachen. Die Kur gegen Arbeitssucht ist einfach: Man führe ein weniger einseitiges Leben, setze neue Prioritäten, lerne entspannen und lasse sich keinesfalls auf die Palme bringen.

Neue gesellige Aktivitäten – egal ob beim Fischen mit Freunden oder als »Arbeitstier« für die Kinder!

11
Glücksspiel

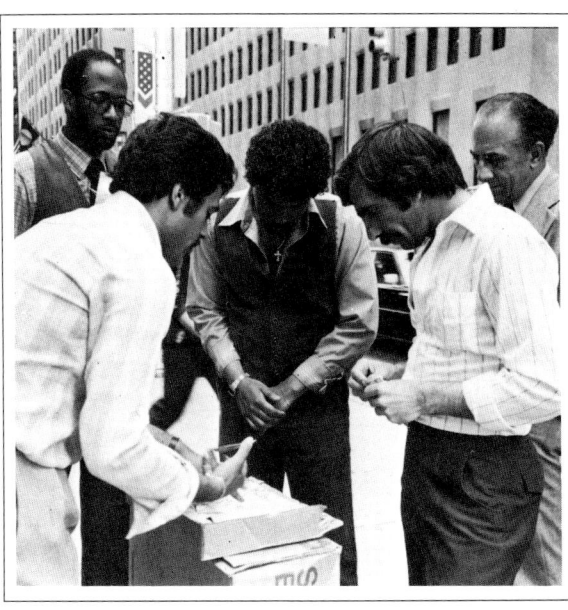

Eine kürzlich von der United Kingdom Royal Commission on Gambling durchgeführte Untersuchung hat ergeben, daß 94 Prozent aller erwachsenen Briten gelegentlich und 39 Prozent regelmäßig an Glücksspielen teilnehmen. Aber gewettet wird auf der ganzen Welt. Es ist eine wahrhaft internationale Obsession, die von der europäischen Lotterie bis zum chinesischen Mah-Jong reicht. Gemeinsam ist all diesen Glücksspielen die Erregung sowie die Aussicht, mit einem kleinen Einsatz eine ganz große Menge Geld zu gewinnen.

Unsummen Geld werden Jahr um Jahr in jedem Land verspielt. Das Glück winkt immer – wenn auch meistens nur aus der Ferne. Theodore Roosevelt, der sich in Monte Carlo zehn Dollar geliehen haben soll, um dann beim Roulette sehr rasch 25 000 Dollar zu gewinnen – dieser Fall ist wohl eher die Ausnahme.

Während die einen spaßeshalber bei Glücksspielen mitmachen und andere damit ihren Lebensunterhalt zu verdienen versuchen, gibt es noch die dritte Kategorie, in der das Glücksspiel zur Sucht geworden ist. Zwanghaftes Spielen ist ein zunehmend abnormes Verhalten. Die betroffene Person leidet unter dem unkontrollier-

baren Drang zu spielen, und zwar auch dann noch, wenn sie immer tiefer in das Dilemma des Verlierers hineingerät. Die Folgen sind, was Finanzen, Beruf und Ehe angeht, oft verheerend. Die Besessenheit vom Glücksspiel ist kein unwesentliches Problem; allein in den USA schätzt man die Zahl der zwanghaften Spieler auf über eine Million.

Der Glücksspieler kommt aus keiner bestimmten Gesellschaftsschicht, doch ist diese Sucht unter Männern häufiger als unter Frauen. Der zwanghafte Spieler zeichnet sich meistens durch überdurchschnittliche Intelligenz aus, doch ist das auch alles, was dieser Kategorie gemeinsam ist. Drei berüchtigte römische Kaiser, nämlich Nero, Claudius und Caligula, waren echte Spielernaturen, aber das gleiche galt für den russischen Schriftsteller Dostojewski, der seine Honorare nur allzugern beim Roulette verpulverte.

Die Annalen des Glücksspiels kennen wahrscheinlich mehr Anekdoten als die irgendeines anderen zwanghaften Verhaltens. Parysatis, die Königin von Persien, würfelte mit einem ihrer Sklaven um dessen Leben oder Freiheit. Die Würfel freilich waren nicht ihm, sondern ihr

*Ein triumphaler Erfolg (rechts) und äußerste Verzweiflung
(links) – das sind die Zwillingsaspekte des zwanghaften
Spielers. Was ihn immer wieder fasziniert, ist das Risiko,
ist die damit verbundene Erregung.*

Sind Sie ein zwanghafter Spieler?

Bedienen Sie sich des folgenden Tests, um herauszufinden, ob
Sie wirklich nur zum Spaß spielen oder ob es sich bei Ihrem
Spieltrieb um einen Zwang handelt, gegen den Sie Hilfe su-
chen sollten.

1. Hat Ihre Familie oder Ehe jemals unter Ihrem Spielverhalten zu leiden gehabt? ____ Ja ____ Nein
2. Haben Sie jemals wegen Ihres Spielens eine Schuld oder
   andere finanzielle Verpflichtung nicht eingelöst?
   ____ Ja ____ Nein
3. Haben Sie jemals durch Ihr Spielen Arbeitszeit vergeudet?
   ____ Ja ____ Nein
4. Haben Sie jemals Geld geborgt, um zu spielen oder Spielschulden zu bezahlen? ____ Ja ____ Nein
5. Sind Sie jemals kriminell geworden, um sich Geld fürs Spielen zu verschaffen? ____ Ja ____ Nein
6. Sind Sie schon einmal außerstande gewesen, gewisse
   Geldverluste zu rechtfertigen? ____ Ja ____ Nein
7. Sind Sie jemals von einer anderen Person wegen Spielschulden an Ort und Stelle ausgelöst worden?
   ____ Ja ____ Nein

Haben Sie drei von diesen Fragen mit Ja beantwortet, so
sind Sie ein Problemspieler, der gegen sein Spielverhalten
Selbstkontrolltechniken einsetzen sollte.

wohlgesonnen, und so wurde der Sklave zu Tode
gefoltert. Wenn bei jedem Glücksspiel der Einsatz so hoch wäre, dann gäbe es wahrscheinlich
nur sehr wenige zwanghafte Spieler auf der
Welt.

Die Folgen einer Spielsucht stellen sich zumeist nicht von einem Tag auf den anderen ein,
doch nimmt die Verschuldung des Spielers langsam, aber sicher zu, bis sie schließlich seine ganze Existenz bedroht. Nun sieht er nur noch einen Ausweg: Geld zu entwenden, zu unter-
schlagen oder zu veruntreuen. Das Haushalts-
geld für die Familie geht fremde Wege, die Mo-
natsmiete liegt plötzlich auf dem Roulettetisch,
und die nächste Rate fürs Auto wandert ins
Wettbüro. Das nächste Spiel ist immer die große
Hoffnung – ein Riesengewinn, und der Gewinner bin ich! Und mit diesem Gewinn werde ich
alles wieder gutmachen, ich werde meine Gläu-
biger bezahlen, meine Familie retten. Nur daß
sich eben dieser Glücksfall selten, sehr selten
einstellt.

Glück oder Geschicklichkeit

Fragt man einen unverbesserlichen Spieler, wodurch er denn gewinne, dann fällt wahrscheinlich das Wörtchen Glück – Glück muß man haben. Aber was ist dieses Glück? Es ist das Glück des Anfängers, es ist verbunden mit gewissen Zahlen, den sogenannten Glückszahlen, ein bestimmter Würfel bringt Glück, während ein anderer nur Unglück bringt, und natürlich gibt es den Glückstag, an dem sich das Glück einen Muskelkater holt, weil es dem Spieler so fleißig winkt. Aber ist dieser Glaube an das Glück begründet?

Von dem Anfänger, der zum erstenmal an einem Glücksspiel teilnimmt, wird behauptet, daß ihm dieser Augenblick günstig sei. Doch ist diese Behauptung unlogisch, denn sie ist ein Zirkelschluß. Nehmen wir einmal an, Sie fragen jemanden: »Woher wissen Sie denn, daß der Soundso Anfängerglück hatte?« Und dieser Jemand antwortet: »Weil er gewonnen hat.« »Und warum hat er gewonnen?« fragen Sie. Und der Befragte antwortet: »Na, Anfängerglück eben!« Verhalten wird vom Glück abgeleitet, und das Glück wird vom selben Verhalten abgeleitet. Handelte es sich bei dem sogenannten Anfängerglück um ein belegbares und ernstzunehmendes Phänomen, so müßte der Anfänger in der Regel mehr gewinnen als der erfahrene Spieler, aber das trifft eben nicht zu.

Damit soll jedoch nicht gesagt sein, daß der feste Glaube des Anfängers an sein Glück nicht auch sein Spielverhalten beeinflussen kann. Im Gegenteil. So wissen wir zum Beispiel von einer Untersuchung, bei der Studenten Geld bekamen, um damit zu spielen. Dabei fand man heraus, daß diejenigen, die zu Beginn des Spiels (das heißt während der ersten 22 Einsätze) gewannen, am Ende länger spielten als diejenigen, die erst in einem späteren Stadium Gewinne einstreichen konnten. Das traf sogar dann zu, wenn die Vertreter der erstgenannten Kategorie schon wieder verloren. Mit anderen Worten: Das Anfängerglück der Personen aus der ersten Gruppe war auf deren Beharrlichkeit und vermutlich auch auf deren größere Zwanghaftigkeit zurückzuführen. Nun ging man aber diesem Effekt weiter nach, indem man einigen Studenten erzählte, daß sie vom Anfängerglück begünstigt

Die Spielautomaten werden zu Recht als »einarmige Banditen« bezeichnet. Sie erleichtern ihr Opfer um sein Geld – sogar mit dessen Mithilfe!

seien und daß sie besser spielten als die anderen, obwohl auf der Hand lag, daß diese Studenten immer wieder verloren. Und was passierte? Diese Studenten setzten ihr Spiel hartnäckig fort. Wer also an sein Glück glaubt, obwohl das Gegenteil evident ist, wird auch dann noch weiterspielen, wenn die glücklosen Mitspieler längst aufgegeben haben.

Wahrscheinlichkeit oder Geschicklichkeit

Doch kann man den Glauben des zwanghaften Spielers an sein eigenes Glück besser verstehen als seinen Glauben an sein spielerisches Geschick. Würde man das Spiel als das begreifen, was es tatsächlich ist, nämlich vor allem ein Glücksspiel und nur höchst selten ein Geschicklichkeitsspiel, so gäbe es möglicherweise viel weniger Spieler. Natürlich gelten für verschiedene Spielgattungen verschiedene Glücks- und Geschicklichkeitsquoten. Denn wer einen Münz-

spielapparat in einer Kneipe betätigt oder einfach im Wappen-oder-Zahl-Verfahren wettet, vertraut wesentlich mehr dem Zufall als einer, der Siebzehnundvier spielt oder Pferdewetten abschließt, denn bei dieser Art von Glücksspiel ist nun doch eine gewisse Kombination aus Zufallswerten, Geschicklichkeit und Sachkenntnis vonnöten.

Viele leidenschaftliche Spieler haben ihr eigenes »Gewinnsystem«. Sie sind überzeugt, daß man den Zufall durch Geschicklichkeit wenn nicht überlisten, so doch um einiges verringern kann. Nun sind aber die Wahrscheinlichkeiten, daß eine hochgeworfene Münze Wappen oder Zahl zeigt, die gleichen, egal wie oft die Münze geworfen wird (und natürlich vorausgesetzt, daß sie nicht präpariert worden ist). Trotz dieser unwiderlegbaren Tatsache gibt es immer noch eine ganze Menge Leute, die fest daran glauben, daß eine Münze, die dreimal hintereinander Wappen zeigt, nun gleich mehrmals Zahl zeigen müsse.

Man nehme zehn Glücksspielexperten und lasse sie über die beste Methode, dem Zufall ein Schnippchen zu schlagen, diskutieren – die Diskussion würde kein Ende nehmen! In einem der verbreiteten Glücksspielbücher steht zu lesen,

daß es bei dem Kartenspiel Siebzehnundvier ratsam sei, progressiv zu spielen. Das heißt, wenn der Spieler seinen ersten Einsatz von, sagen wir, zehn Mark zurückgewinnt, soll er sogleich 20 Mark einsetzen, und wenn er diese zurückgewinnt, soll er auf 40 Mark gehen; und hiernach auf 60, auf 80 usw. Sobald er aber verliert, soll er zu seinen ursprünglichen zehn Mark zurückkehren. Der Autor dieses Buches geht davon aus, daß dem Zufall oder dem Glück gewisse Muster zugrunde liegen, doch ist das nicht unbedingt richtig. Im Gegensatz dazu gibt es andere Experten, die dem Spieler raten, nach mehreren Verlusten die Einsätze zu verdoppeln, denn gerade jetzt winke das Glück. Andere wiederum vertreten den Standpunkt, man solle noch in der Gewinnphase zu spielen aufhören. Doch gibt es auch die Experten, die dafür plädieren, daß es vernünftig sei, schon zu Beginn der Verliererphase das Spiel abzubrechen. Die Croupiers in den Casinos mögen wahrscheinlich die Spieler am liebsten, die in der Gewinnphase aufhören, denn dann gilt ihr Spieltisch als »Glückstisch«, der mehr und mehr Kunden anzieht. Würde jedoch jeder Spieler bereits beim ersten Verlust aufhören zu spielen, so gäbe es überhaupt kein zwanghaftes Spielen mehr.

*Beim Hahnenkampf (ganz links), im Wettbüro (links) oder
beim Pferderennen (rechts) – immer sind die Erwartungen
des Spielers hoch gespannt. Aber auf die Hochspannung
folgt oft bittere Enttäuschung.*

Aberglaube

Unverbesserliche Glücksspieler neigen häufig
zu abergläubischen Vorstellungen. Aus Untersuchungen zu verschiedenen Lernverhaltens-
mustern entnehmen wir, daß dies keineswegs
überraschend ist. Denn jedes Verhalten, das
mehr oder weniger gleichzeitig mit einer Verstärkung (oder Belohnung) auftritt, wird in sich
selber bestärkt, ganz egal, ob das Verhalten
selbst diese Verstärkung erzeugt. Im Falle unseres Glücksspielers bedeutet dies, daß er, wenn er
der besseren Gewinnchancen wegen die beiden
Finger kreuzt, das nächstemal automatisch um
so eher zu diesem Verhalten der Glücksbe-
schwörung neigt. Derart abergläubische Verhaltensweisen können sich zu übermächtigen Gewohnheiten auswachsen. Manche Spieler absolvieren vor jedem Spielbeginn ausgeklügelte
abergläubische Rituale. So gibt es zum Beispiel
Würfelspieler, die ihre Chips auf eine ganz bestimmte Weise vor sich anhäufen, die den Filz-
belag des Spieltisches reiben, bevor sie würfeln,
die unsinnige »Glückssätze« wiederholen, wie
etwa »Baby braucht neues Paar Schuhe«, oder
aber irgendeine tolle Frau bitten, ihre Würfel zu
berühren oder anzupusten. Keine dieser Verhal-

Sie haben gewettet und warten nun begierig auf die neuen Ergebnisse.

tensweisen kann in irgendeiner Form das Ergebnis des Spiels beeinflussen. Und obwohl der Spieler dies weiß, unterzieht er sich dennoch dem Ritual – im Falle eines Falles, heißt seine Devise.

Der erste Preis für das absonderlichste Spielritual gebührt vermutlich einem gewissen Monsieur Blanchard. Als er eines Tages das Casino in Monte Carlo betrat, ließ eine vorüberfliegende Taube etwas auf seinen Hut fallen. An diesem Tag gewann er 30 000 Mark. Was freilich zur Folge hatte, daß Monsieur bei allen seinen späteren Besuchen im Casino seltsame Pirouetten und Kreise drehte, von dem einzigen Wunsch beseelt, der Himmel möge ihm noch einmal einen solchen Glücksbringer bescheren.

Der Spielteufel, und wie er seine Opfer packt

Über die Entstehung des Spielverhaltens gibt es leider nur wenige verläßliche Forschungsarbeiten. Eine der interessantesten und am schwierigsten zu beantwortenden Fragen ist folgende: Weshalb fährt der Spieler fort zu spielen, obwohl er sieht, daß er die ganze Zeit verliert? Eine teilweise Erklärung dieses irrealen Verhaltens liefert der Psychologe B. F. Skinner mit seinen sogenannten Verstärkungsmechanismen.

Verstärkung oder Belohnung eines bestimmten Verhaltens kann immer dann auftreten, wenn das Verhalten auftritt, oder aber nur gelegentlich. Doch wie wir alle wissen, stellen sich die Belohnungen und Vergnügungen des Lebens nach einem Zeitplan ein, der nicht kontunierlich verläuft, sondern mit Pausen arbeitet, das heißt, er intermittiert. Die Konsequenz einer solchen intermittierenden Verstärkung ist die, daß durch sie Verhaltensweisen entstehen, die nur schwer wieder auszuschalten sind. An und für sich sollte eine derartige Ausschaltung eintreten, wenn keine Belohnung mehr erfolgt. Wenn ein Fischer, der jedesmal einen Fisch fängt, wenn er die Angel auswirft, plötzlich keinen Fisch mehr fängt, dann kann er noch einige Male die Angel auswerfen, um schließlich aufzugeben, sein Zeug zusammenzupacken und heimzugehen. Fängt er jedoch nur nach jedem 15. Angelauswerfen einen Fisch und danach nichts mehr, so können wir sicher sein, daß er seine Versuche nicht so rasch aufgibt. Ja, er vermutet die nächsten 15 Male nicht einmal, daß sich sein Glück gewendet haben könnte. Der erste Fischer hingegen wird bereits nach dem ersten erfolglosen Auswerfen der Angel mißtrauisch.

Aus diesem Grunde arbeiten Glücksspiele und Spielautomaten mit intermittierender Verstärkung. Denn in diesem Falle bestehen die Gewinnchancen im Kopf des Spielers auch dann fort, wenn keine Gewinne ausgeschüttet werden. Eines der ersten Experimente zum Spiel-

verhalten wurde von D. J. Lewis und C. P. Duncan durchgeführt: sie untersuchten den Effekt, den die Gewinnhäufigkeit auf das Spielverhalten hat. Bei diesem Versuch bekamen Studenten etwas Geld, mit dem sie einen bestimmten Spielautomaten bedienen sollten. Dieser Automat war so präpariert, daß einige Studenten bei jedem Spiel gewannen, während anderen nur bei jedem zweiten Spiel das Glück winkte. Nach einiger Zeit wurde dieser Automat so umfunktioniert, daß er überhaupt keine Gewinne mehr ausspuckte. Unter dieser neuen Spielbedingung stellte sich heraus, daß die Studenten, die nur bei jedem zweiten Spiel gewonnen hatten, diesen Automaten wesentlich länger bedienten als die Studenten, die die ganze Zeit gewonnen hatten. Interessant an diesem Experiment war also, daß es eindeutig belegte, wie irrational die Beharrlichkeit der Spieler ist, die intermittierend »verstärkt« werden. Als der Automat überhaupt keine Gewinne mehr auswarf, hörten die früheren Gewinner zu einem Zeitpunkt zu spielen auf, zu dem ihre Verluste noch gering waren. Doch auf die zweite Gruppe Versuchspersonen traf das Gegenteil zu. Es war, als ob sie glaubten, daß sich ihre Gewinnchancen verbesserten, je mehr Geld sie verloren.

Einer der ersten Forscher, die sich mit Spielsituationen im wirklichen Leben auseinandersetzten, war der britische Psychologe Mark Dickerson. Er entdeckte, daß 90 Prozent der Mitglieder von Gamblers Anonymous (einer Selbsthilfegruppe für Spielsüchtige) einst dem Pferdewetten gefrönt hatten, das von Wettbüros aus betrieben wird. Diese Tatsache brachte Dickerson auf die Frage, ob sich diese Wettbüros nicht in irgendeiner Weise ganz besonders für die Entstehung von »Wettsucht« eigneten. Damit der Leser eine Vorstellung von einem solchen Wettbüro bekam, hier Dickersons Beschreibung:

»Solche Büros unterscheiden sich äußerlich kaum von anderen Geschäften. Der Blick in dieses Büro wird oft versperrt durch Fotos oder andere Darstellungen von Pferderennen. Das Innere des Ladens mit seinen 20 bis 30 Quadratmetern ist meistens kaum möbliert. Auf einer großen Schautafel sind die Pferde, Jockeys und Champions des Tages vermerkt. An den Wänden hängen Tabellen. In Kästen liegen die Wettzettel bereit, und zum Ausfüllen dient das

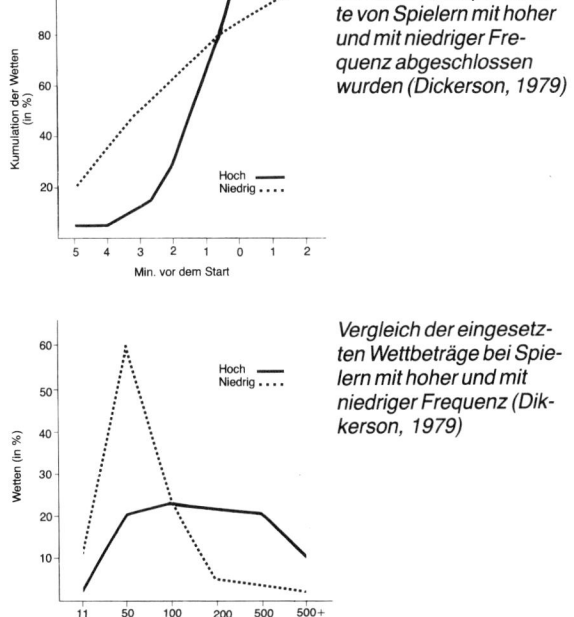

Prozentualer Vergleich der Wetten, die pro Minute von Spielern mit hoher und mit niedriger Frequenz abgeschlossen wurden (Dickerson, 1979)

Vergleich der eingesetzten Wettbeträge bei Spielern mit hoher und mit niedriger Frequenz (Dickerson, 1979)

schmale Holzpult an der Wand. Die Räumlichkeit ist stets mit einer Uhr und einem Lautsprecher ausgestattet, durch den die Pferderennen live übertragen werden.«

An jedem Werktagnachmittag finden 24 bis 32 Hunde- und Pferderennen statt. Etwa vier Minuten vor dem Start eines Hunderennens und ungefähr eine Viertelstunde vor dem Start eines Pferderennens wird eine Reihe einschlägiger Informationen über das jeweilige Rennen durchgegeben. Und am Schluß heißt es dann: »Jetzt geht's los!« Es folgt ein Kommentar zum Rennen selbst, und gewettet wird bis zum Start. Danach geht natürlich nichts mehr.

Dr. Dickerson und seine Mitarbeiter nahmen zwei Wettbüros in Birmingham unter die Lupe. Sie registrierten sorgfältig die von jedem Kunden abgeschlossenen Wetten sowie die Zeiten, zu denen sie abgeschlossen wurden. Um jedoch einen klaren Überblick zu bekommen, unterteilte Dickerson die Leute in Spieler mit hoher Frequenz (das waren Spieler, die an drei oder mehr Tagen pro Woche acht oder mehr Wetten abschlossen) und in Spieler mit niedriger Frequenz (die an irgendeinem Tage drei oder weniger Wetten abschlossen).

Dabei fand Dickerson heraus, daß die Gruppe mit hoher Frequenz dazu neigte, ihre Wetten erst kurz vor dem Startschuß abzuschließen, während die Gruppe mit niedriger Frequenz ihre Wetten eine ganze Weile vor dem Start tätigten; das können wir eindeutig aus dem Diagramm unten ersehen. Ja, es gab sogar Spieler mit hoher Frequenz, die ihren Wettzettel erst im allerletzten Augenblick dem Buchmacher hinter seiner Glaswand zuschoben. Wie wir aus dem zweiten Diagramm ersehen können, neigte die Gruppe mit hoher Frequenz dazu, mehr Geld zu verwetten als die zweite Gruppe. Dabei gaben die Vertreter der ersten Gruppen mehr aus für Wetten, die höher als ein Pfund lagen, und weniger für Abschlüsse, die unter 50 Pence lagen. Bei der zweiten Gruppe hingegen beliefen sich etwa 60 Prozent der Wetten auf 50 Pence.

Dickersons Untersuchung ergab eindeutig, daß sich das Wettverhalten der Spieler mit hoher Frequenz grundlegend von dem Verhalten der Gelegenheitsspieler unterscheidet. Das charakteristische Verhalten des zwanghaften Spielers besteht darin, daß er mit hohen Einsätzen spielt

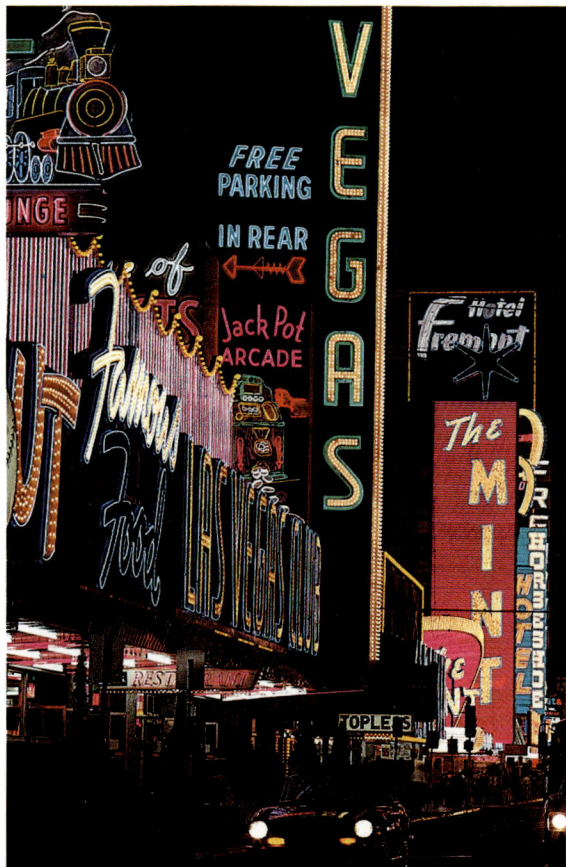

Der Zauberglanz von Las Vegas. Doch wie viele Tragödien haben sich nicht hinter dieser Fassade abgespielt! Aus Vergnügen wird oft Besessenheit, der bittere Verzweiflung folgt.

und seine Wette im letztmöglichen Moment abschließt. Mehrere Kunden wurden auf diese Abschlüsse im letztmöglichen Augenblick angesprochen und erklärten einmütig, daß diese Art von Wetten ein zusätzliches Geschick erfordere. Mehr Informationen, so meinten sie, führten zu einer besseren Einschätzung der Wettsituation und folglich der Gewinnchancen. Leider jedoch widerspricht die Statistik dieser einleuchtenden Theorie: 80 Prozent der in Wettbüros getätigten Einsätze gehen verloren, ganz egal, zu welcher Zeit die entsprechenden Wetten abgeschlossen wurden.

Dickerson und seine Mitarbeiter schlossen aus alledem, daß der zwanghafte Spieler, wenn er ein Wettbüro betritt, zwei klar voneinander unterschiedenen Verstärkern begegnet. Der eine offenkundige Verstärker heißt Geld – entweder Bargeld beim Gewinn oder zumindest die Erwartung, bares Geld zu gewinnen. Der zweite und wahrscheinlich wichtigere Verstärker ist die subjektive Spielerfahrung selbst. Die Erregung des Spielers setzt ein, wenn der Kommentar vor dem Rennen läuft und sich ihm die Gewinnchancen darstellen, und sie erreicht ihren Höhepunkt kurz vor dem Beginn des Rennens. Diese emotionale Anspannung dürfte im wesentlichen dazu beitragen, daß der Spieler sein Hobby zum Zwang entwickelt. Und so trägt das Agieren des Spielers an sich schon Belohnung in sich, ganz egal, was am Schluß dabei an finanziellem Verlust oder Gewinn herauskommt.

Eine Bestätigung dieses Befunds liefert uns Professor Hans J. Eysencks Erregungstheorie. Hans J. Eysenck von der University of London hat Untersuchungen durchgeführt, die sich mit den Fragen Extraversion und Introversion und mit der Möglichkeit befaßten, wonach diese beiden Persönlichkeitsmerkmale mit bestimmten Erregungsniveaus im Cortex des Gehirns zusammenhängen könnten. Der Extravertierte hat ein niedriges Erregungsniveau und ist infolgedessen ein Reizsucher. Das Gegenteil gilt für den Introvertierten. Der Extravertierte sucht gegebene Stimulationen zu steigern, er liebt zum Beispiel laute Versammlungen und das Risiko. Und was nun den zwanghaften Spieler anlangt, so hat es den Anschein, als sei er eher extravertiert als introvertiert. Jedes Glücksspiel enthält ein Risiko und bewirkt Erregung: Es wird verstärkt durch eine Steigerung des Erregungsniveaus. Glücksspiele, besonders solche mit hohem Einsatz, sind ungeachtet der damit verbundenen schweren Verluste nicht aus der Welt zu schaffen, denn der Spieler erlebt gerade beim riskanten Spiel eine optimale Steigerung seines Erregungsniveaus. Hier aber setzt dann seine Konditionierung ein. Schließlich versetzt ihn allein schon die Vorstellung des Spielens in Erregung. Nun aber besteht die Verstärkung im Spielen selbst, im Reiz des Risikos, und Gewinn und Verlust spielen nunmehr eine sekundäre Rolle.

Frau Anne R.: Eine Erfolgsgeschichte

Obwohl echte Spielernaturen zumeist männlichen Geschlechts sind, gibt es auch Frauen, die an Spielsucht leiden: Anne ist ein hervorragendes Beispiel. Sie ist 26, verheiratet mit einem Elektriker, Mutter von zwei Kindern. Ihr Mann hat ein bescheidenes Einkommen, mit dem sie gerade so über die Runden kommen.

Anne spielte bereits ein Jahr, als sie sich an einen Experten um Hilfe wandte. In der ersten Sitzung schilderte sie ihre ganze qualvolle Situation:

»Ich fühle mich derart niedergeschlagen und schuldig, daß ich nicht mehr weiß, was ich tun soll. Ich kann das Spielen nicht aufgeben. Letzte Woche war ich so verzweifelt, daß ich einfach einen Teil des Haushaltsgeldes verspielte. Die Woche davor bezahlte ich meine Spielschulden mit dem Geld, das wir für die Winterkleidung der Kinder zurückgelegt hatten. Was bin ich nur für eine Mutter?! Ich komme mir wie ein Ungeheuer vor!«

Anne war wie am Boden zerstört. Ihr Mann war wütend und böse auf sie – verständlicherweise. Denn es war nicht das erste Mal, daß Geld aus der Haushaltskasse verschwand. Annes Spielsucht war so stark, daß sie befürchtete, nie mehr davon loszukommen. Doch nun, motiviert durch ihre Familie, begab sie sich in Behandlung. Sie lernte und praktizierte Selbstkontrolltechniken, und zwar ziemlich schnell. Sie benutzte vor allem die Reizkonfrontations- und Entspannungstechniken, wie wir sie in den Kapiteln 4 und 5 beschrieben. Außerdem unterzog sie sich einem Training ihrer sozialen Fertigkeiten, mit dem Ziel, anderen gegenüber offener zu sein und mehr Selbstvertrauen zu entwickeln. Um einen Ersatz für ihr obsessives Spielverhalten zu finden, wandte sie sich einem Beruf zu, den sie schon einmal ausgeübt und der ihr damals sehr viel Spaß gemacht hatte: Sie stieg wieder ins Maklergeschäft ein, allerdings nur halbtags. Die Aussicht, mit eigener Energie und Findigkeit Geschäfte auch größeren Umfangs abschließen zu können, beflügelte sie, so daß ihre Therapie entscheidende Fortschritte machte. Dazu kam noch, daß sie nun regelrecht mitverdiente.

Anne schaffte es: Sie gab ihr Spielen auf, und dieser Erfolg läßt sich am besten mit ihren eigenen Worten wiedergeben:

»Ich bin heute ein anderer Mensch. Die Spielsucht beherrscht nicht mehr mein Leben. Ich habe wieder Vertrauen in mich und packe nun die Dinge selber an. Als ich spielte, fühlte ich mich wie ein Spielautomat. Ich war nicht mehr Herr meiner selbst, und jemand Fremdes schien mich zu kontrollieren. Aber das ist jetzt alles vorbei, und meiner Familie und mir geht es jetzt viel besser.«

Was kann man dagegen tun?

Um zwanghaftem Spielen ein Ende zu machen, müssen wir zunächst einmal den Problemspieler als solchen erkennen. In diesem Kapitel haben wir die Kriterien kennengelernt, durch die eine Spielernatur definiert werden kann. Ein Spieltrieb wird in der Regel dann problematisch, wenn er die Familie, den Beruf oder die finanzielle Situation des Spielers bedroht und wenn er diesen mit dem Gesetz in Konflikt bringt. Entscheidende Frage: Ist das Glücksspiel zu einem unerläßlichen Bestandteil des Lebens der betroffenen Person geworden, oder ist diese immer noch frei genug, um wirklich nur dann zu spielen, wenn sie will? Zwanghafte Spieler sollten auf ihr eigenes Verhalten so bald wie möglich hingewiesen werden, egal ob von Freunden, Verwandten oder Bekannten. Denn es ist keineswegs menschenfreundlich, sich in einem solchen Fall in Schweigen zu hüllen. Versucht man jedoch dem zwanghaften Spieler dadurch zu helfen, daß man ihm Geld borgt, so fühlt sich dieser in seinem Verhalten nur noch bestärkt, das heißt er gerät immer tiefer in den Teufelskreis, der darin besteht, daß er noch mehr spielt, noch mehr borgt, um nun noch mehr zu spielen und noch mehr zu borgen...

Ähnlich wie der Alkoholiker stellt auch der zwanghafte Spieler sein Problem gewöhnlich in Abrede. Aus seinem Mund hören wir ihn wieder, den ausgeleierten Satz: »Ich kann ja aufhören, wann immer ich will.« Doch daß Taten mehr gelten als Worte, das trifft in einem negativen Sinn auch auf den Bereich der Zwänge und Süchte zu. Ein ernstgemeintes Versprechen, 30 Tage lang nicht zu spielen, beweist dem Spieler und seiner Umgebung in der Regel, daß er sich selbst ein paar Tage lang nicht des Spiels enthalten kann. Doch unglücklicherweise begibt sich der zwanghafte Spieler gewöhnlich erst dann in Behandlung, wenn ihn die Krise voll erwischt hat.

Gesetzliche Maßnahmen sind eine Möglichkeit, um zwanghaftes Spielen zu unterbinden. Derartige Schritte sollten sich vor allem gegen die Spielmethoden richten, die am stärksten zu zwanghaftem Verhalten führen. In vielen Ländern gibt es Spielkommissionen oder ähnliche Einrichtungen, doch besteht deren Hauptaufgabe meistens darin, darauf zu achten, daß die Spielbanken und andere Glücksspielstätten keine Steuern hinterziehen und daß gewisse moralische Standards gewahrt bleiben. Doch kann es auch vorkommen, daß diese Kommissionen es den Wettbüros zum Beispiel nahelegen, ihre Kunden mit möglichst vielen Informationen über Gewinn- und Verlustmöglichkeiten auszustatten. Eine Empfehlung, die freilich durchaus dazu angetan sein könnte, zwanghaftes Spielen zu fördern, anstatt es zurückzudrängen. Außerdem unternehmen die meisten Regierungen nur sporadisch etwas, um gegen Glücksspielprobleme und Spielsucht anzugehen.

Die in diesem Buch bereits eingehend dargestellten Selbstkontrollverfahren bilden einen überaus konstruktiven Ansatz zur Bewältigung der in diesem Kapitel behandelten Problematik. Es empfehlen sich folgende Vorgehensweisen: (1) Erlernen von Selbstkontrollfertigkeiten, (2) Entwickeln von alternativen Verhaltensweisen, die das Spielen ersetzen, (3) Einsicht in die Konditionierungsprozesse, die den Spielzwang verstärken, (4) Erlernen und praktische Anwendung der Problemlösungsfertigkeiten, die nötig sind, um Konflikte mit dem Gesetz sowie Schwierigkeiten in der Ehe, am Arbeitsplatz und auf finanziellem Gebiet aus der Welt zu schaffen, und (5) Führen eines Selbstbeobachtungstagebuches, mit dessen Hilfe man alle Verhaltensänderungen festzuhalten und zu überprüfen vermag.

12
Alkoholismus

Alkohol ist in vielerlei Hinsicht die gefährlichste Droge überhaupt. Sie trägt in erheblichem Maße zu Gewalttaten und Verkehrsunfällen bei und kann – durch Krankheiten wie Leberzirrhose – direkt zum Tode führen. Man schätzt, daß Alkoholismus die Vereinigten Staaten jährlich 10 Milliarden Dollar kostet; in England sind es 40 Millionen Pfund, wovon die Hälfte als Krankengeld ausgezahlt wird. Auf der einen Seite ist Alkoholgenuß mit Vergnügen, Entspannung, Unterhaltung und Geselligkeit verbunden. Auf der anderen Seite ist das »Teufelsgesöff« für viele der heruntergekommenen, zerlumpten Gestalten verantwortlich, die man auf den Straßen aller Großstädte antrifft. Doch entspricht bei weitem nicht jeder, der durch Alkohol in schwere persönliche und gesellschaftliche Nöte gerät, dem Bild des »Wermutbruders«. In diesem Kapitel befassen wir uns mit den Auswirkungen des Alkohols auf den Menschen, den Problemen, die Alkoholismus hervorrufen kann, und der Frage, wie Alkoholabhängigkeit zustande kommt. Außerdem untersuchen wir einige Selbstkontrollstrategien zur Bekämpfung von Alkoholabhängigkeit.

Was ist Alkohol?

Das Rauschmittel Äthylalkohol ist in mehr oder weniger starker Konzentration in allen alkoholischen Getränken enthalten. Es wird durch den natürlichen Gärungsprozeß von Hefe und Zukker erzeugt. Es kann aber auch künstlich und in konzentrierter Form durch Destillation, also Reduzierung des Wassergehalts von natürlich fermentiertem Alkohol hergestellt werden.

Was bewirkt Alkohol?

Alkohol reduziert die Aktivität des Nervensystems. In kleinen Dosen regt er den Blutkreislauf an, vermindert Spannungen und wirkt enthemmend. Größere Mengen führen zur Beeinträchtigung der Motorik und Psychomotorik, oft begleitet von Gewalttätigkeit und Aggression. In übergroßen Dosen führt er zu Vergiftungen, gelegentlich sogar zum Tod. Und schließlich kann Alkohol dem Gewebe von Organen, wie Leber und Gehirn, unwiederbringliche Schäden zufügen.

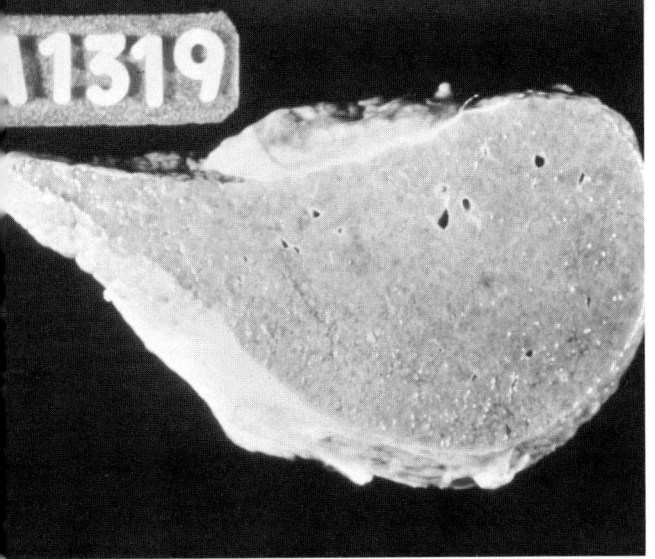

1319

Die vergiftete Leber eines Trinkers, der an Zirrhose starb. Bei einem gesunden Menschen regeneriert sich die Leber schnell.

Wer ist Alkoholiker?

Wohl jeder von uns hat hier und da schon einmal die wohltuenden und entspannenden Wirkungen des Alkohols erfahren. Ebendiese Wirkungen sind es, die regelmäßigen Konsum und Abhängigkeit bekräftigen. Wo aber hört das Gewohnheitstrinken auf und fängt der Alkoholismus an? Obwohl unzählige Bücher über dieses Thema geschrieben worden sind, herrscht über die exakte Definition des Alkoholismus noch immer Uneinigkeit. Es gibt keine scharfumrissene Grenze, an der einer, der trinkt, plötzlich zum Alkoholiker wird. Alkoholabhängigkeit ist also kein »Alles-oder-Nichts«-Phänomen, son-

Alkohol-Fragebogen

1. Neigen Sie dazu, nach einer Enttäuschung oder einer Auseinandersetzung viel zu trinken?
2. Trinken Sie mehr als gewöhnlich, wenn Sie Ärger haben oder gestreßt sind?
3. Haben Sie jüngst festgestellt, daß Sie mehr Alkohol vertragen als früher?
4. Sind Sie schon mal morgens aufgewacht, ohne sich an Abschnitte des Vorabends erinnern zu können, obwohl Ihnen Ihre Freunde versichern, daß Sie sich ganz »normal« verhalten hätten?
5. Wenn Sie in Gesellschaft anderer trinken, versuchen Sie dann, ein paar zusätzliche Drinks zu nehmen, ohne daß es die anderen merken?
6. Gibt es Situationen, in denen Sie sich unwohl fühlen, wenn kein Alkohol verfügbar ist?
7. Warten Sie in letzter Zeit ungeduldiger auf den ersten Drink als früher?
8. Haben Sie manchmal Schuldgefühle wegen Ihrer Trinkgewohnheiten?
9. Ärgert es Sie insgeheim, wenn Freunde oder Angehörige über Ihre Trinkgewohnheiten sprechen?
10. Haben Sie in letzter Zeit häufiger Gedächtnislücken?
11. Kommt es häufiger vor, daß Sie gern weitertrinken möchten, wenn Ihre Freunde aufhören?
12. Gibt es besondere Anlässe, wenn Sie extrem viel trinken?
13. Bedauern Sie in nüchternem Zustand oft Dinge, die Sie getan oder gesagt haben, als Sie unter Alkoholeinfluß standen?
14. Haben Sie schon verschiedene Methoden ausprobiert, um Ihre Trinkgewohnheiten zu kontrollieren?
15. Haben Sie schon öfter Vorsätze, was Ihre Trinkgewohnheiten angeht, nicht eingehalten?
16. Haben Sie schon einmal versucht, Ihre Trinkgewohnheiten zu ändern, indem Sie Arbeitsplatz oder Wohnort gewechselt haben?
17. Versuchen Sie, wenn Sie trinken, Angehörigen oder Freunden aus dem Weg zu gehen?
18. Haben Sie in letzter Zeit häufiger finanzielle oder berufliche Probleme?
19. Haben Sie häufig das Gefühl, ohne triftigen Grund von anderen ungerecht behandelt zu werden?
20. Essen Sie wenig oder unregelmäßig, wenn Sie trinken?
21. Kommt es vor, daß Sie morgens zittern und sich nach einem kleinen Drink besser fühlen?
22. Haben Sie jüngst festgestellt, daß Sie nicht mehr soviel trinken können wie früher?
23. Sind Sie manchmal mehrere Tage durchgehend betrunken?
24. Sind Sie manchmal sehr deprimiert und fragen sich nach dem Sinn des Lebens?
25. Kommt es vor, daß Sie nach einer Trinkperiode Dinge sehen oder hören, die gar nicht da sind?
26. Bekommen Sie Angstzustände, wenn Sie viel getrunken haben?

Wenn Sie auch nur wenige Fragen mit Ja beantworten mußten, so haben Sie zumindest einige der Symptome, die auf ein Trinkproblem hinweisen. Mehrere Ja-Antworten deuten auf folgende Stadien hin:

Fragen 1–8: Anfangsstadium; Fragen 9–21: fortgeschrittenes Stadium; Fragen 21–26: Beginn des Endstadiums.

dern wie Taubheit oder Korpulenz in unterschiedlichen Abstufungen zu beoachten. Wann sagen wir, daß ein Mensch taub und nicht schwerhörig, dick und nicht nur übergewichtig ist? Alkoholabhängigkeit ist ein Kontinuum, das von leicht bis schwer reicht, und deshalb hilft es wenig, sich auf einen Punkt zu einigen, ab dem ein Trinker zum Alkoholiker wird. Jeder, der weniger trinken will, dem es jedoch schwerfällt, ist mehr oder weniger alkoholabhängig.

Woran erkennt man schwere Alkoholabhängigkeit?

Die Begriffe »Toleranz« und »physische Abhängigkeit« stehen im Mittelpunkt der Suchttheorie. Toleranz bezeichnet die Tendenz des zentralen Nervensystems, die Rauschwirkungen einer Droge so zu adaptieren, daß immer höhere Dosen nötig sind, um die anfängliche Wirkung hervorzurufen. Alkoholtoleranz zeigen nicht nur der starke Trinker, der sich brüstet, seine Zechkumpanen unter den Tisch zu trinken, oder der Alkoholiker, der eine halbe Flasche Whisky leert, ohne betrunken zu werden, sondern auch Ratten, denen man zwei Wochen lang täglich 6 g Alkohol pro Kilogramm Körpergewicht verabreicht.

Die Weltgesundheitsorganisation (WHO) definiert physische Abhängigkeit als einen »adaptiven Zustand, der sich durch physische Störungen manifestiert, wenn die Droge abgesetzt wird«. Die parallele Entwicklung von Toleranz und physischer Abhängigkeit führt zu steigendem Konsum, da immer größere Alkoholmengen erforderlich sind, um dieselbe Wirkung hervorzurufen. Weitergetrunken wird meist auch, um tatsächliche oder erwartete Entzugsbeschwerden zu vermeiden. Deshalb ist der starke Trinker psychisch und physisch abhängig und leidet unter dem Alkoholabhängigkeitssyndrom, das folgendermaßen beschrieben werden kann: Die Toleranz nimmt zu, und Entzugserscheinungen wie Zittern, Schweißausbrüche und Depressionen stellen sich ein, vor allem am »Morgen danach«, wenn der Alkoholspiegel im Blut gesunken ist. Trinkt der Betroffene, um die Entzugssymptome zu vermeiden, so verschwinden diese Erscheinungen nach ein paar Gläsern

So stellt sich der Durchschnittsbürger den typischen Alkoholiker vor; die Skala der Alkoholabhängigkeit ist allerdings sehr viel größer.

sehr schnell. Zu Hause und am Arbeitsplatz werden Flaschen versteckt, damit diesen Beschwerden entgegengewirkt werden kann. Selbst wenn es dem stark abhängigen Alkoholiker gelingt, abstinent zu bleiben, ist er weiterhin gefährdet. Wenn er nur ein einziges Mal erneut zur Flasche greift, verfällt er mit großer Wahrscheinlichkeit innerhalb weniger Tage seiner alten Gewohnheit.

Alkohol und Gesellschaft

Der Entschluß zu trinken ist das Resultat einer komplexen Wechselbeziehung zwischen dem Trinker und seiner sozialen Umgebung. Untersuchungen haben gezeigt, daß Trinkgewohnheiten von Geschlecht, Gruppenzugehörigkeit, Beruf, Nationalität sowie von Preis und Verfügbarkeit des Alkohols beeinflußt werden. Eine Statistik bestätigte, daß Trinkprobleme je nach ethno-religiöser Gruppenzugehörigkeit schwanken. Die meisten jüdischen Männer zum Beispiel trinken, doch nur wenige trinken stark oder geraten durch ihr Trinken in Schwierigkeiten; die meisten Katholiken und liberalen Protestanten trinken, und eine überdurchschnittliche Prozentzahl hat damit Probleme; Konservative oder »puritanische« Protestanten (deren Glaube totale Abstinenz fordert) sind zu einem hohen Prozentsatz Nichttrinker, starke Trinker unter ihnen haben jedoch häufig Probleme.

Wirtschaftliche Kosten, die den USA 1975 durch Alkoholmißbrauch und Alkoholismus entstanden:

Kostenpunkt	Kosten (Milliarden $)
Produktionseinbußen	$ 19,64
Gesundheitsschäden	$ 12,74
Verkehrsunfälle	$ 5,14
Gewaltverbrechen	$ 2,86
Sozialausgaben	$ 1,94
Brandschäden	$ 0,43
Gesamtkosten	$ 42,75

Quelle: Dritter Sonderbericht des U.S. Congress on Alcohol and Health.

In Weinanbaugebieten wurde eine überproportional hohe Zahl starker Trinker registriert, was sicherlich darauf beruht, daß Alkohol dort leicht zugänglich ist und zum Alltag gehört. Die permissive Einstellung beeinflußt nicht nur die Trinkgewohnheiten des einzelnen, sondern auch die Haltung der jeweiligen Regierung in puncto Alkohol.

Auch der Beruf kann eine wesentliche Rolle spielen. Fabrikdirektoren, Barkeeper, Gastwirte, Regisseure, Schauspieler, Musiker, Köche und Seeleute sterben häufiger an den Folgen des Alkoholkonsums, zum Beispiel an Leberzirrhose. Man weiß nicht genau, weshalb es in diesen Berufsgruppen so oft zu exzessivem Trinken kommt, man nimmt aber an, daß die wesentlichen Faktoren Verfügbarkeit und gesellschaftlicher Druck sind – oder andersherum betrachtet, daß bereits starke Trinker eben solche Berufe wählen.

IN A TEST WITH PROFESSIONAL DRIVERS THE MORE THEY HAD TO DRINK THE MORE CERTAIN THEY WERE THAT THEY COULD...

DAMN AND BLAST!

HE'S KNOCKED OVER HALF OF THEM!

..DRIVE BETWEEN THESE MOVEABLE POSTS... AND THE LESS ABLE THEY WERE TO DO IT.

Oben: Sie wollen schon gehen? Na gut, aber bevor Sie losfahren, spendiere Ich Ihnen noch ein Gläschen – für unterwegs.

Links: »Bei einem Test mit Berufskraftfahrern: Je mehr sie getrunken hatten, desto sicherer waren sie ... zwischen diesen Plastikhüten hindurchfahren zu können ... und desto weniger waren sie dazu in der Lage.« – »Verdammt! – Er hat die Hälfte umgefahren!«

Soziale Probleme

Trunkenheit in der Öffentlichkeit ist ein strafwürdiges Delikt, vor allem wenn der enthemmte Betrunkene zum öffentlichen Ärgernis wird oder sich aggressiv verhält. Die Wirkung von Alkohol wird sogar häufig für Gewaltverbrechen verantwortlich gemacht.

Neben den erwähnten hohen Kosten, die der Gesellschaft durch den Alkoholiker entstehen, führt der Alkoholismus vor allem auch für die unmittelbare Umgebung des Trinkers (Familie, Freundeskreis usw.) oft zu unerträglichen Belastungen.

Alkohol und Unfälle

Exzessiver Alkoholkonsum kann zu leichtsinnigem Verhalten führen, das vielleicht Stimmung in eine Party bringt, gleichzeitig aber auch – durch Verkehrs-, Haushalts- oder Berufsunfälle – tragische Folgen haben kann.

Schon bei einem Blutalkoholspiegel von 30 mg/100 ml nimmt die Reaktionsgeschwindigkeit des Autofahrers ab – 80 mg/100 ml (oder 0,8 Promille) ist das gesetzliche Limit in Deutschland! Zu auffälligen Leistungsstörungen kommt es im Durchschnitt bei 120 mg/100 ml. Bei 1,5 Promille ist das Unfallrisiko zehnmal höher, bei 2,0 Promille zwanzigmal höher als normal.

Nach Schätzungen der Weltgesundheitsorganisation (WHO) sind beispielsweise in Australien 50 Prozent der tödlichen Verkehrsunfälle auf Alkoholkonsum zurückzuführen. Ferner wurde festgestellt, daß mehr Menschen durch Unfälle sterben, bei denen Alkohol im Spiel ist, als durch alle Infektionskrankheiten zusammengenommen!

Leberzirrhose und Alkoholkonsum

Zirrhose-Sterblichkeitsziffer pro 100 000 Einwohner (25 Jahre und älter) und Pro-Kopf-Alkoholkonsum. Die Sterblichkeitsziffern für die USA und Belgien sind von 1971, alle anderen von 1972 (Weltgesundheits-Statistik, 1973). Die Konsumziffern sind Durchschnittswerte von 1968–70 (Sulkunan, 1975)

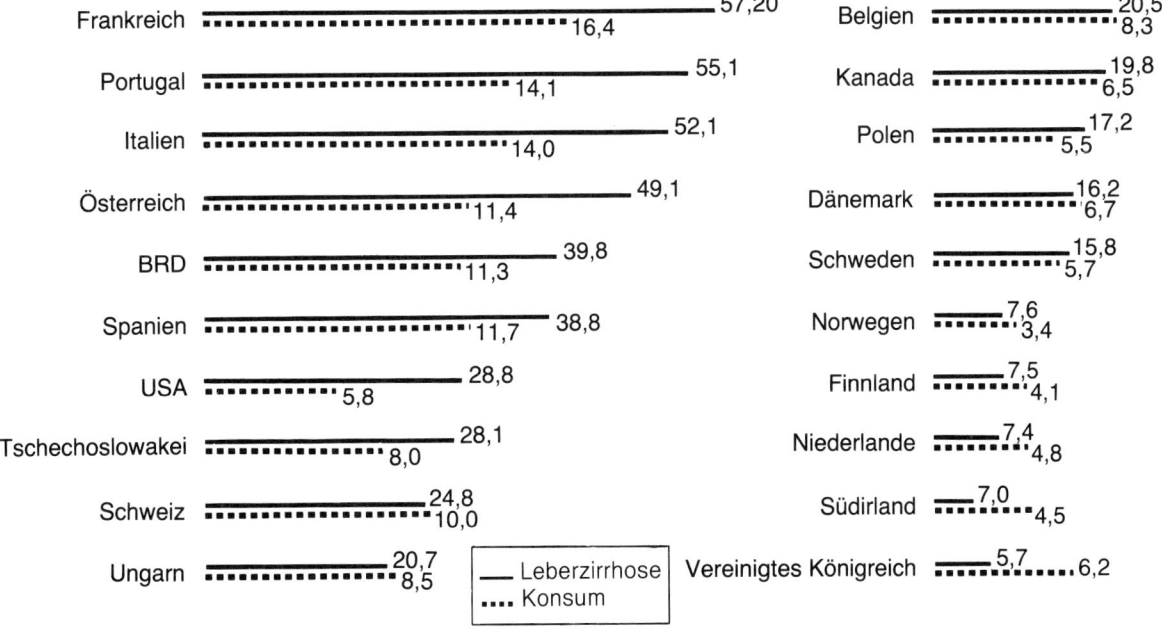

Trunksucht – nicht nur ein Phänomen unserer Zeit (oben). Alkohol kann süchtig machen; Verhaltensmuster können schon im frühen Alter angelegt werden (unten).

Alkohol und der Organismus

Leberzirrhose als Folge von exzessivem Trinken tritt so häufig auf, daß die Zahl der Zirrhosefälle oft als Index für das Alkoholproblem eines Landes verwendet werden. Es gilt heute als erwiesen, daß 2,5 bis 5 Liter Bier pro Tag (oder die entsprechende Menge Alkohol in Form von Wein oder Spirituosen) das Risiko einer Leberzirrhose direkt erhöhen. Untersuchungen haben ergeben, daß mehr als 80 Prozent aller Menschen, die täglich 5 Liter Bier (oder mehr) trinken, an Leberschäden leiden. Auch Magen- und Zwölffingerdarmgeschwüre sind oft auf exzessiven Alkoholkonsum zurückzuführen – mehr als 20 Prozent aller Alkoholiker leiden an dieser Art von Geschwüren.

Der stark abhängige Alkoholiker geht auch das Risiko von Gehirnschäden und geistiger Beeinträchtigung ein, vor allem im Bereich der Lernfähigkeit und des Gedächtnisses. Starke Verwirrung, das sog. Korsakowsche Syndrom, ist gewöhnlich die Folge von jahrelangem exzessivem Trinken.

Die Auswirkungen des Alkoholkonsums auf Ungeborene werden zur Zeit in den Vereinigten Staaten besonders intensiv untersucht. Es gilt inzwischen als erwiesen, daß eine schwangere Frau, die viel trinkt, ihrem ungeborenen Kind großen physischen Schaden zufügen kann. Solche Babys können unter mehr oder weniger starken Gehirnretardierungen, Herzschwächen und anderen Krankheiten leiden und haben häufig einen anomal kleinen Kopf.

Wie jede andere Droge kann Alkohol also schwere geistige und organische Schäden verursachen. Man braucht nur die erhöhte Anfälligkeit für Leberzirrhose, Geschwüre, Krebs und Gehirnschäden, außerdem das erhöhte Risiko von Unfällen, Selbstvergiftungen und Gewalttaten zusammenzuzählen, um auszurechnen, wie entscheidend die Lebenserwartung eines Alkoholikers reduziert ist. In einer englischen Studie wurde eine Gruppe von 935 Patienten 10 bis 15 Jahre nach Entlassung aus einer Trinkerheilanstalt beobachtet. Dabei zeigte sich, daß die Sterberate dieser Gruppe etwa 300 Prozent über dem Bevölkerungsdurchschnitt lag!

Es steht also außer Zweifel, daß exzessiver Alkoholkonsum großes Leid bewirken kann.

Zusätzlich zu den selbstverschuldeten körperlichen Schäden können ganze Familien ruiniert werden. Weil Alkoholgenuß suchterregend ist und weil starkes Trinken zu psychischen, physischen und gesellschaftlichen Schäden führen kann, müssen Staat und Gesellschaft alles unternehmen, um dem steigenden Alkoholkonsum Einhalt zu gebieten.

Ursachen der Alkoholabhängigkeit

Physische Abhängigkeit ist ein wesentlicher Faktor bei der Entwicklung von Alkoholismus, zunächst aber ist der Alkoholiker psychisch abhängig. Viele Problemtrinker konsumieren Alkohol, um Spannung und gesellschaftliche Ängste zu vermindern. Betrachten wir den Fall von Jimmy, einem Musiker, der vor jedem Auftritt unter enormem Lampenfieber litt; bei einer Gelegenheit war er derart »mit den Nerven fertig«, daß er sich weigerte, die Bühne zu betreten. Ohne sich etwas Böses dabei zu denken, bot ihm einer seiner Kollegen ein Glas Whisky an:

»Die Wirkung stellte sich unmittelbar ein . . . und sie war positiv. Von diesem Augenblick an ging ich nie mehr ohne meine Flasche Whisky auf Tournee, und das nunmehr seit 20 Jahren. Ich schloß eine Art Pakt mit dem Gesöff: ›Ich trinke dich, und du nimmst mir das Lampenfieber.‹«

Wie bereits erwähnt, betrachten wir Gewohnheiten, Süchte und Zwänge als gelerntes Verhalten. So stellt jemand, der trinkt, fest, daß Alkohol seine gesellschaftlichen Ängste, seine Langeweile oder seine Spannungen vermindert, und trinkt schließlich in jeder schwierigen oder langweiligen Situation. Später lernt er, daß er durch weiteres Trinken die unangenehmen Entzugssymptome vermeiden kann. Schließlich macht der Alkoholiker die Erfahrung, daß Trinken zu zwischenmenschlichen Problemen, zu Gesundheitsschäden, Unfällen, Depressionen usw. führen kann, doch diese langfristigen negativen Konsequenzen haben weniger Macht über ihn als die unmittelbar wohltuenden oder erleichternden Wirkungen des Alkohols.

Wenn wir Alkoholabhängigkeit als erlerntes Verhalten betrachten, so soll das nicht heißen, daß wir der biologischen Grundlage, vor allem

---

der Entwicklung von Toleranz und Entzugssymptomen, keine gebührende Beachtung schenken. Das Hauptgewicht liegt jedoch auf den Lernerfahrungen, die das Trinkverhalten vor und nach der Entwicklung der physischen Abhängigkeit formen. Um den Gebrauch und Mißbrauch von Alkohol wirklich zu verstehen, müssen wir die Ursachen, die auslösenden Reize und kurzfristigen Auswirkungen berücksichtigen, denn sie dienen als Grundlage für wirkungsvolle Gegenstrategien.

Warum wird überhaupt getrunken?

Um diese Frage zu beantworten, kann man die Betroffenen selbst zu Wort kommen lassen. Die Gründe, die Alkoholiker oder starke Trinker angeben, müssen natürlich nicht unbedingt die wahren Ursachen widerspiegeln. Dennoch dürfen wir ihre Meinungen nicht einfach ignorieren. Griffith Edwards und seine Kollegen führten eine solche Befragung in einem Londoner Vorort durch. Sie fragten eine große Anzahl von Männern, warum sie tranken. Die häufigsten Antworten lauteten:

»Ich trinke, weil es mir hilft zu entspannen.«
»Ich trinke manchmal, wenn ich unruhig und angespannt bin.«
»Ich trinke, weil es mir hilft, Kummer und Sorgen zu vergessen.«
»Ich trinke, wenn ich deprimiert bin.«

Ein hoher Prozentsatz derer, die solche und ähnliche Antworten gaben, waren – ob sie es wußten oder nicht – Problemtrinker. In einer anderen Studie befragte Gloria Litman vom London Institute of Psychiatry über 100 Alkoholiker, warum sie nach einer gewissen Abstinenzphase rückfällig geworden waren. Folgende Gründe wurden am häufigsten genannt:

- Negative Gefühle wie Angst und Depression;
- Angst vor der Auseinandersetzung mit anderen Menschen;

- Plötzliches Verlangen in Situationen, in denen Alkohol leicht verfügbar war;
- Nachlassende Vorsicht, z. B. der irrtümliche Glaube, nach einem Glas aufhören zu können.

Eine amerikanische Untersuchung, die von Dr. Alan Marlatt von der University of Washington durchgeführt wurde, kam zu dem Ergebnis, daß Angst und Depression, Frustration, Wut und gesellschaftlicher Druck die wichtigsten Rückfallursachen sind.

Psychologische Experimente mit Auslösereizen

Zahlreiche Experimente haben gezeigt, in welchem Ausmaß Kritik, gesellschaftlicher Druck

---

Die Macht der auslösenden Reize

John, 36 Jahre alt, TV-Autor und Filmproduzent, ist auf dem Weg, alkoholabhängig zu werden. Whisky »on the rocks« ist seit vielen Jahren sein Trostspender, seine Medizin, sein Beruhigungsmittel. Innerhalb der letzten fünf Jahre haben seine täglichen Alkoholmengen konstant zugenommen – von durchschnittlich einer Viertelflasche bis hin zu einer Dreiviertelflasche pro Tag. Jetzt möchte John seine Trinkgewohnheiten unter Kontrolle bekommen, weil er meint, daß sie für seine Ehescheidung und seine verminderte Leistungsfähigkeit und Kreativität im Beruf verantwortlich sind. Außerdem hat sein Hausarzt einen leichten Leberschaden festgestellt.

John führt zunächst ein Verhaltenstagebuch, in dem er nicht nur die konsumierten Alkoholmengen, sondern auch die Zeiten vermerkt, wann sein Verlangen am stärksten ist. Eine Analyse seines Tagebuches ergibt, daß die Versuchung zu trinken an bestimmte Ereignisse oder psychische Zustände gebunden ist. Hier eine Zusammenfassung der auslösenden Situationen:

a) Wenn meine Arbeit kritisiert wird, fühle ich mich wie ein gescholtener Schuljunge, und es überkommt mich augenblicklich ein heftiger Drang zu trinken.
b) Ich habe mehrmals versucht, ganz auf Alkohol zu verzichten, doch es ist mir nicht gelungen. Wann immer ich mir vornehme, »auf Lebenszeit« abstinent zu werden, stellt sich sofort ein starkes Verlangen nach Alkohol ein.
c) Es ist mir schon immer schwergefallen, mich Frauen zu nähern, und heute, als fetter Trunkenbold, habe

ich überhaupt keine Chancen mehr. Wann immer ich den Versuch unternehmen möchte, eine Frau anzusprechen oder intimer mit ihr zu werden, überkommt mich ein unwiderstehlicher Drang zu trinken, bis mein betrunkenes Ich die Oberhand gewinnt.
d) Ich muß häufig an Empfängen und Partys teilnehmen, wo grundsätzlich viel getrunken wird. Bei solchen Anlässen ist es mir fast unmöglich, bei alkoholfreien Getränken zu bleiben.
e) Ich habe häufig regelrechte »Schreib-Blockaden«, vor allem an Nachmittagen. Solche Zustände sind gewöhnlich von einem heftigen Verlangen nach Alkohol begleitet.
f) Wenn ich intensiv mit einer interessanten Arbeit beschäftigt bin, komme ich manchmal mehrere Tage ohne einen einzigen Drink aus. Das Gefühl des »Sich-gehen-Lassens«, wenn alles vorbei ist, löst stets ein starkes Verlangen nach Alkohol aus.

Diese wichtigsten auslösenden Situationen vermitteln uns ein deutliches Bild von dem Abhängigkeitsmuster dieser Person. Erst wenn die Auslösereize identifiziert worden sind, kann ein effektives Behandlungsprogramm für die individuellen Bedürfnisse einer Person zurechtgeschnitten werden. Die Art und Weise, wie diese Auslösereize mit dem zwanghaften Verlangen nach Alkohol verbunden sind, ist zwar für den Theoretiker von Interesse, weniger aber für den Praktiker, der einem Menschen helfen will, mit seinem Problem hier und jetzt fertigzuwerden.

oder subjektiv empfundene Bedrohung starke Trinker und Alkoholiker veranlassen, noch mehr zu trinken. Alan Marlatt und seine Kollegen untersuchten die Auswirkungen sozialer Ängste auf die konsumierten Alkoholmengen in einem »Weinprobe-Test«. Die Testteilnehmer (ausschließlich Männer) wurden zunächst in eine »Stark-Streß«- und eine »Schwach-Streß«-Gruppe aufgeteilt und dann aufgefordert, verschiedene Weine in einer Skala von 1 bis 10 zu bewerten. Den Teilnehmern der Stark-Streß-Gruppe wurde erklärt, daß sie nach der Weinprobe an einer Diskussion mit einer Gruppe junger Frauen teilnehmen würden, die die Männer anschließend in eine Attraktivitätsskala einordnen sollten. Den Männern der Schwach-Streß-Gruppe blieb diese unangenehme und eventuell peinliche Situation erspart. Resultat des Experiments: Die Teilnehmer der Stark-Streß-Gruppe tranken bei der Weinprobe doppelt soviel wie die der Schwach-Streß-Gruppe!

Eine Studie von Peter Miller und seinen Kollegen an der University of Mississippi ergab, daß Kritik den Alkoholkonsum starker Trinker steigert. Acht Alkoholiker und acht Gelegenheitstrinker wurden aufgefordert, an einem Selbstsicherheitstraining teilzunehmen. Am Ende des Trainings wurde einigen Teilnehmern erklärt, daß sie sich überhaupt nicht durchzusetzen wüßten und daß sie zu der Kategorie von Leuten gehörten, die sich von anderen herumkommandieren ließen. Anschließend durften sich alle Teilnehmer nach Belieben an einem Automaten mit alkoholischen Getränken bedienen. In diesem Experiment wurde die Hypothese bestätigt, daß Kritik das Verlangen nach Alkohol steigert – allerdings nur bei den Alkoholikern. Am Ende all dieser Tests wurde den Teilnehmern natürlich der eigentliche Zweck der Untersuchungen erläutert.

Diese und viele andere psychologische Experimente belegen die weitverbreitete Ansicht, daß ein Zusammenhang zwischen übermäßigem Trinken und Kritik oder Bedrohung besteht. Man kann das Trinkverhalten aber auch untersuchen, indem man, statt die auslösenden Reize zu manipulieren, die Wirkungen des Trinkens beobachtet.

Dieser »Macho«-Motorradfahrer mit seinem großspurigen Auftreten legt das von seiner Subkultur erwartete Verhalten an den Tag. Von der restlichen Gesellschaft jedoch wird er abgelehnt und gemieden.

Psychische Wirkungen

Zahlreiche Experimente haben gezeigt, daß Alkohol Angst reduziert. Ebenso wichtig – für den Trinker selbst wie für die Gesellschaft – ist die enthemmende Wirkung des Alkohols in bezug auf *Aggressionen*. Oft ist Alkohol bei asozialem Verhalten im Spiel, das vom Randalieren auf dem Fußballplatz bin hin zu Mord reichen kann. Eine Studie sämtlicher zwischen 1948 und 1952 in Philadelphia begangenen Morde ergab, daß bei etwa 70 Prozent der 356 Morde durch psychische Gewaltanwendung, wie Messerstechereien, Schlägereien und Treten, und bei etwa 50 Prozent der 232 Schießereien und ähnlichen Tötungsdelikten Alkohol im Spiel war.

Richard Boyatzis aus Boston, Massachusetts, berichtet von einer interessanten Studie über die Wirkung des Alkohols auf aggressives Verhalten. Den freiwilligen Testteilnehmern (ausschließlich Männer) wurde erklärt, es handle sich um eine Studie über Freizeitbeschäftigungen. Sie nahmen zunächst an einer Reihe von vierstündigen abendlichen Sitzungen teil, in denen Kneipenspiele gespielt wurden, die mit Pfeil-, Karten- und Würfelspielen anfingen, doch im Verlauf des Abends immer kämpferischer wurden. In drei verschiedenen Phasen des Abends machte man Videoaufnahmen, die später auf aggressives Verhalten hin untersucht und bewertet wurden. Insgesamt nahmen 163 Männer an diesen Sitzungen teil. Sie wurden in drei Gruppen unterteilt: Die erste trank während der Sitzungen harte Alkoholika, die zweite nur Bier und die dritte ausschließlich alkoholfreie Getränke.

Ziel des Experiments war herauszufinden, ob die Alkohol konsumierenden Männer ein aggressiveres Verhalten an den Tag legen würden als diejenigen, die nur Soft-Drinks tranken, und ob sich dieser Unterschied gegen Ende der Sitzungen, wenn Kampfgeist und Streß zunahmen, am deutlichsten zeigen würde. Tatsächlich war beides der Fall. Drei Merkmale dieses Experiments bekräftigen die Schlußfolgerung des Autors, daß Alkohol aggressives Verhalten fördert. Erstens wurden die Videoaufnahmen von zwei unabhängig voneinander arbeitenden Teams anhand einer Aggressionsskala ausgewertet. Beide Teams kamen zu übereinstimmenden Ergebnissen, was beweist, daß auf diese Weise zuverlässige Messungen durchgeführt werden können. Zweitens wurden die Testteilnehmer aufgefordert, einen Fragebogen auszufüllen, der, neben Fragen zu allgemeinen Freizeitaktivitäten, auch solche zu aggressivem Verhalten enthielt. Dabei stellte sich heraus, daß die Männer, die anhand der Videoaufnahmen als aggressiv eingestuft worden waren, auch diejenigen waren, die sich leicht in Schlägereien verwickeln ließen und von Trinkproblemen berichteten – ein weiterer Beweis für die Zuverlässigkeit dieser Aggressionsmessungen. Drittens schließlich wurden Fragen zum Zigarettenrauchen mit dem tatsächlichen Rauchverhalten während der Sitzungen verglichen (die Zahl der gerauchten Zigaretten war unauffällig registriert worden). Auch hier stimmten die Beobachtungen während des Experiments mit den Aussagen der Testteilnehmer überein.

Diese Studie zeigt nicht nur, daß Alkohol aggressives Verhalten auslösen kann, sie deutet auch darauf hin, daß manche Menschen anfälliger sind als andere. Darüber hinaus vermittelt sie dem Laien eine Vorstellung davon, wie Psychologen die Zuverlässigkeit und Validität der Ergebnisse ihrer Untersuchungen überprüfen.

Alkohol und sexuelle Leistungsfähigkeit

Es wird angenommen, daß Alkohol nicht nur Hemmungen abbaut, sondern auch aggressives sexuelles Verhalten auslösen kann. So wird zum Beispiel behauptet, daß etwa 50 Prozent aller Personen, die wegen Vergewaltigung oder Unzucht mit Kindern verurteilt wurden, vor der Tat Alkohol getrunken hatten. Viele Wissenschaftler glauben, daß ein direkter Zusammenhang zwischen Alkoholkonsum und Sexualverbrechen besteht.

Obwohl ein weitverbreiteter Glaube sagt, daß Alkohol ein Aphrodisiakum sei, können große Alkoholmengen eine schädliche Wirkung auf die sexuelle Leistungsfähigkeit haben. Masters und Johnson zum Beispiel kommen aufgrund ihrer klinischen Erfahrungen zu dem Ergebnis:

»Sekundäre Impotenz, die sich bei Männern in den späten Vierzigern oder frühen Fünfzigern entwickelt, hat häufiger als mit irgendeinem anderen möglichen Faktor einen direkten Zusammenhang mit exzessivem Trinken. Wenn ein Mann, während er unter Alkoholeinfluß steht, unfähig ist, zu erigieren oder eine Erektion aufrechtzuerhalten, entwickelt er häufig allgemeine Zweifel an seiner sexuellen Leistungsfähigkeit und führt die anfängliche Unfähigkeit nur selten auf die direkte Ursache zurück.«

Shakespeares MacDuff wird von einem Pförtner, der in Macbeths Schloß arbeitet über diese Wirkung aufgeklärt (Akt II, 3. Szene).

MacDuff: War es so spät, Freund, eh du schlafen gingst, daß du dich so verschliefst?
Pförtner: Mein Treu, wir zechten bis zum zweiten Hahnenruf; und Trinken, Herr, befördert mächtig allerlei. Hurenkram befördert es und befördert es nicht; es befördert das Verlangen, aber es hemmt die Verrichtung. Deshalb kann man sagen, Trinken ist ein Zweizüngler gegen den Hurenkram: Es hebt ihn, und es senkt ihn; es bringt ihn auf, und es schlägt ihn nieder; es ermutigt ihn, und es schreckt ihn ab.

Obwohl Alkohol negative Wirkungen auf die sexuelle Leistungsfähigkeit haben kann, scheinen viele Trinker zu glauben, er sei ein sexuelles Stimulans. In einer Studie mit 6000 männlichen leitenden Angestellten glaubten 61 Prozent derer, die vier und mehr Drinks pro Tag konsumierten, daß Alkohol sexuell stimuliert. Zum Glück für diese Gruppe von Geschäftsleuten ist die Wirkung von Alkohol auf die sexuelle Erregung sehr stark von Vorstellungen und Erwartungen abhängig. So stellte Terry Wilson von der Rutgers University fest, daß Erwartungen über die Wirkung des Alkohols sowie Vorstellungen von dem Alkoholgehalt eines Getränkes eine stärkere Wirkung haben können als die tatsächliche Alkoholmenge, zumindest wenn es sich um mäßige Dosen handelt.

Zusammenfassend stellen wir fest, daß Alkohol Angst vermindern, Aggression oder Selbstbewußtsein steigern und sexuelle Erregung, je nach Dosis, reduzieren oder steigern kann. Einige dieser Wirkungen werden durch den pharmakologischen Effekt des Äthylalkohols hervorgerufen, andere wiederum werden auch durch Vorstellungen und Erwartungen beeinflußt. Starke Trinker oder Alkoholiker trinken mehr,

Erwartungshaltungen und die Wirkungen des Alkohols

Empirische Befunde zeigen deutlich, daß es keine einfache direkte Beziehung zwischen den pharmakologischen Wirkungen des Alkohols und seinen verhaltensspezifischen Folgen gibt. Die Erwartungen einer Person können eine ebenso große Rolle spielen wie die tatsächliche Drogenwirkung. Dies veranschaulicht die folgende von Terry Wilson und seinen Kollegen am Rutgers Alcohol Behavior Research Laboratory durchgeführte Studie.

Männliche Gelegenheitstrinker stellten sich für ein Experiment über den Einfluß erotischer Filme auf die sexuelle Erregung zur Verfügung. Vor Beginn der Filme wurde einer Hälfte Wodka und Tonic, der anderen nur Tonic gegeben, wobei der Hälfte der Wodka trinkenden Männer erklärt wurde, ihr Drink enthalte ausschließlich Tonic, und der Hälfte der Tonic trinkenden Männer, ihr Drink enthalte etwas Wodka. Die Partizipanten wurden auf folgende vier Gruppen aufgeteilt:

Gruppe A: Teilnehmer, denen erklärt wurde, daß sie Wodka bekämen, und die tatsächlich Wodka tranken.

Gruppe B: Teilnehmer, denen erklärt wurde, daß sie nur Tonic bekämen, die aber in Wirklichkeit Wodka tranken.

Gruppe C: Teilnehmer, denen erklärt wurde, daß sie Tonic bekämen, und die tatsächlich Tonic tranken.

Gruppe D: Teilnehmer, denen erklärt wurde, daß sie Wodka bekämen, die aber in Wirklichkeit nur Tonic tranken.

Nur die Teilnehmer der ersten beiden Gruppen tranken also tatsächlich Wodka. Die Alkoholmenge entsprach der von vier Drinks, so daß der Blutalkoholspiegel bei etwa 40 mg/100 ml lag. Nach dem Experiment sollten sich die Partizipanten zu der Glaubwürdigkeit der ihnen gegebenen Informationen äußern. Keiner von ihnen zweifelte an ihrer Echtheit. In Wirklichkeit aber waren die Teilnehmer von Gruppe B und D falsch informiert worden, was Wilson und seinen Kollegen ermöglichte, herauszufinden, ob das *Rauschmittel* oder die *Erwartung* größeren Einfluß auf die sexuelle Erregung hatte. Um sich nicht allein auf die subjektiven Berichte über die sexuelle Erregung verlassen zu müssen, wurde die Penisschwellung während des gesamten Experiments mit Hilfe eines Penis-Plethysmographen gemessen. Die Resultate waren eindeutig: Bei der relativ geringen Dosis, die den Teilnehmern in diesem Experiment verabreicht worden war, hatte der Alkohol *per se* keine Wirkung auf die sexuelle Erregung, die Teilnehmer aber, die glaubten, daß sie Wodka getrunken hatten, waren erregter als diejenigen, die glaubten, Tonic getrunken zu haben, unabhängig von dem *tatsächlichen* Inhalt ihres Drinks.

Alkohol und Angstreduktion

Eine dramatische Illustration der Alkoholwirkung auf Angstzustände liefert uns der Fall einer Frau, die im Maudsley Hospital, London, wegen einer Spinnenphobie und eines Trinkproblems behandelt wurde. Um den Grad ihrer Angst einschätzen zu können, wurde die Patientin zunächst aufgefordert, einen Raum zu betreten, in dem ein offenes Marmeladenglas mit einer lebenden Spinne stand. In nüchternem Zustand trat die Frau nur zögernd ein Stück in den Raum und legte offensichtlich große Angst an den Tag. Eine halbe Stunde nach dem Konsum einer Literflasche Wodka war das Verhalten der Frau nicht wiederzuerkennen. Sie ging mutig auf das Marmeladenglas zu und steckte sogar ihren Finger hinein. Sie hatte offensichtlich keine Angst und behauptete, völlig entspannt zu sein. Wenige Stunden später, als ihr Blutalkoholspiegel wieder auf Null gesunken war, wurde sie erneut getestet und war, wie im ersten Fall, kaum in der Lage, den Raum zu betreten.

Nicht immer äußert sich die Wirkung von Alkohol so drastisch wie hier. Wie bei anderen Drogen hängt sie u. a. von den Erwartungen des Drogenkonsumenten, der Situation und von der Dosis ab.

---

wenn sie wütend oder frustriert, verängstigt oder deprimiert sind oder wenn sie verführerischen Situationen oder gesellschaftlichem Druck ausgesetzt werden. Mit jedem Mal, da ein starker Trinker in solchen Situationen Erleichterung erfährt, nimmt seine psychische Abhängigkeit zu. Fortgesetztes Trinken bewirkt schließlich auch physische Abhängigkeit, bis der Trinker dem Alkohol völlig verfallen ist.

Hilfreiche Methoden, vom Alkohol loszukommen

Wie kann nun dem Trinker geholfen werden, den Alkoholkonsum aufzugeben oder die Kontrolle über sein Trinkverhalten wiederzuerlangen? Zwei Methoden bieten sich an: Die erste beruht darauf, Enthaltsamkeit zu belohnen und somit interessanter zu machen, damit die Notwendigkeit viel zu trinken nicht mehr gegeben ist. Wer einsam, frustriert und gelangweilt ist, dem wird es schwerfallen, wenn nicht gar unmöglich sein, dem Drang zu trinken erfolgreich zu widerstehen. Bei der zweiten Strategie werden Situationen eingeübt, die dem Trinker helfen, später im realen Leben mit seinem Verlan-

gen umzugehen – ähnlich wie ein Pilot Notsituationen eintrainieren muß, bevor er das Steuer eines Flugzeugs übernehmen darf. Diese beiden Ansätze haben sich bei der Behandlung von Trinkern als wirkungsvoll erwiesen, während die meisten anderen Formen von Hilfe, wie Drogentherapie und Psychoanalyse, bisher ohne Erfolg geblieben sind.

Enthaltsamkeit lohnender machen

Nathan Azrin und seine Kollegen vom Anna State Hospital, Illinois, stellten fest, daß starke Trinker und Alkoholiker mit größerer Wahrscheinlichkeit abstinent bleiben, wenn ihnen mit systematischen und praktischen Methoden geholfen wird, berufliche, gesellschaftliche und Eheprobleme besser zu meistern. Das ist natürlich leichter gesagt als getan; Azrins Untersuchungen aber zeigen, daß es nicht unmöglich ist. Arbeitslose Alkoholiker zum Beispiel, die eine Stellung suchten, wurden zunächst überzeugt, daß die *Arbeitssuche* in gewisser Weise eine Fertigkeit ist, die effektives Planen und Beharrlichkeit voraussetzt. Folgende Punkte sah der Plan vor: Kontaktaufnahme mit Freunden und Verwandten, die sich nach einer geeigneten Stelle umhören sollten; Kontaktaufnahme mit den wichtigsten Betrieben in der Umgebung; Inserieren in den lokalen Zeitungen; Einüben von Vorstellungsgesprächen. Zur Verbesserung *sozialer Interaktionen* sollten Kontakte zu nicht Alkohol trinkenden Personen geknüpft werden, um die Möglichkeit von dauerhaften Freundschaften zu erhöhen. Ein ehemaliges Wirtshaus wurde in einen sich selbst tragenden Club umfunktioniert – mit einer eigenen Band, einer Musikbox, Kartenspielen, Tanzveranstaltungen, Picknicks und anderen geselligen Aktivitäten. Bei der *Eheberatung* schließlich wurden Verhaltensweisen erörtert und geplant, die zur größeren Zufriedenheit des Ehepartners beitragen konnten. Solche Veränderungen sollten in kleinen, wenig spektakulären Schritten vorgenommen werden. Zum Beispiel konnte die Ehefrau ihren Mann bitten, die Kinder von der Schule abzuholen, sich abends die Zeit für ein gemütliches Plauderstündchen zu nehmen und einmal in der Woche abends mit ihr auszugehen. Dafür konnte die Frau versprechen, ihr Verhalten ih-

Eine letzte Chance für viele: Die Anonymen Alkoholiker nahmen ihre Tätigkeit 1935 als eine Selbsthilfegruppe auf. Heute zählen sie mehr als eine Million Mitglieder.

rem Mann gegenüber in bestimmten Punkten zu verändern. Solche Verhaltensänderungen mögen trivial erscheinen, dennoch können sie mit der Zeit das Eheklima verbessern.

Azrin und seine Kollegen haben demonstriert, daß der Alkoholiker, wenn er Fortschritte in den drei oben genannten Bereichen verzeichnet, auch besser motiviert ist, auf das Trinken zu verzichten, wenn er ein starkes Verlangen nach Alkohol verspürt.

Üben von Bewältigungsfertigkeiten

Edmund Chaney, Michael O'Leary und Alan Marlatt vom Veterans Hospital und von der University of Washington in Seattle haben gezeigt, daß geistiges Trainieren von Fertigkeiten zur Bewältigung kritischer Situationen positive Auswirkungen auf das Trinkverhalten hat. Ihre Übungen wurden in Gruppen durchgeführt, wobei alle Teilnehmer zunächst die für sie kritischen Situationen oder auslösenden Reize erkennen und dann möglichst viele Wege finden mußten, mit ihnen fertigzuwerden. Eine solche Situation kann zum Beispiel eine Hochzeit, eine Party im Büro oder ein Fest sein, bei dem überwiegend alkoholische Getränke angeboten werden. Soziale Ängste oder gesellschaftlicher Druck können den Betroffenen zum Trinken veranlassen. Ziel dieses Trainings ist, eine Reihe von Bewältigungsmöglichkeiten parat zu haben, wenn eine ähnliche Situation im wirklichen Leben eintritt. Hier eine Liste von Bewältigungsstrategien einer Trinkerin:

1. Eine Stunde bleiben und dann gehen.
2. Meine Ängste überwinden, indem ich einfach nur zuhöre. Nicht versuchen, Eindruck zu machen.
3. Tonic Water trinken und so tun, als wäre es Gin und Tonic. Dann wird niemand versuchen, mich zum Trinken zu überreden.
4. Spazierengehen, wenn mich ein heftiges Verlangen nach Alkohol überkommt.
5. Immer daran denken, wie gut ich mich fühlte, als ich bei Charlies Party vor zwei Monaten jeden Drink ausgeschlagen hatte.
6. Bestimmt auftreten und allen sagen, daß ich nicht trinke und unheimlich böse werde, wenn sie mir trotzdem einen Drink anbieten.

13
Drogenabhängigkeit

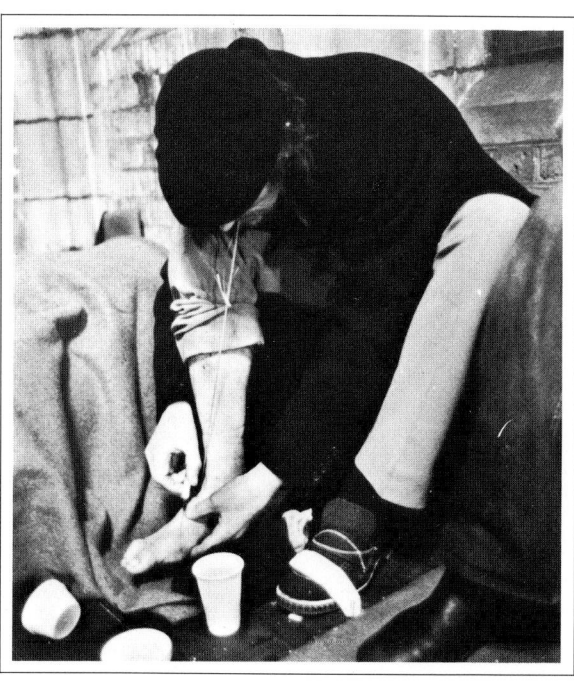

Bei vielen Menschen lösen Begriffe wie »Drogenabhängigkeit« oder »Drogensucht« Bilder vom heruntergekommenen Junkie aus, der auf der Suche nach dem nächsten »Schuß« durch die Straßen einer Großstadt irrt, der sich Heroin mit einer schmutzigen Nadel injiziert und der schließlich an einer fatalen Mischung aus Alkohol und Opium »draufgeht«. Dieses Bild rührt vor allem von der gesellschaftlichen Einstellung zu solchen Drogen her: Heroinkonsum ist illegal, ist verbunden mit Kriminalität, mit der Unterwelt. Deshalb, so glaubt der Durchschnittsbürger, müßten Drogensüchtige zwangsläufig Außenseiter der Gesellschaft sein.

Was aber verstehen wir nun genau unter Drogensucht oder Drogenabhängigkeit? Die Weltgesundheitsorganisation (WHO) fand 1965 folgende Definition:

»Ein psychischer und manchmal auch physischer Zustand, der auf der Interaktion eines lebenden Organismus und einer Droge zurückzuführen und durch bestimmte Verhaltensweisen und andere Reaktionen charakterisiert ist. Diese schließen immer den Zwang ein, die Droge kontinuierlich oder periodisch zu nehmen, um ihre psychischen Wirkungen zu erleben und manchmal, um die unangenehmen Folgen des Verzichts zu vermeiden. Unverträglichkeit ist keine Bedingung. Ein Mensch kann von mehr als nur einer Droge abhängig werden.«

Der häufig oder exzessive Genuß von legalen Drogen, wie Alkohol und Tabak, sind in dieser Definition ganz eindeutig enthalten.

Der Ausschuß der WHO unternahm den Versuch, alle Drogen, die zur Sucht führen können, nach ihren Wirkungen und Abhängigkeitssymptomen in verschiedene Kategorien einzuteilen. Die WHO einigte sich auf neun Kategorien bzw. Gruppen von abhängig machenden Substanzen:

Alkohol und Barbiturate
Amphetaminähnliche Substanzen
Cannabis (Marihuana, Haschisch)
Kokain
Halluzinogene (LSD und verwandte Drogen)
Khat (ein Stimulans, das im Jemen und in Äthiopien verbreitet ist)
Opiate (der Begriff wird allgemein auf alle Drogen angewendet, die direkt oder indirekt aus

*Schnüffeln, ein immer häufiger zu beobachtendes Phäno-
men: Dieser Junge schnüffelt ein Klebemittel (oben). Vor
dem Gebrauch muß Heroin erhitzt werden (rechts).*

Opium gewonnen werden und morphinähnliche
Wirkungen zeigen)
Ätherische Lösungsmittel (Leim, Aceton usw.)
Tabak.

Wir müssen unterscheiden zwischen dem Zustand der Abhängigkeit von einer Droge, den
schädlichen Auswirkungen, die eine Droge haben kann, und der vorherrschenden gesellschaftlichen Einstellung gegenüber Süchtigen.
Unter Abhängigkeit verstehen wir lediglich den
Zwang, eine Droge zu nehmen; der Begriff sagt
also nichts über die Auswirkungen oder die damit verbundenen gesellschaftlichen und kulturellen Wertungen aus. Der ehrbare Großvater,
der seit Jahren regelmäßig sein Pfeifchen raucht
und dem es nach mehreren Versuchen nicht gelungen ist, das Rauchen einzustellen, ist drogen-
abhängig. Dasselbe gilt für den Arzt, der Zugang
zu einem synthetischen Opiat (Opioid) hat und
dieses täglich benutzt, um seine starken Kopfschmerzen zu lindern. Allgemeines Merkmal
aller Typen von Drogenabhängigkeit ist also der
Drang oder Zwang, die Droge weiter zu
nehmen.

Wie entwickelt sich ein solcher Zwang?

Früher glaubte man, Drogenabhängigkeit sei lediglich als *physische Abhängigkeit* zu verstehen, d. h. als biologische Veränderung im Körper, die zu Entzugssymptomen führt, sobald die Droge abgesetzt wird. Wenn das zuträfe, so wäre der Grad der Gewohnheit aufs engste mit der Intensität der Entzugssymptome verknüpft. Dem ist entgegenzusetzen, daß Tabak, Amphetamine und Kokain, was die physischen Entzugsbeschwerden beim Absetzen der Droge betrifft, ganz unten auf der Liste stehen, daß sie aber dennoch zu starker Abhängigkeit führen. Millionen von Rauchern können bezeugen, wie schwer es ist, von Zigaretten loszukommen; Heroinsüchtige berichten sogar, daß es schwerer sei, sich das Rauchen abzugewöhnen, als auf Heroin zu verzichten. Sicher spielt das Vermeiden der Entzugssymptome bei Drogensüchtigen eine wesentliche Rolle. Eine Abhängigkeit kann sich jedoch auch allein wegen der positiv verstärkenden Wirkung der Droge entwickeln. Das Verlangen nach den unmittelbaren angenehmen Wirkungen kann die Gewohnheit verfestigen, bis sie zwanghaft wird und nur schwer abgelegt werden kann.

Drogen als Verstärker

Versuchstiere, denen man intravenöse Katheter legt, bedienen einen Hebel, um sich Drogen, wie Opiate, Alkohol oder Barbiturate, zuzuführen. Sie tun dies selbst dann, wenn die Versuche in so großen Abständen stattfinden, daß es nicht zur physischen Abhängigkeit kommen kann. Bei Affen wie auch Ratten wird diese Gewohnheit verstärkt, obwohl keine Entzugssymptome auftreten, wenn die Droge abgesetzt wird. Tiere können eine solche Gewohnheit mit den meisten Drogen entwickeln, die beim Menschen zur Abhängigkeit führen, vor allem mit Opiaten, Amphetaminen, Kokain, Alkohol und Barbituraten. Sie drücken auf den Hebel, um Nikotin oder Koffein zu erhalten – verglichen mit Kokain aber sind beide nur sehr schwache Verstärker des Konsums.

Die Tatsache, daß die meisten süchtigmachenden Drogen auch bei Ratten und Affen zur Ge-

wohnheit führen können, auch wenn keine physische Abhängigkeit gegeben ist, weist eindeutig darauf hin, daß die unmittelbaren Verstärkereffekte wesentliche Suchtdeterminanten sind. Beim Menschen müssen Persönlichkeit und soziale Faktoren mit berücksichtigt werden, wenn wir den gesamten Prozeß – vom Experimentieren mit der Droge bis hin zum exzessiven Konsum – erklären wollen. Die unmittelbaren angenehmen Folgen, die sich aus dem Gebrauch einer Droge ergeben, sind von vorrangiger Bedeutung.

Psychologische und gesellschaftliche Faktoren

Die Zugänglichkeit, die gesellschaftliche Einstellung zu einer Droge und der Druck Gleichaltriger entscheiden wesentlich darüber, wer mit Drogen experimentiert oder sie regelmäßig konsumiert. Viele Franzosen trinken zu fast jeder

Genuß eines Joints bei Kerzenschimmer. Cannabis ist die harmloseste und am wenigsten süchtig machende von allen Rauschdrogen.

Mahlzeit Wein, ohne sich irgend etwas dabei zu denken. Das rührt von der Verfügbarkeit des Weins und der kulturellen Einstellung zum Weintrinken her. Obwohl ein solches Trinkverhaltensmuster als »kultiviert« gilt (man spricht ja nicht nur von Eß-, sondern auch von Trinkkultur), ist Frankreich das Land mit der höchsten Rate an Leberzirrhoseerkrankungen (siehe Seite 151). Ähnlich wird der Gebrauch von Cannabis, Kokain und Heroin durch Verfügbarkeit und Grad der gesellschaftlichen Billigung beeinflußt. Die meisten Drogenabhängigen lernen den Umgang mit der Droge von einem Mitglied ihrer eigenen Subkultur.

Umwelteinflüsse sind selbst dann noch ausschlaggebend, wenn die Abhängigkeit bereits fortgeschritten ist. Während des Vietnamkriegs zum Beispiel nahmen Tausende von amerikanischen Soldaten monatelang reines Heroin. Fast 50 Prozent der chronischen Konsumenten wurden physisch abhängig. Dennoch waren über 90 Prozent in der Lage, die Gewohnheit nach ihrer Rückkehr in die Heimat ohne Hilfe abzulegen. Diese Tatsache überraschte all jene, die glaubten, daß Entzugssymptome und Verlangen nach der Droge ausschließlich von der Menge der konsumierten Droge, die biologische Veränderungen im Gehirn bewirkt, abhängen. Tatsächlich aber sind auch unweltspezifische und gesellschaftliche Faktoren ausschlaggebend. Da Heroin in den Vereinigten Staaten nicht mehr so billig erhältlich und die gesellschaftliche Haltung äußerst negativ war, kam es nur selten zu Rückfällen.

Betrachtet man den Drogengebrauch unter dem Aspekt der auslösenden Reize und der verstärkenden Konsequenzen, so wird das Gewicht der psychischen Faktoren deutlich. In Kapitel 1 beschrieben wir die Entwicklung von Toms Trinkgewohnheiten und stellten fest, daß für ihn soziale Situationen ausschlaggebend waren, da er vor allem trank, um soziale Ängste zu reduzieren. Ein Experiment mit Universitätsstudenten zeigte, daß die Verstärkerwirkung von Alkohol in einem sozialen Rahmen größer ist als bei Alleinkonsum. Psychische und soziale Faktoren haben beim Menschen also einen eindeutigen Einfluß auf das Konsumverhalten.

Da Drogenabhängigkeit durch ein komplexes Zusammenspiel von Persönlichkeitsstruktur, Wirkung der Droge und gesellschaftlicher Situation bestimmt wird, überrascht es auch nicht, daß bislang keine ausgesprochene »Suchtpersönlichkeit« nachgewiesen wurde. Es gibt viele Gründe dafür, daß jemand zu Drogen greift, und viele Menschentypen, die der Drogensucht verfallen.

Opium und Heroin

Im 19. Jahrhundert waren Opiate als freiverkäufliche Medikamente erhältlich, so wie heute Aspirin. Sie wurden nicht als »Stoff« oder »Droge« angeboten, sondern in Lebensmittelläden und Kaufhäusern als »Hustensaft«, »Beruhigungsmittel«, »Herzstärkung«, »Opiumelixier« usw. angepriesen. Thomas de Quincey, Autor der *Bekenntnisse eines englischen Opiumessers*, schwärmte von Laudanum, einer Mischung aus Alkohol und Morphium. Morphium ist die reine Droge, die dem Opium seine charakteristische Wirkung verleiht. Ein Derivat von Morphium fand Ende des letzten Jahrhunderts als Hustenlinderungsmittel Eingang in die Medizin. Sein Name war Heroin.

Koffein

Koffein, in Kaffee und Tee enthalten, ist wohl die am meisten konsumierte und verbreitetste Droge überhaupt. Eine Tasse durchschnittlich starken Kaffees enthält etwa 70 mg Koffein, ein besonders starkes Gebräu dagegen kann die doppelte Menge und mehr enthalten. Eine normale Tasse Tee enthält etwa 30 mg Koffein, die Engländer ziehen jedoch sehr viel stärkere Mischungen vor. Koffein ist eine stimulierende Droge. Sie bekämpft die Müdigkeit und belebt. Wird sie spät abends eingenommen, so verzögert sie das Einschlafen und vermindert die Tiefe des Schlafes. Neue Forschungsarbeiten weisen auf die Möglichkeit hin, daß regelmäßiger Konsum von täglich mehr als 600 mg Blasenkrebs und Herzkrankheiten hervorrufen könnte. Empirische Befunde konnten dafür jedoch nicht beigebracht werden. Wäre Koffein aber eine neu entdeckte Droge, so wäre sie mit Sicherheit nur auf Rezept erhältlich. Es fällt den starken Tee- oder Kaffeetrinkern meist sehr schwer, auf Koffein zu verzichten. So gesehen könnte man sagen, daß es eine suchterzeugende Droge ist.

Opium und seine Derivate rufen Euphorie, Entrücktsein und Schläfrigkeit hervor. Bei Heroin kommt eine starke Erregung oder Ekstase hinzu, die unmittelbar nach der Injektion auftritt, aber nur kurz anhält. Schon nach wenigen Wochen regelmäßigen Konsums lassen die wohltuenden Wirkungen nach, sie werden seltener und immer kürzer, und es kommt zu leichten Depressionen. Um dieselbe euphorisierende Wirkung zu erzielen, muß der Konsument die Dosis erhöhen und die Droge häufiger injizieren.

Nach längerem chronischem Konsum stellt sich beim Heroinbenutzer ein starkes Verlangen nach der Droge ein, das von spezifischen physischen Symptomen, den sogenannten Entzugssymptomen, begleitet wird, wie Muskelschmerzen, rinnende Nase, Schweißausbrüche, Tränenfluß, Gähnen, Schüttelfrost und Hitzewallungen, Blutdruckanstieg, Herzschlagbeschleunigung, Diarrhöe und Schlaflosigkeit. Diese Symptome lassen nach fünf bis zehn Tagen allmählich nach.

Opiate als Genußmittel sind heute in den meisten Ländern verboten und nur auf dem Schwarzmarkt und zu hohen Preisen erhältlich. Aufgrund der Illegalität schrecken viele Leute vor dem Gebrauch von Heroin zurück. Heroin-

süchtige haben zumeist einen kriminellen Hintergrund – zumindest kümmern sich die meisten nicht um gesellschaftliche Sanktionen. In den Vereinigten Staaten hatten über die Hälfte der registrierten Heroinsüchtigen eine kriminelle Vergangenheit, bevor sie ihre ersten Heroinerfahrungen machten.

Es ist äußerst schwer, sich aus einer Opiatabhängigkeit zu befreien – unmöglich aber ist es nicht. Nachuntersuchungen bei Heroinsüchtigen, die an Londoner Krankenhäusern registriert sind, zeigten, daß etwa ein Drittel noch Jahre nach der Behandlung ohne Drogen auskam. Etwa die Hälfte benutzte noch Opiate, die ihr von den Kliniken zugeteilt wurden, andere befanden sich im Gefängnis, und die Todesrate lag bei jährlich 1,5 Prozent (um ein Vielfaches höher als in einer Kontrollgruppe von Gleichaltrigen). Ehemalige Süchtige, denen es gelungen war, von Drogen loszukommen, führen den Erfolg vor allem auf eine Veränderung in ihrem Leben zurück – auf eine vertrauensvolle Partnerbeziehung oder das Verlassen ihrer Drogen-Subkultur. Diese Aussagen stützen die »Selbstkontroll-Philosophie«, die unserem Buch zugrunde liegt, daß nämlich Umwelt, Einstellung und Motivation die Schlüsselfaktoren einer langfristigen Verhaltensänderung sind.

Die Mohnkapsel (oben links) liefert Opium, Morphium und Heroin. Ein Hauptanbaugebiet ist das »Goldene Drei-eck« Südostasiens – Burma, Thailand, Kambodscha und Laos; diese Ernte jedoch (oben rechts) kommt aus der Türkei. Die regelmäßige Versorgung der Straßenkund-schaft läuft über ein raffiniertes Verteilersystem. Ein chi-nesischer Mittelsmann händigt einem Händler in Europa eine Heroinlieferung aus (oben Mitte). »The only hope is dope« (die einzige Hoffnung ist Dope), so lautete ein Slo-gan der Hippie-Bewegung in den sechziger Jahren (unten).

Anregungs- und Beruhigungsmittel

In unserem Gehirn existiert ein Mechanismus, der die elektrische Aktivität steigert oder reduziert, vergleichbar dem Klangregler an einem Verstärker. Bleiben wir bei diesem Vergleich, so können wir sagen, daß Stimulanzien den »Klang« steigern und Sedativa ihn verringern.

Amphetamine sind eine Gruppe von Drogen, die eine Steigerung des Wohlbefindens und eine Verminderung der Müdigkeit, des Appetits und des Schlafbedürfnisses bewirken. Bei manchen Menschen führt eine normale Dosis zu Reizbarkeit und Hyperaktivität. Die von der Barbitursäure abgeleiteten *Barbiturate* haben die gegenteilige Wirkung. Je nach Dosierung kann diese große Familie der Sedativa beruhigend, entspannend, angstreduzierend oder schlaffördernd wirken.

Amphetamine

Während des Zweiten Weltkriegs gab man Piloten und Frontsoldaten Amphetamine, um ihr Schlafbedürfnis zu reduzieren. In Japan wurden bei Kriegsende Riesenvorräte an Amphetaminen zum Verkauf freigegeben. Diese erhöhte Zugänglichkeit führte zu einer regelrechten »Epidemie« des Amphetaminmißbrauchs.

Die Verfügbarkeit von Amphetaminen ist heute im allgemeinen streng kontrolliert. Dennoch werden sie gelegentlich von Ärzten verschrieben. So ließ sich Präsident J. F. Kennedy, laut einem Bericht der *New York Times* aus dem Jahr 1972, vor seinem Treffen mit Nikita Chruschtschow in Wien von seinem Arzt Amphetamine injizieren, um dieser Begegnung besser gewachsen zu sein. Amerikanischen Astronauten werden noch heute zur Bekämpfung von Müdigkeit Amphetamine verabreicht.

Amphetamine fanden als Nasensprays Eingang in die Medizin, da sie die Blutgefäße verengen und den erkälteten Patienten von der verstopften Nase befreien. Doch schon bald entdeckte die Öffentlichkeit ihre stimulierende Wirkung. Da sie in relativ geringen Mengen die Stimmung heben und die Leistungsfähigkeit steigern, werden sie unter anderem von Studenten benutzt, die sich auf ihr Examen vorbereiten, von Lastwagenfahrern, die lange Strecken zurücklegen müssen, von Hausfrauen, die entdecken, daß sie dieser »Appetitzügler« in eine so angenehme Stimmung versetzt, oder von Geschäftsleuten, die lange und hart arbeiten müssen. Die Hauptgefahr eines regelmäßigen Konsums besteht darin, daß der Benutzer mit der Zeit dazu neigt, immer höhere Dosen einzunehmen, um den »Abfall« zu vermeiden, der sich einstellt, sobald die Droge abgesetzt wird. Eine 1977 in den Vereinigten Staaten durchgeführte Untersuchung zeigte, daß zehn Prozent aller Jugendlichen und 21 Prozent aller jungen Erwachsenen (zwischen 18 und 25) gelegentlich Anregungsmittel benutzten; nur ein geringer Prozentsatz allerdings konsumierte die Droge regelmäßig.

Eine sehr viel gefährlichere Art des Mißbrauchs begeht der sogenannte »Speed Freak«, der sich im Verlauf mehrerer Tage wiederholt große Mengen Amphetamin injiziert. Ein stark abhängiger Amphetamin-Benutzer bleibt bis zu sechs Tagen oder länger wach. Nach einer solchen Aufputschperiode fällt er in einen tiefen Schlaf, der bis zu 48 Stunden dauern kann, danach wiederholt sich der Zyklus. Tiere, die durch intravenöse Katheter Zugang zu der Droge haben, verhalten sich ähnlich wie »Speed Freaks«. Sie drücken immer wieder einen Hebel, um sich die Droge zu injizieren. Dabei kauen sie an ihren Gliedmaßen, nehmen keine Nahrung mehr auf und scheinen zu halluzinieren. Dennoch drücken sie den Hebel immer weiter, bis nach meist wenigen Wochen der Tod eintritt. Beim Menschen sind tödliche Folgen zwar selten, doch scheint inzwischen erwiesen, daß regelmäßiger Gebrauch zu Gehirnschäden führt.

Kokain

Im Gegensatz zu den Amphetaminen ist Kokain eine natürlich vorkommende Substanz. 1860 gelang es dem Deutschen Albert Niemann, aus den südamerikanischen Kokablättern Kokain zu isolieren, das schon wenig später in der Medizin verwendet wurde (als Bestandteil von Stärkungsgetränken). Zehn Jahre lang (bis 1903) gehörte es zu den Ingredienzien des damals noch wenig bekannten alkoholfreien Getränks Coca Cola.

Diese netten kleinen Pillen – Barbiturate und Amphetamine – wurden in Ihrem Wagen gefunden, Mister. Wie erklären Sie sich das?

Freud und das Kokain: eine Fallgeschichte

Als junger Neurologe experimentierte Sigmund Freud mit Kokain und erprobte es an sich selbst und an seinen Patienten. Angeregt wurde er durch medizinische Berichte, die die stimulierende Wirkung der Droge anpriesen. In seiner Arbeit zum Thema Koka empfahl er den Gebrauch von Kokain zur Behandlung von Verdauungsstörungen, Asthma und »auszehrenden« Krankheiten, wie Krebs, sowie zur lokalen Anästhesie. Wenige Jahre später wurde jedoch deutlich, daß Kokain nicht so harmlos ist, wie Freud geglaubt hatte. Seinem Kollegen Ernst von Fleischl, der durch die Behandlung einer Verletzung morphinsüchtig geworden war, empfahl Freud Kokain als Ersatz für Morphium. Doch schon nach kurzer Zeit nahm Fleischl immer größere Mengen, bis eine akute Geisteskrankheit, vermutlich eine Kokainpsychose, bei ihm auftrat. Er hatte starke Halluzinationen und glaubte, Würmer und Schlangen würden sich unter seine Haut graben. Schließlich wurde er paranoid und blieb bis zu seinem Tod schwer gestört.

In reiner Form ist Kokain ein weißes Pulver. Es wird entweder mit Hilfe eines Strohhalms oder eines Papierröllchens »geschnupft« oder als Kokainlösung intravenös gespritzt. Bei regelmäßigem Gebrauch dieser Droge kommt es sehr schnell zur Abhängigkeit, hoher Toleranz und somit zu dem Bedürfnis, die Dosis zu erhöhen und die Droge in immer kürzeren Abständen einzunehmen. Kokain ruft Euphorie und ein Gefühl physischer Stärke und Energie hervor. Hinzu kommen physiologische Wirkungen, wie Erhöhung des Blutdrucks, Beschleunigung des Herzschlags und Erweiterung der Pupillen. Die Indios in den Anden kauen Kokablätter, um Hunger und Müdigkeit zu bekämpfen.

In den letzten beiden Jahrzehnten hat der Kokainkonsum vor allem unter jungen Leuten zugenommen. Aus amerikanischen Statistiken geht hervor, daß 20 Prozent der Achtzehn- bis Fünfundzwanzigjährigen bereits mit Kokain experimentiert haben. Viele Benutzer halten Kokain für eine relativ harmlose Droge und übersehen dabei die Gefahren des Langzeitkonsums. Dazu zählen Schädigungen der Nasenschleimhäute, Ruhelosigkeit, Reizbarkeit und Angstgefühle. Starker chronischer Konsum kann zu allgemeinem Juckreiz, Hör- und Geruchsempfindlichkeit, im fortgeschrittenen Stadium sogar zu Halluzinationen und Wahnvorstellungen führen. So wird der besagte Juckreiz bisweilen falsch gedeutet: Der Betroffene glaubt, Parasiten hätten sich in seiner Haut eingenistet, und reißt sich die Haut fetzenweise ab, um die imaginären Eindringlinge zu vernichten.

Barbiturate

Es steht außer Zweifel, daß auch Barbiturate oder Beruhigungsmittel zu schwerer Abhängigkeit führen können. Diese Sedativ-Hypnotika wurden gegen Ende des letzten Jahrhunderts entwickelt und ursprünglich wegen ihrer beruhigenden, entspannenden, angstreduzierenden und schlaffördernden Wirkungen verschrieben. Doch es dauerte nicht lange, bis erste Berichte über Vergiftungserscheinungen (ähnlich wie bei Alkoholmißbrauch) bekannt wurden. Bereits 1927 galt es als wissenschaftlich erwiesen, daß Barbiturate zu Abhängigkeit führen. Dennoch blieben sie in den Vereinigten Staaten bis zum heutigen Tage leicht zugänglich und werden in so großen Mengen hergestellt, daß jeder Amerikaner im Jahr 30 solcher Pillen schlucken könnte.

Es gibt verschiedene Arten von Barbituratabhängigkeit. Manche Konsumenten nehmen täglich hohe Dosen ein, wirken aber nicht berauscht, obwohl sie ohne sie nicht mehr auskommen. Andere mischen sie mit Alkohol, um »high« zu werden. Heroinsüchtige benutzen sie, wenn gerade kein Stoff verfügbar ist, oder mischen beide Drogen, um ihre Heroinvorräte zu strecken. In gewisser Hinsicht ist die Abhängigkeit von Barbituraten schlimmer als die von Heroin. Plötzlicher Entzug der Droge kann zu einem Syndrom führen, das mit Angstzuständen, Schlaflosigkeit und manchmal sogar mit Konvulsionen und einem dem Delirium tremens ähnlichen Zustand verbunden ist. Eine weitere Gefahr ist, daß es leicht zu einer unfreiwilligen Überdosis – vor allem nach übermäßigem Alkoholkonsum – kommt. Solche Überdosen können ein Koma hervorrufen. Deshalb sind Barbiturate die Drogen, die am häufigsten für Selbstmordzwecke verwendet werden!

Leichtere Tranquilizer

Die Drogen der Benzodiazepin-Gruppe (wie Librium und Valium) werden gewöhnlich als leichtere Tranquilizer betrachtet und als Einschlafhilfe oder Angsthemmer verwendet. Sie sind heute im medizinischen Bereich an die Stelle der Barbiturate getreten, da sie weniger schädlich sind, weniger starke Euphorie hervorrufen und Überdosen weniger gefährlich sind. Inzwischen aber wissen wir, daß auch diese Drogen zur physischen Abhängigkeit führen können. Malcolm Lader und seine Kollegen vom London Institute of Psychiatry untersuchten das Benzodiazepin-Entzugssyndrom an 24 Patienten, die ein bis 16 Jahre lang normale therapeutische Dosen eingenommen hatten. Alle Patienten litten unter Entzugsbeschwerden, wie Angstzustände, Licht- und Lärmempfindlichkeit, innere Unruhe und Schwankungen der elektrischen Gehirnaktivität. Diese Beschwerden erreichten am vierten bis sechsten Tag ihren Höhepunkt und klangen erst nach acht bis zehn Tagen ab.

Psychedelische Drogen

Psychedelisch bedeutet soviel wie »bewußtseinserweiternd« und charakterisiert jene Drogen, die psychische Veränderungen zur Folge haben, ekstatische und mystische Erlebnisse bewirken und phantastische Visionen und manchmal Halluzinationen hervorrufen. Solche Erlebnisse wurden von d-Lysergsäurediäthylamid (LSD)-, Meskalin- und Psilocybin-Benutzern berichtet. Die beiden letzten sind natürlich vorkommende Substanzen, LSD dagegen ist eine synthetische Substanz, die 1953 von dem Schweizer Chemiker Hofmann, nach einer zufälligen Vergiftung an sich selbst, entdeckt wurde.

Meskalin wird aus dem Peyotl-Kaktus gewonnen, der in bestimmten Regionen Mexikos und Mittelamerikas wächst. Dieses Halluzinogen ist schon lange bekannt und wird seit Jahrhunderten von mexikanischen Indianern für rituelle Zwecke benutzt. Psilocybin ist der aktive Wirkstoff des Pilzes *Psilocybe mexicana*. Beide Substanzen rufen eine ähnliche Wirkung wie LSD hervor, sind aber nicht annähernd so stark. Um den Effekt von 0,0001 g LSD zu erzielen, ist eine Dosis von 0,5 g Meskalin nötig. 1,5 kg LSD

Ein offener Straßenmarkt mit Kokablättern, Quelle der Droge Kokain (links). Cannabis sativa, die indische Hanfpflanze, besser bekannt als Marihuana (rechts).

Reaktionen

Pupillenerweiterung; Blutdrucksteigerung; erhöhte Körpertemperatur; gelegentliche Übelkeit; subjektive Berichte von Schwäche und Schwindelgefühl.

Veränderungen des Körperbewußtseins: merkwürdig verzerrte Gefühle, was Körper und Gliedmaßen angeht.

Traumähnliche entrückte Gefühle: Sorglosigkeit und Losgelöstsein von der Realität; ungewöhnlich schneller Gedankenfluß.

Reduzierte geistige Leistungsfähigkeit: schlechtere Leistungen bei Gedächtnistests und mathematischen Aufgaben; Konzentrationsschwierigkeiten.

Verändertes Zeitgefühl: subjektiver Eindruck, alles würde länger dauern.

Veränderte sensorische Wahrnehmungen: Empfindungen, wie Hören, Fühlen, Schmecken und Riechen, scheinen ungewöhnlich intensiviert; gelegentliche Synästhesie, zum Beispiel »ein Geräusch riechen« oder »eine Farbe fühlen«.

Stimmungs- und Emotionsschwankungen: von Ekstase und Euphorie bis hin zu Angst, Depressionen und Verzweiflung.

Nebenwirkungen

Von Chromosomenschäden wird in einigen frühen Studien berichtet; sie konnten jedoch wissenschaftlich nicht nachgewiesen werden und werden heute für unwahrscheinlich erachtet.

Positive psychische Auswirkungen: Selbstberichte über gesteigerte Wahrnehmungsfähigkeit, doch es fehlen empirische Belege.

Negative psychische Auswirkungen: mögliche, wenn auch selten auftretende psychoseähnliche Reaktionen, meist bei Personen mit einer psychopathologischen Vergangenheit; gelegentliche »flash-backs« (erneutes Auftreten eines Rauschzustandes, nachdem die Drogenwirkung längst abgeklungen ist).

würden ausreichen, um den Einwohnern von New York City und London einen psychedelischen Trip zu verschaffen. Keine andere bewußtseinsverändernde Droge ist so sorgfältig erforscht worden wie LSD, so daß heute über 2000 wissenschaftliche Arbeiten vorliegen.

Wie bei anderen bewußtseinsverändernden Drogen hängt die Wirkung von LSD von den Erwartungen und den Umständen ab. So kann derjenige, der auf die Erfahrung nicht vorbereitet ist, leicht einen »miesen« Trip erleben. Für Ratten und Affen steht LSD ganz unten auf der Liste der bevorzugten Drogen. Sie gewöhnen sich nicht an, den Hebel zu drücken, um sich die Droge zu injizieren. Das unterstützt die These, die besagt, daß selbst stärkerer LSD-Konsum (beim Menschen) nicht zu Abhängigkeit führt.

Phensyclidin oder PCP ist eine relativ neue Droge, die sich zur Zeit in den Vereinigten Staaten besonders schnell verbreitet. Sie wurde 1959 als Betäubungsmittel entwickelt, wird aber heute in der Medizin nicht mehr verwendet. Innerhalb eines Jahres (1976/77) verdoppelte sich die Zahl der Konsumenten unter den 18- bis 25jährigen Amerikanern. Zum Genuß von »angel dust«, »crystal« oder »rocket fuel«, wie die Droge unter Eingeweihten heißt, gehören stets auch unangenehme Aspekte. Nur in 60 Prozent der Fälle kommt es zu positiven Erlebnissen. Trotz der Unvorhersehbarkeit der jeweiligen Wirkung wird die Droge weiter konsumiert. Zu den üblichen positiven Wirkungen zählen gesteigerte optische und akustische Wahrnehmungsfähigkeit, Dissoziation, euphorische Stimmung, rauschähnliche Zustände.

Marihuana

Von allen Genußdrogen, so argumentieren die meisten Wissenschaftler und Konsumenten, sei Marihuana die ungefährlichste. Da aber über die Langzeitfolgen bei chronischem Gebrauch noch so wenig bekannt ist, gibt es bei uns heftige Kontroversen über die Legalisierung der Droge. In drei großangelegten Untersuchungen (Jamaika, Costa Rica und Griechenland) wurden Dauerkonsumenten und Kontrollgruppen mit ähnlichem sozialem Hintergrund verglichen und nur wenige Unterschiede festgestellt. Diese Forschungsergebnisse werden immer wieder zitiert, um auf die absolute »Sicherheit« dieser Droge hinzuweisen. Die Gesamtzahl der Getesteten aller drei Studien war jedoch viel zu niedrig, um weniger offensichtliche negative Folgen aufzudecken. Hätte man eine vergleichbare Zahl von Tabakverbrauchern untersucht, so wären mit Sicherheit auch die schädlichen Folgen des Rauchens nicht erkannt worden.

Marihuana ist eine Mischung aus getrockneten und zerstoßenen Blättern der Hanfpflanze *Cannabis sativa*. Es wird meist geraucht, kann aber auch gekaut, als Tee getrunken oder als Zutat von Kuchen konsumiert werden. Haschisch wird durch Eintrocknen des Safts von Cannabis gewonnen und ist deshalb eine konzentriertere Form der Droge. »Gras«, »Pot«, »Ganja« sind nur einige der vielen Namen für Marihuana und verwandte Produkte.

Es wird geschätzt, daß 1977 die Mehrzahl (60 Prozent) der Amerikaner zwischen 16 und 25 Jahren Erfahrungen mit Cannabis hatten. Trotz dieser enormen Zahlen gibt es in der westlichen Welt nur wenige Berichte über starke Abhängigkeit oder zwanghaften Gebrauch. Anders als im Fall von Alkohol, Kokain und Opiaten, bemühen

sich Affen und Ratten nicht um Injektionen von Cannabis, und beim Menschen konnten keine unangenehmen Entzugssymptome festgestellt werden. In Moslem- und Hinduländern allerdings, wo Cannabis leichter zugänglich ist als Alkohol, führt der tägliche Gebrauch größerer Cannabismengen wohl doch gelegentlich zur Abhängigkeit. Wenn »Pot« bei uns so leicht erhältlich wäre wie Zigaretten, so gäbe es vielleicht auch hier häufiger Fälle von Marihuana-Abhängigkeit.

Warum Selbsthilfe so wichtig ist

Berichte von der Weltdrogenszene machen deutlich, daß die Drogensucht fast überall zu einem immer bedenklicheren Problem wird. 1977 hatten 20 Prozent aller Amerikaner zwischen 18 und 25 Amphetamine benutzt, 20 Prozent hatten Erfahrungen mit Kokain und 18 Prozent hatten Barbiturate oder ähnliche Drogen genommen. Mindestens 70 Millionen Amerikaner hatten Tranquilizer, etwa Valium, benutzt. Wenn nur ein kleiner Prozentsatz der Menschen, die Drogen konsumieren, abhängig werden, so kann das schon eine Katastrophe bedeuten. Ärzte sind kaum in der Lage, Hilfe zu leisten, da sie zumeist gar nicht ausgebildet sind, um Verhaltensprobleme zu »kurieren«. Spezialisierte Behandlungszentren sind nicht in ausreichender Zahl vorhanden. Die einzig vernünftigen Lösungsmöglichkeiten sind: erstens Vorbeugung durch Aufklärung über das Zustandekommen von Süchten und die Drogentypen, die am gefährlichsten sind, und zweitens Selbsthilfe durch das Wissen, wie Gewohnheiten entstehen und wie sie abgebaut werden können.

Hilfe für den Heroinsüchtigen: eine Selbstkontroll-Fallstudie

Im folgenden Fall gelang es einem der Autoren, eine 25jährige Frau von ihrer Heroinabhängigkeit zu befreien. Die Patientin war Modedesignerin für eine Ladenkette in London. Sie schnupfte zweimal täglich eine Dosis Heroin, die sie sich unweit von ihrem Arbeitsplatz, in einem Café, besorgte. Entgegen der allgemeinen Vor-

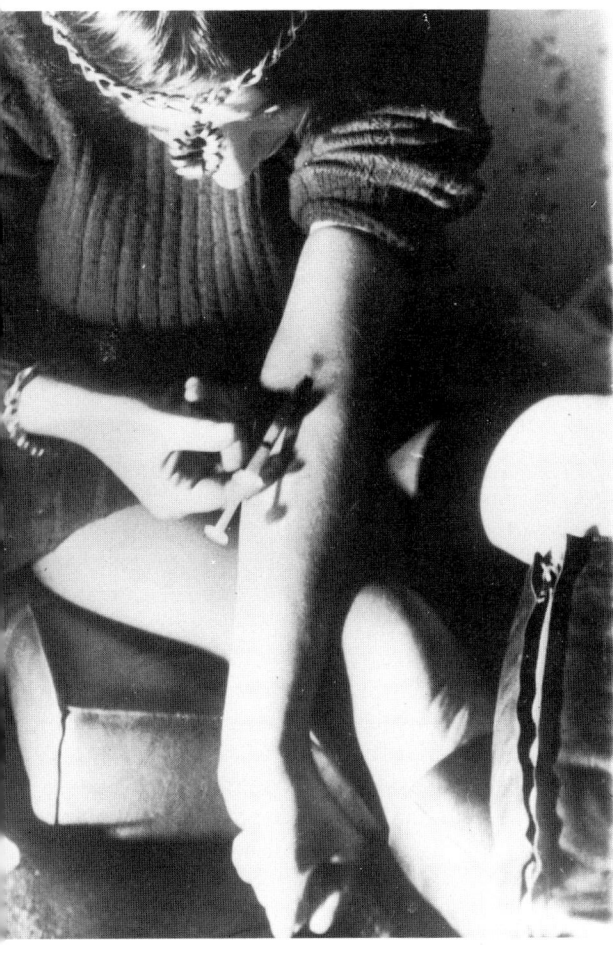

der Droge ein wesentlicher Faktor. Sie fürchtete deshalb, ihre Arbeit wiederaufzunehmen, weil 500 Meter von ihrem Arbeitsplatz entfernt der Pusher mit seiner Ware in einem Café wartete. Also beschloß sie, für eine andere Boutique derselben Ladenketten in einem Londoner Vorort zu arbeiten. Diese »geographische Lösung« hatte den großen Vorteil, daß sie an einem normalen Arbeitstag gar nicht in Versuchung kam.

Sie nahm allmählich wieder Kontakt zu ihren alten Freunden auf, die nichts mit der Drogenszene zu tun hatten. Um den Kreis von nicht-drogensüchtigen Freunden zu vergrößern, plante sie zweimal wöchentlich ein Essen oder ein geselliges Beisammensein. Während der ersten beiden Monate zog sie in eine Wohnung mit zwei anderen Mädchen, um an Wochenenden nicht allein zu sein, denn das waren ihre »kritischen« Zeiten.

Als nächster Schritt war die Reizkonfrontation geplant, so wie sie in Kapitel 4 beschrieben wird. Die Patientin war seit ihrem physischen Entzug nicht mehr in der alten Drogenumgebung gewesen, weil sie fürchtete, der Versuchung nicht widerstehen zu können. Das Prinzip der Reizkonfrontation wurde ihr folgendermaßen erklärt:

»Wenn Sie mit einer Versuchung konfrontiert sind und ihr widerstehen, werden Sie ein starkes Verlangen verspüren, das jedoch langsam nachläßt. Wenn Sie das nächste Mal in einer ähnlichen Situation sind, wird es Ihnen bereits sehr viel leichter fallen, standhaft zu bleiben.«

Dann lernte sie folgendes Zitat aus *Hamlet* auswendig:

Nehmt eine Tugend an, die Ihr nicht habt.
. . . seid zur Nacht enthaltsam;
Und das wird eine Art von Leichtigkeit
Der folgenden Enthaltung leihn;
Die nächste wird dann noch leichter.

stellung gehen viele Drogensüchtige einer regelmäßigen Arbeit nach, wenn auch ihre Leistungsfähigkeit mitunter beeinträchtigt ist.

Der erste Schritt in ihrer Therapie bestand darin, sie von der Droge fernzuhalten und ihr über die Entzugssymptome hinwegzuhelfen. Nachdem man Eltern und Hausarzt über die Situation aufgeklärt hatte, nahm sie zwei Wochen Urlaub, den sie zu Hause bei ihrer Familie verbrachte. Man hatte ihr kleine Mengen eines Tranquilizers verschrieben, die sie aber nur nehmen durfte, wenn ihre Entzugsbeschwerden unerträglich wurden. Das Absetzen einer Droge unter solchen Umständen ist für viele Süchtige gar nicht so schwer, problematisch wird es erst, wenn sie wieder mit den normalen Lebensbedingungen konfrontiert sind.

Für diese Frau war die leichte Zugänglichkeit

Auf einem Trip nach Nirgendwo? Heroin (oben) und
Opium (unten) können zu starker Abhängigkeit führen.

Mit dem Ziel, endgültig von ihrer Sucht loszukommen, suchte sie an einem Samstagmorgen, in Begleitung ihres Bruders, das Café auf, in dem sie früher ihre Drogen gekauft hatte, und hielt sich dort eine halbe Stunde auf. Dabei war ihr zwar höchst sonderbar zumute, doch sie verspürte kein Verlangen nach der Droge. Drei Monate lang wiederholte sie diese Übung, bis das Café keine Bedrohung mehr für sie darstellte.

Eine Bewältigungsmethode, die sich in ihrem Fall als besonders nützlich herausstellte, war eine Variante der in Kapitel 16 beschriebenen Problemlösungsstrategie. Wann immer ihr Verlangen nach der Droge unwiderstehlich zu werden drohte, stellte sie eine Liste mit fünf Beschäftigungen zusammen, die ihr vielleicht Spaß machen würden. Sie sollte sozusagen ihr eigener Psychologe sein und diese Beschäftigungen eine nach der anderen testen, um herauszufinden, bei welcher ihr Verlangen am schnellsten nachließ. Zu ihrem Erstaunen stellte sie fest, daß sich der Drang, die Droge einzunehmen, bereits merklich verringerte, sobald sie die fünf alternativen Beschäftigungen nur aufschrieb.

Es ist jetzt über zwei Jahre her, daß sie kein Heroin mehr anrührt, und es geht ihr ausgezeichnet. Sie hat ihre Lebensweise und ihren Freundeskreis geändert und ein neues Selbstbewußtsein gewonnen. Ihrer eigenen Meinung nach ist ein Rückfall ausgeschlossen.

Dieser Fall macht deutlich, daß es manchmal auch mit simplen Selbsthilfestrategien möglich ist, Suchtverhalten in den Griff zu bekommen. Die in früheren Kapiteln beschriebenen Grundsätze und Strategien lassen sich auf ein breites Spektrum menschlichen Verhaltens anwenden, und zwar selbst bei Abhängigkeit von harten Drogen. Bislang fehlen jedoch noch fundierte klinische Versuche, die die Wirksamkeit dieser Verfahren bei großen Gruppen von Drogenabhängigen nachweisen.

14
Sexuelle Zwänge

Was ist normales sexuelles Verhalten? Die Antwort auf diese Frage ist durch die Jahrhunderte hindurch immer wieder anders ausgefallen – sie verändert sich mit dem Wandel der Sitten und Gebräuche. So gibt es zum Beispiel in den USA immer noch Staaten mit Gesetzen gegen voreheelichen Geschlechtsverkehr. Andererseits betrachten immer weniger Menschen ein solches Sexualverhalten als unmoralisch oder gar anomal. Unverheiratete Paare, die ganz offen zusammenleben, sind in unserer heutigen Gesellschaft keine Ausnahme mehr, in den Vereinigten Staaten genausowenig wie in der Bundesrepublik Deutschland. In vielen Ländern geht der Trend dahin, *alle* privaten sexuellen Handlungen zwischen einverstandenen Erwachsenen zu

entkriminalisieren. In diesen Staaten vertritt man den Standpunkt, daß der Gesetzgeber keine Sexualmoral vorschreiben könne und solle, es sei denn, es handelte sich um Fälle, in denen die persönliche Freiheit der Einzelperson bedroht wird, zum Beispiel um Vergewaltigung oder Unzucht mit Abhängigen. Allerdings gibt es auf dieser Welt in vielen Gesellschaftssystemen und Kulturkreisen immer noch zahlreiche Gesetzesvorschriften, die das Sexualverhalten des Menschen einschränken.

Doch was sind denn nun sexuelle Störungen, was ist sexuell abweichendes Verhalten? In der neuesten Ausgabe des *Diagnostic and Statistical Manual of the American Psychiatric Association* werden solche Verhaltensweisen charakterisiert durch repetitive und nachhaltige Phantasien sexuell erregenden Inhalts, die wiederum verbunden sind mit:

1. einer Vorliebe für nichtmenschliche Objekte zum Zweck der sexuellen Erregung;
2. einer wiederholten sexuellen Betätigung zusammen mit anderen Personen, wobei es zu Handlungen kommt, in denen scheinbar oder tatsächlich Schmerzen oder Demütigungen zugefügt werden;
3. wiederholten sexuellen Handlungen mit nicht einverstandenen Partnern.

Homosexualität wird heutzutage nicht mehr als sexuelle Abweichung oder als Problemverhalten angesehen, es sei denn, diese Neigung führt zu Angstzuständen oder Depressionen. Dennoch hat es in den letzten Jahren eine Debatte darüber gegeben, ob Homosexualität behandelt werden soll oder nicht. Viele Mediziner argumentieren heute, daß bei Homosexuellen mit Depressionen das Behandlungsziel nicht darin bestehen solle, diese Menschen in Heterosexuelle zu verwandeln, sondern darin, sie psychisch mit ihrer eigenen homosexuellen Veranlagung auszusöhnen.

Der Wandel gesellschaftlicher Haltungen

Die Ansichten darüber, was nun eine sexuelle Abweichung ausmacht und was nicht, haben sich in den letzten Jahrzehnten vor allem deshalb geändert, weil unser Verständnis für sexuelles Verhalten stark zugenommen hat. Sigmund Freud war einer der ersten, die erkannten, wie ungemein wichtig in unserem Leben sexuelle Erregung, sexuelle Ängste und sexuelle Enttäuschungen sind. In den vierziger Jahren führte Alfred Kinsey die erste großangelegte Untersuchung zum Sexualverhalten in unserer Zeit durch. Der Kinsey-Report und andere nachfolgenden Studien waren bahnbrechend für eine realitätsbezogenere Auseinandersetzung mit normalem und anomalem Sexualverhalten. In den sechziger und siebziger Jahren führten dann Masters und Johnson ihre Untersuchungen durch, bei denen sie unter kontrollierten Laborbedingungen die sexuellen Aktivitäten von freiwilligen Paaren beobachteten.

Geheime Wünsche . . . (oben) und fremder Schmerz, der eigene Lust verschafft (unten).

Die persönlichen Folgen zwanghaften sexuellen Verhaltens

Sexuelles Zwangsverhalten kann verheerende Konsequenzen nach sich ziehen. Die betroffene Person muß unter Umständen privat wie beruflich erhebliche Rückschläge einstecken. Zurückzuführen ist dies auf die Tabuisierung und Stigmatisierung bestimmter Formen des Sexualverhaltens durch die Gesellschaft. Doch mißt diese Gesellschaft häufig mit zweierlei Maß. Einer, der gern spielt oder kettenraucht, leidet zwar genauso unter zwanghaftem Verhalten wie einer, der ein Opfer des Fetischismus oder ähnlicher Neigungen ist, doch wird sexuelles Zwangsverhalten in der Regel wesentlich schärfer verurteilt als alle anderen zwanghaften Reaktionen.

Nachfolgend die Fälle von zwei Patienten, die unter sexuellen Zwängen litten und dadurch in erhebliche Schwierigkeiten gerieten.

Fall 1

Edward G., ein 25jähriger Exhibitionist, wurde kürzlich wegen Erregung öffentlichen Ärgernisses festgenommen. Er hatte sich einige Monate lang immer wieder vor kleinen Mädchen entblößt. Er beschrieb seine Lage folgendermaßen:
»Ich hasse mich für das, was ich getan habe. Ständig muß ich dran denken. Die Sache geht mir nicht aus dem Kopf. Einmal versuchte ich mit meinem Bruder darüber zu reden. Ich wußte, daß ich Hilfe brauchte und daß ich mich jemandem anvertrauen mußte. Aber es ging nicht – es ging einfach nicht. Denn gleich dachte ich: Was wird er dann von mir halten? Er wird mich für ein Ungeheuer halten. Ich konnte mit niemandem darüber reden. Ich wußte, daß ich Hilfe brauchte, aber ich wußte genauso, daß mich keiner verstehen würde.«

Fall 2

Beverly L. ist 29 Jahre alt und verheiratet. In den letzten beiden Jahren hat sie ein zwanghaft promiskes Leben geführt. Vor kurzem wurde sie von ihrem Mann in flagranti mit einem anderen erwischt. Da gestand sie ihm die Affären, die sie gehabt hatte. Sie beschrieb ihr Verhalten folgendermaßen:
»Zunächst ließ ich mich vor ein paar Jahren mit einem Mann ein, den ich auf einer Party kennengelernt hatte. Es fing alles ganz harmlos an. Bob, das ist mein Mann, und ich hatten in letzter Zeit eine Menge Auseinandersetzungen gehabt. Ich selber fühlte mich niedergedrückt, verklemmt – aber so, als ob ich explodieren wollte. Ich war wütend, fürchterlich wütend, ohne meine Wut jedoch äußern zu können. Ich wollte Bob verletzen. Nur daß eben diese Affäre nicht von Dauer war. Und dann ging's los – ein Mann löste den anderen ab. Das waren jetzt keine Liebschaften mehr, sondern nur noch flüchtige sexuelle Begegnungen. Einmal schlief ich in einer Woche mit fünf verschiedenen Männern.

Und dann folgte ein Mann auf den anderen. Ich wollte das gar nicht, aber irgendwas trieb mich dazu. Sex war jetzt mein Lebensinhalt. Meine Ehe machte mir – auch im Bett – immer weniger Spaß. Was mich jetzt faszinierte, waren die Fremden – die fremden Männer. Und mit unserer Ehe ging's natürlich bergab. Bob war ja nicht dumm. Er mißtraute mir jetzt ständig. Ich fing an zu trinken, und das machte die Sache noch schlimmer. Bob will jetzt die Scheidung, und ich selber sitze gleich mit zwei Problemen da – das eine ist der Sex und das andere der Alkohol.«

All diese Untersuchungen und Forschungsprojekte haben unsere Haltung gegenüber sexuell abweichenden Verhaltensweisen verändert. So hat man zum Beispiel um die Jahrhundertwende in der Onanie oder Masturbation noch ein strikt abzulehnendes Verhalten gesehen. Onanie erzeugt Geisteskrankheit – das war damals eine weitverbreitete Meinung. Heute hingegen weiß der Experte – und hoffentlich nicht nur er –, daß es sich bei der Onanie nicht nur um eine weitverbreitete, sondern auch völlig harmlose sexuelle Betätigung handelt. Sie wird erst dann zum Problem, wenn sie sich zu einem Zwang entwickelt, von Ängsten begleitet wird und alle sexuellen Partnerbeziehungen ersetzen soll.

Freilich gibt es einige Sexualverhaltensweisen, die sich durch ihre Ungewöhnlichkeit auszeichnen, die gleichzeitig zwanghafte Züge annehmen können und schließlich dazu führen, daß alle übrigen sexuellen Interessen ausgeschaltet werden. Einige Beispiele für solches Verhalten sind: Fetischismus, zwanghafte Promiskuität, Exhibitionismus, Voyeurismus, Pädophilie, Inzest. All diese sexuellen Neigungen können schwerwiegende persönliche und gesellschaftliche Probleme hervorrufen.

Fetischismus

Beim Fetischismus dienen der sexuellen Erregung und Befriedigung Körperteile außerhalb der Genitalregion oder aber bestimmte Gegen-

Dieser ausgelassenen sexuellen Szene begegnen wir in einem indischen Hindutempel (rechts), und die chinesische Triole (darunter) läßt ebenfalls nichts an Offenheit zu wünschen übrig.

stände, insbesondere Kleidungsstücke. Fetische können die verschiedensten Objekte sein – Füße, Haare, Schuhe oder Unterwäsche. Gewöhnlich ist das Objekt selbst das Ziel der sexuellen Phantasie, ohne daß ein Partner hinzugezogen würde, und dieses Objekt sorgt dann auch für hinreichende sexuelle Stimulierung. In Fällen, wo dennoch ein Sexualpartner im Spiel ist, fordert der Fetischist von diesem in der Regel, er solle während des Geschlechtsakts gewisse Kleidungsstücke tragen, zum Beispiel hohe Stöckelschuhe oder Stiefel. Ohne solche Voraussetzungen kann die sexuelle Erregung ganz ausbleiben. Ein Fußfetischist kann unter Umständen nur darauf aus sein, den Fuß einer Frau zu küssen und gleichzeitig zu onanieren.

Echter Fetischismus ist verhältnismäßig selten, obwohl es in den Großstädten so manche Bordelle gibt, die für ihre Kunden bestimmte Fetische bereithalten. Klinisch gesehen, handelt es sich um Fetischismus lediglich in solchen Fällen, wo eine sexuelle Erregung *nur im Beisein des Fetischs* zustande kommt und wo dieser zwanghaft gewünscht wird.

Bei Frauen ist Fetischismus relativ selten. Am häufigsten ist diese Neigung bei solchen Männern zu beobachten, die vor intimen sexuellen Beziehungen zurückscheuen, ohne jedoch homosexuell zu sein. Diese Männer können zwar schon recht früh ein gewisses sexuelles Interesse an den Tag legen, doch sind sie gewöhnlich scheu und zurückhaltend. Der Fetischist geht einer Behandlung seiner Neigung in der Regel aus dem Wege, es sei denn, er wird bei einem der für ihn typischen kleinen Delikte ertappt (zum Beispiel beim Stehlen irgendeines Objekts, das für ihn fetischistische Eigenschaften besitzt). Trotzdem kann es vorkommen, daß der Fetischist, weil ihn seine Neigung in tiefe Depressionen stürzt, einen Experten aufsucht, um sich behandeln zu lassen. Motivieren in diese Richtung kann auch der Ehepartner, freilich nur dann, wenn ihm die fetischistischen Wünsche des anderen mehr Frust denn Lust einbringen.

Zwanghafte Promiskuität

Der Wunsch, zahl- und wahllos heterosexuelle Beziehungen einzugehen, kann sich zu einem gravierenden Zwangsverhalten entwickeln. Es handelt sich hier um den Drang, Sexualverkehr mit den verschiedensten Partnern zu haben. Dabei kümmert sich der Betroffene kaum oder gar nicht um die Qualität der Beziehung oder die Gefühle des jeweiligen Partners.

Zwanghafte Promiskuität bei Frauen ist unter dem Begriff *Nymphomanie* bekannt. Allerdings wird dieser Begriff von Männern häufig falsch oder auf abwertende Weise benutzt. So kann es zum Beispiel vorkommen, daß Männer, denen es schwerfällt, die normale Sexualität einer Frau anzuerkennen, voller Abwehr reagieren, wenn eine Frau ihre sexuellen Wünsche offen äußert. Solche Frauen werden dann gern als nymphomanisch denunziert. Auch gibt es immer noch den alteingefleischten Standpunkt, wonach nur Männer sexuell wirklich aktiv zu sein haben. Doch immerhin halten es heute viele für unzumutbar, daß es Männern erlaubt sein soll, ihre sexuellen Wünsche verbal und behavioral zu äußern, während Frauen ihren Partner stumm und willig hinnehmen sollen. Eine solche Einstellung wird heutzutage als böse Diskriminierung der Frau empfunden. Promiskuität bei Frauen wird heute nur dann als Problem angesehen, wenn das damit verbundene Sexualverhalten derart zwanghaft und wahllos erscheint, daß die Betroffene ihren beruflichen und privaten Alltag nicht mehr bewältigen kann und unfähig wird, soziale Beziehungen zu entwickeln oder aufrechtzuerhalten.

Dieser Mann zeigt, was er kann! Ein männlicher Stripper in einer karikaturistischen Darstellung von Beryl Cook (links).

Exhibitionistische Handlungen finden meistens in der Öffentlichkeit statt. Da der Exhibitionist häufig dieselben Orte aufsucht und natürlich sein Publikum braucht, ist es für die Polizei zumeist leicht, ihn auf frischer Tat zu ertappen und festzunehmen.

In seinem Buch *Indecent Exposure* hat Dr. J. M. MacDonald die Örtlichkeiten aufgelistet, an denen sich Exhibitionisten am liebsten betätigen:

Örtlichkeit	Zahl der Fälle	In Prozent
Auf der Straße	91	45,5
In Gassen und Durchgängen	22	11,0
Auf Parkplätzen	19	9,5
In Parks	6	3,0
Auf Schulhöfen	4	2,0
In Mehrfamilienhäusern	29	14,5
In Apartments	16	8,0
Im Waschsalon	9	4,5
In Büros oder Geschäften	4	29,0

Das entsprechende zwanghaft promiske Verhalten bei Männern ist unter dem Begriff *Satyriasis* bekannt. Interessant in diesem Zusammenhang ist die Tatsache, daß bislang Promiskuität bei Männern eher geschätzt als verurteilt wurde – natürlich von Männern und nicht von Frauen. So galt (und gilt?) denn auch Don Juan als einer der großen Liebeshelden der Weltgeschichte, und daß er unter Satyriasis gelitten haben könnte ... was für ein abstruser Unsinn! Doch sollten wir hierzu anmerken, daß die Vorstellung, wonach sich die Männlichkeit eines Mannes an seinen sexuellen Eroberungen mißt, im Schwinden begriffen ist, weil sich die Rollen und das Verhältnis der Geschlechter zueinander verändern.

Zwanghafte Promiskuität kann das Leben des oder der Betroffenen schwer beeinträchtigen und in ehelichen Beziehungen zu einem großen Problem werden. Zuweilen geht solches Verhalten Hand in Hand mit einem gewissen Alkoholismus. Leute, die an diesem Zwang leiden, fühlen sich durch ihre sexuellen Beziehungen nur selten befriedigt. Diese mangelnde Befriedigung aber führt dazu, daß sie ihr promiskes Verhalten noch verstärkt.

Exhibitionismus

Exhibitionismus definiert sich als Lustgewinnung durch Entblößung der Genitalien vor anderen Personen. Fälle von Exhibitionismus sind bereits aus der Antike bekannt, aus dem Griechenland des vierten Jahrhunderts vor Christus. Der französische Arzt Dr. E. C. Laseque bediente sich im Jahre 1877 in einer medizinischen Fachzeitschrift zum erstenmal des Begriffes Exhibitionismus. Da sich der Exhibitionist geradezu gezwungen sieht, öffentlich aufzutreten, denn nur so kann er sein sexuelles Bedürfnis befriedigen, ist der größte Anteil unter den Sexualdelikten, die bei der Polizei angezeigt werden, exhibitionistischer Natur. Interessant in diesem Zusammenhang ist noch, daß Exhibitionismus anscheinend auch kulturell determiniert ist; das läßt sich daraus ersehen, daß diese sexuelle Abweichung in Afrika, Südamerika und Asien relativ selten ist.

Die meisten Fälle unzüchtigen Entblößens finden an öffentlichen Orten statt – auf der Straße, auf Parkplätzen, in Geschäften, im Büro oder in öffentlichen Verkehrsmitteln. Exhibitionistisches Verhalten kann sich zu einem unbezähmbaren Zwang entwickeln, begleitet von dem Verlangen, das einschlägige Verhalten immer wieder zu praktizieren. So ist es für den Exhibitionisten auch typisch, daß er wiederholt dieselbe Gegend oder gar denselben Ort aufsucht, um sich zu produzieren. Da es sich bei unzüchtiger Entblößung um ein strafwürdiges Delikt handelt, gerät der Exhibitionist häufig an die Polizei. Exhibitionisten entblößen sich in 25 bis 50 Prozent aller Fälle vor Kindern. Dem Kinsey-Report können wir entnehmen, daß nach einer repräsentativen Befragung von erwachsenen Frauen zwölf Prozent in ihrer frühen Kindheit exhibitionistische Handlungen erlebt hatten.

Wie viele andere Menschen mit sexuellen Störungen gehört auch der Exhibitionist in jene Kategorie gehemmter Personen, die an ihren Kommunikationsschwierigkeiten leiden. Zwar ist sein Verhalten in vielen Fällen aggressiv, doch kann er sich in anderen Situationen gewöhnlich nur schlecht behaupten, und seine Fähigkeit, den eigenen Gefühlen freien Lauf zu lassen, scheint gehemmt. Exhibitionisten sind nur selten gemeingefährlich, und sie ergreifen

Exhibitionistische Anwandlungen können durch Depressionen und andere persönliche Probleme ausgelöst werden. Das war der Fall bei Lance Rentzel, einem ehemaligen Footballspieler bei den Dallas Cowboys, der 1970 wegen unzüchtiger Entblößung festgenommen wurde. Sein exhibitionistisches Verhalten war offenbar eine Folge seiner damaligen beruflichen Mißerfolge. Seine Verhaftung wurde von der Öffentlichkeit mit großem Erstaunen aufgenommen, denn Rentzel galt als ziemlicher Macho und war zudem mit der hübschen Schauspielerin Joey Heatherton verheiratet.

In seiner Autobiographie schilderte Rentzel, wie er sein ganzes Leben lang versucht hatte, seine Männlichkeit unter Beweis zu stellen – sei es nun durch Football oder Liebesaffären. Wenn es nun in beiden Bereichen nicht klappte, versuchte er sich in einem dritten als Mann zu bewähren und seine Wut loszuwerden – er exhibitionierte sich.

in der Regel wenige Sekunden, nachdem sie sich entblößt haben, die Flucht. Was von Exhibitionisten selbst zu erfahren war, ist, daß ihr Lustgewinn auf den Schock ihrer Opfer zurückzuführen ist und daß die Heimlichkeit und Anonymität des Verhaltens ihre Erregung steigern.

Voyeurismus

Voyeure sind Personen, die durch heimliches oder weniger heimliches Beobachten von sexuellen Objekten oder Handlungen sexuelle Erregung und Befriedigung erlangen. Verbreiteter allerdings ist die Bezeichnung »Spanner«. Der Spanner ist meistens männlichen Geschlechts und beobachtet aus seiner anonymen Situation heraus heimlich fremde sich entkleidende oder nackte Frauen, auch sich sexuell betätigende Paare, und erreicht dadurch (mit oder ohne Masturbation) sexuelle Befriedigung. Doch die voyeurhaften Neigungen des Menschen sind weitverbreitet und gar nicht so ungewöhnlich, wie wir vielleicht meinen. Auch muß ein Voyeurismus nicht unbedingt gleich krankhaft sein. Denn was verlockt denn den Mann dazu, sich eine Striptease-Show oder Pornobilder anzusehen? Das sind weitverbreitete Verhaltensweisen, die wir freilich nicht mit dem Begriff Voy-

eurismus belegen. Und da es heute auch männliche Stripper gibt und neben die Zeitschrift *Playboy* nun auch das *Playgirl* getreten ist, hat sich ein Trend entwickelt, der es auch den Frauen erlaubt, ihre voyeurhaften Neigungen zu befriedigen.

Der eigentliche Voyeurismus, so wie wir ihn oben definiert haben, unterscheidet sich in drei Hauptaspekten von der üblichen oder normalen sexuellen Neugier. Erstens tritt der Voyeurismus häufig an die Stelle des heterosexuellen Verhaltens und wird als ausschließliches Mittel sexueller Befriedigung benutzt. So kommt es, daß der Voyeur beim Anblick der sexuell erregenden Szene häufig onaniert. Zweitens handelt es sich beim Voyeurismus um eine heimliche Betätigung, die die Intimsphäre des Opfers verletzt. Drittens fühlen Voyeure den unwiderstehlichen Drang, ihr Verhalten zu wiederholen – trotz des Risikos, daß sie erwischt, verhaftet und möglicherweise zu einer Gefängnisstrafe verurteilt werden könnten.

Der Voyeur wird zu seinem Verhalten offenbar durch das Gefühl der Erregung und der Gefahr veranlaßt. Es handelt sich bei ihm häufig um einen scheuen und unreifen Menschen, der unter seiner Einsamkeit leidet und noch kaum in den Genuß von irgendwelchen sexuellen Erfahrungen gekommen ist. Typisch für den Voyeur

Voyeurismus in alter und in neuer Zeit. Die nackten Damen auf dem alten Holzschnitt (links) machen einen ebenso gesunden wie unschuldigen Eindruck, während sich im Foto oben die aggressive Sexualität des 20. Jahrhunderts widerspiegelt.

Dieser Sieger eines Transvestiten-Schönheitswettbewerbs ist tatsächlich ein Mann. Und so fragen wir uns: Was ist weiblich? Was ist männlich? Wer ist schön?

Leder und Ketten – kaum ein sexueller Fetischismus, der ohne sie auskäme.

ist sein Alter – in der Regel Anfang Zwanzig, dazu männlichen Geschlechts und unverheiratet. Zwar ist dieser Mensch kaum je wirklich gefährlich, doch schließt das natürlich nicht aus, daß er seinen Opfern, wenn sie ihn plötzlich in der Nacht an ihrem Schlafzimmerfenster entdecken, einen ganz schönen Schrecken einjagen kann.

Pädophilie und Inzest

Unter Pädophilie verstehen wir die sexuelle Anziehung durch Kinder und bevorzugte sexuelle Kontakte mit diesen. Beim Inzest hingegen handelt es sich um sexuelles Verhalten zwischen Personen, die miteinander eng verwandt sind. Diese beiden Problemverhaltensformen überschneiden sich insofern, als sich ein Großteil der Fälle von Unzucht mit Kindern im familiären Rahmen abspielt.

Der Pädophile kann, was seine Neigung anlangt, entweder homo- oder heterosexuell ausgerichtet sein. In der Regel streichelt er das Kind oder läßt sich oral von ihm befriedigen, doch zu einem tatsächlichen Verkehr kommt es nur selten. Viele Pädophile sind verheiratet, neigen jedoch dazu, in anderen sexuellen Beziehungen, die sich ihnen anbieten, gehemmt und moralisch zu reagieren.

Inzestuöse Pädophilie kann sich für die Familie, in der sie vorkommt, verheerend auswirken. Solches Verhalten findet meistens zwischen Vätern oder Stiefvätern und ihren Töchtern statt. Dabei ist es meistens so, daß das Kind sein Problem verschweigt, weil es viel zu verwirrt und von dem Sexualtäter eingeschüchtert worden ist. Doch erstreckt sich dieses Schweigen oft auch auf andere Familienmitglieder, die zwar schockiert sind von dem, was vorgefallen ist, doch eine falsche Scham verbietet es ihnen, den Vorfall weiterzuerzählen. Kommt jedoch der Inzest am Ende trotz allem ans Tageslicht, so fühlt sich der schuldige Elternteil in der Regel wie am Boden zerstört.

Da bei der Pädophilie Kinder zu Opfern werden, reagiert die öffentliche Meinung in der Regel voller Zorn. Die Eltern solcher Kinder sind außer sich und verhalten sich zuweilen recht hysterisch. Doch können sie dem Kind nach sei-

Sexualität als Ware – eine hochentwickelte Technologie (oben), und fetischistische Objekte, die als bizarrer Körperschmuck dienen (links). Helfen denn sexuelle Hilfsmittel wirklich, oder sind sie Symptome von Impotenz?

ner schlimmen Erfahrung entscheidend bei der Überwindung des entstandenen Traumas helfen. Dabei sollten die Eltern sich um Gelassenheit bemühen und dem natürlichen Wunsch, das Kind nun ständig zu beschützen, nicht nachgeben. Vielmehr sollten sie darauf achten, daß sie ihr Kind so normal wie möglich behandeln, damit es wegen des Vorfalls keine falsche Scham oder gar irgendwelche Komplexe entwickelt. In den meisten Fällen erleidet das betroffene Kind keine langfristigen psychischen Schäden.

Transvestismus

Darunter verstehen wir die Neigung eines Menschen, die Kleidung des jeweiligen anderen Geschlechts anzulegen, um sich dadurch sexuellen Lustgewinn zu verschaffen. Die meisten Transvestiten sind heterosexuelle Männer; homosexuelle Transvestiten sind vergleichsweise selten.

Das Verlangen nach einer Geschlechtsumwandlung besteht nicht.

P. M. Bentler und C. Prince befragten die Bezieher einer Transvestitenzeitschrift, um deren psychische Merkmale zu ermitteln. Es stellte sich heraus, daß die meisten männlich und viele von ihnen sehr ehrgeizig und sportlich waren. Die Mehrzahl war verheiratet, hatte normalen Geschlechtsverkehr und ein überdurchschnittliches Interesse an Frauen. Mehr als ein Drittel gaben an, der Transvestismus sei ihr Hauptscheidungsgrund gewesen.

Wie entstehen sexuelle Zwänge?

Obwohl über die Ursachen von sexuellen Zwängen viel spekuliert worden ist, hat man zu dieser Frage nur wenige Experimente durchgeführt. Doch deuten die Studien, die sich mit diesem Problem auseinandersetzen, auf ganz bestimmte

Faktoren hin. Die verschiedenen einschlägigen Theorien lassen den Schluß zu, daß sich derartige sexuelle Gewohnheiten folgendermaßen entwickeln. Zunächst kann sich ein Kind hinsichtlich seiner eigenen Sexualität ungemein gehemmt verhalten, möglicherweise deshalb, weil seine Eltern überbesorgt reagieren oder eine gewisse puritanische Einstellung haben. Und wenn dieses Kind nun heranwächst, kann es als Halbwüchsiger oder Halbwüchsige auf unangenehme Erfahrungen mit dem anderen Geschlecht recht heftig reagieren. Das aber bedeutet, daß es seine sexuellen Wünsche in eine andere Richtung lenken muß, denn jetzt geht es darum, direkte oder indirekte Verbote zu umgehen. Dr. R. J. McGuire ist, was diesen Punkt anlangt, der Ansicht, daß die Objekte oder Phantasien, die mit frühen Masturbationserfahrungen assoziiert werden, ein Sexualproblem hervorrufen können. In einem dieser Fälle entdeckte ein Fetischist in der Tat, daß es ihm Lust bereitete, während des Masturbationsaktes mit Damenunterwäsche umzugehen. Durch einen allmählichen Prozeß der assoziativen Konditionierung wurden Unterwäsche und sexuelle Erregung stark aneinander gekoppelt. Diese Person litt unter einer übermäßigen Schüchternheit, und ihre heterosexuellen Erregungsmög-

lichkeiten nahmen aufgrund von Selbstzweifeln und ausgeprägten sozialen Ängsten ab.

Im Jahr 1966 führte Dr. Rachman von der University of London eine Untersuchung durch, um herauszufinden, ob sich sexuelle Erregung konditionieren ließe mit Hilfe von nichtsexuellen Objekten. Hier läge dann auch eine Erklärung für die Entstehung des Fetischismus vor. Als Versuchspersonen dienten drei abenteuerlustige unverheiratete Psychologen. Jeder von ihnen saß allein in einem Raum, wo man ihn an eine Vorrichtung angeschlossen hatte, die dazu diente, Veränderungen des Penisumfangs zu messen. Nun bediente sich Dr. Rachman der klassischen Konditionierungsmethode und führte den Versuchspersonen Dias mit einem Paar schwarzer knielanger Damenstiefel vor. Diese Dias wechselten in rascher Folge ab mit Darstellungen von nackten Frauen. Die Versuchspersonen wurden aufgefordert, sich diese

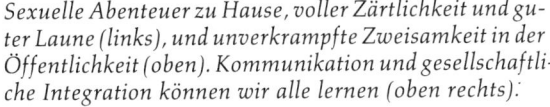

Sexuelle Abenteuer zu Hause, voller Zärtlichkeit und guter Laune (links), und unverkrampfte Zweisamkeit in der Öffentlichkeit (oben). Kommunikation und gesellschaftliche Integration können wir alle lernen (oben rechts).

Dias aufmerksam anzusehen. Die Abfolge Stiefel/nackte Frauen wurde ständig wiederholt. Dabei ließ das Meßgerät zunächst klar erkennen, daß die Versuchspersonen zwar durch die Nacktaufnahmen erregt wurden, nicht aber durch die Stiefel. Doch nach 20 bis 30 Assoziationen von Stiefeln und Nacktaufnahmen war eine Veränderung des Penisvolumens nicht nur beim Anblick der nackten Frauen, sondern auch bei dem der Stiefel zu beobachten. Derart antizipatorische physiologische Reaktionen können mit der Zeit assoziiert werden mit detaillierteren Phantasien, um schließlich, wenn auch noch heterosexuelle Hemmungen hinzukommen, in ein eindeutig fetischistisches Sexualverhalten zu münden. Diese Untersuchung läßt also klar erkennen, wie ein sexueller Zwang sich durch bestimmte Umstände ganz leicht entwickeln kann, immer vorausgesetzt, daß das einschlägige Verhalten verstärkt wird.

Selbstkontrolle und Sexprobleme

Natürlich können sich auch solche Menschen, die unter einem Sexualzwang leiden, der Selbstkontrolltechniken bedienen, die von uns in den bisherigen Kapiteln dargestellt wurden. Wir möchten in diesem Zusammenhang vor allem auf die Selbstmanagementtechnik mit Langzeitfolgen verweisen, die wir in Kapitel 3 behandelten. Dieses Verfahren ist unerläßlich, wenn es darum geht, die eigene Motivation ständig zu stärken und überaus starke Wünsche einzudämmen. Diese Wünsche lassen sich auch durch das in Kapitel 4 beschriebene Verfahren der Reizkonfrontation steuern. Da die sexuell zwanghafte Person aber auch gegen Depressionen und Ängste anzukämpfen hat, empfehlen wir gleichermaßen die in Kapitel 5 und 6 erläuterten Entspannungs- und Gedankenkontrolltechniken. Und für diejenigen, die unter Gefühls- und Kommunikationshemmungen leiden, sei noch einmal auf die in Kapitel 7 dargestellten Trainingsverfahren zur Selbstsicherheit und zur Einübung von sozialen Fertigkeiten hingewiesen.

15
Obsessive Zwänge

Bei den meisten Zwängen, mit denen wir uns bislang befaßt haben, handelte es sich um Verhalten, das dazu dient, ein grundlegendes Bedürfnis zu befriedigen bzw. einen angenehmen psychischen und/oder physischen Zustand zu erzeugen. Doch wenden wir uns nun einer anderen Kategorie von Verhalten zu, das zwar ebenfalls zwanghafte Züge annehmen kann, aber nicht der Erzielung von Lust, sondern der Vermeidung von Unlust dient. Wer von uns kennt sie nicht, die Geste, die darin besteht, daß man vor Aufbruch in den Urlaub nicht nur einmal, sondern zwei- oder gar dreimal überprüft, ob denn die Wohnungstür abgeschlossen ist oder nicht! Wir haben es hier mit einem harmlosen Beispiel des sogenannten Nachprüfzwangs zu tun. Es gibt noch andere Formen ähnlichen Verhaltens, zum Beispiel ob man den Brief denn wirklich richtig adressiert hat. Leider können solche Sorgen und Zweifel mit der Zeit übermächtig werden und sich zu regelrechten Zwängen mausern, die dann genauso problematisch werden wie die Drogen- oder Spielsucht. Im

Rahmen ihrer Untersuchungen am Institute of Psychiatry in London haben die Wissenschaftler Rachman und Hodgeson vier wesentliche Kategorien von obsessiven Zwängen ausgemacht. Diese Kategorien sind folgende:

Nachprüfzwang

Dieses zwanghafte Verhalten, auch Wiederholungszwang genannt, stellt insofern ein ernstes Problem dar, als der oder die Betroffene jeden Tag sehr viel Zeit damit verbringen muß, gewisse Dinge nachzuprüfen: Ist der Gashahn abgedreht? Habe ich vielleicht nicht doch das Wasser laufen lassen? Habe ich die Wohnungstür abgeschlossen, den Brief aufgegeben, habe ich dies oder habe ich das? Diese Zweifelreaktionen beziehen sich häufig auf *Routinehandlungen*, zum Beispiel auf das morgendliche Waschen, doch neigt der oder die Betroffene auch dazu, sich im Geist wiederholt Nachprüffragen zu stellen (zum Beispiel: Habe ich den Gashahn nun wirklich abgedreht?).

Waschzwang

Dieser Zwang ist zurückzuführen auf eine übertriebene Angst vor Bazillen, Krankheiten und Ansteckungsmöglichkeiten – und was nicht alles anstecken kann: Toiletten, Tiere, Telefone und Geld! Die betroffene Person benutzt x-mal am Tag die Seife oder irgendwelche antiseptischen Mittel, und dieses ständige Waschen raubt ihr eine ganze Menge Zeit.

Zwanghafte Langsamkeit

Die unter diesem Zwang stehende Person befleißigt sich einer strikten Routine, zum Beispiel beim An- und Entkleiden, beim Falten und Aufhängen der Kleidungsstücke. Durch diese Routine aber gerät sie aus dem üblichen und ihr eigenen Rhythmus, so daß sie häufig zu spät kommt – sei es nun zur Arbeit, zu einer Verabredung usw. Es gelingt ihr einfach nicht, mit bestimmten Aufgaben zu einer bestimmten Zeit fertig zu werden. Zur Routine kann auch gehören, daß die Person zu ihrem Tun die ganze Zeit Zahlen herunterzählt. Obsessive Denkmuster sind allerdings nicht dieser Kategorie zuzuordnen.

Zweifelsucht und zwanghafte Gewissenhaftigkeit

Eine Person, die an Zweifelsucht und übertriebener Gewissenhaftigkeit leidet, lebt in dem ständigen Bewußtsein, diese oder jene Arbeit nicht perfekt erledigt zu haben, und wird im Hinblick auf die einfachsten Tagesgeschehen von den schlimmsten Skrupeln heimgesucht. Sie gerät mit ihrer Arbeit ins Hintertreffen, weil sie gewisse Prozeduren ständig wiederholen muß und sich viel zu sehr auf gewisse Details konzentriert. Sie macht sich aus allem und jedem ein schlechtes Gewissen (das sie wahrscheinlich von strengen Eltern übernommen hat) und hat ein übertriebenes Ehrgefühl.

Der Milliardär Howard Hughes war ein berühmter Fall von obsessiver Skrupelsucht. Dieser Mann war ein hervorragender Ingenieur, ein glänzender Flugzeugbauer, ein hochbegabter Unternehmer und schließlich sogar Filmproduzent, der jedoch eine starke obsessive Störung entwickelte, die ihn veranlaßte, überall Anstek-

Ein Spektrum und seine beiden Extreme. Zwanghaftes Händewaschen (oben) ist weiter verbreitet als die alles durchdringende Angst vor Ansteckung, wie sie der Milliardär Howard Hughes erlebte (unten).

kungsgefahren zu wittern. Es ist bekannt, daß dieser Mann, der zu den reichsten auf der Welt gehörte, etwa zwanzig Jahre lang in völliger Abgeschiedenheit in bestimmten Hotels in Las Vegas und Nicaragua lebte. In diesen Hotelsuiten sorgte er für eine völlig sterile Umgebung, um auf diese Weise die Infektionsmöglichkeiten minimal zu halten. In den meisten Fällen gelang es ihm, eine direkte Berührung der Gegenstände zu vermeiden – er schützte sich mit Papierser-vietten, Tempotaschentüchern und anderen Materialien. Sein Friseur mußte alle Arbeitsinstrumente wiederholt in Alkohol tauchen. So wurde der praktische Umgang mit irgendwelchen Gegenständen zu einer komplizierten Prozedur. Der Griff eines Löffels mußte von einem Diener zunächst mit einer Papierserviette und dann mit einem Stück Zellophan umwickelt und verschnürt werden. Über diese Umhüllung wurde nun eine zweite Hülle gestülpt, mit dem Ziel,

---

Einschätzung von obsessiven Zwängen

Dieser Fragebogen wurde von Ärzten des Institute of Psychiatry in London entwickelt. Es geht hier um eine vorläufige Einschätzung der Schwierigkeiten, unter denen Patienten mit Obsessionen und Zwangsvorstellungen leiden.

Bitte beantworten Sie jede Frage, indem Sie einen Kringel um das jeweilige RICHTIG oder FALSCH machen. Unter den Fragen sind keine Fangfragen. Arbeiten Sie rasch und denken Sie nicht allzu lange über die genaue Bedeutung der Fragen nach.

1.	Ich benutze ungern öffentliche Telefonzellen, aus Angst, angesteckt zu werden	Richtig	Falsch
2.	Ich verfalle oft auf schmutzige Gedanken und werde sie dann kaum mehr los.	Richtig	Falsch
3.	Ich bin mehr als die meisten Leute auf Ehrlichkeit bedacht.	Richtig	Falsch
4.	Ich komme oft zu spät, weil ich mit nichts rechtzeitig zu Rande komme.	Richtig	Falsch
5.	Ich habe keine übermäßige Angst vor Ansteckung, wenn ich ein Tier berühre.	Richtig	Falsch
6.	Ich muß viele Dinge immer wieder nachprüfen (z. B. Gas- und Wasserhahn, abgeschlossene Türen usw.).		
		Richtig	Falsch
7.	Ich habe ein sehr empfindliches Gewissen.	Richtig	Falsch
8.	Fast jeden Tag kommen mir unangenehme Gedanken, die ich nicht steuern kann.	Richtig	Falsch
9.	Ich mache mir keine unnötigen Gedanken, wenn ich mal mit jemandem körperlich heftig zusammenstoße.		
		Richtig	Falsch
10.	Ich hege gewöhnlich schon wegen der alltäglichsten Dinge schwerwiegende Zweifel.	Richtig	Falsch
11.	Weder mein Vater noch meine Mutter waren mit mir als Kind sehr streng.	Richtig	Falsch
12.	Ich bin mit meiner Arbeit oft in Verzug, weil ich manche Dinge ständig wiederholen muß.	Richtig	Falsch
13.	Ich benutze nur eine durchschnittliche Menge von Seife.	Richtig	Falsch
14.	Manche Zahlen sind die reinsten Unglückszahlen.	Richtig	Falsch
15.	Ich schau mir Briefe nicht noch einmal und noch einmal an, bevor ich sie in den Kasten stecke.	Richtig	Falsch
16.	Zum Ankleiden morgens brauche ich nicht viel Zeit.	Richtig	Falsch
17.	Ich bin nicht übertrieben reinlich.	Richtig	Falsch
18.	Eines meiner Probleme ist, daß ich zu sehr auf Einzelheiten achte.	Richtig	Falsch
19.	Die Benutzung sauberer Toiletten macht mir überhaupt nichts aus.	Richtig	Falsch
20.	Mein Hauptproblem ist, daß ich gewisse Dinge immer wieder nachprüfen muß.	Richtig	Falsch
21.	Bazillen und ansteckende Krankheiten können mich nicht sonderlich aufregen.	Richtig	Falsch
22.	Ich neige nicht dazu, Dinge mehr als einmal nachzuprüfen.	Richtig	Falsch
23.	Ich halte mich nicht an eine strenge Routine, wenn ich irgendwelche alltäglichen Dinge erledige.		
		Richtig	Falsch
24.	Ich habe nach der Berührung von Geld nicht das Gefühl, meine Hände seien schmutzig.	Richtig	Falsch
25.	Ich führe keine Zahlenreihen im Kopf, wenn ich eine Routinearbeit erledige.	Richtig	Falsch
26.	Ich brauche ziemlich viel Zeit, um mich morgens zu waschen und anzukleiden.	Richtig	Falsch
27.	Ich benutze nicht oft antiseptische oder keimtötende Mittel.	Richtig	Falsch
28.	Ich bringe einen großen Teil des Tages damit zu, gewisse Dinge immer wieder nachzuprüfen.	Richtig	Falsch
29.	Das Zusammenfalten und Aufhängen meiner Kleider am Abend nimmt nicht viel Zeit in Anspruch.		
		Richtig	Falsch
30.	Selbst wenn ich eine Arbeit sehr sorgsam erledige, habe ich oft das Gefühl, sie nicht richtig erledigt zu haben.		
		Richtig	Falsch

nun wirklich jedem Bazillus die Wirkung zu rauben. Und erst wenn all diese Vorsichtsmaßnahmen getroffen waren, bediente sich Howard Hughes des Löffels. War er dann mit seiner Suppe oder was immer auch fertig, so wurden Schutzhülle und Schutz der Schutzhülle in einem besonderen Behälter fortgebracht, und der Löffel selbst mußte sorgfältig gespült und gesäubert werden.

Um nun eine klare Vorstellung von den Hauptkategorien obsessiven Verhaltens zu vermitteln, wenden wir uns einer Reihe typischer Fälle zu. Hierbei handelt es sich um Patienten, die am Maudsley Hospital behandelt wurden und die mit wirklich schwerwiegenden Problemen zu kämpfen hatten.

Nachprüfzwang

Eine 25jährige unverheiratete Frau lebte in der ständigen Angst, ihre Vagina könnte durch Glas verletzt oder durch irgendwelche Substanzen infiziert werden. Um dieser vermeintlichen Gefahr zu entgehen, suchte sie Stühle und Toilettenbrillen ständig nach Glassplittern ab; auch trug sie keine weiten Kleider, da sie befürchtete, Glassplitter könnten sich in ihnen leichter verfangen. Aus dem gleichen Grund hatte sie für ihre Unterwäsche einen ganz bestimmten Platz in ihrer Kommode reserviert.

Die Ursache ihres Problemverhaltens war schwer zu bestimmen, doch gab es immerhin einen Anhaltspunkt, denn die junge Frau erzählte von einem Ferienerlebnis im Alter von neun Jahren, als sie mit mehreren Jungen schweres Petting getrieben hatte, worauf sie sich vor sich selber ekelte. Von diesem Tag an, so berichtete sie, habe sich ihr Nachprüfzwang erheblich verschlimmert.

Eine 40jährige Lehrerin litt unter dem Zwang, ständig nachzusehen, ob alle Teppiche auch wirklich plan lagen, damit niemand über irgendwelche Unebenheiten stolpere; auch brachte sie viel Zeit damit zu, auf dem Boden und in verschiedenen Möbelstücken nach Steck- und Nähnadeln zu suchen. Und was ihr ebenfalls nicht aus dem Kopf ging, das waren die Zigaretten und Streichhölzer – immer wieder schaute sie nach, ob auch wirklich nichts nachglimmte.

Etwas Wertvolles verloren oder nur eine routinemäßige Nachforschung? Manche Leute müssen wirklich alles nachprüfen.

Waschzwang

Eine 22jährige verheiratete Frau hatte eine immense Angst davor, sie könnte sich durch Hunde anstecken. Innerhalb von fünf Jahren hatte diese Zwangsvorstellung eine derartige Ausweitung erfahren, daß sogar die Geographie ihres eigenen Landes nicht davon verschont blieb: Gewisse Orte und Landschaften waren in einem solchen Maße »hundeverseucht«, daß die junge Frau nur deren Namen zu hören brauchte, und schon wurde sie von einem unwiderstehlichen Waschdrang ergriffen. Ihre Ängste veranlaßten sie auch, mehrmals den Wohnort zu wechseln.

Eine 42jährige Frau hatte bereits 26 Jahre ihres Lebens mit Wasch- und Hausputzritualen zugebracht. Diese Rituale nahmen schon viel Zeit in Anspruch, was natürlich ihre Beziehung zu ihrem Mann und ihren Umgang mit anderen Menschen erheblich beeinträchtigte. Die Frau war einfach nicht imstande, mit ihrer Obsession so umzugehen, daß zur Essenszeit das Essen auf dem Tisch stand oder daß sie zur Schlafenszeit zu Bett gehen konnte. Jeglicher Kontakt mit Schmutz, Staub, Abfalleimern, Toiletten, Teppichen, Fußböden usw. löste in ihr einen unwiderstehlichen Reinigungszwang aus.

Und dann noch jene 38jährige Mutter mit einem Kind, die 20 Jahre lang unter Ansteckungsängsten litt. Die Möglichkeit einer Infektion trieb diese Frau derart um, daß sie eine ganze Menge Säuberungsrituale entwickelte, von denen keiner ihrer Lebensbereiche verschont blieb. Ihr Kind durfte sich nur in einem einzigen Zimmer aufhalten, in dem sie für totale Keimfreiheit sorgte. Die Frau öffnete und schloß alle Türen mit dem Fuß, um eine Ansteckung ihrer Hände zu verhindern.

Zwanghafte Langsamkeit

Ein 38jähriger Mann litt unter einer chronischen und schweren Störung, deren Hauptmerkmal exzessive Langsamkeit war. Zu Beginn der Behandlung brauchte dieser Mann jeden Morgen sage und schreibe drei Stunden, um sich zur Arbeit fertigzumachen. Es half auch nichts, daß er die Zähne bereits am Abend putzte, obwohl er auch hierzu eine Dreiviertelstunde be-

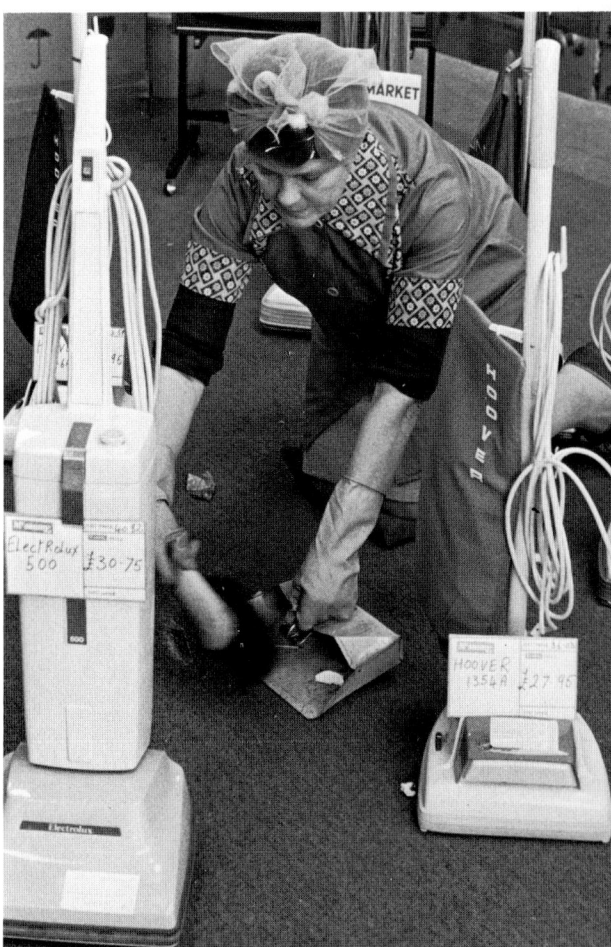

nötigte. Der Mann badete nur unregelmäßig, weil er für diesen Vorgang drei bis fünf Stunden veranschlagen mußte.

Ein zweiter Patient, der an einer ähnlichen Störung litt, mußte in einem Zeitraum von 20 Jahren immer wieder stationär behandelt werden. Er brauchte jeden Tag bis zu acht Stunden, um sich ausgehfertig zu machen, und bereit zum Mittagessen war er in der Regel erst um fünf Uhr nachmittags. Eine Beobachtung solcher Patienten ergab, daß sie sich, was Körperpflege und Kleidung anlangt, ungemein penibel verhalten.

Zweifelsucht und zwanghafte Gewissenhaftigkeit

Eine verheiratete Frau mittleren Alters, die sehr fromm und gewissenhaft war, litt unter ihrer ständigen Grübelsucht, das heißt unter den an ihr nagenden bedrohlichen und doch auch unlogischen Gedanken; auch sorgte sie sich ständig, ob sie mit ihren Kindern nicht etwas falsch gemacht haben könnte oder ob sie ihre Aufsichtspflicht nicht vernachlässigt habe. Ihre fixe Idee waren scharfe Gegenstände wie Messer oder Nadeln, mit denen sich ihre Kinder die Augen verletzen könnten. Hier sind einige der Betätigungen, die mit oder an ihren Kindern auszuführen sie Angst hatte:

1. Benutzung von Messern, Scheren und Fleischspießchen in der Küche.
2. Brotschneiden.
3. Den Kindern die Fingernägel schneiden.
4. Auf ein Kleidungsstück ihrer Kinder einen Flecken aufnähen.
5. Nähen überhaupt.
6. Stricken.
7. Schreiben.
8. In ein Geschäft gehen, wenn dort Messer oder Scheren zum Verkauf auslagen.
9. Den Tisch decken.
10. Beim Essen am Tisch sitzen.

Zwar versuchte sie, derartige Situationen, die solche Ängste auslösen konnten, zu vermeiden, doch die fixen Ideen gingen ihr einfach nicht aus dem Kopf. Um diese ständigen Skrupel zu lindern, wandte sie sich immer wieder an ihren Mann, der ihr bestätigen mußte, daß sie ihren eigenen Kindern keinen Schaden zufüge.

Haben wir den Brutkasten einmal verlassen, so erwartet uns eine ziemlich erschreckende Umwelt. Doch wenn wir lernen, mit dieser Umwelt zurechtzukommen, lernen wir auch, ein freies, aktives und erfülltes Leben zu führen.

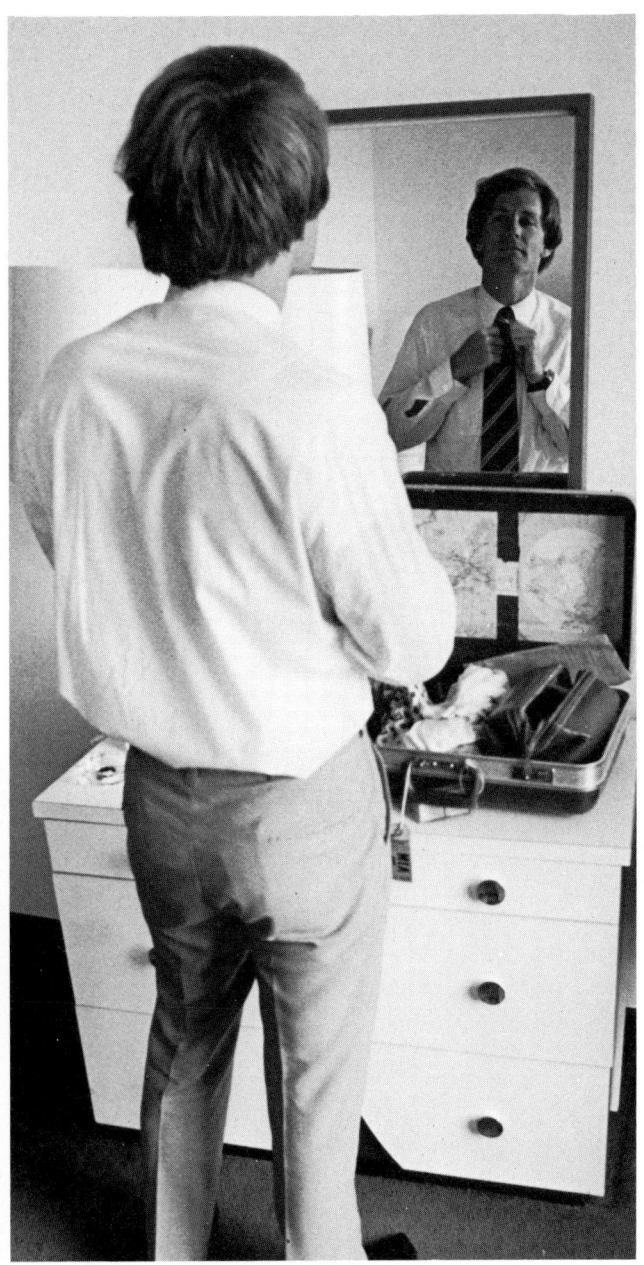

Übertriebene Eitelkeit (oben) kann dazu dienen, daß man sich Verantwortlichkeiten entzieht. »Messer, Gabel, Scher' und Licht . . .« Ein vernünftiger Spruch, der jedoch nicht verhindert, daß zwanghafte Eltern ihre Ängste auf die Kinder übertragen (oben rechts und ganz rechts). Diese Eltern brauchen Unterstützung, um ihr Zwangsverhalten wieder zu verlernen.

In diesem Zusammenhang entdeckte sie, daß ihre Sorgen häufig verbunden waren mit Zweifeln an der Zuverlässigkeit ihres Erinnerungsvermögens. Einmal löste sie eine ihrer Broschen von einem Kleid, um sie an einem anderen Kleid zu befestigen – im Beisein ihrer Kinder. Allerdings fühlte sie sich einigermaßen sicher, weil auch ihr Mann dabei war. Später allerdings fragte sie sich ernsthaft, ob sie sich auch richtig erinnere. Und wenn nun ihr Mann nicht dabei gewesen war, so grübelte sie, dann waren ihre Kinder effektiv in Gefahr gewesen . . . Solch lähmende Gedanken waren typisch für sie.

Ein weiteres Beispiel ist jener Mann mittleren Alters, der im Wareneingang tätig war und mit seiner Arbeit ewig nicht fertig wurde, weil er jeden Posten noch einmal und noch einmal überprüfen mußte, um sicherzugehen, daß er ihn

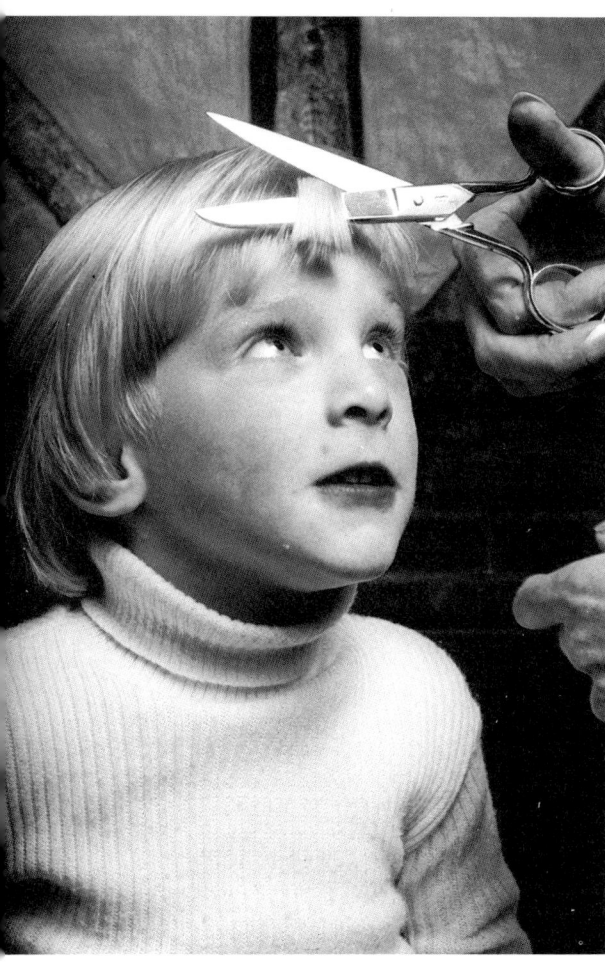

überprüft hatte und daß ihm dabei kein Fehler unterlaufen war. Dieser Mann war übergewissenhaft und fürchtete sich vor jeder Kritik seines Chefs, selbst wenn es sich um unbedeutende Versehen handelte.

Die Verstärkung obsessiver Zwänge

Wie der »High«-Zustand, erzeugt durch süchtigmachende Drogen, so liegt auch in der Vermeidung von Sorgen oder Unannehmlichkeiten ein hohes Verstärkungspotential. Je größer der befürchtete Schaden, desto größer die Erleichterung. Ein obsessiver Waschzwang kann zunächst der bloße Versuch sein, einer Ansteckung durch Ausscheidungen oder Bakterien aus dem Weg zu gehen. Und der Zwang, alles und jedes

sauberzuhalten, kann schon in der Kindheit einsetzen, und zwar mit dem Ziel, der elterlichen Bestrafung zu entgehen. Ein Wasch- oder Nachprüfzwang kann zu Beginn den Eindruck einer bloßen Vorsichtsmaßnahme erwecken, doch wenn sich das Verhalten mit der Zeit zu einem regelrechten Ritual entwickelt, wird seine Modifizierung immer schwieriger, und so wird die Gewohnheit schließlich auch dann beibehalten, wenn die auslösenden Bedingungen gar nicht mehr gegeben sind. So kann zum Beispiel ein Reinigungszwang, dessen Entstehung auf die ärgerlichen Reaktionen der Eltern zurückzuführen ist, auch dann noch weiterexistieren, wenn beide Eltern längst gestorben sind. Denn die erwarteten unangenehmen Konsequenzen haben sich in diesem Fall von außen (das heißt von der elterlichen Bestrafung) nach innen (das heißt auf die Schuldgefühle) verlagert.

Ein ausgezeichnetes Beispiel für eine solche Verlagerung ist der Fall jener Patientin, die sich zunächst deshalb so häufig wusch, weil sie die Tuberkulose vermeiden wollte, an der einer ihrer Freunde kürzlich gestorben war. Zwanzig Jahre später, als sie erfolgreich behandelt wurde, stellte sich heraus, daß ihre Sorge eigentlich nicht mehr darin bestand, daß sie sich mit einer Tuberkulose anstecken oder selbst eine Ansteckungsgefahr darstellen könnte. In einem Zeitraum von drei Wochen wurde diese Frau erfolgreich mit der Reizkonfrontationstechnik behandelt, die wir in Kapitel 4 dargestellt haben; das heißt, die Frau wurde gezielt mit der Krankenhausbelegschaft und anderen Ansteckungsmöglichkeiten konfrontiert. Dabei wußte sie genau, daß TB erst Monate nach der Ansteckung diagnostiziert werden kann, was aber nicht hinderte, daß sie nach drei Wochen als geheilt entlassen werden konnte. Diese Frau hatte im Grunde keine Angst mehr vor einer Ansteckung; was ihr geblieben war, war lediglich die Angst vor dieser Angst.

In anderen Fällen kann der Patient Angst haben vor Schuldgefühlen, vor gewalttätigen Anwandlungen oder vor gefährlichen Gedanken. Der springende Punkt ist einfach der, daß ein eingefleischter Zwang durch die Vermeidung eines unangenehmen Ereignisses verstärkt wird, daß sich jedoch dieses Ereignis oder seine Möglichkeit ab einem gewissen Punkt nur mehr im

Geist selbst des Betroffenen abspielt, und dieser Zustand führt dann zur fixen Idee oder zur Obsession.

Faktoren, die zur Entwicklung obsessiver Zwänge beitragen

Zunächst einmal sind manche Leute empfänglicher für gewisses Zwangsverhalten als andere, doch wie genau der einzelne zur Drogensucht oder zum Alkoholismus prädisponiert ist, darüber haben wir noch keine exakten wissenschaftlichen Erkenntnisse. Obsessive Zwänge wurden, angefangen bei Freud, immer wieder in Zusammenhang mit Angst gebracht, und so ist es denn wahrscheinlich, daß ängstliche Menschen für Süchte anfälliger sind.

Doch ob nun ein hohes Angstniveau zu Alkoholismus führt oder nicht, eine Phobie oder eine Obsession ist stets durch eine ganze Reihe auslösender Faktoren bedingt. So kann eine Person ihre Angst von Eltern oder Verwandten übernommen haben. So übernahm zum Beispiel eine unserer Patientinnen ihre Kindheitsgewohnheiten von ihrem Vater, der selbst unter zwanghafter Reinlichkeit litt. So ahmte sie ihn zum Beispiel nach, wenn sie mit dem Hund des Hauses spielte – sie zog dann ebenfalls Handschuhe an. Ein anderer Patient bekam als Kind erzählt, daß der Boden fußhoch mit einer Bakterienschicht bedeckt sei, was natürlich dazu führte, daß der Junge beim Spielen, Essen oder Schlafen niemals mit dem Gesicht in diese Gefahrenzone geraten durfte. Diese Erfahrung aber, das können wir mit ziemlicher Sicherheit annehmen, förderte die Entwicklung seines obsessiven Zwangsverhaltens.

Ein anderer Patient hatte eine zwanghafte Einstellung zum Zähneputzen und brauchte dazu jedesmal fünf Minuten. Dann aber geriet er an einen Zahnarzt, der ihm klarmachte, er müsse mit seinen Zähnen pfleglicher umgehen. Was war der Erfolg? Der Mann brachte nun jeden Morgen und Abend eine halbe Stunde mit Zähneputzen zu. Und was nun seine Haarpflege angeht, so verdoppelte er die dafür bislang aufgebrachte Zeit, als er auf einer Flasche mit Haaröl die Massageinstruktionen las. Das aber bedeutet, daß, wenn eine Prädisposition zu obses-

sivem Verhalten einmal existiert, es um so einfacher ist, eine Eskalation des Zwangsverhaltens herbeizuführen, sei es nun durch überzeugende Hinweise auf Bazillen, antiseptische Mittel, Vergiftungsmöglichkeiten, Ansteckungsgefahren oder andere Dinge.

Es gibt da noch einen Prozeß, der zur Entwicklung von obsessiven Zwängen entscheidend beitragen kann – die sogenannte *Sensibilisierung*. Im Verlauf dieses Prozesses kann sich ein unscheinbares Problem durch eine Streß- oder Depressionsphase schlagartig zu einer existenzbedrohenden Schwierigkeit ausweiten. Eine unbedeutende Beunruhigung kann plötzlich in eine gravierende Störung umkippen. Auch hier haben wir es mit einem Teufelskreis zu tun, denn Zwänge erzeugen Depressionen, und Depressionen wiederum erzeugen Zwänge. Darauf weist Lewis hin, wenn er sagt, daß »obsessive Patienten meistens unter Depressionen leiden: ihre Krankheit ist eine Depressionskrankheit«. Die Ratschläge zu Angst- und Depressionssymptomen, mit denen wir uns in den Kapiteln 5 und 6 auseinandersetzten, sind auch in diesem Kontext überaus relevant, immer vorausgesetzt allerdings, daß der Wunsch besteht, die hier angesprochenen Störungen zu unterbinden oder zu beseitigen.

Die *Generalisierung* eines Zwanges führt dazu, daß der Patient auf immer mehr Auslösereize oder Gefahrensignale reagiert, darunter Gedanken, Gefühle oder Ereignisse, und so entsteht ein Verhalten, das der Umwelt völlig irrational vorkommt. Freilich kommt dies nicht überraschend, denn jede Generalisierung basiert auf einer Assoziation und nicht auf vernünftigen Überlegungen. So fühlte sich zum Beispiel eine unserer Patientinnen regelrecht angesteckt, weil sie ein Foto von einer Krebszelle angefaßt hatte; daß ihr die Vernunft sagte, dies sei gar nicht möglich, tat überhaupt nichts zur Sache. Eine andere Patientin begann sich immer häufiger die Hände zu waschen, weil sie sich vor einer Ansteckung durch ihren Bruder, der schizophren war, schützen wollte. Nun fand aber eine Assoziation oder Verallgemeinerung der Auslösereize statt, so daß die meisten Haushaltsartikel, die ihre Mutter benutzte, den gleichen Waschzwang auslösten. Und wenn die Patientin Jahre später mit einem solchen Produkt in Be-

rührung kam, wurde sie immer noch von Ekel und von dem heftigen Verlangen ergriffen, sich auf der Stelle die Hände zu waschen. Dieser Waschzwang setzte zum Beispiel immer dann ein, wenn sie Kontakt hatte mit Niveacreme, Hansaplast, einem bestimmten Zigarettenpapier, Tee und fünfzig anderen Produkten. All diese Dinge waren assoziiert mit ihrer heftigen Abneigung gegenüber ihrem kranken Bruder.

Selbsthilfe und Hilfe durch Experten

Wie bei allem Problemverhalten, das in diesem Buch bislang behandelt wurde, existiert auch bei zwanghaften Neigungen keine klare Trennungslinie zwischen vernünftigen und eindeutig schädlichen Verhaltensweisen. Die Übergänge sind fließend. Doch läßt sich zumindest eines sagen: Bei jedem Problem- und Zwangsverhalten wird irgendwann ein Punkt erreicht, ab dem die Situation für den Betroffenen und seine Umgebung unerträglich zu werden beginnt. Dabei stellt sich die Frage, welche therapeutische Wirkung die von uns dargestellten Selbstkontrollverfahren bei obsessiven Zwängen haben können. Die meisten Untersuchungen zu diesem Problem wurden zusammen mit Patienten

Angst und Gefahr sind relativ. Viele halten die Angst vor dem Alleinsein für ein irrationales Gefühl, würden aber den Umgang mit Giftschlangen strikt ablehnen.

durchgeführt, die wegen ihrer gravierenden Zwangsreaktionen hospitalisiert worden waren. Die so erzielten Daten lassen erkennen, daß das Reizkonfrontationsverfahren (Kapitel 4) bei 60 bis 70 Prozent dieser schwierigen Fälle hervorragende Erfolge zeitigt. So ist es also mit den Heilungsaussichten für Menschen, die unter solchen Problemen leiden, heute recht gut bestellt.

Wenden wir uns zum Schluß dem Fall Alan zu, der wegen seines Wasch- und Reinlichkeitszwanges bereits die allergrößten Schwierigkeiten bekommen hatte: Er hatte seine Arbeitsstelle verloren, war mehrmals im Krankenhaus gewesen, wo man ihn mit Medikamenten, stützender Beratung und schließlich sogar mit einer Lobotomie zu helfen versuchte. Doch der mit seinen zwanghaften Ritualen verbundenen Angst war nicht beizukommen. Bevor Alan zu uns kam, verbrachte er jeden Tag viereinhalb Stunden mit Waschen, Kämmen usw.

Bei unserer Behandlung ging es darum, daß Alan immer wieder jene Auslöser berühren mußte, die seinen obsessiven Zwang hervorriefen. Zu diesen Reizen gehörten Gras, Schlamm, Asche, und später folgte der Gang zur Toilette, wo der Patient sogar mit etwas Kot konfrontiert wurde. In jeder dieser Behandlungsphasen wurde Alan aufgefordert, es seinem Therapeuten nachzumachen. Dieser nun berührte die »ansteckende« Substanz und faßte danach Gegenstände an, die ihm selbst gehörten und die er oft benutzte, ja er berührte sogar sein eigenes Haar, sein eigenes Gesicht usw. Alan sollte genauso verfahren, wurde indes nicht dazu gezwungen. Und diese Reizkonfrontationsbehandlung hatte schließlich auch Erfolg: Alan konnte nun Geld, Türklinken und andere »gefährliche« Gegenstände berühren, und seine täglich im Badezimmer verbrachte Zeit verringerte sich von viereinhalb auf eineinhalb Stunden.

Verringerung eines Nachprüfzwanges

Bei einem Experiment wurden Personen mit Nachprüfzwang einer provozierenden Situation ausgesetzt und später über die Stärke ihres Nachprüfdranges befragt. So wurde zum Beispiel eine Frau, die bei jedem Abdrehen ihrer Gashähne prüfte und noch einmal überprüfte, ob sie wirklich abgedreht waren, dazu aufgefordert, in die Küche zu gehen und alle Gashähne auf- und wieder zuzudrehen. Aus dem linken Teil des Diagramms ersehen wir die Stärke ihres Nachprüfdranges vor der Konfrontation (VK), nach der Konfrontation (NK) und nach der Ausführung des Nachprüfrituals (NR). Im rechten Teil wird gezeigt, wie sich die Stärke des Dranges verändert, wenn man ihm drei Stunden lang widersteht. Die Veränderung ist erstaunlich. Schon nach einer Stunde nehmen der Drang, das Nachprüfritual auszuführen und das damit verbundene Unbehagen in einem solchen Maße ab, daß sie erträglich werden.

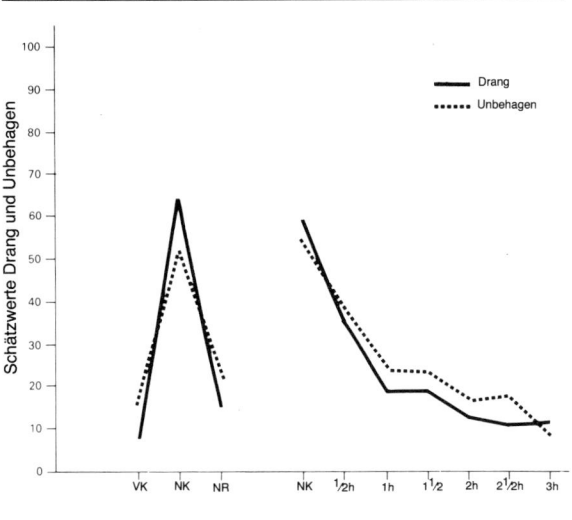

16
Selbsthilfegruppen

Die vielleicht bekannteste Selbsthilfegruppe sind die Anonymen Alkoholiker. Über ihre Entstehungsgeschichte lesen wir bei dem bekannten deutschen Schriftsteller Ernst Herhaus (»Kapitulation«) folgendes: »Weil die Zeit gekommen war, trafen sich in der Mitte der dreißiger Jahre zwei Leute im Tiefpunkt ihrer unentdeckten Krankheit, Bill Wilson und Dr. Bob Holbrook-Smith, ein Börsenmakler und ein Chirurg. (...) Hartgesottene und beinfromme Burschen, die von Gott alles, aber von seinem Bodenpersonal nichts wissen wollten, hatten Bill und Dr. Bob, in einem vehementen Feldzug durch unbestimmte Krankheit, sich auf die letzte Sohle gesoffen. Bill hatte mehr Schulden als ein Schnitzlerscher Major und Dr. Bob konnte bald kein Operationsbesteck mehr halten, wenn er nicht zuvor eine halbe Flasche Schnaps eingefüllt hatte. (...) Es war Dr. Bob schrecklich, wenn man ihm sagte, er könne operieren; er war jedesmal schockhaft erleichtert, wenn er später in Erfahrung brachte, daß er einen auf dem OP-Tisch festgebundenen Leberblum tatsächlich laparaskopiert (...) hatte. Es gab zu tun, um Dr. Bob nach Operationen über diesen Punkt zu beruhigen. Beim Waschen vor der Operation die inwendige Waschung mit der halben Flasche, und zum Zusichkommen nach der Operation die schmachvolle Aushorchung, ob der Operierte noch existierte, und dann, vor Schreck erleichtert, die zweite inwendige Waschung mit dem Rest aus der Flasche...«

Kurzum, Bill und Bob taten sich zusammen, um ihren Alkoholismus gemeinsam zu bewältigen. Und aus diesem Zusammenwirken, aus dieser gemeinsamen Selbsthilfe entstanden in den Vereinigten Staaten die Alcoholics Anonymous, die bald mit bemerkenswerten Erfolgen in der ganzen Welt aufwarten konnten. Gegründet im Jahr 1935, zählen die Anonymen Alkoholiker mittlerweile weltweit über eine Million aktive Mitglieder.

Heute ist AA eine Institution, die sich durch gewachsene Traditionen und durch Zusammenwirken mit den helfenden Berufen auszeichnet. Diese Institution ist »eine Gemeinschaft von Männern und Frauen, die ihre Erfahrung, Stärke und Hoffnung miteinander teilen, mit dem Ziel, ihr gemeinsames Problem zu lösen und anderen zu helfen, damit sie vom Alkoholismus loskommen«.

Es gibt jedoch heutzutage noch zahlreiche an-

FOR GOD AND HOME AND NATIVE LAND

"A little child shall lead them."

Date ....

GOD HELPING ME:

"I promise not to buy, drink, sell or give,

Intoxicating liquor while I live;

From all tobacco I'll abstain,

And never take God's name in vain."

Name. ....

Residence. ....

"Keep thyself pure."

"It is not the will of your Father which is in Heaven, that one of these little ones should perish."

Hier das Gelöbnis, das ein neues Mitglied des amerikanischen Temperance Movement (Abstinenz-Bewegung) mit seiner Unterschrift zu besiegeln hatte. Das Mitglied war gehalten, mit der Hilfe Gottes Enthaltsamkeit zu üben und ein reines Leben zu führen. Das Temperance Movement hatte einen starken Einfluß in den USA, und die Prohibitionsgesetze, die ja vereinzelt immer noch in Kraft sind, waren zum Teil auch sein Werk.

*Von heute an keinen
Tropfen mehr!*

dere Gruppen, die sich um die Zwänge und
Süchte ihrer Mitmenschen kümmern. Ganz
gleich ob es sich um exzessives Rauchen, Spielen, Essen, Trinken oder andere Formen des
Sucht- oder Zwangsverhaltens handelt, unsere
Gesellschaft kennt heute viele Möglichkeiten,
um im Selbsthilfeverfahren mit derartigen Problemen fertigzuwerden.

Verbindung mit solchen Selbsthilfegruppen
aufzunehmen ist im allgemeinen einfach: Der
oder die Betroffene braucht sich nur an die entsprechenden kommunalen oder kirchlichen Einrichtungen zu wenden, er kann die nötigen Informationen aber auch durch die Medien, durch
psychologische Institute oder Therapiezentren

einholen. Sollten jedoch all diese Versuche
scheitern, bleibt immer noch die Möglichkeit,
selbst eine solche Gruppe ins Leben zu rufen.
Und verblüfft wird er sein, der Anfänger und
Nichteingeweihte, wenn er plötzlich entdeckt,
wie gemeinsames Leid nicht nur verbindet, sondern auch gangbare Wege erschließt, um einander zu helfen. In ihrem Buch über Selbsthilfe
und Gesundheit schreiben David Robinson und
Stuart Henry zu diesem Thema folgendes:

»Es bedarf keiner Soziologen, Psychiater, Histo-
riker oder Geistlicher, um unser Augenmerk auf
die Tatsache zu lenken, daß Menschen, die ein
gewisses Problem gemeinsam haben, durchaus

in der Lage sein könnten, einander zu helfen. Dabei kann es sich um emotionale Unterstützung, materielle Hilfen, um Freundschaft oder fachmännischen Beistand handeln, doch kann der helfende Partner oder die helfende Gruppe auch zu einer Zuflucht werden vor der Diskriminierung, dem Haß oder der Brandmarkung durch die übrige Welt.«

Auf den folgenden Seiten werden wir uns mit den eindrucksvollen Gruppenprozessen auseinandersetzen, die dann ins Rollen kommen, wenn sich mehrere Menschen zum gemeinsamen Problemlösen zusammentun.

Brainstorming

Wirksames Problemlösen setzt voraus, daß wir unsere Scheuklappen ablegen und uns mit der Vielzahl von Lösungen vertraut machen, die nicht alle auf den ersten Blick einsehbar sind. Wir müssen uns freimachen von den falschen Annahmen, die uns den Blick auf die richtige Lösung versperren.

»Brainstorming«, die spontane Äußerung von Einfällen und Lösungsvorschlägen, ist eine Möglichkeit, um starrsinnig verteidigte Standpunkte und Vorstellungen aufzubrechen. Alles, was man dazu braucht, ist eine Wandtafel oder ein großes Blatt Papier sowie ein paar Stücke Kreide oder einige Bleistifte. Und wenn es nun darum geht, Billy Higgins dabei zu helfen, daß er am Wochenende weniger trinkt, wird jeder in der Gruppe aufgefordert, sich mögliche Alternativen auszudenken. Dabei sollten die »Brainstormer« folgende Grundregeln im Auge behalten:

1. Keine voreilige Beurteilung: alle Einfälle, auch die verrücktesten, sollen einbezogen werden; mit ihrem effektiven Wert wird man sich später auseinandersetzen.
2. Zunächst geht es um die Quantität, nicht um die Qualität der Lösungsmöglichkeiten.
3. Lassen Sie Ihren Geist frei umherschweifen: Die nächstliegenden Einfälle oder Ideen sind nicht immer die besten Lösungen.
4. Bauen Sie die Ideen der anderen Gruppenmitglieder aus. Benutzen Sie diese Einfälle als Material für freie Assoziationen.

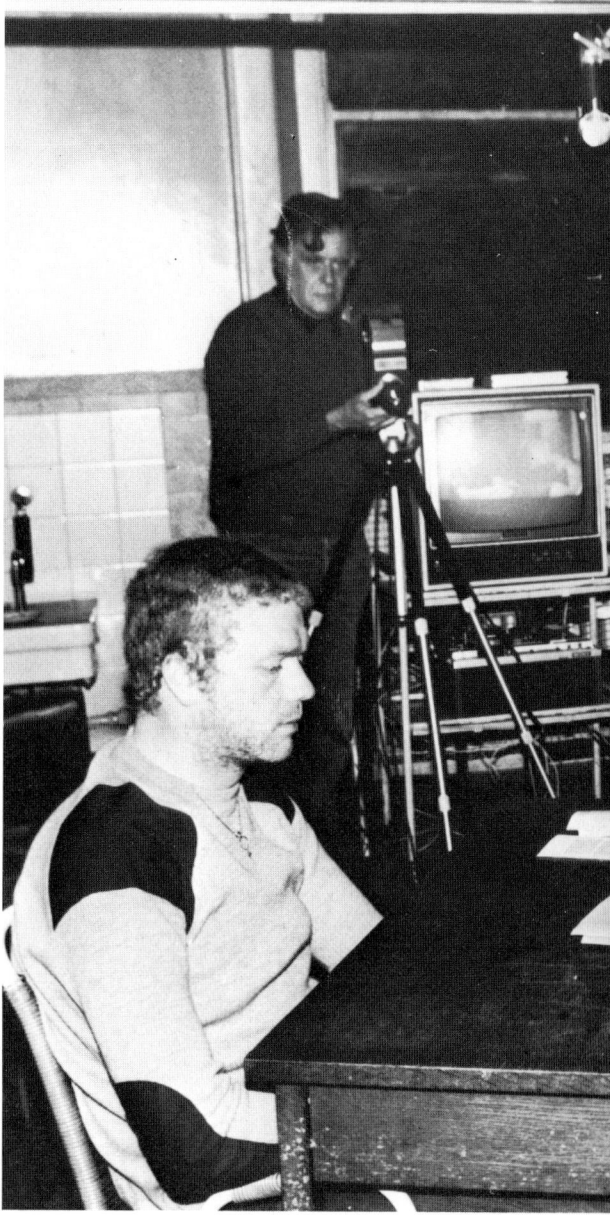

Rollenspiele fördern Selbstvertrauen und soziale Fertigkeiten. Hier wird ein Interview simuliert und aufgezeichnet, um später mit dem Partizipanten diskutiert zu werden.

es darum ging, Alkoholikern zu helfen, mit Situationen fertigzuwerden, die den Drang zu trinken verstärkten. Diese Situationen wurden in drei Gruppen unterteilt:

1. Frustration und Ärger;
2. Versuchung durch andere Leute;
3. Schlechte emotionale Verfassung.

Für jede dieser Kategorien dachte man sich eine lebensnahe Szene aus, die es erlauben würde, die entsprechenden Erfahrungen und Empfindungen noch einmal zu machen. Für die Rubrik »Frustration und Ärger« dachte man sich zum Beispiel folgendes aus:

»Bevor Sie Ihre Alkoholismusbehandlung anfingen, hatten Sie ein Gespräch mit Ihrem Arbeitgeber, der über Ihr Problem Bescheid wußte und Ihnen versicherte, Sie könnten nach der Behandlung an Ihren Arbeitsplatz zurückkehren. Was aber geschah? Als Sie die Behandlung hinter sich hatten, mußten Sie entdecken, daß Ihre Stelle durch jemand anderen besetzt worden war.«

Die Versuchung oder der durch andere Leute ausgeübte Druck stellt für den Alkoholiker ein ebenso häufiges wie schwieriges Problem dar. Ein Beispiel hierzu:

»Sie essen in einem guten Restaurant mit einigen Freunden, weil es etwas zu feiern gibt. Nun kommt die Bedienung und sagt: ›Möchten Sie gern einen Aperitif?‹ Alle anderen bestellen einen Aperitif. Dann haben Sie plötzlich das Gefühl, alle Augen seien auf Sie gerichtet.«

Eine schlechte emotionale Verfassung – zum Beispiel Einsamkeit, Langeweile, Niedergeschlagenheit, Nervosität oder Hoffnungslosigkeit – ist häufig darauf zurückzuführen, daß die erforderlichen zwischenmenschlichen oder Umweltstimuli fehlen. Hier ein Beispiel:

»Sie stehen an einem Samstagmorgen auf und entdecken, daß Sie überhaupt nichts vorhaben. Plötzlich hängen Sie im Leeren. Sie sitzen herum und langweilen sich. Das Ergebnis ist eine gewisse Gereiztheit und Nervosität.«

Eine derartige Problemlösungsgruppe vereinigt in sich Menschen mit einem großen Erfahrungsreichtum, und diese Menschen sind infolgedessen in der Lage, gemeinsam zu einer größeren Anzahl von Alternativen zu gelangen als ein Einzelmensch.

Edmund Chaney, Michael O'Leary und Alan Marlatt vom Veterans Administration Hospital in Seattle bedienten sich dieses Verfahrens, als

Doch kann es auch vorkommen, daß die Person
von dem Wunsch oder Drang zu trinken über-
wältigt wird, obwohl gar keine spezifischen äußeren oder inneren auslösenden Faktoren gegeben sind. Ein Beispiel:

»Sie haben die Heilanstalt bereits einige Monate
hinter sich und in dieser ganzen Zeit keinen
Tropfen angerührt. Natürlich fragen Sie sich
jetzt, wie denn die Behandlung wirklich ange-
schlagen hat, und so überlegen Sie sich, ob Sie
nicht ein Gläschen trinken sollten, um das Be-
handlungsergebnis zu testen.«
Bei der in diesen Fällen verfolgten Behandlung
ging es vor allem darum, die Situationen mit
hohem Risiko auszumachen und danach mit
Hilfe von Brainstorming-Sitzungen (es waren
insgesamt acht) die entsprechenden Alternativen zu entwickeln. Eine solche Behandlung
kann sowohl im Rahmen von Selbsthilfegruppen als auch mit Hilfe der Anonymen Alkoholiker durchgeführt werden. In der Praxis sah die
Sache dann so aus, daß insgesamt vier Wochen
lang zweimal wöchentlich behandelt wurde, was
nicht nur dazu führte, daß plötzlich mehr Bewältigungsstrategien zur Verfügung standen,
sondern auch dazu, daß die Rückfallquote entscheidend zurückging.

So liegt also ein großer Vorteil der Selbsthilfegruppe darin, daß eine größere Anzahl von effektiven Bewältigungsstrategien entwickelt
werden kann. Ein zweiter Vorteil besteht darin,
daß der Betroffene Gelegenheit hat, von Menschen zu lernen, die unter dem gleichen Problem
leiden wie er, mit dem einzigen Unterschied, daß
sie in ihrer Art des Problemlösens bereits einen
oder mehrere Schritte weiter sind.

Bewältigungsmodelle

Mitglieder der Anonymen Alkoholiker oder anderer Selbsthilfegruppen bekommen immer
wieder die Frage gestellt, wie sie es denn geschafft oder fast geschafft haben. Und dann sollen sie ihre Geschichte erzählen. Was für Probleme hatten sie, und wie wurden sie mit ihnen
fertig? Wie bewältigen sie jetzt Situationen mit
einem hohen Rückfallrisiko? Diese Art von Information ist für das neue Mitglied eine enorme

Es ist zu schaffen! Fußballer Jimmy Greaves (links und oben) und Film- und Fernsehstar Dick Van Dyke sind ermutigende Beispiele dafür, wie man mit dem Alkoholismus fertig wird. Deshalb werden die beiden häufig als Vorbilder für Lernprozesse benutzt.

Hilfe. Sie bedeutet Ermutigung und Hoffnung, denn nun kann sich dieses Mitglied mit einem Modell oder Vorbild identifizieren, das sein Problem bereits bewältigt hat oder zumindest im Begriff ist, damit fertigzuwerden. Experimentelle Psychologen haben nachgewiesen, daß ein solches Modell, gewöhnlich als *Bewältigungsmodell* bezeichnet, unschätzbare Dienste leisten kann. Dabei ist es in der Regel so, daß eine Gruppe mehrerer Bewältigungsmodelle aufweist, so daß verschiedene Leute mit verschiedenen Problemen Identifizierungs- und Lernmöglichkeiten entwickeln können.

Das Helferprinzip

Marie Killilea stellte sieben Merkmale von Selbsthilfegruppen zusammen, die bei Forschern und Wissenschaftlern auf besonderes In-

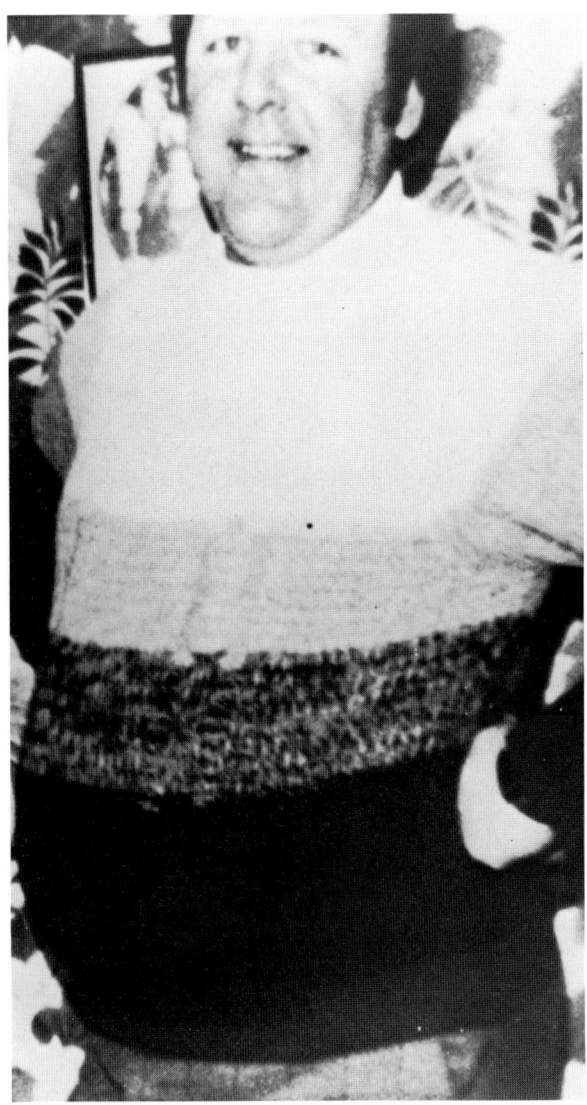

Mit einer Gewichtsabnahme von 38,5 kg wurde Mister Stan Evans (oben und oben rechts) zum Champion der Gewichtsabnehmer des Jahres 1982 gekürt. Die Raucherhand will beschäftigt sein . . . Diese beiden Freunde (ganz rechts) üben sich in einer Ersatzbetätigung, und so hilft denn auch Jo-Jo gegen das Rauchen.

teresse stießen. Eines dieser Merkmale ist das sogenannte *Helferprinzip*, das besagt, daß bei Prozessen der Gruppeninteraktion und des Erfahrungsaustausches oft gerade die Person am meisten profitiert, die sich in helfender und stützender Weise betätigen kann.

Viele Leute haben einen neuen Lebenssinn darin gefunden, daß sie anderen halfen. Die neuen Mitglieder einer Selbsthilfegruppe bringen Probleme mit, zu deren Lösung sie Hilfe benötigen; und die alten Mitglieder entdecken plötzlich, daß ihnen gerade dort Hilfe zuteil wird, wo sie selbst Hilfe leisten. David Robinson befaßt sich mit diesem Phänomen in seiner Untersuchung der Anonymen Alkoholiker:

»Im Laufe der Zeit verlagert sich der Interessenschwerpunkt des Mitgliedes auf das Problem oder die Probleme der anderen. Natürlich geht es diesem Mitglied in der Hauptsache immer noch darum, trocken zu bleiben, doch hat sich nun die Methode gewandelt – das Mitglied bleibt jetzt vor allem dadurch trocken, daß es keine Unterstützung mehr nimmt, sondern gibt, daß es sich nicht mehr mit Bewältigungsmodellen identifiziert, sondern selbst zu einem solchen Vorbild wird und daß es schließlich Verantwortung im Verein übernimmt.«

Wir wollen an dieser Stelle kurz auf zwei Projekte eingehen, bei denen man dieses Helferprinzip erfolgreich anwendete. Das heißt, der oder die Hilfesuchende wurde unterstützt, während der oder die Helfende einen neuen Lebenssinn entdeckte. Das Foster Grandparents Project wurde in Summit County in Ohio durchgeführt. Dabei ging es darum, daß alte Leute vier Stunden pro Tag mit geistig oder körperlich behinderten Kindern im Vorschulalter umgehen sollten. Die Resultate dieses Projekts waren überaus vielversprechend. Die Kinder waren danach glücklicher und entspannter, sie schliefen, spielten und aßen besser. Aber auch die alten Leute wurden durch diese neuartige Erfahrung bereichert. Einer dieser Ersatzgroßväter traf den Nagel auf den Kopf: »Da hab ich jetzt wenigstens einen Grund, jeden Morgen aufzustehen.«

Das zweite Projekt wurde am Institute for Youth Studies an der Howard University in Washington D. C. durchgeführt. Ziel dieses Programms war, Aussteigern und straffälligen Jugendlichen dadurch zu helfen, daß man sie ausbildete im Kindergartenwesen, in der Jugendpsychiatrie und in der Beratung von straffälligen Kindern. Dieses Projekt hatte in zweierlei Hinsicht Erfolg: Zum einen stärkte es das Selbstwertgefühl dieser Helfer, zum anderen kam es auf diese Weise zu einem echten Dienst an der Gemeinschaft.

Selbsthilfegruppen basieren auf der fruchtbaren Erkenntnis, daß sowohl Helfer als auch Geholfene von ihnen profitieren, und so hat zumindest eine dieser Gruppen folgendes Hindu-Sprichwort auf ihre Fahne geschrieben: »Hilf dem Schiff deines Bruders übers Meer, und dein eigenes wird drüben die Küste erreichen.«

Freundschaft in der Gemeinschaft

Die Selbsthilfegruppe bietet mannigfache Möglichkeiten, dauerhafte Freundschaften zu entwickeln. Dieser soziale Aspekt ist bei den meisten Gruppen von entscheidender Bedeutung, so auch bei den Anonymen Alkoholikern. In der Untersuchung von David Robinson heißt es zum Beispiel, daß über 80 Prozent AA-Mitglieder andere Mitglieder zu sich nach Hause eingeladen und bewirtet haben, und 40 Prozent treffen einander zu anderen gesellschaftlichen Anlässen. 55 Prozent der Befragten vertraten den Standpunkt, daß solche Anlässe ein nützlicher Bestandteil der AA-Arbeit seien. Robinson gelangt zu folgendem Schluß:

»Der zwanglose gesellschaftliche Verkehr zwischen AA-Mitgliedern ließe sich als Nebenprodukt der Hauptarbeit bei den Anonymen Alkoholikern interpretieren. In gewisser Hinsicht stimmt das auch, denn diese zwanglosen Aktivitäten entstanden ja aus der gezielten Arbeit der AA, an welcher routinemäßig so viele Mitglieder wie möglich teilnehmen. Trotzdem handelt es sich in diesem Fall um wesentlich mehr als nur ein zufälliges Phänomen, denn gerade dieser zwanglose gesellschaftliche Verkehr ist ein integraler Bestandteil des gesamten Selbsthilfeprozesses.«

Aus den Forschungsarbeiten auf dem Gebiet der Süchte und Zwänge geht eindeutig hervor, daß wir alle diesbezüglichen Prozesse und Symptome auch im sozialen Kontext sehen müssen. So kommt es zum Beispiel häufig vor, daß eine Sucht gerade dann verschwindet oder zumindest erfolgreich bekämpft wird, wenn der Betroffene seinen Freundes- und Bekanntenkreis wechselt. So haben zum Beispiel Azrin und seine Kollegen vom Mental Health and Development Center in Illinois die Wirksamkeit einer Behandlung für Alkoholiker nachgewiesen, deren Grundlage die sogenannte Gemeinschaftsverstärkung ist. Diesen Leuten gelang es, soziale Beziehungen und soziales Engagement dadurch zu stärken, daß sie eine Selbsthilfegruppe gründeten und anschließend eine Kneipe in ein Begegnungszentrum verwandelten und ihren alkoholischen Klienten bei der Lösung ihrer Berufs- und Ehekonflikte halfen. Selbsthilfegruppen bilden also eine ideale Ausgangsbasis, um eine neue Art von Gemeinschaftsintegration entstehen zu lassen.

Bewältigung von Hilflosigkeit und Schuldgefühlen

Personen, die an Alkoholismus, Spielsucht, Übergewicht, Drogensucht oder dem Syndrom des Kettenrauchens leiden, werden gewöhnlich von Hilflosigkeit und Schuldgefühlen heimgesucht, weil sie unfähig sind, ein Verhalten zu ändern, das ihnen soziale, finanzielle und wahrscheinlich auch gesundheitliche Probleme beschert. Leider ist es jedoch so, daß diese Gefühle zwar aus vergangenem Versagen resultieren, aber gleichzeitig zu auslösenden Faktoren für künftiges Verlangen und künftiges Scheitern werden. So aber entsteht ein Teufelskreis, bei dem das Scheitern zum Schuldgefühl und ebendieses Schuldgefühl zu verstärkter Zwanghaftigkeit und zu weiterem Versagen führt. Ein großer Vorteil, den in diesem Zusammenhang die Selbsthilfegruppe mit sich bringt, besteht darin, daß bei dem Betroffenen im Verlauf der Gruppensitzungen und auch sonst im Alltag eine Verringerung von Schuld und Hilflosigkeit stattfindet.

Wer die Geduld und Energie aufbringt, dem anderen auch wirklich zuzuhören, beginnt, die

Auch in der Welt der Alten und Jungen tut sich einiges. Diese alte Frau kümmert sich im Rahmen des Foster Grandparents Project in Ohio, USA, um das ihr anvertraute gestörte Kind. Eine echte Freundschaft ist im Entstehen ...

Probleme, die im Rahmen der Gruppe auftauchen, mit der Zeit in einer breiteren Perspektive zu sehen – einer Perspektive, die der Seins- und Leidenskondition des Menschen überhaupt gerecht wird und nicht mehr bloß kleinlich die Schwächen und Fehler des anderen sieht. Auch in dieser Hinsicht ist das Selbsthilfeverfahren in der Gruppe eine hervorragende Möglichkeit, jenen Teufelskreis zu durchbrechen und im analytischen Ansatz echte Problemlösungen zu finden.

Robinson und Henry unterstrichen auch die Rolle, welche die Gruppe dann spielt, wenn es darum geht, ihren Mitgliedern bei der Bewältigung jenes Stigmas beizustehen, das sie wegen ihrer Süchtigkeit von der Gesellschaft aufgedrückt bekommen:

»Mit einem solchen Stigma sich auseinanderzusetzen und am Ende auch wirklich fertigzuwerden, bedingt als erstes die Entdeckung, daß man selbst ja nicht allein ist; daß es auch noch andere Menschen gibt mit der Fähigkeit, fremde Probleme, Wunschvorstellungen und Bestrebungen anzuerkennen und zu verstehen. Doch fordert diese Auseinandersetzung mit dem Stigma von der Selbsthilfegruppe noch einiges mehr. Denn es geht ja nicht bloß um Probleme, die bewältigt werden müssen, sondern um den betroffenen Menschen selbst. Die Mitglieder von Selbsthilfegruppen müssen häufig erst wieder oder gar zum allererstenmal lernen, daß sie ja auch selbst einen Wert haben, daß sie durchaus in der Lage sind, einen eigenen Beitrag zu leisten, und

daß sie ein volles Anrecht auf einen Platz in dieser Welt haben.«

Eine wirklich gute Selbsthilfegruppe hat wesentlich mehr zu bieten, als der Hilfsbedürftige zunächst annimmt. Das Brainstorming hilft Probleme lösen, die Vorbilder in der Gruppe tragen zur Verhaltensmodifikation bei, der Zusammenhalt der Gruppe bestärkt den einzelnen in seiner Willenskraft, die Gruppenkommunikation ermöglicht neue Freundschaften und soziale Kontakte, und die Reduktion der Hilflosigkeit und der Schuldgefühle des einzelnen ist ebenfalls dem Gruppenprozeß zuzuschreiben. Und so wird die Selbsthilfegruppe für den Menschen, der an einsamer Front gegen seinen Zwang oder seine Sucht ankämpft, zu einem echten Refugium, wo er sein Leben durch Solidarität und Verständnis anderer neu definieren und gestalten kann.

Der Suchtkranke braucht Ermutigung; indem er Versammlungen besucht und an Gruppendiskussionen teilnimmt, gelingt es ihm, der Versuchung immer stärkeren Widerstand zu leisten und mit suchtauslösenden Streßsituationen fertigzuwerden.

17
Ständige Selbstkontrolle
zur Verhinderung von Rückfällen

Der alte Witz »Das Rauchen aufzugeben ist ganz einfach, ich hab's schon tausendmal probiert« illustriert deutlich, wie schwierig es ist, die Veränderung einer Gewohnheit auch aufrechtzuerhalten. Leider ist es so, daß Versuche mit dem Ziel, Süchte, Gewohnheiten und Zwänge abzulegen, oft recht kurzlebig sind. Während die Erfolgsraten bei verschiedenen zwanghaften Gewohnheiten unterschiedlich ausfallen, ist das Rückfallmuster meistens das gleiche. Zu Rückfällen kommt es am ehesten in den ersten drei Monaten nach der Behandlung. So weist eine Untersuchung in der Tat darauf hin, daß etwa 66 Prozent der Raucher, Trinker und Drogensüchtigen während der ersten 90 Tage nach dem Aufgabeentschluß rückfällig werden. Diejenigen jedoch, die die ersten drei bis sechs Monate »sauber bleiben«, haben beste Erfolgsaussichten.

In jüngerer Zeit haben sich Verhaltenswissenschaftler mit der Frage auseinandergesetzt, welche Faktoren zu einem langfristigen Behandlungserfolg beitragen. Denn bis dahin hatte sich die Forschung vor allem mit den kurzfristigen Besserungen befaßt, während die Probleme der langfristigen Verhaltensmodifikation nur am Rande untersucht wurden. Welche Faktoren bewirken zum Beispiel einen Rückfall? Gelingt es manchen Leuten besser, mit Rückschlägen fertigzuwerden, als anderen? Ist Rückfälligkeit in bestimmten Fällen unvermeidlich? Und wie lassen sich Rückfälle unterbinden?

Was führt zum Rückfall?

Das Problem der Rückfälligkeit und ihrer Ursachen beschäftigte Alan Marlatt und seine Kollegen von der University of Washington. Ihre Untersuchung zu diesem Thema war die erste, die die Rückfallfaktoren bei verschiedenen Süchten miteinander verglich. Was die Wissenschaftler vor allem interessierte, war die Frage, ob hier nicht die gleichen psychischen Prozesse am Werk sein könnten, ganz egal, um welche Sucht oder welchen Zwang es sich handelte.

Marlatt und seine Mitarbeiter untersuchten

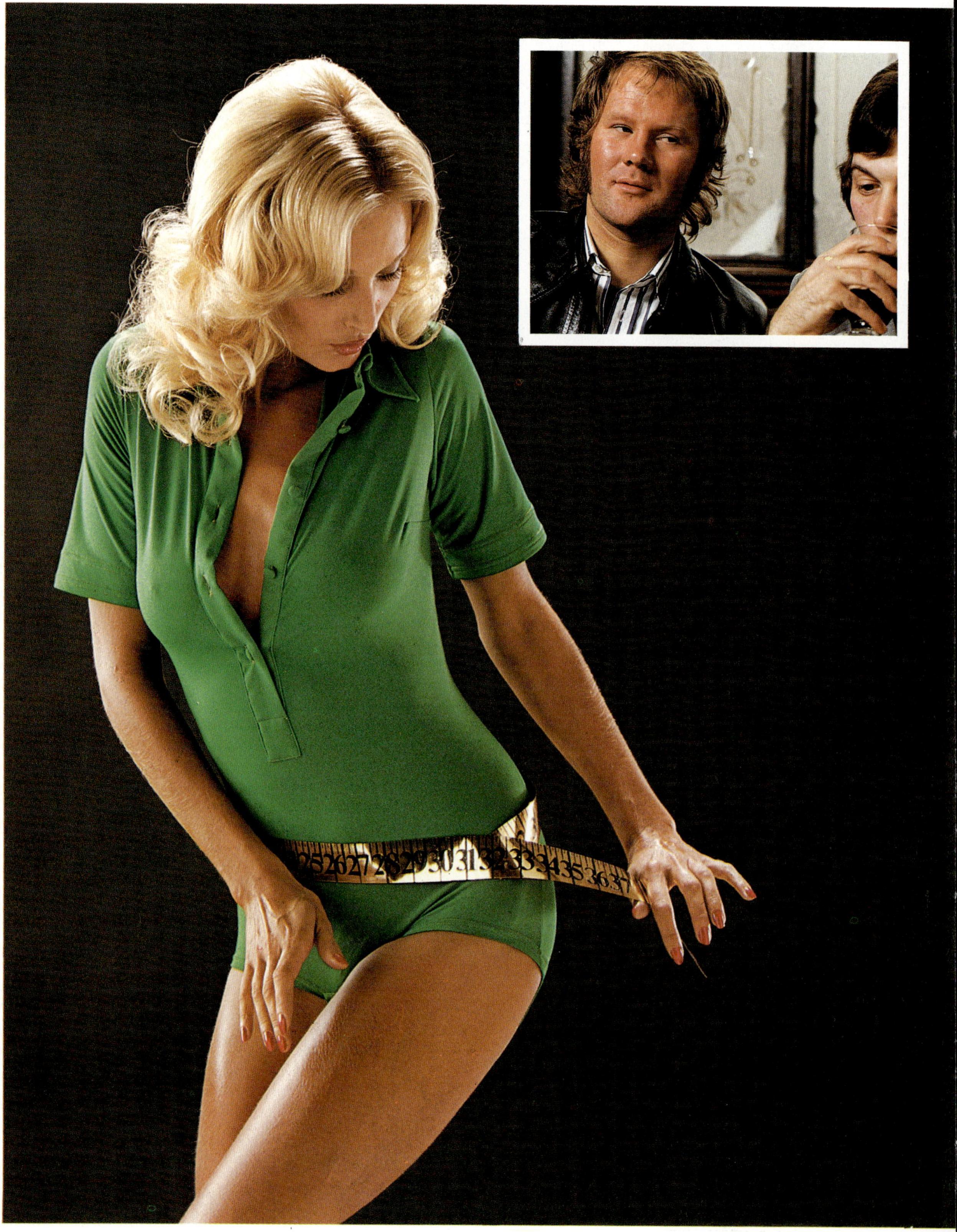
25 26 27 28 29 30 31 32 33 34 35 36 37

Der Platz an der Theke (oben und oben links) ist nicht der geeignete Ort, um zu testen, ob man nun wirklich imstande ist, das Trinken aufzugeben oder die Abmagerungskur beharrlich weiterzuverfolgen. Dem sozialen Druck durch die Umgebung sollte der auf Heilung Bedachte zunächst ausweichen. Denn die gefährlichen Situationen stellen sich immer noch früh genug ein . . .

die Rückfälle von über 300 Personen, die wegen verschiedener Süchte und Zwangsvorstellungen in Behandlung waren. Zu diesen Personen gehörten Trinker, Raucher, Drogensüchtige, dem Spiel Verfallene und an Freßsucht Leidende. Bei dieser Untersuchung wurde Rückfall definiert als jegliches Wiederauftreten des zwanghaften oder süchtigen Verhaltens nach einer anfänglichen Abstinenzphase. Die Versuchspersonen wurden gebeten, in einem Bericht eingehend die Umstände zu beschreiben, die den jeweiligen Rückfall ausgelöst hatten.

Insgesamt 72 Prozent der Rückfälle ließen sich auf drei Faktoren zurückführen: (1) auf einen negativen emotionalen Zustand, (2) auf psychischen Druck von außen und (3) auf irgendwelche zwischenmenschlichen Konflikte. Die meisten Rückfälle waren negativen emotionalen Zuständen zuzuschreiben, zum Beispiel Gefühlen von Angst, Wut, Depression oder Einsamkeit. Diese Gefühle waren bedingt sowohl durch innere Vorgänge (zum Beispiel Depression wegen persönlicher Unzulänglichkeit) als auch durch äußere Einflüsse (zum Beispiel Ärger wegen der sarkastischen Bemerkungen des Ehepartners).

Die wesentliche Bedeutung von negativen Emotionen bei Rückfällen wurde in anderen Untersuchungen nachgewiesen. Leon und Chamberlin zum Beispiel fanden heraus, daß Leute, die bei ihrer Abmagerungskur scheiterten, dazu neigten, immer dann zu essen, wenn sie sich langweilten, deprimiert waren oder sich einsam fühlten; die Leute hingegen, die ihre Kur mit Erfolg absolvierten, aßen vor allem dann, wenn sie Hunger hatten. Rachman und Hodgson haben in diesem Zusammenhang darauf hingewiesen, daß Dysphorie (das heißt eine Gemütsverfassung, die Ruhelosigkeit, Ungeduld oder ein generelles Unbehagen beinhaltet) zu einer Steigerung von Wasch- und Nachprüfzwängen führen kann. Und Marlatts Untersuchung hat interessanterweise ergeben, daß Rückfälle bei Spielsüchtigen in erster Linie auf negative Emotionen zurückzuführen waren (47 Prozent), wohingegen Drogensüchtige in einem erheblich geringeren Maße von derartigen Gefühlslagen beeinflußt wurden (nur 19 Prozent). Dafür aber litten Drogensüchtige wesentlich stärker unter negativen *physischen* Zuständen, zum Beispiel unter Brechreiz, heftigem Zittern oder Konzentrationsschwierigkeiten.

Auch fand Marlatt heraus, daß die zweithäufigste Rückfallursache der psychische Druck von außen war. Dabei konnte es sich sowohl um direkten Druck als auch eingebildeten Druck handeln. Raucher und Drogenabhängige wurden durch solchen sozialen Druck am stärksten beeinflußt, Spieler und Eßsüchtige hingegen am wenigsten.

Zwischenmenschliche Konflikte, also Zwistigkeiten oder unangenehme Auseinandersetzungen mit Verwandten und Freunden, bildeten den dritten Faktor. In diesen Fällen waren es oft die »Gardinenpredigten« des Ehepartners oder enger Freunde, die den Rückfall auslösten. Anschuldigungen erwiesen sich vor allem dann als der Behandlung abträglich, wenn sie nicht der Wahrheit entsprachen.

Es gibt also Faktoren, die bei gewissen Gewohnheiten starke Auslöser darstellen, während dies bei anderen Gewohnheiten nicht der Fall ist. So neigen offenbar Spieler und – in einem geringeren Ausmaß – Alkoholiker dazu, ihre Willenskraft zu testen. Nach einer gewissen Zeit der Enthaltsamkeit glaubt der Spieler häufig, nun könne er wieder sein Glück versuchen, aber doch so, daß er mit Spielen aufhört, wann er selbst es will. So geht er also bewußt das Risiko ein, wieder rückfällig zu werden – er kann zum Beispiel ein Spielkasino aufsuchen, nur um zu sehen, ob er einen Einsatz wagt oder nicht. Er setzt sich der Versuchung aus – er will es wissen.

Weshalb manche Leute mit ihrem Problem besser fertigwerden als andere

Obwohl negative Emotionen die Wahrscheinlichkeit eines Rückfalls erhöhen, ist dieser nicht plötzlich unvermeidlich geworden. Mit anderen Worten, die einen kehren zu ihrem Suchtverhalten zurück, während die anderen standhaft bleiben, und wenn ihre Stimmung noch so negativ ist. Die Möglichkeit, daß eine bestimmte Person in eine Situation mit hohem Risiko »hineinschliddert«, hängt von zwei Faktoren ab: einerseits von der Fähigkeit, die Gefahr zu bewältigen, und andererseits von dem Vermögen, *diese Fähigkeit auch wahrzunehmen.* Techniken des Selbstmanagements, der Entspannung und der Selbstbehauptung können dazu beitragen, daß diese Risikofaktoren mit der Zeit bewältigt und ein Rückfall unterbunden wird. Einige Untersuchungen haben ergeben, daß Personen, die ihre Süchte langfristig unter Kontrolle bringen, eine größere Vielzahl von Bewältigungstechniken anwenden als die Leute, die es nicht schaffen. Eine kürzlich am Institute of Psychiatry in London durchgeführte Studie verglich den Bewältigungsstil von Versagern mit dem von Leuten, die ihre Behandlung erfolgreich abschlossen. In beiden Fällen handelte es sich um Trinker. Dabei war folgendes zu beobachten: Immer wenn sich die Versuchung einstellte, vor allem im Zustand einer schlechten emotionalen Verfassung, wurden im wesentlichen zwei Bewältigungsstrategien angewendet. Die eine bestand darin, daß

Sieg für Leon Spinks im Jahr 1978 in Las Vegas. Muhammed Ali war allzusehr von sich selbst überzeugt. Das Resultat? Übergewicht und Untertraining. Zu viel Fett oder schon zu alt – was hat ihn fertiggemacht?

Dinge einredet wie »Der Mensch bleibt, was er ist« oder »Die ganze Kur ist sowieso für die Katz«, wird es wahrscheinlich nicht weit bringen. Und jemand, der sich selber einredet, daß er nie wieder einen Tropfen Alkohol anrühren wird, wird nach einem Rückfall wesentlich heftigere Gewissensbisse haben als der Patient, dessen Erwartungen eher skeptisch sind. Peter Miller und Karen Sims befaßten sich mit Patienten, die gegen ihr Übergewicht kämpften, und entdeckten dabei, daß ein langfristiger Erfolg vor allem von den Leuten erzielt wurde, die gegenüber dem Gelingen eher negativ eingestellt waren. Sie unternahmen einen Vergleich von erfolgreichen und erfolglosen Patienten nach einem Gewichtsabnahmeprogramm, das zwölf Monate dauerte. Als erfolgreich galten die Patienten, die 16 kg oder mehr abgenommen hatten, während die erfolglosen Patienten nur neun Kilo oder weniger verloren hatten. Nun wurden diese Patienten auf die Bewältigungsstrategien hin befragt, die sie während der zwölf Monate am häufigsten benutzt hatten. Bei den erfolgreichen Patienten waren es 75 Prozent, die sich regelmäßig der gedanklichen Kontrolle bedienten, während sich der entsprechende Anteil bei den erfolglosen Patienten auf lediglich 37 Prozent belief. Bei dieser Kontrolle ging es unter anderem um Techniken, die dazu dienten, selbstabwertende Gedanken zu unterbinden, aufkommenden Zweifeln konkrete Zielvorstellungen entgegenzusetzen, Schuld- und Frustrationsgefühle nach einem kleinen Rückfall dadurch zu bewältigen, daß die bereits erzielten Erfolge ins Feld geführt wurden. Die Patienten, welche diese Techniken benutzten, berichteten von dem Gefühl, sich selbst und ihre Umgebung im Griff zu haben. Ja, allein schon das Wissen, daß sie spezifische Verfahren zur Gedankensteuerung zur Verfügung hatten, reichte oft aus, um eine positive Motivation zu erzeugen.

der Patient einen Spaziergang machte oder sich durch eine andere Tätigkeit abzulenken versuchte. Die andere indes bestand darin, daß der Patient in einen Zustand der Selbstabwertung hineingeriet und wieder einmal Schuld- und Schamgefühle entwickelte. Eine einfache Ablenkung oder Vermeidung von Alkohol erwies sich als nicht sonderlich effektiv, während die bewußte Steuerung des eigenen Denkens oder die Gedankenkontrolle stärker als jedes andere Verfahren dazu beitrug, den drohenden Rückfall zu verhindern. Die erfolgreichen Patienten aber bedienten sich dieser Technik häufiger als die Suchtkranken, die rückfällig wurden.

Bei diesem Kampf gegen zwanghaftes Verhalten muß der Betroffene seine eigenen Einstellungen streng überprüfen. Jemand, der sich

Selbstwirksamkeit

Das Bewußtsein, die zwangauslösenden Situationen kontrollieren zu können, kann genauso wichtig oder gar noch wichtiger sein als die Kontrollstrategien selbst. Professor Albert Bandura bezeichnet die Überzeugung, daß man ein gewünschtes Ergebnis tatsächlich auch verwirklichen kann, mit dem Begriff Selbstwirksamkeit *(self-efficacy)*. Bandura ist der Meinung, daß ein wesentlicher Unterschied bestehe zwischen dieser Überzeugung und dem Glauben, wonach ein gewisses Verhalten ein positives Resultat nach sich ziehen wird (in unserem Fall die Kontrolle einer Gewohnheit). So kann zum Beispiel eine Person überzeugt sein, daß eine Reihe von Handlungen zu einem bestimmten Ergebnis führen wird, gleichzeitig aber schwere Zweifel hegen, ob sie selbst je zu diesen Handlungen imstande sein könnte. Der Wunsch, im Kampf gegen die eigenen Süchte oder Zwänge den Sieg davonzutragen, hängt in einem hohen Maße von den Erwartungen ab, die die Person im Hinblick auf ihren Erfolg oder ihren Mißerfolg hegt. Je stärker ihre Überzeugung, sie könne sich mit Erfolg selbst beherrschen, desto größer ihre Energie und Beharrlichkeit.

Erfolgreiche Verhaltenskontrolle kann auf verschiedene Ursachen zurückgeführt werden, doch ist die Funktion des selbstgewünschten Erfolgs nicht zu unterschätzen. So kann zum Beispiel ein Patient der Ansicht sein, seine Sucht oder sein Zwangsverhalten werde primär beeinflußt durch ein bestimmtes Medikament, einen bestimmten Therapeuten oder aber seine – des Patienten – eigene Fähigkeiten. Führt er jedoch seinen Erfolg auf eine äußere Ursache zurück, zum Beispiel auf bestimmte Abmagerungspillen, so wird seine Erwartungshaltung gegenüber der eigenen Selbstkontrolle nicht sonderlich stark sein, und sowie er einmal keine Pillen mehr hat, nimmt er auch schon an, daß es mit seiner Selbstkontrolle vorbei sei, und beginnt von neuem übermäßig zu essen. Schreibt er jedoch den erzielten Erfolg dem eigenen Verhalten zu, so sieht er sich in seiner Erwartungshaltung bestärkt, was wiederum zur Effektivität der ganzen Behandlung beiträgt.

Doch wenn der Glaube an das eigene Bewältigungsvermögen so wesentlich ist, wie kann es der einzelne dann schaffen, diese positive Einstellung zu erwerben? Nun, dazu ist zu sagen, daß zuallererst Erfolg weiteren Erfolg nach sich zieht. Nehmen wir zum Beispiel eine Person, die das Rauchen aufgegeben hat und nun einen Raum mit vielen rauchenden Menschen betritt – daß sich diese Person stark verunsichert fühlt, muß nicht erst betont werden. Doch wenn sie es schafft, ihre Rauchgelüste zu unterdrücken, wird sie in ihrem Glauben an die eigenen Selbstkontrollfertigkeiten bestärkt, und es gelingt ihr, die nächste Situation dieser Art leichter zu bewältigen. Doch wenn derartige Erfahrungen so ungemein wichtig sind, was geschieht dann mit einer Person, die den Versuchungen einfach aus dem Weg geht? Der Spielsüchtige, der einen kilometerweiten Umweg um die Spielkasinos macht, kann seiner Gewohnheit in den meisten Fällen ein Schnippchen schlagen. Doch indem er den Risiken ständig aus dem Weg geht, lernt er natürlich nicht, mit ihnen fertigzuwerden, und so kommt er auf dem Weg des Problemlösens um keinen Schritt voran. Und was, wenn er sich plötzlich in einer Gruppe von Glücksspielern wiederfindet? Wahrscheinlich ist es doch so, daß er dann ein weiteres Mal seinem Spieltrieb nachgibt, da er ja niemals die Möglichkeit hatte, seine Widerstandskraft zu testen.

---

0 %	100 %
Überzeugt, das Problem *nicht* bewältigen zu können	Überzeugt, das Problem bewältigen zu können

Die Stärkung der eigenen Selbstkontrolle
durch bewußtes Aufsuchen von verführerischen
Situationen ist ein Verfahren, das in mancherlei
Hinsicht der Reizkonfrontation ähnelt, die wir
in Kapitel 4 besprochen haben. Der folgende Fall
soll dieses Verfahren veranschaulichen: Alison
ist 17 Jahre alt und besucht die höhere Schule.
Sie hat fast immer schon unter ihrem starken
Übergewicht gelitten. Ungefähr vor einem Jahr
unterzog sie sich einer Abmagerungskur, deren
Schwerpunkte Diät, Leibesübungen und Verhaltensänderungen waren. Sie war entschlossen,
18 kg abzunehmen, bevor sie ins College über-
wechselte. Nach drei Monaten hatte sie bereits
12 kg abgenommen, und die ganze Kur lief hervorragend. Ihr größtes Problem war ihr Heiß-
hunger nach *fast food* von McDonald's nebenan.
Sie brauchte bloß an diesem oder einem anderen
Fast-food-Restaurant vorbeizufahren, und
schon schwebten ihr in traumhafter Intensität
Big Macs, Pommes frites und süße Milkshakes
vor. Angesichts dieser verlockenden Auslösereize fühlte sich Alison ziemlich hilflos und befürchtete ständig, ihre Selbstkontrolle zu verlieren. Was aber die Sache noch schlimmer machte,
war, daß dieses McDonald's der Lieblingstreff
ihrer Schulkameradinnen war. Das war also ein
zusätzliches Problem. Einerseits mochte sie ihre
Freundinnen natürlich nicht missen, und andererseits hatte sie den unbedingten Wunsch,
nicht noch einmal der Versuchung zu erliegen.

Um diesen Konflikt aus der Welt zu schaffen,
entwickelte man einen Plan mit dem Ziel, Ali-
sons Vertrauen in ihre Selbstbeherrschung zu
stärken. Dieser Plan sah vor, daß sich das Mädchen stufenweise und systematisch den Lecke-
reien von McDonald's aussetzen sollte. Dabei
wurde sie zunächst instruiert, sie solle zu McDonald's gehen, aber unter relativ »sicheren« Bedingungen – zum Beispiel unmittelbar nach ei-

*Das Ziel in Sicht! Der Kampf gegen eine schlechte Ge-
wohnheit ist wie ein Marathonlauf – eine schwere Strecke,
aber das Triumphgefühl am Schluß ist es wert (oben). Ein
neues Leben bedeutet auch neue und nicht zuletzt gesündere Gewohnheiten (rechts).*

ner Mahlzeit oder zusammen mit Freundinnen, die über ihre Abmagerungskur und die damit verbundenen Schwierigkeiten Bescheid wußten. Im Restaurant selbst sollte sie sich an einen Tisch setzen und ihr ganzes Augenmerk auf die Speisen um sie herum richten, das heißt auf deren Anblick, deren Geruch usw. Dabei war das Ziel, daß sich ihr Hunger zur Begierde auswuchs. Und um diese Begierde dann zu bewältigen, sollte sie sich bestimmter Selbstkontrolltechniken bedienen – bei manchen Gelegenheiten sollte sie das Entspannungsverfahren einsetzen, während sie sich in anderen Fällen auf die langfristigen Folgen der Eßsucht konzentrieren sollte (siehe Kapitel 3). Bei wieder anderen Gelegenheiten sollte sie sich einen Diät-Drink bestellen und mindestens 20 Minuten im Lokal ausharren. Diese Prozeduren hatte sie mehrmals zu wiederholen. Und je weiter Alison in diesem Programm vorankam, desto ausgeprägter wurden ihre Selbstkontrollfähigkeiten. Während dieser ganzen Trainingsperiode wurde ihr Glaube an die eigenen Bewältigungsfertigkeiten mittels einer Skala gemessen, ähnlich der, die unten abgebildet ist.

Vor jedem Besuch bei McDonald's ließ man sie die Chancen der Rückfallverhinderung einschätzen. Zunächst waren es zehn Prozent, doch

dann nahmen die Werte rasch zu; nach dem dritten Besuch waren es 60 Prozent und nach der sechsten Versuchung sogar 90 Prozent.

Zum entscheidenden Test kam es dann eines Tages, als Alison sich mit ihren Schulkameradinnen auf dem Heimweg befand und diese plötzlich beschlossen, bei McDonald's einen kleinen Imbiß einzunehmen. Doch selbst in dieser unvorhergesehenen Situation trug Alison den Sieg davon. Sie ließ sich nicht aus der Ruhe bringen, vertraute in ihre Selbstkontrollfertigkeiten, saß geschlagene 30 Minuten dort und schaute ihren Freundinnen zu, wie diese einen Snack nach dem anderen in sich hineinschlangen. Sie selbst bestellte sich lediglich einen Diät-Drink und erklärte ihren Begleiterinnen, sie sei nicht hungrig. Unnötig zu betonen, daß sie nach diesem Erfolg überglücklich war.

Es gibt also zwei vorrangige Abwehrstrategien – zum einen die riskanten Situationen klar zu erkennen und zum anderen Selbstkontrollfertigkeiten zu entwickeln, um mit ebendiesen Situationen fertigzuwerden. Darüber hinaus gibt es vier Hauptstrategien, um sicherzustellen, daß die Gewohnheit in Schach gehalten wird; die Person kann die Risiken überwachen, in die Zukunft planen, positive »Süchte« entwickeln und Ausrutscher kontrollieren.

Wann die Sache danebengeht und wann ein Treffer zu verzeichnen ist – das sollte man schon festhalten, wenn auch nicht mit tierischem Ernst. Und eine einzige Praline ist nicht der Untergang der Welt, solange die Diät entschlossen fortgesetzt wird.

Überwachung der Risiken

Ein Mensch, der praktische Schritte unternimmt und eine Strategie entwickelt, um eine schlechte Gewohnheit zu bekämpfen, ist zunächst voller Motivation und Begeisterung. Doch schon nach einigen Wochen oder Monaten nimmt diese Motivation ab, und in dem ganzen Behandlungsprozeß kommt es immer wieder zu Hochs und Tiefs. Wenn jedoch die ersten Schlachten gewonnen sind und die anfängliche Begeisterung schon etwas abgeebbt ist, kann eine gewis-

se selbstgefällige Leichtfertigkeit einsetzen. Ein ausgezeichneter Vergleich, der sich in diesem Zusammenhang anbietet, ist der Boxkampf zwischen Muhammed Ali und Leon Spinks. Muhammed Ali war sich seines Sieges so sicher, daß er es nicht für nötig befand, sich hinreichend vorzubereiten. Er hatte Übergewicht und war untertrainiert. Und tatsächlich hat niemand erwartet, daß Spinks gewinnen würde. Doch Muhammed Ali wurde geschlagen, er wurde vernichtend geschlagen – aber nicht von Spinks, sondern von seiner eigenen Selbstgefälligkeit. Er war nicht voll präsent, und er war unvorbereitet. Und da es uns selbst genauso ergehen kann, ist es lebenswichtig, auch solche Situationen ständig im Auge zu behalten, die sich zu Risikofaktoren entwickeln können, und stets daran zu denken, daß Gefahren und Fallstricke sich völlig unerwartet einstellen können.

In die Zukunft planen

Es ist ungemein hilfreich, wenn sich der Patient zumindest einmal in der Woche hinsetzt und einen »Schlachtplan« für die nächsten Tage entwirft. Dabei sollte er sich fragen, welche Pläne seine Familie und seine Freunde haben und was er selbst mit seiner Freizeit anzufangen gedenkt. Er sollte jeden Tag im voraus nach möglichen Fallstricken erforschen und für jeden Tag ein Aktionsprogramm ausarbeiten. Er sollte sich Versuchungen so lebhaft wie möglich vor Augen führen und die entsprechenden Selbstkontrolltechniken im Geiste schon ausprobieren. Diese Art von Generalproben vereinfachen den späteren Widerstand gegen die realen Versuchungen, wie Simon, ein Alkoholiker, bezeugen kann.

Simon ist verheiratet, 52 Jahre alt und wurde von Peter Miller behandelt. Als selbständiger Industrieberater war er oft unterwegs. Auf diesen Reisen, aber niemals zu Hause, unternahm er dann seine Zechtouren. Diese Saufgelage in verschiedenen Kneipen exerzierte er ungefähr einmal im Monat. Nun brachte ihm der Therapeut einige Selbstkontrolltechniken bei, und Simons Zustand besserte sich. So schaffte er es, sich vier Monate lang von diesen Sauftouren fernzuhalten, was ihn natürlich mit einigem Stolz erfüllte. Genau das aber wurde ihm dann zum Stolperstein. Auf einer Geschäftsreise nach Chicago verzichtete er ganz bewußt auf die erworbenen Selbstmanagementtechniken, um seine Willenskraft auf die Probe zu stellen. Das Resultat war, daß er, zusammen mit seinen Geschäftsfreunden, einen Drink nach dem anderen zu sich nahm, doch nach acht Martinis schlief er (glücklicherweise) ein. Er erwachte am nächsten Tag voller Gewissensbisse und nahm sich fest vor, künftig auf der Hut zu sein. So stellte er vor jeder Reise einen genau festgelegten Zeitplan auf, den er niederschrieb. Dabei plante er Ersatzbetätigungen vor allem dann, wenn zu befürchten stand, daß die Situation zur Trinksituation ausarten könnte. Hier nun einer dieser Zeitpläne:

7.00	Aufwachen
7.00 bis 7.20	Morgengymnastik
7.20 bis 8.00	Duschen und Ankleiden
8.00 bis 9.00	Frühstück
9.00 bis 12.00	Geschäftsbesprechungen
12.00 bis 13.30	Mittagessen mit Geschäftspartnern
13.30 bis 14.00	Streßabbau-Training im Hotel
14.00 bis 17.00	Geschäftsbesprechungen
17.00 bis 17.45	Jogging, Spazierengehen oder Schwimmen
17.45 bis 18.30	Duschen und Umkleiden
18.30 bis 19.00	Entspannungsübungen
19.00 bis 20.00	Abendessen
20.30 bis 22.00	Anonyme Alkoholiker
22.30 bis 23.30	Vorbereitung auf die Termine des nächsten Tages, Lektüre, zu Hause um genau 23.30 Uhr anrufen. Zu Bett gehen.

Außerdem vermied er von jetzt an Geschäftsbesprechungen, die zur Cocktailstunde stattfinden sollten. Statt dessen verlegte er diese Termine auf den Vormittag oder auf die Mittagszeit. Und indem er von seinem Jogging und seiner sonstigen Körpergymnastik erzählte, hoffte er, Gleichgesinnte kennenzulernen, die ihr Trink- oder ein anderes Suchtproblem ebenfalls auf diese Weise bekämpften.

Und um sich auf riskante Situationen schon im vorhinein einzustellen, malte er sich Szenen und Begegnungen aus, die zu Auslösern für weitere Sauftouren werden könnten. Und diesen Anlässen trat er dann mit den inzwischen erprobten Abwehrstrategien entgegen.

So kam es, daß sich Simon schließlich seiner selbst immer sicherer fühlte und dieses Bewußtsein und Wissen auch in die Praxis umsetzte. Heute ist Simon schon seit längerer Zeit »trocken«, was jedoch nicht heißt, daß er bislang auf seine Zeitplanung während seiner Geschäftsreisen verzichtet hat.

Entwicklung »positiver Süchte«

Eine Sucht kann Befriedigung und Lust verschaffen, obwohl sie – langfristig gesehen – die körperliche und geistige Gesundheit zerstört. Der Betroffene, der seine Sucht aufgeben muß oder will, kann plötzlich das Gefühl haben, ein völlig sinnentleertes Leben zu führen. So gibt es zum Beispiel Raucher, die, wenn sie ihre lustvolle Betätigung aufgegeben haben, eine Phase der Niedergeschlagenheit durchmachen, so stark, als sei ihnen ein Freund gestorben. Einer dieser Exraucher bemerkte: »Ich konnte immer auf die Zigaretten zählen: sie waren da, um mich zu befriedigen, mich zu erregen, um mich zu trösten oder zu beruhigen.« Eine solche Möglichkeit lustvoller Befriedigung kann nicht ersatzlos gestrichen werden; es ist unerläßlich, sie durch eine gesündere Alternative zu ersetzen, und zwar so rasch wie möglich, denn wenn dies nicht geschieht, besteht eine ganz erhebliche Rückfallgefahr.

Dr. William Glaser befürwortet aus genau diesem Grund die Entwicklung »positiver Süchte«, das heißt die Annahme von Gewohnheiten, die zwar Befriedigung verschaffen, ohne indes gesundheitsschädlich zu sein. Derartige Süchte sollten also vor allem dazu dienen, daß sie Lust verschaffen. So könnte sich zum Beispiel eine positive Sucht aus einem Interesse oder einem Hobby entwickeln, dem der Suchtkranke früher einmal anhing, aus einem Wunsch, den er sich immer schon erfüllen wollte, ohne je die Zeit oder die Möglichkeit hierfür gehabt zu haben, aus einer Neigung, die auch Familie oder Freunde mit einbezieht, aus einer Freizeitbeschäftigung, die ihm eine neue Lebensperspektive eröffnet. Freilich ist die Trägheit oder der ver-

meintliche Zeitmangel oft so groß, daß die Entwicklung positiver Süchte unmöglich ist. Einer der von mir behandelten Patienten, ein 60jähriger, an Arbeitssucht leidender Manager, erklärte einmal: »In den nächsten Tagen werde ich meine ersten Flugstunden nehmen. Das war immer schon ein großer Wunsch von mir, und sowie ich jetzt Zeit habe, werde ich mich für einen dieser Kurse einschreiben!« Als ich den Mann fragte, wie lange er diesen Wunsch denn schon habe, stellte sich heraus, daß diese Sehnsucht über 20 Jahre alt war!

Hier nun eine Liste möglicher positiver Süchte: Meditation und Yoga, Jogging, Bergwandern oder einfach Spazierengehen, Tennis, Reiten oder Golf, Basteln, Malen oder Bildhauern, Skifahren, Surfen oder Schwimmen... die Liste ließe sich endlos fortführen. Wer sich einer dieser Betätigungen regelmäßig widmet, wird schließlich die Erfahrung machen, daß, wenn er nur einmal sein Hobby versäumt, sein ganzer Tag verdorben ist. So gibt es zum Beispiel passionierte Jogger, die sich an ihren täglichen Lauf so sehr gewöhnt haben, daß sie an regelrechten Entzugserscheinungen leiden, wenn sie wegen einer Krankheit oder anderer Umstände einige Zeit nicht dazu kommen, ihrer Leidenschaft zu frönen. Diese Menschen klagen dann über Nervosität, Gereiztheit und Aggressivität, also über die gleichen Symptome, die dem Süchtigen zu schaffen machen, wenn er »auf Entzug« ist.

Ausrutscher kontrollieren

Viele Leute, die ihren Gewohnheiten Herr zu werden versuchen, neigen dazu, der Versuchung gelegentlich nachzugeben. Diese Ausrutscher oder kleineren Rückfälle liegen in der Natur der Sache und passieren selbst dann, wenn der Betroffene hervorragende Strategien zur Selbstkontrolle entwickelt hat. Ob nun dieser Ausrutscher eine echte Rückfälligkeit nach sich zieht, das hängt in erster Linie davon ab, wie der Betroffene die neuentstandene Situation sieht und

Man muß lernen, künftige Schwierigkeiten einzuschätzen. Ein gelegentlicher Ausrutscher ist nicht schlimm. Man steht wieder auf, staubt sich ab und packt die Sache von neuem an!

auf sie reagiert. Hält er sich jetzt nurmehr für einen Versager ohne Willenskraft und Standvermögen, so ist ein echter Rückfall in die alten Gewohnheiten sehr wahrscheinlich. Sieht er diesen Ausrutscher jedoch als nicht ganz gravierend an, so hat er die Möglichkeit, auch in Zukunft einer echten Rückfälligkeit zu widerstehen. Leider ist es aber so, daß der Mensch sein süchtiges Verhalten gerne in Schwarz-Weiß-Manier beurteilt – er sieht sich selber entweder als Raucher oder als Nichtraucher, als Vielfraß oder als Diätbefolger, als Trinker oder als Antialkoholiker. Schon ein winziger Zug an einer Zigarette kann ihn auf folgenden Gedanken bringen: »Mensch, jetzt bin ich wieder mittendrin. Schon hab ich wieder zu rauchen angefangen. Ich bin ein Willensschwächling und komme von der Raucherei doch nie los! Jetzt geh ich rüber zum Kiosk, kauf mir eine Packung Zigaretten, und mit dem Rauchenaufhören fang ich dann so richtig nächste Woche an.« Die Entzugsperson, die sich in dieser Situation befindet, muß erkennen lernen, daß sie durch einen einzigen Zug an einer Zigarette kein anderer Mensch mit anderen Intentionen wird. Es ist einfach falsch anzunehmen, daß ein kleiner Rückfall die ganzen letzten abstinenten Tage, Wochen oder Monate aufhebt und ungültig macht. Ein Rückfall ist ein Rückfall, und das Schlimme an ihm ist häufig seine Überbewertung.

Deshalb tut der Mensch, der gegen seine Sucht strategisch vorgeht, gut daran, wenn er die Kontrolle über seine Gewohnheit als eine Art Kontinuum ansieht, das von 0 Prozent bis 100 Prozent Kontrolle reicht. Unser Diagramm hier hier zeigt zwei Perspektiven, aus denen Rückfälle und andere Entzugsprobleme gesehen werden können. Nehmen wir einmal an, eine an Übergewicht leidende Person unterziehe sich einer Abmagerungskur, die darin besteht, daß sie tagtäglich drei Mahlzeiten mit geringer Kalorienmenge zu sich nimmt, daß sie Buch über die tägliche Nahrungsaufnahme führt und daß sie schließlich jeden Tag einen Spaziergang von vier Kilometern absolviert. Der Idealfall wäre natürlich, wenn diese Person glatt und direkt auf dem Kontrollkontinuum B vorankäme und ihre Kontrolle immer mehr ausbauen könnte, bis sich das Programm mühelos sozusagen von selbst abwickelt. In Wirklichkeit aber gibt es Tage, die

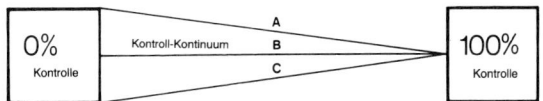

erfolgreicher verlaufen, und andere, die sich als regelrechte Rückschläge herausstellen. So aber kommt es, daß viele Leute in dem Bewußtsein leben, der Weg führe mühsam aufwärts – diese

Um Rückfälle zu verhindern...

Dazu ist ständige Wachsamkeit nötig. Hier eine Liste, mit deren Hilfe jeder nachprüfen kann, ob seine Selbstkontrolle auch effektiv ist.

1. Ich behalte hochriskante Situationen immer noch genau im Auge.   Ja___ Nein___

2. Ich ändere täglich meine Arbeitsroutine, um Versuchungen, die durch alte konditionierte Assoziationen entstehen, zu vermeiden.   Ja___ Nein___

3. Ich habe für die Tageszeiten, zu denen die Versuchung am stärksten ist, stets alternative Aktivitäten parat.   Ja___ Nein___

4. Ich versuche mich für positive Verhaltensänderungen zu belohnen.   Ja___ Nein___

5. Um mich selbst zu motivieren, habe ich es auch mit einem Verhaltensvertrag versucht. Ja___ Nein___

6. Immer wenn ich angespannt bin, bediene ich mich der Entspannungstechnik zur Selbstkontrolle.
            Ja___ Nein___

7. Mein negatives Denken, das Niedergeschlagenheit, Ärger oder Angst auslöst, versuche ich so genau wie möglich zu beobachten und zu verändern.   Ja___ Nein___

8. Vorschläge, ich solle meine alte Gewohnheit doch wieder aufnehmen, lehne ich strikt ab.
            Ja___ Nein___

9. Ich habe meine Familie und meine Freunde darüber informiert, wie sie mir helfen können.
            Ja___ Nein___

10. Ich bediene mich bestimmter Techniken, um meine Gewohnheiten und heftigen Wünsche zu kontrollieren, zum Beispiel der Reizkonfrontation und des Verfahrens, das die langfristigen Konsequenzen zum Schwerpunkt hat.   Ja___ Nein___

Menschen haben ein Kontrollkontinuum von der Kategorie C vor Augen. Wenn sie sich einen kleinen Ausrutscher leisten und einen Rückfall vergebens zu verhindern suchen, dann glauben sie gleich, daß es abwärts mit ihnen geht und daß der mühselige Kampf dagegen einfach sinnlos sei. Da aber ist es wesentlich ersprießlicher, wenn sich die Person den Weg A vorstellt – dieser Weg führt bequem nach unten, und zwar von Kontrolle 0 bis zur 100prozentigen Kontrolle. In diesem Fall bewirkt ein Rückfall ein viel geringeres Ausmaß an Frustration, und die Schuldgefühle halten sich in Grenzen. Auch wird die Person insgesamt gelassener reagieren und sich auf ihrem Kontrollkontinuum unbeirrt weiter vorankämpfen.

Vorher und nachher! Eine Leistung, auf die die Dame stolz sein kann und die zugleich beweist, daß es mit Hilfe von Selbstkontrolltechniken durchaus möglich ist, unser Verhalten zu verändern.

In diesem Zusammenhang empfiehlt Dr. Terence Wilson von der Rutgers University ein kleines Notprogramm: Unmittelbar nach seinem Ausrutscher soll sich der Rückfällige zehn Minuten Zeit nehmen und folgende Dinge einprägen:

1. Derartige Ausrutscher sind keineswegs ungewöhnlich. Du hast einen Fehler gemacht, bist aber deshalb noch lange kein Versager.
2. Dein Rückfall beweist, daß du vorsichtiger sein mußt.
3. Stehe zu deinem Fehler und lerne daraus. Welche Techniken können dir in ähnlichen Situationen helfen, der Versuchung erfolgreich zu widerstehen?
4. Laß *keine* Schuldgefühle, Frustration oder Entmutigung aufkommen.
5. Steige *jetzt gleich* wieder in dein Programm ein. Nicht morgen, nicht nächste Woche, sondern *jetzt gleich!*

Literaturhinweise

Aliabadi, Christiane/Lehnig, Wolfgang: *Wenn Essen zur Sucht wird.* München (Kösel) 1982

Bäuerle, Dietrich: *Drogen. Eltern können wirksam helfen.* dtv-TB 10184

Beck, Aaron T.: *Wahrnehmungen der Wirklichkeit und Neurose. Kognitive Psychotherapie emotionaler Störungen.* München (Pfeiffer) 1979

Beer, Ulrich: *Selbsttherapie. So helfe ich mir bei Depression, Eifersucht, Lebenskrisen, Schlafstörungen, Streß.* Goldmann-TB 10896

Feuerlein, Wilhelm/Dittmar, Franz: *Wenn Alkohol zum Problem wird. Ratgeber für Betroffene und Interessierte.* Stuttgart (Thieme) 1982

Glatt, Max: *Der Alkoholiker und die Hilfe, die er braucht.* Freiburg (Herder) 1978

Hacker, Friedrich: *Verhüten statt behandeln, behandeln statt strafen.* Goldmann-TB 11360

Harsch, Helmut: *Alkoholismus. Schritte zur Hilfe für Abhängige, deren Angehörige und Freunde.* München (Kaiser) 1982

Harsch, Helmut: *Hilfe für Alkoholiker und andere Drogenabhängige.* München und Mainz (Kaiser und Grünewald) 1982

Heil, Klaus/Jaensch, Hans: *Weniger Alkohol. Ein Programm zur Selbstkontrolle.* Fischer-TB 1921

Hinkelmann, Klaus: *Das Aussteigerprogramm für Raucher.* Knaur-TB 7661

Jaffe, Jerome/Petersen, Robert/Hodgson, Ray: *Sucht und Abhängigkeit. Flucht aus dem Alltag.* Weinheim (Beltz) 1981

Korczak, Dieter: *Die süchtige Gesellschaft. Aktuelle Standortbestimmung. Drogen-, Tabletten-, Spiel-, Fettsucht u. a.* Fischer-TB 4266

Körner, Wolfgang: *Drogen-Reader.* Fischer-TB 7507

Langsdorff, Maja: *Die heimliche Sucht, unheimlich zu essen.* Fischer-TB 3354

Leibold, Gerhard: *Alkohol, mein Problem.* Humboldt-TB 497

Madeisky, Uschi/Klaus, Werner: *Flucht in die Sucht.* Rowohlt-TB 7689

Mohl, Hans (Hrsg.): Sucht. *Erfahrungen, Probleme, Informationen.* Goldmann-TB 6804

Neuendorff, Steffen/Schiel, Jürgen: *Die Anonymen Alkoholiker.* Weinheim (Beltz) 1982

Platt, Jerome J./Labate, Christina: *Heroinsucht. Theorie, Forschung, Behandlung.* Darmstadt (Steinkopff) 1981

Schmidbauer, Wolfgang/vom Scheidt, Jürgen: *Handbuch der Rauschdrogen.* Fischer-TB 4551

Schmidt, Ferdinand: *Raucherentwöhnung.* Rowohlt-TB 7833

Seligman, Martin E. P.: *Erlernte Hilflosigkeit.* München (Urban und Schwarzenberg) 1979

Sickinger, Richard: *Drogenhilfe.* München (Kösel) 1982

Skaumal, Ulrike/Plänitz, Elke: *Materialien zum Thema »Drogen und Suchtprobleme«.* Köln (Aulis) 1984

vom Scheidt, Jürgen: *Der falsche Weg zum Selbst. Die Drogenkarriere als gescheiterte Selbstheilung.* Fischer-TB 3842

Wöbcke, Manfred: *Rauschmittelmißbrauch. Prävention und Therapie.* München (Kösel) 1977

Nützliche Anschriften

Die umfassende Informationsbroschüre *Drogenberatung – wo?* kann mit einem selbstadressierten und frankierten Rückumschlag angefordert werden beim

Bundesministerium für Jugend, Familie und Gesundheit
Postfach 20 04 90
5300 Bonn 2

oder bei der

Bundeszentrale für gesundheitliche Aufklärung
Postfach 93 01 52
5000 Köln 91

Zentrale Stellen der Länder:

Badischer Landesverband gegen die Suchtgefahren
Renchtalstraße 14
7592 Renchen
Tel. 0 78 43/5 83

Landesstelle gegen die Suchtgefahren in Baden-Württemberg der Liga der freien Wohlfahrtspflege
Augustenstraße 63
7000 Stuttgart 1
Tel. 07 11/61 74 46

Bayerische Landesstelle gegen die Suchtgefahren
Lessingstraße 1
8000 München 2
Tel. 0 89/53 65 15

Landesstelle Berlin gegen die Suchtgefahren e. V.
Gierkezeile 39
1000 Berlin 10
Tel. 0 30/3 41 85 39

Bremische Landesstelle gegen die Suchtgefahren e. V.
Lessingstraße 19
2800 Bremen
Tel. 04 21/70 25 11

Hamburgische Landesstelle gegen die Suchtgefahren e. V.
Brennerstraße 81
2000 Hamburg 1
Tel. 0 40/2 80 38 11

Landesstelle gegen die Suchtgefahren für Schleswig-Holstein e. V.
Flämische Straße 6–10
2300 Kiel
Tel. 04 31/9 24 94

Hessische Landesstelle gegen die Suchtgefahren e. V.
Metzlerstraße 34
6000 Frankfurt a. M.
Tel. 0 69/61 60 92

Niedersächsische Landesstelle gegen die Suchtgefahren
Leisewitzstraße 26
3000 Hannover 1
Tel. 05 11/85 88 80

Westfälische Arbeitsgemeinschaft gegen die Suchtgefahren
Friesenring 34
4400 Münster
Tel. 02 51/2 70 91

Landesstelle gegen die Suchtgefahren in Rheinland-Pfalz
Große Himmelsgasse 6
6720 Speyer
Tel. 0 62 32/2 40 21

Saarländische Landesstelle gegen die Suchtgefahren
Universitäts-Nervenklinik
6650 Homburg/Saar
Tel. 0 68 41/16 27 01

Zentrale Verbände:

Deutsche Hauptstelle gegen die Suchtgefahren
Westring 2, Postfach 13 69
4700 Hamm 1
Tel. 0 23 81/2 58 55

Arbeiterwohlfahrt, Bundesverband
Oppelner Straße 130
5300 Bonn 1
Tel. 02 28/6 68 51 69

Deutscher Caritasverband e. V., Referat Gefährdetenhilfe/
Suchtkrankenhilfe
Karlstraße 40
7800 Freiburg
Tel. 07 61/20 03 69

Deutscher Paritätischer Wohlfahrtsverband, Referat Ge-
fährdetenhilfe
Heinrich-Hoffmann-Straße 3
6000 Frankfurt 71
Tel. 0 69/6 70 62 69

Fachverband Drogen und Rauschmittel
Prinzenstraße 2
3000 Hannover 1
Tel. 05 11/32 50 23

Verband ambulanter Beratungs- und Behandlungsstellen
für Suchtkranke/Drogenabhängige e. V.
Karlstraße 40
7800 Freiburg
Tel. 07 61/20 03 03

Verband der Fachkrankenhäuser für Suchtkranke
Brüder-Grimm-Platz 4
3500 Kassel
Tel. 05 61/10 26 38

Gesamtverband für Suchtkrankenhilfe im Diakonischen
Werk der Evangelischen Kirche in Deutschland e. V.
Brüder-Grimm-Platz 4
3500 Kassel
Tel. 05 61/10 26 38

Katholische Sozialethische Arbeitsstelle
Jägerallee 5
4700 Hamm 1
Tel. 0 23 81/87 68

Zentralstellen der Selbsthilfegemein-schaften:

Anonyme Alkoholiker, Zentrale Kontaktstelle
Postfach 4 22
8000 München 1

Blaues Kreuz in Deutschland
Freiligrathstr. 27
5600 Wuppertal-Barmen
Tel. 02 02/62 10 98

Blaues Kreuz in der Evangelischen Kirche
Mathiasstr. 1
4630 Bochum-Linden
Tel. 02 34/49 04 27

Bundesarbeitsgemeinschaft der Freundeskreise
Brüder-Grimm-Platz 4
3500 Kassel
Tel. 05 61/10 26 38 u. 39

Bundesverband der Elternkreise drogengefährdeter und
-abhängiger Jugendlicher
Jägerallee 5
4700 Hamm
Tel. 0 23 81/87 69

Deutscher Guttemplerorden
Adenauerallee 45
2000 Hamburg 1
Tel. 0 40/24 58 80

Kreuzbund e. V., Selbsthilfeorganisation und
Helfergemeinschaft für Suchtkranke
Jägerallee 5
4700 Hamm 1
Tel. 0 23 81/87 97–98

Register